"I was struck with the profoundest admiration of the force of His Majesty's genius ... by far my superior in my own art."

Emanuel Swedenborg, England 1754

KARL XII
Kungamord

Cecilia Nordenkull

KARL XII
Kungamord

Författare och utredare: Cecilia Nordenkull
Redaktör: Jens Anker Jorgensen
Bildmaterial: Icons of Europe asbl
Utgivning: Icons of Europe asbl, Bryssel
iconsofeurope.com   icons@europe.com
Icon series n° 12 | Första utgåva: september 2018
Tillgänglig på Amazon

ISBN-13: 978-2960038569 ISBN-10: 2960038568
Copyright © 2018 Cecilia Nordenkull, Belgium
All rights reserved

Icons of Europe

"Boken inneholder revolusjonerende nye teorier, om hva som skjedde rundt Karl XII for 300 år siden."

Oberst Dag Strømsæther
Kommandant på Fredriksten festning, Halden

KARL XII: Kungamord
Charles XII: Regicide / Charles XII : Régicide

Bokomslag:
Sveriges Kungliga Serafimerorden
instiftad den 23 februari 1748
tillsammans med Nordstjärneorden
och Svärdsorden ("uppenbarligen
uttänkta till Karl XII:s ära", s. 89).

Foto: Livrustkammaren / Göran Schmidt /
CC BY-SA, Stockholm, Sverige.
Allmän egendom på grund av ålder.

Innehåll

	Sida
Resumé	9
Förord	11
Summary in English	13
Résumé en français	15
Kapitel	
1. Karl XII i Osmanska riket	17
2. Rendez-vous i Versailles	23
3. Misslyckande i Stralsund	27
4. Mothugg i Norge	33
5. Mobilisering i London och Lund	39
6. Tronbestigning i oktober	45
7. Drama vid Fredriksten fästning	53
8. Mörkläggning och misstankar	73
9. Personliga öden	87
10. Karl XII:s eftermäle	91
Slutkommentar	113
Om författaren	115
Historik 1700-2018	117
Bibliografi	119
Index	123
Noter	127-272

Små inlägg
Karl XII (s. 16), Fredrik I (s. 44), Händel och Bach (s. 116), Polhem, Swedenborg och Dagström (s. 118) och bröderna Grimm (s. 122).

Datumkonvention
Denna bok använder den julianska kalendern (O.S.), som då var i bruk i Sverige och England. Det vill säga, Karl XII dog den 30 november 1718. Men i Norge och andra länder, som redan använde den gregorianska kalendern (N.S.), är datumet den 11 december.
Dessutom gick det julianska kalenderåret mellan den 25 och 24 mars, vilket anpassats i denna bok till det gregorianska. Både England och Sverige övergick 1752 respektive 1753 till den gregorianska kalendern, vilken används av de flesta länder idag.

Karl XII
1682-1718

Hedvig Sofia
1681-1708

Karl Fredrik av Holstein-Gottorp
1700-1739

Ulrika Eleonora
1688-1741

Fredrik av Hessen
1676-1751

Emanuel Swedenborg
1688-1772

Peter den Store
1672-1725

Ludvig XIV
1638-1715

Georg I av England
1660-1727

Jakob Edvard Stuart
1688-1766

Hertigen av Orléans
1674-1723

Fredrik IV av Danmark & Norge
1671-1730

Dessa och andra målningar är i allmän domän. Porträtt av Karl XII, Hedvig Sofia, Karl Fredrik (David von Krafft), Ulrika Eleonora (attributed to Martin van Mijtens d.y.), Fredrik av Hessen (Johan Starbus), Swedenborg (Per Krafft d.ä.), Peter den Store (Paul Delaroche), Ludvig XIV (Hyacinthe Rigaud), Georg I (Sir Godfrey Kneller), Jakob Edvard Stuart (Antonio David), Hertigen av Orléans (Jean-Baptiste Santerre) och Fredrik IV (Balthasar Denner).

Resumé

Karl XII var en av Europas mest begåvade och visionära monarker. Syftet med hans fälttåg 1702-1709 (hittills okänt) var att förbereda upprättandet av en vattenväg genom Polen, Vitryssland och Ukraina till Svarta havet för att främja utvecklingen av Sveriges industri och handel. Efter slaget vid Poltava spenderade Karl XII fem år i det Osmanska riket, där han fortsatte sitt utvecklingsarbete och även genomförde en stor reformverksamhet i Sverige. Han antog 1714 ett lukrativt anbud från Ludvig XIV att delta i ett projekt att avsätta den nykrönte Georg I av England.

Men Karl XII:s öde förseglades när hans syster Ulrika Eleonora gifte sig med den tyske prinsen Fredrik av Hessen 1715. Fredrik ville själv bli kung av Sverige och började sabotera Karl XII med hjälp av utländska makter. I mitten på oktober 1718, under Karl XII:s ritt till Trondheim, besteg Ulrika Eleonora i all hemlighet tronen. Det blev nu akut för Fredrik att få Karl XII eliminerad innan denne fick vetskap om statskuppen.

Som Sveriges överbefälhavare visste Fredrik, att Karl XII skulle ge startsignalen till en trippelsidig överrumplingsattack mot Fredriksten fästning i Norge på kvällen den 30 november 1718. Han lät på förhand inrikta kanonbatteriet på norra sidan av Tistedalsälven, under befäl av en tysk officer, mot den plats där kungen skulle stå (i skydd mot fienden). Karl XII dödades av en svärm av karteschkulor. För att maskera mordet som ett fiendeskott släpades hans lik av två utländska adjutanter till en löpgrav. Ingen officiell utredning gjordes och saken sekretessbelades.

Karl XII begravdes i tystnad och under ytterst förnedrande omständigheter. Fredrik och hans bundsförvanter lanserade samtidigt en kampanj för att smutskasta och förfalska Karl XII:s eftermäle. Karl XII missrepresenterades som en hämndlysten krigarkung som hade velat invadera Ryssland. Drottning Ulrika Eleonora tvingades abdikera 1720 och Fredrik upphöjdes till Fredrik I av Sverige. Under sina trettio år på den svenska tronen utnyttjade han för egen vinning Karl XII:s stortänkta planer om handel med Levanten och Kina. Han införde en tysk ämbetsaristokrati och en vittspridd dekadent livsstil. Rykten gick att Ulrika Eleonora giftmördats.

På 1800-talet förfalskades Swedenborgs texter av Fredriks tyska släktingar med groteska påhitt av bröderna Grimm för att överföra Swedenborgs anklagelser mot Fredrik på Karl XII. Lögnerna anammades i Sverige genom historikern Anders Fryxell. De spreds vidare under Strindbergsfejden i början på 1900-talet, och de citeras okritiskt än idag av den svenska kultureliten.

Kungamord 1718

Karl XII sköts inte i löpgraven, men hans lik hade förflyttats dit av utländska hantlangare.

"Since, so great a Prince as he, with only a foreign Colonel with him, and two or three Attendants, to be shot creeping upon his Knees by a Musquet Ball from the Town, in the Trenches, seems highly improbable. May Divine Providence bring this Affair to Light, and detect and punish all King Killers."

Newcastle Courant, 3 August 1723

Förord

Alltsedan Karl XII:s död 1718 har det spekulerats om huruvida han föll för en norsk eller en svensk kula. Dessutom har det publicerats diametralt motsatta åsikter om hans eftermäle. Sökandet av sanningen har försvårats av förlusten av fältarkiven 1709, förfalskningen av en serie skrifter och dokument, och sekretessbeläggningen runt Karl XII:s död. En gordisk knut!

Min utredning om Karl XII kom till från en ny vinkel. Jag hade redan erfarenhet av bristfällig historieskrivning, jag var oberoende av svenska institutioner, jag hade inga förutfattade meningar om Karl XII, och jag hade fördelen av att det redan fanns en stor volym verk och digitaliserade arkiv om Karl XII i Sverige och utlandet (i allmän domän). Jag kunde genom Internet lätt hitta fram till detta material och därigenom identifiera helt nya belägg och fällande bevis. Jag har speciellt använt logik på stora och små frågor och har nu fått alla pusselbitarna på plats.

Bland mina utländska källor ingår brittiska tidningsartiklar och parlamentsjournaler, som inte tidigare använts i Karl XII-forskningen. De avslöjade till exempel, att Karl XII besökte Louis XIV i oktober 1714, att hans syster Ulrika Eleonora besteg tronen i all hemlighet sex veckor innan Karl XII dog 1718, och att Emanuel Swedenborg uttryckte sin djupaste beundran inför Karl XII:s geni i en engelsk tidningsartikel 1754.

Karl XII:s egna brev visar att han rekognoserade flodsystemen i Polen 1702-1706, att han hyste omtanke för sin familj och sina soldater (men en viss grymhet mot fienden), och att han hade stort förtroende för sin tyske svåger Fredrik av Hessen. Jöran Nordbergs biografi *Karl XII* (1740) och *Anmärkningar* (1767) omvittnar kungens höga moraliska principer och önskan att gifta sig för kärlek.

Voltaires berömda verk *Histoire de Charles XII* (1731-1768) ger dubbla budskap. Det blev reviderat flera gånger, och idag kritiseras han för att ha varit offer för sina källor.

Den norska historikern Ragnhild Hatton bosatt i England utgav 1968 ett modernt referensverk om Karl XII, som ger en övergripande kunskap om hans liv. Jag upptäckte dock, att hon i ett kodat brev förväxlat Karl XII med en annan person och därför dragit den felaktiga slutsatsen, att Karl XII inte deltagit i projektet att försöka störta Georg I av England. Hatton nämnde inte att samtida brittiska parlamentsjournaler rapporterat, att Georg I tog hotet om en svensk invasion på största allvar.

Historikern Lennart Thanner ger i *Handlingar angående Revolutionen i Sverige 1718-1719* (1954) information om Fredrik av Hessens manipulationer: promemorian om tronföljden som Fredrik fabricerade sex månader innan Karl XII:s död, protokollet från krigsrådet i Tistedal dagen efter hans död, och riksdagens hantering av Ulrika Eleonoras kröning.

En viss L. Berger röjer ofrivilligt Fredrik I:s falsarier rörande Karl XII:s verkliga planer i *Bedrägeriet i Karl XII:s historia* (1915). Abel Helanders *Daniel Niklas v. Höpken* (1927) och andra källor bekräftar Fredriks korruption av ämbetsmän och köpmän, vilket ledde mig till Svenska Ostindiska Companiet byggt på Karl XII:s Madagaskarprojekt.

Walfrid Holsts biografi *Fredrik I* (1953) återger Fredrik av Hessens anteckningar från oktober 1718. Den bekräftar konspirationen som byggde upp runt Karl XII samt de återkommande ryktena, att Fredrik av Hessen legat bakom mordet på kungen. Holst citerar riksdagens talman 1723, som anklagade Fredrik I för sitt maktbegär och ointresse av undersåtarnas välfärd. Han beskriver även den dekadenta livsstilen, som Fredrik I införde i Sverige. I biografin *Ulrika Eleonora d.y.* (1956) återger Holst ryktet, att hon giftmördats 1741 efter att ha försökt återta makten från sin make. – Peter Froms bok från 2005 bidrog speciellt med sina kompletta utdrag av vittnesmål, brev och rapporter rörande Karl XII:s död.

Jag har studerat Swedenborgs svenska dagbok (1744) samt utdrag av hans doktriner inklusive manuskripten till *The Last Judgment (Posthumous)*. Jag har också gått igenom *Diarium Spirituale* (1843-1847) och identifierat hur huset Hessen, med hjälp av bröderna Grimm, fabricerade denna 'dagbok' i Swedenborgs namn med påhittade och groteska inlägg om Karl XII.

Anders Fryxells *Berättelser ur Svenska Historien* (1856-1875) citerar Fredrik I:s förtal mot Karl XII. Fryxell återgav även okritiskt delar av den så kallade Poltavaberättelsen tillskriven Axel Gyllenkrok, som visar sig vara förfalskad. Fryxell lade också in förtal av samtida utländska historiker (främst tyska) och citerade de värsta avsnitten ur *Diarium Spirituale*, som Strindberg spred vidare (Strindbergsfejden).

Samtidigt har jag konsulterat flera prominenta institutioner i Sverige och Norge. Speciellt givande var ett fältbesök i Halden, som gav mig inblick i topografin runt Fredriksten fästning och Tistedalsälven. Gustaf Cederströms målningar från Norge är för övrigt mycket talande.

Jag hoppas, att min utredning ska återupprätta Karl XII:s renommé som en av Europas mest begåvade och visionära monarker.

Cecilia Nordenkull

Summary in English

Charles XII of Sweden was one of Europe's most talented and visionary monarchs. The purpose of his campaigns in 1702-1709 (previously unknown) was to prepare the establishment of a waterway through Poland, Belarus and Ukraine to the Black Sea in order to promote the development of Sweden's industry and trade. After the battle at Poltava, Karl XII spent five years in the Ottoman Empire, where he continued his development work and also conducted major reforms in Sweden. He accepted a lucrative offer from Louis XIV in 1714 to participate in a project to topple the newly-crowned George I of Britain and Ireland.

Charles's fate was sealed, however, when his sister Ulrika Eleonora married the German prince Frederick of Hesse in 1715. Wanting to become king of Sweden himself, Frederick began sabotaging Charles with the help of foreign allies. During Charles's absence in Jämtland in mid-October 1718, Ulrika Eleonora secretly ascended the throne. It was now urgent for Frederick to have Charles eliminated before he would learn about the coup d'état.

As Sweden's commander in chief, Frederick knew that Charles would give the signal to launch a triple-sided surprise attack on Fredriksten fortress, Norway in the evening of 30 November 1718. He had ensured that the cannon battery on the northern side of the Tistedal River, with a German officer in command, was aimed at the vantage point (shielded from the enemy), where the king would stand. Charles was killed by a swarm of grapeshot bullets. To cover up the murder as an enemy shot, his body was dragged into a trench by two foreign attendants. No official inquiry was made and the matter was classified as a state secret.

Charles was buried in silence under degrading circumstances. Frederick and his foreign allies (including George I) mounted a campaign to denigrate and falsify Charles's legacy. He was misrepresented as a revengeful warrior king, who had wanted to invade Russia. Ulrika Eleonora was forced to abdicate in 1720, and Frederick was elevated to king of Sweden. During his 30 years of reign, Frederick I exploited for his own gains Charles's grand plans for trade with the Levant and China. He also introduced an aristocracy of German civil servants and a widespread decadent lifestyle. It was rumoured that Ulrika Eleonora was murdered by poison.

In the 19th century, Swedenborg's texts were falsified by Frederick's German descendants with grotesque fabrications by the Grimm brothers to transfer Swedenborg's charges against Frederick onto Charles. The falsehoods came to Sweden through the historian Anders Fryxell. They were propagated during the so-called Strindberg feud in the early 20th century and continue to be cited uncritically by the Swedish cultural elite today.

> This investigation draws on publicly accessible Swedish and foreign sources of information.

Voltaire (1694-1778), c. 1724
Portrait par Nicolas de Largillière
Château de Versailles

Enligt Voltaire var Karl XII och Tsar Peter "de mest extraordinära personligheter på mer än tjugo århundraden."

« ... les personnages les plus singuliers qui eussent paru depuis plus de vingt siècles. »
Histoire de Charles XII par Voltaire[546]

Résumé en français

Charles XII de Suède était l'un des monarques les plus talentueux et visionnaires d'Europe. L'objectif, méconnu jusqu'ici, de ses campagnes en 1702-1709 était de préparer la mise en place d'une voie navigable à travers la Pologne, le Bélarusse et l'Ukraine jusqu'à la Mer noire en vue de promouvoir le développement de l'industrie et du commerce en Suède. Après la bataille de Poltava, Charles a passé cinq années dans l'Empire ottoman où il a poursuivi ses projets de développement et mené une vaste opération de réforme en Suède. En 1714, il accepta une offre lucrative faite par Louis XIV : participer à un plan visant à détrôner le nouveau roi d'Angleterre.

Mais le destin de Charles fut scellé lorsque sa sœur, Ulrika Eleonora, épousa en 1715 un prince allemand, Frédéric de Hesse. Ce dernier voulant devenir lui-même roi de Suède commença à saboter le règne de Charles. À la mi-octobre 1718, quand Charles se trouvait à Jämtland, Ulrika Eleonora monta secrètement sur le trône selon les instructions préparées par Frédéric six mois plus tôt. Par conséquent, il devint urgent d'éliminer Charles avant qu'il ne prenne conscience du coup d'Etat.

Frédéric, en tant que chef d'État-Major des armées suédoises, savait que Charles allait donner le signal du lancement d'une triple attaque surprise contre la forteresse de Fredriksten en Norvège le soir du 30 novembre 1718. Frédéric a alors fait pointer les canons du côté nord de la rivière Tistedal (sous commande d'un officier allemand) vers l'endroit où Charles devait se trouver. Charles fut ainsi tué par un coup de mitraille. Pour dissimuler cet assassinat en un tir ennemi, le cadavre du roi fut traîné et placé dans une tranchée par deux adjudants étrangers. Aucune enquête officielle n'a été effectuée et le dossier fut classé secret d'état.

Charles fut ensuite enterré dans des circonstances humiliantes ; et Frédéric et ses alliés (dont le duc d'Orléans) lancèrent une campagne pour dénigrer et falsifier la renommée du roi. Charles a été erronément qualifié de roi de guerre empreint de vengeance et qui avait voulu envahir la Russie. Ulrika Eleonora fut contrainte d'abdiquer en 1720 et Frédéric devint alors Frédéric Ier, roi de Suède. Au cours de ses trente années sur le trône, Frédéric a lui-même exploité les vastes desseins de Charles visant à promouvoir le commerce avec le Levant et la Chine. Il a également introduit une véritable aristocratie de fonctionnaires allemands et un mode de vie décadent. Selon certaines rumeurs, Ulrika Eleonora fut empoisonnée.

Au 19ème siècle, des descendants de Frédéric, avec l'aide des frères Grimm, ont falsifié des textes de Swedenborg afin de transférer les allégations de Swedenborg contre Frédéric sur Charles. Les mensonges sont arrivés en Suède par l'historien Anders Fryxell. Ils furent plus tard propagés par la querelle Strindberg au début du 20ème siècle et ils sont encore aujourd'hui cités sans réserve par l'élite culturelle suédois.

L'enquête s'appuie sur des sources d'information suédoises et étrangères accessibles au grand public.

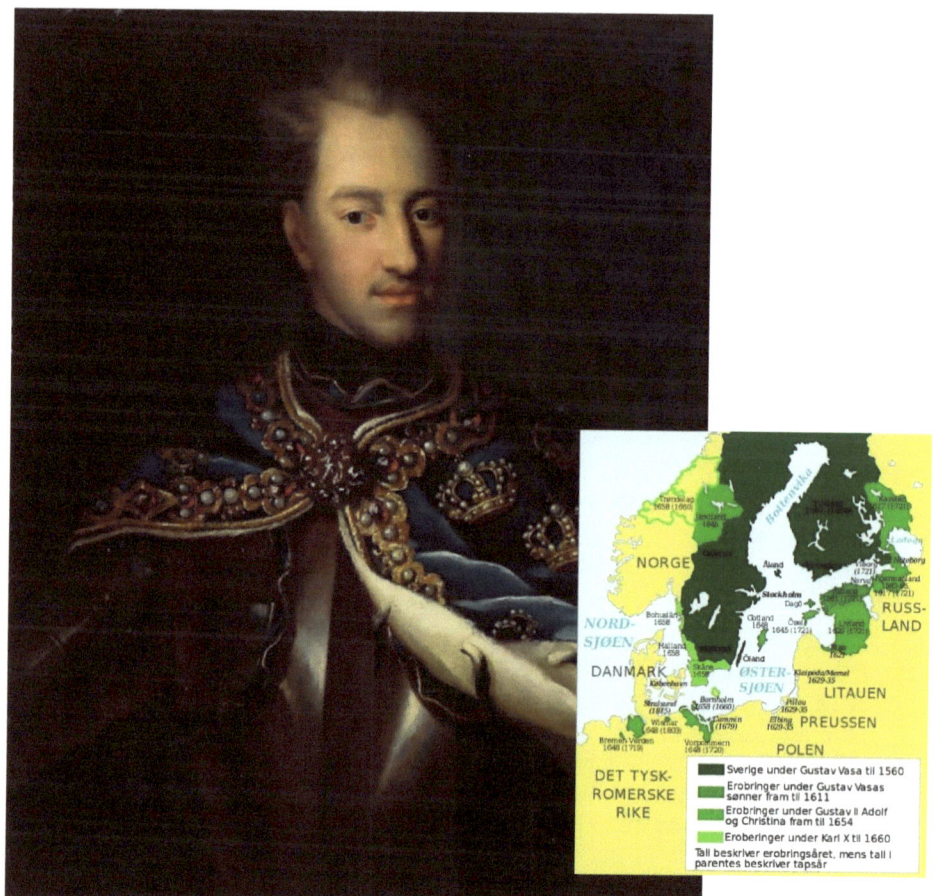

Karl XII: stor visionär, men fyra misstag

Karl XII var en av Europas mest begåvade och visionära monarker.
Hans stora mål var att bygga upp Sverige som industriland
och främja handeln främst med medelhavsländerna och Kina.

Swedenborg ansåg, att Karl XII:s entreprenörskap "inte skulle ha bidragit
mindre än hans militära handlingar för att odödliggöra hans namn,
om ödet gett honom tid att utföra sina jättelika planer[591]."

Karl XII:s kardinalmisstag: Han kom aldrig tillbaka till Stockholm (1700-1718),
han lågprioriterade tronföljdsfrågan, han använde alltför stora resurser på
projektutveckling, och han litade blint på sin tyske svåger Fredrik av Hessen.

Målningen: Konstnären okänd, möjligen Georg Desmarées (inspirerad av David von Krafft)
eller Martin van Mijtens d.y. (i Osmanska riket?) – båda elever till Martin Mijtens d.ä.

Kartan: Utvecklingen av det svenska imperiet mellan 1560 och 1815.
Attribution: Ortus-imperii-suecorum.png via Wikimedia Commons.

I – Karl XII i Osmanska riket

År 1700 anfaller Tsar Peter staden Narva i området Ingermanland, en Östersjöbesittning i det svenska imperiet. Den 18-årige Karl XII av Sverige tvingas ut i krig mot en koalition av europeiska makter[1]. Detta är början på det så kallade stora nordiska kriget. Tsar Peters målsättning är att inta Ingermanland för att kunna bygga sin första Östersjöhamn (Sankt Petersburg) och etablera en handelsväg till Kaspiska havet och Svarta havet via floderna Volga och Don[2].

Karl XII:s egen prioritet på kort sikt är att försvara Sveriges position i Baltikum med dess strategiska handelslägen[3]. Samtidigt börjar han, liksom Tsar Peter, att arbeta på en stor plan om en vattenväg mellan Östersjön och Svarta havet[4] för att främja handeln med Levanten[5]. Detta framgår av Karl XII:s aktioner under 1701-1709: Han försöker redan 1701 att få kontakt via Polen med turkar i Bender och Konstantinopel[6], han byter ut kungen i Polen 1704[7], han rekognoserar längs floderna Vistula och Bug 1702-1706[8], han förflyttar sig söderut längs floden Dnjepr 1707-1709[9], och han lierar sig med Ivan Mazepa och "vattenfallskosacker" (vid Dnjeprs utlopp)[10].

Planen kräver alltså allianser med Polen (som dominerar Vitryssland och västra delen av Ukraina) och med det Osmanska riket samt kontroll över östsidan av Dnjepr som är i union med Ryssland[11]. Den principiella vettigheten av Karl XII:s vision om en sådan vattenväg bekräftas av ett liknande EU-projekt etablerat 2013[12].

På väg söderut förlorar Karl XII slaget vid Poltava 1709 och han anklagar General Lewenhaupt för allvarliga misstag[13]. Denne bränner upp vissa fältarkiv[14]; resten försvinner spårlöst[15]. Historiker har därför inte insett, att Karl XII:s "ryska fälttåg" rörde sig om ett vattenvägsprojekt mot Svarta havet och *inte* om ett fälttåg mot Moskva[16].

Karl XII återvänder inte till Sverige, där familjen befinner sig: farmodern riksänkedrottningen Hedvig Eleonora, Karl Fredrik av Holstein-Gottorp (son till hans nyss avlidna syster Hedvig Sofia[17]), och den yngsta systern Ulrika Eleonora. Ulrika är nu i blickpunkten för den tyske arvprinsen Fredrik av Hessen, som med stöd av allierade makter har satt sig målet att "erhålla den svenska kronan".[18]

Ett EU-projekt[12] etablerat 2013 om en vattenväg från Gdansk (via Vistula och Bug), förbi Brest och sedan (via Dnjepr) till Kiev och Odessa, motsvarar Karl XII:s vision som ledde honom till Bender 1709.

Målning (spegelvänd) av Gustaf Cederström, 1879.

Karl XII och Ivan Mazepa vid Poltava (340 km sydöst om Kiev), Ukraina 1709. Mazepa pekar nordväst mot Dnjepr. – Karl XII angrep Grodno (i Polen, nära Brest) 1706 och sedan Pinsk. På väg söderut deltog han i flera andra slag på östsidan av Dnjepr[9]. Syftet var alltså *inte* att inta Moskva, men att verkställa vattenvägsplanen.

Till vänster: Rutten till Poltava – Karl XII följde Dnjepr-flodsystemet sydpå 1707-1709[9].
Till höger: The Ottoman Empire under Suleiman I the Magnificent, 1580 (source: Burak H. Sansal).

Karl XII ser nederlaget vid Poltava som ett olyckligt "avbrott" på vägen till Bender (Osmanska riket), inte som ett slutgiltigt slag mot ryssarna. Han anländer till sin destination (Bender) i juli 1709 med Ivan Mazepa och en hel hovstat på över 1500 personer[19]. I Bender sätter han igång en aktiv korrespondens med det Kungliga rådet i Stockholm[20]. Där börjar tronföljden bli en delikat fråga, och hemliga planer smids att avsätta Karl XII och upphöja Ulrika Eleonora på tronen[21]. Dessa planer inbegriper Gustaf Fredrik Lewenhaupt[22] och Fredrik av Hessen. Fredrik skickar ett ombud till Ulrika Eleonora i februari 1710[23], och snart sätter han in "all sin kraft på att lyckas i sina svenska planer[24]."

Karl XII verkar omedveten om det växande hotet och skriver i juni till systern om sina "latehundsdagar" i Bender.[25] Han är då upptagen att med hjälp av Ahmed III och turkiska trupper återta kontrollen över Polen och Ukraina från Tsar Peter (1710-1711)[26]. Men Karl XII misslyckas. Sultanens storvisir (premiärminister) hade tagit mutor från tsaren och dragit tillbaka sin armé för tidigt[27].

Karl XII börjar nu ägna sig åt vetenskapliga och merkantila studier, som är relevanta för vattenvägsprojektet och hans industriella planer för Sverige. Detta framgår dels av hans intresse och talang för konst, matematik och historia, dels av de prominenta vetenskapsmän och institutioner som då fanns i Konstantinopel, dels av hans kontakter och studieprojekt i Konstantinopel och slutligen av de tekniska och filosofiska kunskaper han demonstrerar efter åren i Turkiet.

Intresse och talang

Karl XII var tidigt road av matematik som en rent intellektuell övning och ansåg, att de som inte behärskade den bara kunde betraktas som "halva människor".[28] Redan 1697 beviljade han anslag till Laboratorium mechanicum[29] och följande år skrev den svenske arkitekten Nikodemus Tessin, att "Hans Majestät Konungen har stort nöje av konsterna och vetenskaperna".[30] .

Karl XII träffade tidigt andra regenter som vidareutbildat sig i vetenskaper och krigskonst. Ivan Mazepa hade studerat vid den välkända Kiev-Mohyla-akademin som utbildade den politiska eliten i Ryssland och Ukraina[31]. Tsar Peter hade bland annat studerat matematik, filosofi, geografi och astronomi i England och Holland[32].

Vetenskapsmän och institutioner

I Konstantinopel forskar och undervisar ett stort antal prominenta vetenskapsmän i ämnen som algebra, aritmetik, geometri, astrologi, filosofi och teologi[33]. Där finns även den över 250 år gamla osmanska palatsskolan Enderun (idag Istanbuluniversitet[34]), "som bidragit till det Osmanska rikets uppgång". Skolan, som ger "världens första institutionaliserade utbildning för de begåvade", strävar inte bara att utbilda sina elever till att bli vetenskapsmän, konstnärer eller soldater, utan också till att bli "perfekta människor" och ledare med kunskap om allting[35].

Kontakter och studieprojekt

Karl XII sätter upp en temporär diplomatisk beskickning i Konstantinopel[36], där en av hans medarbetare får studera under sultanens nära man, Ibrahim Muteferrika, en mångkunnig ekonom, astrolog, historiker, teolog och filosof[37]. En medlem av Karl XII:s militärband (Johann Jacob Bach, äldre bror till J.S. Bach) får studera flöjt under Pierre-Gabriel Buffardin och blir 1713 utnämnd till flöjtist vid hovkapellet i Stockholm. Sitt intresse för musik och teater delar Karl XII med sin avlidna syster Hedvig Sofia[38].

I Bender kommer Karl XII tidigt i kontakt med dåvarande prinsen av Moldavien, Dimitri Cantemir[39] (matematiker, musiker, kompositör, arkitekt, historiker och filosof), som själv studerat i Konstantinopel och talar elva språk[40]. I Bender mottar Karl XII även regelbundet besök av "osmanska höga ämbetsmän och diplomater".[41]

I januari 1710 anländer en svensk expedition till Konstantinopel[42], något som resulterar i ett omfattande material av teckningar av stadens byggnader inklusive sultanens palats Seralj (Topkapipalatset där skolan Enderun var inhyst)[43].

Karl XII är i regelbunden kontakt med arkitekten Nicodemus Tessin beträffande återuppbyggnaden av Stockholms slott, som kan ha blivit "inspirerad" av Seraljen och dess omgivning[44]. Karl XII har även beordrat ritningen och byggandet av Karlskyrkan i Zweibrücken[45].

En irländsk tidning rapporterar i mars 1711: "Brev från Konstantinopel säger, att kungen av Sverige hade full frihet av Ottoman Port att lämna Bender så snart hans Majestät ansåg lämpligt ... det var oklart vilken rutt han tänkte ta".[46] Samma irländska tidning rapporterar den 1 december 1711, att "Konungen av Sverige tillsammans med Palatinen av Kiev [Ivan Mazepa], inte bara har anlänt till Konstantinopel, utan också har haft audiens hos Sultanen".[47]

Det är känt att Karl XII under vistelsen i Turkiet påbörjar den stora så kallade reformverksamheten i Sverige i strävan mot en utpräglad merkantilism[48]. Kungen är full av idéer, som han skriver ner till uppfinnaren Christopher Polhem (till exempel, kunde man inte tillverka sy- och knappnålar i Sverige?). Han skickar även hem ritningar på bränslebesparande turkiska bakugnar och manuskript om turkarnas vaccineringsmetod mot smittkoppsepidemier[49]. Dessutom diskuterar han med Polhem planer för en sluss i Stockholm[50], en modern skeppsdocka i Karlskrona och kanaler mellan Vänern och Östersjön och Kattegatt med idén att "exportera koppar och mässing till Medelhavsländerna" [via Vistula-Dnjepr][51]. Karl XII sänder också ut expeditioner till Egypten, Syrien och andra länder i Mellanöstern för att "undersöka möjligheterna för en ökad svensk handel".[52]

Kalabaliken i Bender

Karl XII utsätts för ett attentat i Bender den 31 januari 1713 av en grupp tatarer, där han skadas lätt. Två utländska agenter (en utklädd till tatar) är åskådare till denna så kallade "kalabalik".[53] Sultanen sägs vara "helt främmande för dessa helvetiska konspirationer" och låter eskortera Karl XII med stor pompa och ståt till Demotika i söder[54]. Därifrån förs Karl XII snart vidare i säkerhet till ett närliggande slott i Adrianopel, där han stannar i över ett år[55].

Kalabaliken lär ha varit en del av en större konspiration mot Karl XII med deltagande av lantgreven av Hessen och andra.

Det hessiska partiet sades nämligen ha utvecklat planer att mörda Karl XII i Demotika[56]. Under sommaren korresponderar Fredrik av Hessen med greven Mauritz Vellingk rörande ett äktenskapsförslag till Ulrika Eleonora på väg till Karl XII[57]. Vellingk anklagas samtidigt av Karl XII för att ha varit ansvarig för kapitulationen av fältmarskalk Stenbocks armé i Tönning (Holstein-Gottorp) i maj 1713[58]. Under sommaren "det olycksaliga året 1713 ... avvaktar hela det lantgrevliga hovet [av Hessen] med spänd väntan händelsernas utveckling[59]."

Efter åren i Turkiet

En högtstående fransk officer skriver till den franske utrikesministern 1715: "Det är faktiskt så att hans [Karl XII:s] samtal rör sig på så många vitt skilda områden, och jag har ett intryck av att jag snarare talar med en filosof än med en konung".[60] Kasten Feif hade i ett brev till Polhem beskrivit Karl XII som "ett makalöst geni" inom mekaniken[61]. Polhem jämförde senare Karl XII med den store engelske matematikern John Wallis[62]. Ett otal vetenskapliga manuskript tillskrivna Polhem (trots hans läs- och skrivsvårigheter) utvecklades förmodligen av Karl XII själv i Osmanska riket och senare i Lund[63]. Karl XII kan i så fall anses som en 'kunglig da Vinci'.

Det bekräftas av Jöran Nordbergs biografi om Karl XII, att konungen hade "mycket smak för spekulativa vetenskaper som fysik, pneumatik, aritmetik och algebra, där han hade gjort häpnadsväckande framsteg".[64] Ett fyrtiotal år senare observerade kanslipresidenten Carl Gustaf Tessin hur "vetenskaperna hade utvecklat sig" i Sverige och "manufakturerna hava grundats och handeln har tagit fart".[65] – Karl XII:s 'fingeravtryck' finns kvar i Turkiet, där skolbarnen fortfarande kallar honom "Demirabas, Sarl" ["Järnhuvudet Karl"][66].

Slutsats: Syftet med Karl XII:s fälttåg 1700-1709 var att försvara Sveriges position i Baltikum och därefter att arbeta på sin plan om en vattenväg från Östersjön till Svarta havet. Vattenvägsprojektet krävde kartläggning av flodsystemen samt allianser med Polen, Vitryssland, Ukraina och det Osmanska riket. Men nödvändigheten att kontrollera östsidan av Dnjepr ledde till väpnade konflikter med Ryssland (utanför ryskt territorium). Det rörde sig alltså *inte* om ett fullskaligt krig mot Ryssland eller om ett fälttåg mot Moskva. Karl XII såg förlusten vid Poltava som ett olyckligt avbrott på sin väg till Bender, utsett som huvudkvarter för vattenvägsprojektet.

I det Osmanska riket 1709-1714 ägnade sig Karl XII åt vetenskapliga och merkantila studier, som gav honom ytterligare idéer för Sveriges utveckling. Samtidigt skötte han Sveriges affärer och genomförde en stor reformverksamhet av landets administration, gruvindustri och handel. Han lyckades inte återfå kontrollen över Polen och Ukraina.

Under tiden konspirerade Fredrik av Hessen aktivt för att bli kung av Sverige med understöd av sina allierade i Sverige och utlandet.

2 – Rendez-vous i Versailles

Under Karl XII:s långa uppehåll i det Osmanska riket förblir det svenska imperiet mer eller mindre intakt[67]. Provinserna är bålverket för Sveriges stormaktsställning och måste försvaras vad det än kostar. Om de förloras skulle "Gammalsverige komma i farozonen, och det skulle också bli dyrare att återerövra dem i framtiden än att försvara dem nu", skrev Karl XII 1711[68].

Karl XII blir därför bestört när han får veta, att den avlidna engelska drottningen Anne Stuart efterträtts av kurfursten Georg av Hannover (hennes tredje kusin) den 1 augusti 1714. Den i Karl XII:s ögon högst opålitlige Georg hade länge velat överta Sveriges besittningar i Tyskland, speciellt Bremen och Verden[69]. Dennes dubbelroll som tysk kurfurste och engelsk kung gör nu även att England blir en potentiell fiende till Sverige[70].

Georg I har dessutom ett mörkt förflutet. Han är misstänkt för att tjugo år tidigare ha mördat sin hustrus älskare, en svensk greve, Philip Königsmark, vilket varit en skandal som då hade skakat hela Europa. I Versailles hade Ludvig XIV vidtagit åtgärder för att hjälpa hustrun (hans svägerskas niece), men Georg hade omedelbart skiljt sig och satt henne i fängelse[71].

Ludvig XIV blir också bestört, när den tyske Georg bestiger den engelska tronen. Han anser nämligen, att den rättmätige tronföljaren är prinsen av Wales (Jakob Edvard Stuart, som bor i exil på Château de Luneville i Lothringen)[72]. Ludvig XIV accepterar därför att stödja ett projekt att störta Georg I för att återinsätta huset Stuart[73]. Projektet drivs av Stuarts följeslagare (Jakobiterna) som, enligt Voltaire, övertygat den franske kungen att allt som behövdes var "några officerare, ett skepp och lite pengar" (som denne fick låna av sin sonson Filip V av Spanien).[74]

Karl XII är den perfekte härföraren för att organisera en transport av trupper till Skottland. Han anser att Georg I är ett hot mot det svenska imperiet, han talar franska och han är i behov av pengar[75].

Inte oväsentligt är att Karl XII:s tidigare lärare i matematik och krigskonst var en adelsman ur den Stuartska ätten[76], och att hans fadder, drottning Kristina hade fått sitt monument uppsatt i St Peterskyrkan av den nuvarande påven, Clement XI, som också stöder projektet[77].

Karl XII kontaktas av Ludvig XIV via den franske ambassadören i Konstantinopel, som ger honom ett lån på 40 000 écus[78]. Han mottar även pengar från en bank i Wien, huvudsätet för den tysk-romerske kejsaren som också deltar i projektet[79].

Den 2 september 1714 skriver Karl XII från Demotika till sin syster Ulrika Eleonora: "Så är fuller skiäl at seija, dhet man har stor orsak at vara misslynt på Ängelandh ... Frankrike har dhenna tiden altidh visat sigh benägnast mot Svärgiet ... Frankrikes intresse är mera i enlighet medh Svärgiets än någon annans." Han lägger till: "Jagh beer Mon Coeur intet ville låta någon annan läsa, hvadh iagh skrifver i dhetta brefv; ty dhet är nödigt, at andra intet veta alt".[80]

Den 7 september hålls en fransk-tysk fredskongress i Baden, dit Karl XII skickar Baron Erik Sparre[81]. Där enas Ludvig XIV och den tysk-romerske kejsaren i all hemlighet om en "Katolsk union".[82] Deras målsättning är att stoppa protestanternas frammarsch i Europa och att installera katolska konungar på diverse europeiska troner.

Karl XII:s målsättning är att minska hotet mot det svenska imperiet och att använda arvodet från sitt deltagande i det skotska projektet till att betala tillbaka sina personliga skulder i Turkiet. Han har även behov av pengar för att stärka den svenska statskassan och investera i Sveriges industrialisering och maritima infrastruktur.[83]

Karl XII avreser från Turkiet den 20 september 1714. Han påstår själv, att han först begett sig till Valakiet (i det nuvarande Rumänien) och att han lämnat den 27 oktober [fem veckor senare] för att anlända till Stralsund (i norra Tyskland) den 11 november[84]. Det skulle innebära en 14 dygns maratonritt på nästan 2000 km[85], som fortfarande bemöts med en viss skepticism. Han reser under namnet "Kapten Peter Frisk", iklädd peruk och guldgalonerad hatt[86].

Ny information visar emellertid, att Karl XII lämnat Valakiet mycket tidigare och begett sig till Versailles för ett träffa Ludvig XIV.

Den respekterade engelska tidningen *Stamford Mercury* skriver den 21 oktober 1714: "Det rapporteras, att hans Svenske Majestät ska resa inkognito till Versailles för att ha en privat sammankomst med Kungen av Frankrike ... man fruktar att Konungen ska ingå åtgärder med Frankrike och Wien [den tysk-romerske kejsaren], som inte alls är till fördel för Staterna".[87]

```
         From Wye's Letter, October 19.
    Letters from Paris of the 22d, advife, That an Exprefs was
arriv'd there from the King of Sweden, with an Account of
his Swedifh Majefty's being at length fet out from Demir
Tocca, and was pafs'd thro' Sophia in his Way to Belgrade or
Temifwar, and that he would come directly through the Em-
peror's hereditary Dominions into Swabia, and fo to the Dutchy
of Deux Ponts, where he refolv'd to be by the 28th Inftant.
It's reported, That his Swedifh Majefty will go incognito to
Verfailes, in order to have a private Interview with the King
of France; and as the Dutch have difoblig'd him in the high-
```

Artikel i *Stamford Mercury*, London den 21 oktober 1714 med Wyes brev den 19 oktober.

Tidningen citerar ett brev som Karl XII skickat till Paris. I det säger han sig vara på väg till Belgrad och förväntas anlända den 17 oktober till staden Pfalz-Zweibrücken (i union med Sverige), där han just installerat den tidigare polske kungen Stanislaus[88]. Inför dennes ankomst har Karl XII låtit restaurera statsslottet och han beordrar nu byggandet av ett sommarslott med paviljonger i turkisk stil[89].

Från Pfalz-Zweibrücken är det cirka 450 km till Versailles – en veckas ritt[90]. Karl XII kan ha anlänt till Versailles runt den 24 oktober och stannat där ett par dagar. Under den perioden påbörjar Ludvig XIV:s hovmålare Rigaud ett porträtt på Karl XII, som färdiggörs i konstnärens ateljé i Paris 1715[91]. En fransk adelsman, som träffar Karl XII våren 1715 skriver till Ludvig XIV:s utrikesminister: "Karl ser mycket bättre ut än på de porträtt vi har sett".[92]

I Versailles utarbetas ett avtal med Ludvig XIV, som ska ge Karl XII "årliga subsidier om 600 000 kronor för den tiden kriget pågick".[93] Han lovas även pengar direkt från den katolske tronpretendenten Jakob Edvard Stuart[94]. Karl XII får därmed bra betalt för att skicka trupper till Skottland i syfte att störta Georg I av England och insätta huset Stuart på tronen.

Det är känt, att Karl XII anländer till Stralsund den 11 november 1714. Från Versailles till Stralsund är det cirka 1000 km, ett avstånd som i all rimlighet kan avverkas på 14 dagar. Det betyder att Karl XII förmodligen lämnade Versailles den 27 oktober, samma datum som han påstår sig ha lämnat Valakiet.

<u>Slutsats</u>: Karl XII odlade myten om "maratonritten" för att dölja vistelsen i Versailles och därmed också sitt uppehåll i Pfalz-Zweibrücken. Hans möte med Ludvig XIV ledde till ett avtal att skicka trupper till Skottland, vilket för Karl XII måste ha sett ut som ett relativt enkelt projekt med flera fördelar för Sverige.

Ludvig XIV
Oljemålning av Hyacinthe Rigaud, 1701
Musée du Louvre, Paris

Karl XII
Oljemålning av Hyacinthe Rigaud, 1715
Nationalmuseum, Stockholm

"Maratonritten" = 1000 km/14 dagar
Kartan: Karl XII:s påstådda 2000 km maratonritt från Valakiet till Stralsund, 27 oktober – 11 november 1714.
Källa: Föreningen Svenska Militära Minnesmärken.

Nya belägg för denna bok visar, att maratonritten istället sträckte sig från Versailles till Stralsund (ca 1000 km) under samma period.

3 – Misslyckande i Stralsund

Inför Karl XII:s ankomst till Stralsund har Emanuel Swedenborg skrivit "Festliga Applåder" till konungens ära, i vilken han hänvisar till en av Pytagoras doktriner om att allt går och återvänder i cykler[95]. Han har just återvänt från en fyra års vistelse i London, där han studerat Newton och John Locke[96]. Swedenborg börjar snart arbeta på en ny vetenskaplig tidskrift *Daedalus Hyperboreus,* som tillägnas Karl XII[97].

Några dagar efter sin ankomst träffar Karl XII sin blivande svåger, Fredrik av Hessen, som lovar "att bliva Eders Kungl. Majestäts lydigaste, trogne kusin och tjänare".[98] Fredrik av Hessen beger sig kort därefter till Stockholm, trots att han ännu inte lyckats ordna tronföljdsfrågan till Ulrika Eleonoras förmån[99].

Karl XII stannar emellertid kvar i Stralsund, där han skriver till Ulrika Eleonora: "Iagh skulle och intet underlåta at skynda mig fram och inställa mig i stället för än dhetta brefvet, om intet nödhvändigheten fodrade, at iagh mig här måste längre uppehålla till at frästa, hvadh som här kan stå till att uträtta".[100]

Ett engelskt manuskript bevarat på Windsor Castle ger 1902 följande information om Karl XII:s planer: "Newcastle nämndes som den bästa platsen för att landstiga svenska trupper, eftersom det var nära Jakob som då skulle befinna sig i Skottland".[101] Enligt ett annat dokument framgår, att Göteborg först var tänkt som avskeppningsplats[102]. Men flera tecken tyder på, att svenska och franska trupper skulle skeppas från norra Frankrike till den engelska kusten[103].

Ovetande om att Fredrik av Hessens far (lantgreven) redan lejt 12 000 hessare till Georg I[104], ingår Karl XII nu ett fördrag att få hessiska trupper till sin tjänst[105]. Under tiden gifter sig Fredrik av Hessen med Ulrika Eleonora den 24 mars 1715[106]. En engelsk tidning rapporterar från Stockholm: "Prinsen av Hessen, vår Vicekonung och Generalkapten ... är helt betagen av sin nya brud, vår Prinsessa[107]." Men Fredrik av Hessen får inte behålla titeln Vicekonung[108] utan tilldelas istället ansvaret för den svenska Östersjökustens försvar[109].

Dessutom blockeras Fredrik av Hessens kungliga ambition av den 15-årige sonen till Karl XII:s avlidna syster (Hedvig Sofia), hertigen Karl Fredrik av Holstein-Gottorp, som är den rättmätige svenske tronföljaren. Själv har Karl XII dock andra problem att tänka på än titlar och tronföljdsfrågan.

I maj 1715 förklarar Preussen krig mot Sverige, trots att Fredrik av Hessens far, lantgreven av Hessen, sägs ha gjort medlingsförsök[110]. Det leder indirekt till att den tysk-romerske kejsaren, Karl XII:s bundsförvant, går över på Georg I:s sida: "Vi måste samarbeta med England för att inte gå miste om vårt avantage", skriver kejsaren i juni till Prins Eugène av Savoyen, en av sina generaler[111]. Fredrik av Hessen, som känner Prins Eugène väl, har lärt sig "tidens yppersta krigskonst" av honom[112].

I London börjar den nyutnämnde envoyén vid den svenska ambassaden (Karl Gyllenborg) distribuera anonyma pamfletter om, att Sverige jämte England är de enda makter som kan skydda protestantismen i Europa: "Har England råd att förlora denne bundsförvant?"[113] Redan i juni anländer en engelsk skvadron till Östersjön under kommando av amiralen Sir John Norris[114], och även Danmark, Holland och Ryssland skickar fartyg till farvattnen runt Stralsund[115].

I juli rapporterar en engelsk tidning, att Karl XII väntar på hjälp av franska trupper i hertigdömet Kleve (vid holländska gränsen). Där har den preussiske kungen gjort Fredrik av Hessen till ståthållare[116].

Fredrik av Hessen hålls informerad om Karl XII:s kommunikation med Ludvig XIV[117]. Han har satt upp högkvarter på Finsta gård (nära Norrtälje) tillhörig en oppositionsman mot Karl XII. I slutet av augusti, säger han: "Här sitter jag i min tråkiga tillbakadragenhet".[118]

I Frankrike har Ludvig XIV plötsligt dött och begravts i tysthet[119]. Mot kungens sista önskan, tar hertigen av Orléans över förmyndarskapet av den femårige Ludvig XV[120]. Hertigen allierar sig nu med Georg I för att minska hotet från Filip V av Spanien (en deltagare i det skotska projektet), som själv kräver förmyndarskapet för sin nevö[121].

Georg I i sin tur beordrar Amiral Norris att överlämna åtta av sina starkaste fartyg till danskarna för att blockera den svenska flottan i Östersjön[122]. Men Karl XII låter enligt rapporter bränna upp åtta av sina fregatter snarare än att de faller i danskarnas händer[123]. Han sägs senare ha chockats över hur effektivt den engelska eskadern stängt inne den svenska flottan i Karlshamn[124].

I slutet av september 1715 är det tydligt att Karl XII och hans trupper inte har möjlighet att kunna delta i Jakobiternas planerade revolt vid Newcastle i Northhampton[125]. Jakob Edvard Stuart uttrycker sitt missnöje till sin statssekreterare, Lord Bolingbroke: "Jag har aldrig haft en bra uppfattning om våra förväntningar från Sverige och har alltid ångrat de pengar som skickades dit".[126]

En vecka senare skickar han ett nytt brev till Lord Bolingbroke: "Jag är mycket glad att pengarna avsedda för Mr. Kemp (Kung av Sverige?) [sic] har skickats tillbaka".[127]

> that Mary out of a very good motive should have told that particular to Edward to convince him how many and great friends Peter had, that he might by that means be the more easily induced to befriend Peter. I am very glad the mony design'd for Mr. Kemp (King of Sweden?) is return'd. I hope we are still masters to dispose of it as we think fitt.
> This is all I have to say at present, expecting with impatience some comfortable account by Orbee (Ormonde) at whose return I shall be able to say all I think without constraint on every thing."
> Copy.
>
> EIGHT RECEIPTS.
> 1715, Sept. 2, 3, 12, 18, 19, 21, 30 (o.s.)—By William Fraser,

Detta brev används senare felaktigt av historikern Ragnhild Hatton. Genom att ignorera frågetecknet som redaktören lagt in (se ovan), tar hon brevet som bevis för att Karl XII inte deltog i projektet att störta Georg I: '... han hade ju lämnat tillbaka pengarna'.[128]

Men Jakob Edvard Stuart talar inte om Karl XII, som i andra kodade brev kallats för "Mr. Spencer". Han talar om en verklig "Mr. Kemp", Sir Roger Kemp, en tidigare Torykollega till Lord Bolingbroke. Denne hade just misslyckats med sitt omval i Torypartiet och tvingats skicka tillbaka de pengar han fått av Jakob Edvard Stuart[129].

Det framgår också av flera källor, att Karl XII under de följande åren fortsätter att motta pengar från både Jakob Edvard Stuart, påven och Filip V av Spanien[130]. Voltaire, som träffar Bolingbroke i London 1728, bekräftade Karl XII:s planerade landstigning i norra Skottland[131].

I september 1715 får Karl XII ett förslag tillskickat av Fredrik av Hessen om ett "företag mot norska sidan".[132] Det ska visa sig, att företaget går ut på att använda Trondheim som avskeppningsplats för trupper till Skottland och att skicka dit trupper och utrustning genom det norska flodsystemet. Detta förslag bemöts positivt av Karl XII med sina tidigare erfarenheter av vattenvägsprojekt.

Förslaget bygger på information från en dansk officer, Peter Jacob Wilster, tidigare major vid artilleriet i Trondheim och senare överstelöjtnant vid Inspektionen över fästningsarbetena i Norge[133]. Fredrik av Hessen hade kommit i kontakt med dennes son: "Jag har förmått honom, att sätta upp ett projekt och har härmed äran att översända det till Eders Majestät, så som han framlagt det för mig[134]."

I det tillskickade förslaget ingår "en skiss över landet".[135] Det är möjligtvis den skissen av södra Norge som Johan Stenflycht[136], en officerare (i hessisk tjänst[137]) i Stralsund, senare ritar ur minnet.

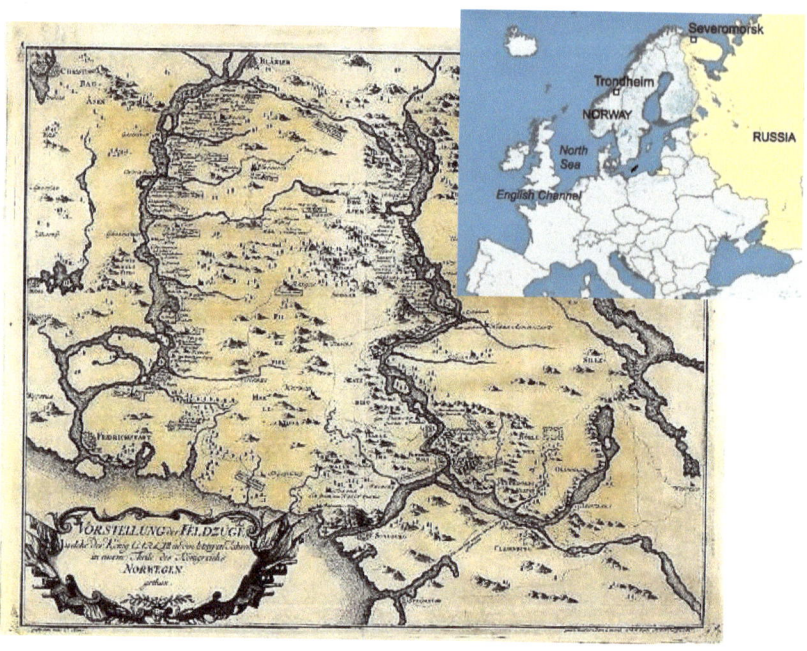

Karta över södra Norge (skiss utförd av Johan Stenflycht).
Glommen till vänster, Tistedalsälven i mitten. Källa: Stockholms Auktionsverk 2011.

Skissen innehåller emellertid en mängd grova fel, vilka senare kommenteras av en norsk historiker: "Kartan som han tecknat och signerat med namn och titel måste det allvarligt varnas för ... Den visar tydligt att Stenflycht hade de underligaste föreställningar om landskapet på Idd och i Enningdal[138]." Samma historiker bekräftar att alla svenska belägringskartor från den tiden innehåller topografiska fel, men att man inte visste namnet på den som ritat dem[139].

Fredrik av Hessen försöker medvetet sabotera Karl XII:s nya företag med felaktiga kartor över Norge. Dessa döljer, att det även om sommaren vore svårt och riskabelt om inte omöjligt att transportera trupper och utrustning upp genom flodsystemet till Trondheim.

En svensk källa säger, att det Hessiska partiet redan 1713 hade uppgjort en plan till konungens mord, vilken skulle verkställas i Demotika eller Stralsund[140]. Detta bekräftas av en fransk minister[141]. Senare säger lantgreven av Hessen i ett annat sammanhang, att "företaget mot Norge var ... endast för att störta konungen [Karl XII] i fördärvet".[142]

Karl XII fortsätter dock att ha fullt förtroende för Fredrik av Hessen och utnämner honom den 16 september 1715 till "generalissimus över våra styrkor till häst och fot[143]."

Två veckor senare skriver Karl XII från Rügen till sin syster, att "många hinder har här hela tiden förfallit och hindrar migh ännu[144]." Detta stoppar henne inte att organisera en "magnifik maskeradbal" i Stockholm den 23 oktober[145]. Kort efteråt anfalls Karl XII i Rügen, och förlorar 400 man[146]. Därefter rapporteras han försvunnen.

Det ger Fredrik av Hessen tillfälle att aktivt börja främja Ulrika Eleonoras rätt till tronen. Den 17 november informerar han sin far, lantgreven av Hessen, att man inte vet "var Hans Majestät blivit av".[147] Hade olyckan redan skett eller kom att inträffa "måste man främst nödvändigtvis vara betänkt på medel att såväl inom som utom riket vidmakthålla Hennes Kungl. Höghets odisputerliga rätt till tronföljden ...".[148] Fredrik av Hessen låter därefter sin far ta över den detaljerade planläggningen för tronföljden "i all synnerhet som man i Sverige levde så avspärrat från yttervärlden".[149]

Riksänkedrottningen Hedvig Eleonora, som stöder Karl Fredrik av Holstein-Gottorp, avlider plötsligt den 24 november. Fredrik av Hessen insisterar då, att han vid begravningen ska ha högre rang än Karl Fredrik. Den 6 december bekräftar han för sin far, att "hertigen [Karl Fredrik] har blivit tvungen att ge vika, i det jag infunnit mig till sorgeakten, han däremot har blivit borta".[150]

I mitten på december 1715 dyker Karl XII plötslig upp i Ystad[151]. Därifrån skriver han till Ulrika Eleonora, att Stralsund fallit i fiendens händer "igiönom dhet ingen undsättningh hela tiden är kommen. Men iagh är försäkradh at utväger lärer finnas, at alt lärer kunna komma till förra stånd igen".[152] Julen tillbringar Karl XII tillsammans med Fredrik av Hessen i Ystad[153]. Dit kommer även hans nevö hertigen Karl Fredrik av Holstein-Gottorp (den legitime tronföljaren). Karl XII skriver till Ulrika Eleonora den 31 december, att "härtigen är lyckligh och väl hijtkommen" och att han önskar resa tillbaka med honom "så fremt mina sysslor här tillåta mig".[154]

***

Slutsats: Under belägringen av Stralsund 1715 motarbetades Karl XII systematiskt av Fredrik av Hessen, som försökte få kungen att stupa i sin strävan att själv bli kung av Sverige.

Lantgreven, Fredrik av Hessens far gav 12 000 soldater till Georg I:s förfogande och byggde samtidigt upp det diplomatiska motståndet i Tyskland (Preussen). Det ledde till, att den tysk-romerske kejsaren gick över på Georg I:s sida. Fienden förhandsinformerades, och den engelska flottan anlände snabbt till farvattnen runt Stralsund. Dessutom dog plötsligt Karl XII:s främste partner Ludvig XIV och efterträddes av hertigen av Orléans, som omedelbart allierade sig med Georg I. Själv kom Fredrik av Hessen, ansvarig för Stockholms och den svenska Östersjökustens försvar, inte till Karl XII:s undsättning i Stralsund.

Karl XII lyckades inte skicka trupper från den franska nordkusten till Skottland. När han mot förväntan överlevde sabotagen, lurade Fredrik av Hessen honom med ett utopiskt företag mot Norge. Trondheim skulle användas som avskeppningsplats för trupper till Skottland, men avsikten var att "störta konungen i fördärvet". Vissa historiker har felaktigt trott, att det rörde sig om ett fälttåg för att inta Norge och därmed reta danskarna.

Samtidigt fortsatte den nygifte Fredrik av Hessen att sätta press i tronföljdsfrågan. Karl XII hade däremot fullt förtroende för sin tyske svåger och var optimistisk inför framtiden.

***

4 – Mothugg i Norge

Under sitt korta uppehåll i Ystad arbetar Karl XII vidare på industrialiseringsprojektet för Sverige[155] och på förberedelserna inför det skotska projektet (dvs. "företaget mot norska sidan").

Karl XII etablerar en upphandlingsdeputation i januari 1716 med deltagande av penningstarka köpmän som ska investera i handelsexpeditioner och i bergsmännens rörelsekapital[156]. Han har redan anställt den unge Jonas Alströmer i Göteborg[157], där de flesta handelsmännen är baserade. Jonas Alströmer kallas senare för "en av den industriella revolutionens förgrundsfigurer".[158]

Karl XII skickar Polhem och Swedenborg till Karlskrona för att övervaka bygget av en ny fartygsdocka, som kräver en komplex dammkonstruktion anpassad till havsbottnen för att stoppa vattenflödet, när man hugger ut hälleberget[159].

I Karlskrona förbereds örlogsflottan för sitt uppdrag mot Trondheim med fjorton linjeskepp och fem fregatter[160]. Samtidigt utrustas transportflottan i Göteborg med "8 galärer, 2 dubbelslupar och en artilleripråm samt en galliot och en strömbåt" – väl ägnade för transport på floder men inte på stora havet[161].

Karl XII nämner inget om sina planer till Ulrika Eleonora i sitt brev från Ystad den 23 januari. Han informerar henne bara att "Arfv-Printzen [Fredrik av Hessen], han är nu andra gången härifrån rest ... Han lärer ännu resa något vidare ikringh och besee gräntsfästningarna och regementena".[162]

Karl XII:s brev till sin syster, daterat Ystad den 15 februari, visar igen hur hemlighetsfull han är mot henne: "Men som iagh nu i mårgon måste gjöra en liten resa härifrån på några dagar till att hälsa på några regementer ... Men när dhet kommer närmare in på såmmaren, så at vintertiden är förbi, så hoppas jagh at skaffa migh tillfälle at komma åp till Stockholm".[163]

Dagen efter påbörjar Karl XII "företaget mot norska sidan".[164] Enligt den uppgjorda fälttågsplanen ska Karl XII själv marschera med 3000 man från Värmland till Kristiania [Oslo] och General Mörner med 4000 man från Vänersborg över gränsen vid Moss. Generallöjtnant Ascheberg ska göra ett skenanfall vid Svinesund för att hålla norrmännen ovetande om huvudattacken, och General Armfelt ska marschera med 10 000 man från norra Sverige till Röros (nära Trondheim)[165].

Trupprörelserna går inte osedda förbi. Från Edinburgh rapporteras i mars 1716 om en förestående svensk invasion i Skottland[166]:

> "We are now under a strange apprehension here, of an invasion from Swedeland, in favour of the Pretender and Rebels ...". / "Vi har en märklig känsla här, att det ska ske en svensk invasion för att stödja tronpretendenten [Jakob Edvard Stuart] och rebellerna ...".

Slutsats: Karl XII:s hemliga strategi är att skicka trupper och utrustning till Trondheim från tre olika håll (och därefter till Skottland): Jämtlands regemente tvärs över norska gränsen i norr, Karlskronaflottan genom Öresund och Skagerack, och Göteborgsflottan upp genom Norges flodsystem.

En förutsättning för transporten genom flodsystemet vore att ta kontroll över fästningarna, som bevakar flodernas utlopp i södra Norge: Akersälv vid Kristiania, Glommen vid Fredrikstad, och Tistedalsälven vid Fredrikshald. Men Karl XII inser inte, att han fått felaktiga kartor och att det skulle vara nästan omöjligt att genomföra en sådan strategi.

***

Fredrik av Hessen fortsätter att sabotera Karl XII, som fortfarande inte hyser några misstankar mot sin svåger. Företaget mot Norge är baserat på överraskning, men ända sedan hans ankomst till Sverige från Stralsund har norrmännen varit på sin vakt och rustat sig[167].

Vid norska gränsen i början på mars 1716 överrumplas Karl XII av ett par hundra norska dragoner och något infanteri, men han lyckas undkomma med en sönderhuggen kappa[168]. Fredrik av Hessen, som sägs ha blivit sårad, återvänder till Sverige[169].

Därefter intar Karl XII staden Kristiania utan strid den 10 och 11 mars 1716, men han kan inte genomföra en regelrätt belägring eftersom Göteborgsflottan har försenats. Han besväras dessutom av prickskyttar från Akershus fästning, och den 22 mars inser Karl XII att ett anfall i stor skala skulle kosta mer än han har råd att förlora[170].

Samtidigt blockeras Jämtlands regemente (under General Armfelt) av djup snö och kan inte komma vidare till Trondheim[171]. Den svenska styrkan under Generallöjtnant Ascheberg fördröjs av en falsk rapport om danska förstärkningar och drar sig tillbaka från Svinesund efter bara två veckor. Det är Fredrik av Hessen som informerar Karl XII om denna dåliga nyhet i början av april 1716[172].

Under tiden har Karlskronaflottan också försenats, och den danske kungen har passat på att ta kontroll över Skagerack[173].

Karl XII tar sig över Glommen den 21 april och sätter därefter upp sitt högkvarter i Torpum nära Idefjorden, tre kvarts mil från Fredrikshald[174]. Därifrån skriver han till Ulrika Eleonora den 10 juni: "Elliest är här ännu intet stort at gjiöra, utan är alt stilla och tyst så väl på våran som fiendens sida[175]."

Han vet förmodligen ännu inte, att Georg I och Fredrik IV av Danmark och Norge ingått en förnyad allians och att den engelska flottan under befäl av Amiral Norris just ankrat i Köpenhamn, där den nu blockerar hela Öresund[176]. Officiellt kommer Norris för att skydda engelska handelsmän, men liksom 1715 är hans order "att hindra eventuella försök i jakobitiskt intresse till infall i Skottland".[177]

Situationen förvärras när fienden återigen informerats om de svenska planerna. Den 22 juni (den 4 juli 1716 enligt gregorianska kalendern som då användes i Norge) misslyckas Karl XII därför med en överrumplingsattack om natten mot Fredriksten fästning från staden Fredrikshald[178].

Fredriksten fästning, den 4 juli 1716.
Källa: Østfoldmuseene, Sarpsborg, Norge.

Två dagar senare skriver Karl XII från Torpum till Ulrika Eleonora: "Sedan skiöt fienden från slåttet sielvf elden inuti staden och brände åp altsammans. Då drogh sigh våhrt fålk utur Staden undan elden och röken." Han berättar själv att attacken gått väl, men att "vij mist åhtskilliga brafva officerare, som ödet intet längre ville låta lefva".[179]

Vid samma tidpunkt tillintetgörs Göteborgsflottan i Dynekilen (en fjord norr om Strömstad) av den danska flottan under kommendören Peter Tordenskiöld[180]. Det sägs att Tordenskiöld hade fått förhandsinformation om, att svenska officerare var antingen "gäster på ett bröllop i trakten eller på en fest hos amiralen".[181]

Peter Tordenskiöld
av Balthasar Denner, 1719

Karl XII tvingas nu till reträtt och dirigerar största delen av trupperna tillbaka till Sverige, men stannar själv kvar för att bygga en fästning i Sundsborg (nära norska gränsen) "som en förberedelse för nästa rond".[182] – Under tiden befinner sig Fredrik av Hessen och Ulrika Eleonora på Medevi hälsobrunn i Östergötland[183].

***

I mitten av juni 1716 gör Georg I en fredstrevare. I ett brev till regeringen i Stockholm säger han sig vara medveten om, att skotska rebeller tagit sin tillflykt till Sverige (efter den misslyckade revolten 1715), men att han trots allt är villig att acceptera en försäkran från Karl XII att denne inte längre tänker stödja Jakob Edvard Stuart[184].

Arvid Horn, svenska riksrådets kanslipresident, svarar följande dag att man tagit del av punkterna, och att brevet skickats till den svenske ministern von Müllern för vidarebefordran till Karl XII[185].

Den 1 juli 1716 rapporterar samma tidning: "Senaten, biträdd av prinsessan Ulrika Eleonora, har bett Kungen av Sverige att överföra sin armé från Norge till Skåne ... och att arvprinsen av Hessen hade önskat instämma med dessa förslag; men att prinsen som känner till den svenska majestätens temperament, avböjde att blanda sig i affären, eftersom han trodde den skulle få ett kyligt mottagande".[186] Det är osäkert om Karl XII fick ta del av brevet från Georg I, men i vilket fall som helst tar han inte emot den utsträckta handen.

***

Det fortsatta händelseförloppet visar, att Karl XII inte ändrar sina planer att skicka trupper och utrustning till Trondheim för vidare överskeppning till Skottland, och att Fredrik av Hessen fortsätter att försöka "störta konungen i fördärvet".

I slutet på augusti 1716 lämnar Karl XII Norge och reser till Vadstena i Sverige för att ha ett möte med Ulrika Eleonora, som han inte sett sedan hon var tolv år[187].

Under tiden kryssar vad tidningarna kallar den "Stora Flottan" nära Bornholm med Tsar Peter, Sir John Norris, Amiral Guldenlew (en illegitim son till den danske kungen) och en holländsk amiral[188]. Tsar Peter lämnar plötsligt den stora flottan och återvänder till Sankt Petersburg[189]. Där utspelas ett annat drama.

Tsar Peters son Alexei har uppmuntrats av tsarens livläkare (Dr Erskine, en skotsk jakobit), att göra en statskupp mot sin far[190]. Hoppet är att Alexei blir ny Tsar av Ryssland och som sådan en bundsförvant till jakobiterna och Karl XII. Vid Tsar Peters hemkomst i september tvingas Alexei fly från Sankt Petersburg och så småningom försöker Karl XII ordna en fristad för honom i Polen[191].

Jakob Edvard Stuart, som tvingats lämna Château de Luneville i Lothringen, har flytt med sitt följe till Avignon, en påvlig enklav[192]. Där får han en fast inkomst av påven och skickar pengar till rebellerna i Skottland för att finansiera nästa revolt[193]. Några månader tidigare hade *Stamford Mercury* rapporterat att Jakob Edvard Stuart skulle resa till Sverige för att konferera med Karl XII[194].

I ett odaterat brev till Jakob Edvard Stuart lovar Karl XII att sluta fred med tsaren och att "landsätta 30 000 män i Skottland för att stödja dennes [Stuarts] anspråk".[195] För det behöver Karl XII nya pengar.

I mitten av september 1716 informeras Jakob Edvard Stuart av en av sina närmaste män: "Kungen av Sverige är i akut behov av pengar för att betala sina trupper ... det verkar som om den svenske ambassadören i London är auktoriserad att underhandla med Era vänner".[196]

Under senhösten 1716 rapporteras från Stockholm att "en stor mängd silver och guld nyligen har anlänt här från utländska länder, vilket gjort det möjligt för kungadömet att betala av många skulder, och bland dessa ingår de som den svenska majestäten kontrakterade under sin vistelse i Turkiet[197]." Kungen av Spanien, Filip V fortsätter att vara en viktig projektdeltagare[198]. Filips främsta motiv är fortfarande att ersätta hertigen av Orléans som förmyndare för sin unge nevö Ludvig XV[199].

Karl XII, som installerat sig i Lund, påbörjar nu en storskalig truppmobilisering med samma övergripande strategi som tidigare, att skicka trupper till Skottland via Trondheim. Det rapporteras att han bygger upp depåer i Skåne för att kunna "livnära 46 000 män under 8 månader[200]."

Karl XII skickar efter Polhem och Swedenborg, som kommer till Lund under hösten för att arbeta med kungen på diverse kanalprojekt och vetenskapliga uppfinningar[201].

***

Slutsats: Efter sitt misslyckade försök i Stralsund 1715 tvingades Karl XII att också avbryta företaget mot Norge 1716 – det vill säga företaget eller strategin att skicka trupper och utrustning till Trondheim från tre olika håll och därefter till Skottland.

Han misstänkte fortfarande inte, att hans "käre svåger"[202] legat bakom förhandsinformationen till fienden (Norris och Tordenskiöld) och att företaget gick ut på "att störta konungen i fördärvet".[203]

Karl XII var besluten att fortsätta sitt deltagande i det skotska projektet. Han hade redan mottagit stora summor pengar från projektdeltagarna och förväntade ytterligare medel från kungen av Spanien. Ingen finansiering från svenska staten var alltså nödvändig. Dessutom trodde Karl XII att han hade en bra strategi, och att det nu gällde att förstärka truppmobiliseringen och utveckla nya tekniska lösningar för transporten genom det norska flodsystemet.

I Lund skulle Karl XII även arbeta vidare med sina handelsprojekt, i vilka den spanske kungen också hade en roll.

***

5 – Mobilisering i London och Lund

Strax efter Karl XII:s ankomst till Lund i september 1716 börjar en bisarr brevväxling mellan tre av hans viktigaste rådgivare och diplomater, men som alla har en länk till Georg I.

Baron Karl Gyllenborg (nybliven svensk ambassadör i London som tidigare argumenterat för ett svensk-protestantiskt samarbete med England[204]), Baron Erik Sparre (svensk ambassadör i Paris som står nära Georg I:s samarbetspartner hertigen av Orléans), och den tyske baronen Görtz (vars onkel är Georg I:s finansminister i Hannover)[205].

Korrespondensen består av 34 brev, som ges ut i bokform i London i mars 1717 med titeln: « Letters which passed between Count Gyllenborg, the Barons Gortz, Spar [sic], and others; relating to the design of raising a rebellion in His Majesty's dominions. To be supported by a force from Sweden ».[206]

Den är bisarr därför, att de tre diplomaterna ger uttryck för att de försöker "förmå honom [Karl XII] att gå in i denna affär" ("hur det kan klaras med 10 000 män")[207], att de själva stödjer det katolska projektet mot Georg I, att de agerar på eget bevåg utan fullmakt från Karl XII ("utan vilken, som du vet, vi måste gå mycket försiktigt tillväga"), att utgivaren av boken är Baron Gyllenborg, att brevväxlingen blir så snabbt publicerad i London, och att den överhuvudtaget äger rum.

Brittiska parlamentsjournaler visar emellertid (se nedan), att brevväxlingen är en manöver av Georg I för att övertyga parlamentet om att godkänna nya truppinvesteringar som försvar mot Karl XII:s planerade landstigning i Skottland.

Georg I hade tidigare kritiserats för att använda den brittiska flottan 1715 för att bekämpa Karl XII[208] (tydligen utan parlamentets godkännande).

Vid en sammankomst den 20 februari 1717 säger Georg I till ledarmötena i Underhuset: "Jag hade hoppats, efter den sista revolten [november 1715], att fred och lugn skulle ha tillsäkrats nationen, så att jag, i enlighet med säkerheten för mitt folk, kunde ha gjort en betydande minskning av styrkorna. Men förberedelser som görs i utlandet för att invadera oss, tvingar mig att be om resurser, som är absolut nödvändiga för försvar av kungariket ...".[209]

House of Commons of Great Britain, 1793
Målning av Karl Anton Hickel.

Efteråt presenterar Lord Stanhope breven, som utväxlats mellan Görtz, Gyllenborg och Erik Sparre om den planerade "Rebellion på Hans Majestäts domäner med stöd av en Styrka från Sverige".[210]

> After which, Mr. Secretary *Stanhope* acquainted the House, That his Majesty had commanded him to lay before this House Copies of Letters which passed between Count *Gyllenberg*, the Baron *Gortz*, *Sparr*, and others, relating to the Design of raising a Rebellion in his Majesty's Dominions, to be supported by a Force from *Sweden*;

House of Commons and House of Lords Journal, 20 February 1717.

Underhuset beslutar att godkänna de nödvändiga resurserna för att försvara kungariket och utser en kommitté i vilken en av deltagarna är amiralen Sir John Norris[211].

> Historikern Ragnhild Hatton verkar inte ha sett något märkligt i diplomaternas brevväxling utan skriver: "Korrespondensen mellan Gyllenborg och Görtz 1716 hade uppsnappats och offentliggjorts i London för att rättfärdiga Gyllenborgs arrestering i januari 1717[212]."
>
> Hatton ger en felaktig beskrivning av parlamentets inställning: "Man vet numera att varken Georg I eller den brittiska regeringen, trodde att en svensk invasion var förestående eller ens att Karl XII hade gett ett sådant företag sitt godkännande[213]." Men den officiella parlamentariska journalen visar, att både det brittiska parlamentet och Georg I tog hotet om en svensk invasion på största allvar.

Efter mötet i Underhuset rapporterar *Stamford Mercury* att Georg I skrivit till Karl XII, men att brevet inte hade kunnat levereras på grund av Karl XII:s "indisposition" [sjukdom][214]. Georg I vill tydligen fortfarande ge Karl XII en chans att dra sig ur projektet.

Tsar Peter kallar Georg I för Nordens fredsmäklare och talar öppet om en fredskongress mellan "Sverige och dess fiender". Men hertigen av Orléans, som har spioner över hela Europa, informerar Georg I att det rör sig om intriger mot honom[215]. Han skickar ett franskt sändebud, Louis de la Marck till Lund. Därifrån skriver Karl XII till Ulrika Eleonora den 2 maj 1717: "I går mårres kom dhen Fransöske General hijt, som heter Lamark ..."[216] Inget kommer ut om mötet förutom Marcks rapport, "att Karl XII förnekat kännedom om den jakobitiska komplotten, ehuru han ansåg det vara oförenligt med sin ära att lämna en skriftlig förklaring häröver"[217].

Karl XII förlåter både Gyllenborg och Görtz för sina "missöden att bli arresterade"[218].

Den 30 maj rapporterar *Stamford Mercury*: "Vi hör att Kungen av Sverige inte vill kännas vid de åtgärder som tagits av hans entreprenöriska ambassadörer, Baron Görtz och Greve Gyllenborg, men han känner sig skyldig att försvara värdigheten av deras karaktärer"[219].

I Stockholm, där Ulrika Eleonora är regent under Karl XII:s frånvaro, talar Fredrik av Hessen sig varm för en fred mellan Sverige och Georg I[220]. Det förklarar hur Gyllenborg och Erik Sparre har kunnat ingå ett samarbete med Georg I bakom ryggen på Karl XII. Att en svensk ambassadör agerar utan någon som helst uppbackning från höga instanser i sitt hemland vore otänkbart. Under tiden använder Fredrik av Hessen sin far (lantgreven av Hessen) för att hålla förbindelserna med London levande[221].

***

I Lund fortsätter Karl XII sin storskaliga upprustning. Han skickar en officer till Paris för att rekrytera belägringsexperter. En av dem är Philippe Maigret[222], en tidigare elev till den kände fästningsbyggaren Vauban[223] och som är i tjänst hos hertigen av Orléans[224].

En annan fransk officer, Jean Charles Folard deltar också i förberedelserna. Enligt Ragnhild Hatton, var han medlem i den inre krets som efter kvällsmålet diskuterade krigsvetenskap med Karl XII. Han säger sig ha förundrats över en sinnrik bro "den finaste jag någonsin sett" och att "det var tack vare den mångfald av taktiska metoder, med vilka Karl XII genomförde sina flodövergångar, i vilka hans 'vive force' var oöverträffad".[225]

Karl XII spenderar också tid med Christoffer Polhem och Emanuel Swedenborg för att utveckla vetenskapliga projekt varav vissa redan var påtänkta i Turkiet. Konungen skriver senare ett formellt kontrakt med Polhem att "gjöra en sjöfart emellan Stockholm, Göteborg och Norrköping".[226]

Generalmajoren och ingenjören Carl Cronstedt (tysk-svensk och en anhängare av Fredrik av Hessen[227]) håller på att konstruera en blocklavett som underlag vid förflyttning och eldgivning av kanoner[228]. Blocklavetten påminner om en rullmaskin, som uppfunnits under tiden i Lund för att transportera fartyg på land. Det följande året deltar Swedenborg i överförandet av några smärre örlogsfartyg från Strömstad till Idefjorden[229].

Själv utarbetar Karl XII i Lund en oktal räknekonst[230], som Swedenborg skriver ner med titeln: *En ny räknekonst som omwexlas wid 8 i stelle then vahnliga wid thalet 10 ... (1718).*[231]

I november 1716 beordrar Karl XII "ståtliga statsbegravningar" för sin syster prinsessan Hedvig Sofia (avliden 1708) och för sin farmor, riksänkedrottningen Hedvig Eleonora (avliden 1715)[232]. Men i Karl XII:s frånvaro (på grund av sjukdom), anordnar Ulrika Eleonora och Fredrik av Hessen "den karolinska tidens minst påkostade begravningar".[233]

Våren 1717 kommer Fredrik av Hessen på besök till Lund med en av sina främsta anhängare, Gustaf Adam Taube, överståthållaren i Stockholm[234]. Syftet är att övertyga Karl XII att "fastställa tronföljdsordningen till hessisk förmån".[235] Men de lyckas inte, och i november återvänder Fredrik av Hessen till Lund i sällskap med det hessiska hovrådet David Hein för att göra ett nytt försök[236]. Denne har studerat för den kände tyske filosofen Christian Thomasius. Visserligen inspireras Karl XII av deras konversationer och skriver ner fjorton teser *Anthropologia physica* om själens och kroppens passioner[237], men han gör fortfarande ingenting i tronföljdsfrågan.

Dessutom arbetar Karl XII vidare med sina handelsplaner och sätter upp en så kallad Madagaskarexpedition för att upprätta handel med Kina och Indien[238]. Karl XII utfärdar senare ett "skyddsbrev" [kaparbrev][239] för att skydda de svenska handelsfartygen mot fiendeskepp och pirater som härjar i området runt Godahoppsudden och i närheten av Madagaskar[240]. Eftersom det första stoppet är Cadiz (på Spaniens västkust) deltar också Filip V av Spanien i Madagaskarexpeditionen[241].

***

Slutsats: Georg I fick det engelska parlamentet att godkänna truppinvesteringar 1717 för att bekämpa en svensk invasion i Skottland. Karl XII fortsatte att ignorera Fredrik av Hessens begäran, att Ulrika Eleonora skulle bli den officiella tronföljaren.

Karl XII stannade i Lund från september 1716 till cirka juni 1718 för att mobilisera stora truppsamlingar för det skotska projektet, för att fortsätta utveckla sina ostindiska handelsplaner, och för att invänta finansiella medel från Spanien.

Prins Fredrik av Hessen, sedermera Fredrik I av Sverige

Swedenborg skrev cirka 1770 om Fredrik I:
"Om jag skulle nämna alla hans illdåd, ränker och brott skulle jag fylla sidor. I honom såg jag vad en djävul är, både i sitt eget helvete och med män."

Ur avsnittet *De Amore* i ett postumt manuskript arkiverat på Kungl. Vetenskapsakademien.

Målning av Johan Starbus, 1718

6 – Tronbestigning i oktober

Den 11 november 1717 skriver Fredrik av Hessen till Ulrika Eleonora, att han förgäves försökt få Karl XII att bjuda ner henne till Lund under vintern[242].

Samtidigt cirkulerar rykten i Stockholm om intressekampen mellan husen Hessen (Fredrik av Hessen) och Holstein-Gottorp (Karl Fredrik av Holstein-Gottorp). Överståthållare Taube uppger, att Karl XII "vid slutet av året 1717 ska ge offentlighet åt en reglering i tronföljdsfrågan till Fredrik av Hessens förmån".[243]

Men Karl XII gör fortfarande ingenting i frågan. Med fortsatt förtroende för sin svåger, utvidgar han däremot i november Fredrik av Hessens auktoritet som generalissimus till att också inbegripa flottan[244]. Det betyder att Fredrik av Hessen nu har det övergripande ansvaret för hela det svenska militärväsendet (överbefälhavare).

Under våren 1718 börjar Fredrik av Hessen aktivt värva anhängare genom att öppet kritisera Karl XII. Han påstår att Karl XI är äregirig och känslig för smicker, lyssnar på okunniga, har svårt att ge vika för andras argument och är ansvarig för statens olyckor[245].

Påsken firas vid gränsen till Norge, där det berättas att "de högre ämbetsmännen var angelägna om att få äta middag med arvprinsen av Hessen-Kassel, som höll ett bord av högsta klass, vilket medförde att Konungen åt sitt bröd helt allena tillsammans med hertigen av Holstein och mig". Berättaren är Johan Stenflycht (som förfalskat de norska kartorna för Fredrik av Hessen)[246]. Stenflycht tillägger i sina memoarer, att Karl XII "insett att det i hemlighet smiddes ränker beträffande tronföljden i Sverige".[247]

I maj, medan Karl XII fortfarande är på resande fot[248], ger Fredrik av Hessen instruktioner till Ulrika Eleonora beträffande de åtgärder hon ska ta "i händelse av Karl XII:s frånfälle".[249] Instruktionerna är utskrivna på tyska av det hessiska hovrådet David Hein och stipulerar: "Så snart den sedvanliga parentationen över den bortgångne kungen hade hållits i rådet, borde hon proklamera sig själv som drottning och låta kröna sig innan riksdagen inkallades".[250]

Dokumentet är signerat den 18 maj 1718 med Ulrika Eleonoras handstil, men "texten har eljest korrumperats", noterade historikern Lennart Thanner 1954[251].

Denna promemoria, som Karl XII inte känner till, strider både mot Karl XI:s testamente och mot de principer som etablerades vid den Westfaliska freden i Münster (Tyskland) 1648. Dessa ger Karl Fredrik av Holstein-Gottorp "rätt till tronen".[252] Tsar Peter av Ryssland ser också Karl Fredrik som svensk tronföljare och planerar att gifta bort sin äldsta dotter, prinsessan Anna Petrovna med "tronföljaren till kungen av Sverige".[253]

Den 9 maj 1718 inleds efter många fördröjningar en fredskongress på Åland[254]. Förutom baronerna Görtz och Gyllenborg deltar några ryska delegater och andra utlänningar inklusive Friedrich Ernst von Fabrice, en agent till Georg I[255]. Kongressens officiella ändamål går ut på att förhandla fred mellan Sverige och Ryssland, men många historiker har insett att den var ett svepskäl för helt andra syften[256].

För Karl XII ger kongressen möjlighet att hålla deltagarna upptagna på Åland medan han själv kan förbereda transporten av trupper och utrustning via Trondheim till Skottland. För Georg I ger den möjlighet att planera ett nytt försök att stoppa den planerade invasionen med stöd av "en Styrka från Sverige", och för Tsar Peter att avancera äktenskapsplanerna mellan Anna Petrovna och Karl Fredrik av Holstein-Gottorp.

Snart börjar Karl XII återigen saboteras, exakt som tidigare. I slutet av maj anländer Amiral Norris med sin eskader till Köpenhamn, där den blockerar passagen i Öresund[257]. Samtidigt försenas upprustningen av Karlskronaflottan, trots att Fredrik av Hessen avlagt besök där i juni[258] och att Amiral Claes Sparre sades ha "arbetat energiskt".[259] Men i själva verket deltar Amiral Sparre med Fredrik av Hessen i konspirationen mot Karl XII[260].

De informerar därför inte Karl XII om flottans försening[261], vilket gör att han i början av augusti 1718 ger order till Jämtlandsregementet under befäl av General Armfelt att förflytta sig mot Trondheim med 10 000 män och 6 800 hästar[262]. De har med sig utrustning till örlogsfartyg [Karlskronaflottan] för att "kunna angripa Georg I i England, men har enbart proviant för sex veckor".[263]

Under tiden ökar trycket i tronföljdsfrågan. I början av september 1718 informeras pressen, att "Prinsessan Ulrika, gemål till arvprinsen av Hessen, är med barn".[264] Karl XII:s brev till sin syster i den perioden visar dock, att han är ovetande om hennes postulerade graviditet[265].

Vid samma tidpunkt skickar Tsar Peter, via Görtz, ett konkret äktenskapsförslag till Karl XII beträffande sin dotter och Karl Fredrik av Holstein-Gottorp. Det rapporteras från Hamburg den 6 september, att "Kungen av Sverige lämnat gränsen i Norge för att träffa Görtz".[266] För Fredrik av Hessen, som då befinner sig i Strömstad med Karl XII och 36 000 man[267], ger detta ett tillfälle att accelerera sina planer för Ulrika Eleonora innan Karl XII hinner bekräfta Karl Fredrik som sin tronföljare.

Det är nu, i början på oktober 1718, som en av Fredrik av Hessens kurirer, den tyskfödde Marcks von Würtemberg[268] plötsligt anländer från Trondheim till Strömstad. Würtemberg informerar Karl XII "bakom låsta dörrar" om allvarliga disciplinproblem bland officerare och manskap i Jämtlandsregementet[269].

Eftersom Karl XII är känd för att instruera sina officerare om vikten av disciplin, kan det inte ha varit svårt för Fredrik av Hessen att övertyga Karl XII att själv rida dit och lösa problemen på plats[270]. En ny fälla, som skulle utsätta Karl XII för risken att stupa undervägs (något som redan förutsetts i promemorian några få månader tidigare).

I ett brev daterat den 2 oktober till Fredrik av Hessen hade Ulrika Eleonora sagt: "Stupade konungen, löpte hessarna risken av att Karl Fredrik utropades till Konung" (citerat av historikern Stig Jägerskiöld)[271]. Carl Cronstedt är informerad om den riskfyllda ritten. Han säger nämligen till andra officerare i början på oktober 1718, att konungen skulle vara död innan månadens slut. Han hänvisade senare till kungens benägenhet att "alltid blottställa sig för faror och förakta alla precautioner".[272]

Följande belägg visar, att Karl XII begav sig till det svenska högkvarteret i Levanger norr om Trondheim (en "nittiomilaritt" från Strömstad, som Würtemberg själv "tillryggalade ... på tio dagar")[273].

I ett brev daterat den 16 oktober 1718 skriver Karl XII till en av officerarna i Trondheim, vilket visar att han måste ha varit på plats där. Han räknar nämligen upp de olika sätt på vilka nya reglementen inte följts och föreslår metoder att förbättra förposttjänsten, inkvarteringen och förplägnaden[274]. Den 23 oktober påbörjar Armfelt en marsch, under vilken han säger sig ha återkallat "något av den kraft som utgick från Karl XII:s gestalt". Hans order verkade "som en trolldryck på Armfelt och hans män. Med ens blev det omöjliga möjligt[275]."

Danska ministerbrev rapporterar, att "Stundom visste ingen hvar han var till finnandes", och att Karl XII red "ända upp till Jämtland" (där ligger den svenska basen i Duved 10 mil öster om Levanger)[276].

Beroende på precisionen av datumen i de olika källorna kan Karl XII ha lämnat Strömstad den 2-4 oktober, vistats den 12-13 oktober i Levanger, avrest tidigt nästa dag, och hunnit tillbaka sent den 23 oktober till Strömstad där han återser Fredrik av Hessen[277].

Det är möjligt, att Karl XII anlände till Levanger tidigare. Där påbörjas nämligen den 8 oktober en krigsjournal, som dagen efter rapporterar: "Manskapet är väl snyggade på Paraden, hattarna väl uppsatta och till alla delar propra".[278] Gustaf Cederströms målning illustrerar tydligen denna parad.

Det vill säga, Würtemberg själv ankom till Strömstad tidigare (i september) än rapporterat.

Gustaf Cederströms målning från 1923: *Gomorron gossar – Karl XII hälsar sina karoliner*, olja på duk, 94.5 cm x 76 cm.

I samma period (oktober 1718) har Fredrik av Hessen varit i Stockholm, där **Ulrika Eleonora bestigit den svenska tronen**. Det framgår av den respekterade Londontidningen *Stamford Mercury*:

> *From Miller's Letter, November 1.*
>
> That all the Imperial Troops in the Dutchy of Silesia were in Motion, to awe the Discontented Nobility and Gentry in that Kingdom. That the Hopes of a sudden Peace with Muscovy at Stockholm, were vanish'd, on Account that Count Horn Principal Minister to the King of Sweden, having invited all the Foreign Ministers there, signifying to them, that the Russian Adjutant-General Romanzoff, who was lately arriv'd from Petersburg, had brought nothing relating to any Overtures of Peace, but only a Letter of Compliments to their Swedish Majesties on their Accession to the Throne; and that Passports were getting ready for his return Home, which the Count in particular recomended to the said Ministers, to acquaint their respective Masters therewith.
>
> That Admiral Norris was on the Point to sail with his Fleet for Great Britain, assoon as the Wind became favourable; and design'd to leave two of his Men of War in the Ports of Sweden.

Millers brev, den 1 november 1718 i *Stamford Mercury*, London
"Letter of Compliments to their Swedish Majesties on their Accession to the Throne"

« Från Millers brev, november 1 [1718] ... Greve Horn, minister till Kungen av Sverige [sic], hade samlat ihop alla de utländska ambassadörerna här, för att informera dem att den ryske generaladjutanten Romanzoff, som nyligen anlänt från Sankt Petersburg, inte bringat med sig några fredsouvertyrer, utan bara ett brev med gratulationer till de Svenska Majestäterna för deras tronbestigning ».[279]

Otroligt nog nämner Millers brev inget om Karl XII:s situation, och ingen källa har hittats i Sverige som omtalar "tronbestigningen" i oktober 1718. Den engelska pressen, som normalt informerades om Karl XII:s aktiviteter och som sist skrev om honom i september, rapporterade inget i oktober och november.

I anslutning till artikeln rapporterar Miller, att Norris var redo att segla med sin flotta till Storbritannien [den 22 oktober] och att han hade beslutat att lämna kvar två av sina skepp i svenska hamnar. Det kan betyda, att Miller befann sig i Köpenhamn och hade låtit skicka brevet med den återvändande engelska flottan. Norris anlände den 29 oktober till London, där han skrev ett eget brev daterat den 1 november 1718 beträffande situationen i Trondheim, vilket publicerades i en annan engelsk tidning några veckor senare[280].

Tronbestigningen måste ha ägt rum runt den 17 oktober. Det tar nämligen 4-5 dagar att skicka ett meddelande från Stockholm till Köpenhamn, varifrån Norris avseglade den 22 oktober. Ett datum cirka den 17 oktober skulle också ha gett tid för Tsar Peter att informeras och skicka Romanzoff till Stockholm och för Fredrik av Hessen att vara tillbaka i Strömstad sent den 23 oktober[281].

Att Ulrika Eleonora verkligen proklamerade sig drottning i oktober, innan Karl XII:s död den 30 november 1718 bekräftas senare av fyra separata händelser:

(a) Fredrik av Hessen skickar en av sina generaler från Fredrikshald till Stockholm den 2 december för att lyckönska Ulrika Eleonora till "anträdet på tronen", innan ens det Kungliga rådet kunde ha informerats om Karl XII:s död den 30 november[282].

(b) Fredrik av Hessen själv ber Karl Fredrik av Holstein-Gottorp samma dag (den 2 december) att inte "ställa till trassel och motarbeta sin moster, som var drottning av Sverige".[283]

(c) Sekreteraren Drake skriver till Duved runt den 5 december, att "Hans Maj:tt är förleden d. 30 nov.", att "Arvprinsessan [sic] redan är i Stockholm för Drottning utropad", och att det är "strängt förbjudet låta det till gemen man utkomma".[284]

(d) Presidenten för det "Kongl. Rådet" kungör den 18 december (innan riksdagen tillträtt i mars 1719): "Hennes Kongl. Höghetz Arfprinssessans wår nu allernådigst regerande Drottningz lyckel. tillträde till regeringen i förmågo af den arfzrätten Hennes Kongl. Maij:tt till Cronan är tillfallen effter Hans Kongl. Maij:ttz högst sorgeliga frånfälle".[285]

***

Fredrik av Hessen hade alltså, påskyndad av Tsar Peters äktenskapsprojekt, organiserat en statskupp runt den 17 oktober 1718 – helt emot Sveriges tronföljdslag och helt utan Karl XII:s vetskap.

Efter att ha övertalat Karl XII att bege sig till Trondheim, hade Fredrik av Hessen själv begett sig till Stockholm, där han tydligen informerat Ulrika Eleonora att **Karl XII stupat i början på oktober** under ritten till eller från Trondheim. Detta scenario stämmer med hennes brev den 2 oktober om "Stupade konungen, löpte hessarna risken ..." och med Cederströms målning *Karl XII:s likfärd* (se nedan).

Därefter måste Fredrik av Hessen och Ulrika Eleonora kommit överens att hon, utan att ha sett Karl XII:s lik och i enlighet med den tidigare promemorian från maj samma år[286], proklamerar sig själv till drottning innan riksdagen inkallas.

Det är inte omöjligt att Karl XII av taktiska skäl gått med på, att rykten spreds om att han stupat i oktober. Därmed kunde han lura Norris att segla tillbaka till England – vilket denne också gör den 22 oktober. Det voro otänkbart att Norris skulle ha lämnat de nordiska farvattnen, om han fortfarande såg Karl XII som ett hot.

Karl XII:s förmodade död i oktober förklarar också, hur Swedenborg i samma månad kunnat notera konungens nya räknesystem i sitt eget namn[287]. Däremot visar Karl XII:s brev den 25 oktober till sin "kära syster", att han inte kände till hennes "tronbestigning".[288] Själv skriver hon till Fredrik av Hessen den 29 oktober: "Gud vare mig nådig ... att bevara min käre make".[289]

> Historieskrivningen har inte tidigare noterat, att Ulrika Eleonora proklamerat sig själv drottning innan Karl XII ens var död. En officiell publikation med titeln *Handlingar angående revolutionen i Sverige 1718-1719*, utgiven 1954 av Lennart Thanner, ger heller ingen hänvisning till Ulrika Eleonoras tronbestigning i oktober 1718[290]. Thanner lär definiera "revolutionen" som en kontroversiell administrativ process med flera beståndsdelar:
>
> (a) Den okonstitutionella promemorian från maj 1718 som åsidosatte den existerande svenska tronföljdslagen, (b) det Kungliga rådets omtalande redan den 18 december av Ulrika Eleonora som "vor nu regerande drottning", (c) militärens trohetsed till Ulrika Eleonora den 3 januari 1719 på villkor, att hon gick tillbaka till den "gamla foten" (makten till folket)[291], (d) riksdagens ogiltigförklarande av den avlidna äldre systerns (Hedvig Sofia) arvsrätt och därmed även hennes sons, Karl Fredrik av Holstein-Gottorp[292], (e) riksdagens val av Ulrika Eleonora i mars som tronföljare – mot att hon lovade, att "den så kallade souverainitet [enväldet] afskaffas"[293], och (f) kröningen av Ulrika Eleonora den 17 mars 1719.
>
> Emellertid visar utredningen för denna bok, att det *inte* rörde sig om en revolution initierad av svenska politiska eller sociala krafter, utan om en serie åtgärder drivna av den tyske prinsen Fredrik av Hessen och den svenska prinsessan Ulrika Eleonora. Deras pris för att komma åt den svenska kronan blev enväldets avskaffande.

Slutsats: Fredrik av Hessen fortsatte under 1718 att försvaga Karl XII och tog nu specifika åtgärder i förberedelse av en *statskupp*. Han lät i maj fabricera en promemoria på tyska med instruktioner för Ulrika Eleonoras tronbestigning. Han lurade iväg Karl XII till Levanger (Trondheim) i början på oktober och rapporterade honom stupad under den farliga ritten via Duved i Jämtland. Därefter verkställde han i all hemlighet Ulrika Eleonoras tronbestigning i Stockholm cirka den 17 oktober. När Karl XII kom levande tillbaka från Levanger till Strömstad den 23 oktober var hans dagar räknade.

Hundrasextio år efter Karl XII:s död utför Gustaf Cederström en oljemålning kallad *Karl XII:s likfärd*. Den visar hur den döde konungen ['stupad under ritten till Trondheim'] transporteras på en öppen bår genom de norska fjällen. Konstnären erkänner senare: "Absolut lögn bör man akta sig för, men en väl vald licentia poetica måste vara tillåten".[294] – Statskuppen förblev alltså känd bland vissa initierade personer!

Gustaf Cederströms målning från 1878: *Karl XII:s likfärd*

Olja på duk, 265 cm x 371 cm, Göteborgs konstmuseum.
Cederström målade en ny version 1884 (Nationalmuseum, Stockholm).

7 – Drama vid Fredriksten fästning

När Karl XII mot förväntan återkommer levande till Strömstad den 23 oktober 1718, måste Fredrik av Hessen: (a) undvika att kungen får kännedom om Ulrika Eleonoras tronbestigning[295], (b) se till att oinvigda inte upptäcker att Karl XII fortfarande lever, och (c) diskret eliminera honom så fort som möjligt – annars skulle Fredrik själv kunna riskera dödsstraff.

Fredrik av Hessen är väl förberedd inför mötet och gillrar återigen en fälla för Karl XII. Det visar de anteckningar som han skriver ner någon gång i oktober, och som idag finns på Riksarkivet. De består av tolv punkter, vilka Walfrid Holst beskriver som ett "samlat argument, tydligen för att användas i ett samtal med konungen".[296]

I dessa punkter noterar Fredrik av Hessen bland annat: "... att man står konungen efter livet", att "G (Görtz) bedrager konungen" [sic], att "Eders Majestät skall ha sina krafter nödiga mot Kä" [Kungen av Ängelandh[297]], att alla Karl XII:s trogna tjänare "nu måste bort", och att "allt ännu kan gå väl om man vill bruka ärligt folk".[298] Dessa anteckningar har säkert hållits tillgängliga för eftervärlden, eftersom han i den första punkten betygar konungen sin "stora kärlek".

Kort efter mötet skickar Karl XII ett sändebud till General Armfelt med order om att "omedelbart staden [Trondheim] attackera".[299] Själv beger han sig med en förtrupp på 900 man över den norska gränsen och etablerar sitt högkvarter i den lilla byn Tistedal ett par kilometer från Fredriksten fästning i södra Norge[300].

För att undvika en konspiration mot sitt liv är Karl XII nu omgiven av en grupp "ärligt folk", utpekade av Fredrik av Hessen. Bland dem ingår (a) två fransmän i svensk tjänst: Philippe Maigret och senare André Sicre (lojala till hertigen av Orléans), och (b) två tyskar i svensk tjänst: Johan Fredrik Kaulbars (Karl XII:s livvakt, som står speciellt nära Fredrik av Hessen)[301] och Philip Schwerin (också en gunstling till Fredrik av Hessen)[302]. Schwerin blir ansvarig för de övriga "ärliga folk" runt Karl XII. Han anklagas några år senare av danska ministrar för lycksökeri och opålitlighet[303].

Det ska visa sig, att Karl XII förklär sig till officer för att ytterligare minska hotet mot sitt liv. Denna maskerad, som inte tidigare har noterats i historiebeskrivningen, framgår av följande:

För det första: Karl XII har tidigare spelat inkognito roller. Han bevistade Stanislaus I:s kröning 1704 inkognito[304]. Han lämnade Valakiet 1714 som "Kapten Peter Frisk", iklädd peruk och guldgalonerad hatt[305].

För det andra: Johan Stenflycht berättar senare att, på väg till Norge den 29 oktober 1718, hade Karl XII sagt: "Jag kommer att följa efter som volontär och iaktta hur ni går till väga".[306]

För det tredje: Under belägringen av Fredriksten fästning gräver Karl XII ofta tillsammans med soldaterna i löpgravarna framför utanverket Gyldenlöve (intaget den 27 november). Fältmarskalkarna Rehnskiöld och Mörner skriver till rådet i Stockholm dagen efter konungens död: "... i regn och kula, ville kungen själv vara närvarande i löpgravarna för att allt skulle gå undan och arbetena framskrida så fort som möjligt[307]." – De kände alltså till Karl XII:s förklädnad, i motsats till soldaterna (se nedan).

För det fjärde: Soldaternas uppförande visar, att de inte känner igen Karl XII. Löjtnant Carlberg rapporterar fyrtio år senare (då det var allmänt känt att kungen varit där), att "Hans Maij:tt" skickat honom två gånger för att hämta manskapet, men att de inte kom "förrän effter långt wäntande".[308] – Otänkbart att inte omedelbart åtlyda en kunglig order, såvida kungen inte varit förklädd.

För det femte: Sicre berättar senare, att Karl XII:s lik bars bort från löpgraven under namnet "Kapten Carlsberg" iklädd hatt och peruk. Sicre påstår dock att det var han som satt sin peruk och hatt på kungen för att dölja dennes identitet[309]. För övrigt var det känt, att Karl XII aldrig hade peruk – och bar hatt enbart till häst[310]. Andra källor beskriver den döde officeren som en "ingenjör", en "artillerilöjtnant" eller en "fortifikationsofficer".[311]

I och med att Karl XII spelar rollen som en vanlig officer i november, börjar Fredrik av Hessen nu fatta beslut utan att konsultera konungen, vilket leder till olika konfliktsituationer.

Ett exempel på en sådan konfliktsituation, berättas av Johan Stenflycht: "Så snart Konungen fått reda på att arvprinsen [Fredrik av Hessen] förbjudit översten Stenflycht att gå till anfall vid Sannesund [den 10 november] beordrade Konungen ... att denne utan dröjsmål skulle gå till anfall mot danskarna vid Sannesund".³¹²

Den 30 november 1718 har Karl XII inkallat till möte i högkvarteret i Tistedal, där han ger "sina order till generalerna". Några officerare sägs ha pratat hemlighetsfullt om "att ett skott skulle gör sluta på hela fälttåget³¹³." Fram emot kvällen rider Karl XII tillbaka till utanverket Gyldenlöve³¹⁴. Cronstedt skulle då ha sagt till de andra: "Den som vill se konungen levande, han ser honom nu sista gången³¹⁵." Några timmar senare skjuts Karl XII till döds.

Detalj av en målning på Karl XII:s lik i löpgraven (Fredriksten fästningsmuseum).

Fredrik av Hessen har under åren misstänkts för att ha mördat Karl XII, utan att man kunnat ge en förklaring på hur han rent tekniskt kunde ha organiserat det dödande skottet³¹⁶. Eftersom Karl XII ansågs ha skjutits i en löpgrav från långt håll, har många dragit slutsatsen att han föll offer för ett ströskott från Fredriksten fästning eller ett utanverk och inte för "en lönnmördares kula".³¹⁷

Lennart Thanner konkluderade dock 1954: "Problemet Karl XII:s död kommer sannolikt att alltid behålla sin plats bland historiens olösta mordgåtor".³¹⁸

Utredningen för denna bok visar emellertid hur Fredrik av Hessen, med stöd av sina utländska sympatisörer, genomförde ett överlagt mord på Karl XII under ett anfall på Fredriksten fästning. Bevis i form av fakta och resonemang framkommer i följande fem punkter:

1. **En noggrann granskning av en serie vittnesmål nerskrivna vid olika tidpunkter avslöjar, att Karl XII redan var död när han "placerades" på bröstvärnet i löpgraven.**

Maigret (den franske belägrings- och trigonometriexperten) preciserar i ett brev till en svensk ambassadör 1723: "Jag befann mig nedanför honom [Karl XII] med huvudet mellan hans stövelklackar och Couillebasse [Kaulbars] befann sig på min högra sida. Knappt hade han stigit upp, förrän Sicre gick förbi och frågade mig, vad konungen gjorde. Jag svarade honom, att det inte var jag som placerat honom där[319]."

Separat noterar Kaulbars (Karl XII:s livvakt) i en anonym berättelse, avfattad redan samma natt[320], att "Hans Majestät befalte mig hålla honom under armarna", när han steg upp på bröstvärnet[321], och att kungen "sjiälf slog hål i wallen med sin foth och således gjorde sig fotfäste så högt att Hans Maij:tt kunde ligga med armarna på wallen".[322] Kaulbars tillägger att Schwerin, Sicre och de övriga vakthavande "befann sig nogot längre till höger i tranchéen".[323]

Det framgår alltså att Maigret, i skydd av mörkret och utan närstående vittnen, skuffat upp Karl XII underifrån, och att Kaulbars dragit upp honom i armarna.

Maigret röjer sig genom att säga till Sicre, att någon hade "placerat honom där". Kaulbars röjer sig genom att påpeka, att [den unge vitale] konungen hade bett om att bli "hållen under armarna" och genom att ge detaljer om fotfästen. Deras vittnesmål visar, att Maigret och Kaulbars manipulerade *ett lik* och att de hade en förklaring redo ifall någon skulle ha sett dem lyfta upp kungen.

Spiken i kistan är Löjtnant Carlbergs rapport. Han berättar att när han kom från den nya till den gamla löpgraven, såg han konungen liggande på bröstvärnet med "kappan om sig". Sicre hade sagt, att man "packat in kroppen i en grå kappa".[324] Carlberg tillägger att han inte visste "hur länge Hans Majestät hade legat exponerad i det häftiga skjutandet",[325] när Kaulbars efter några minuter plötsligt ropade: "Herr Jesu! Kungen är skjuten, sök upp General Schwerin och berätta Honom det".[326]

Carlberg förundrade sig över att skottet inte förorsakat "någon den ringaste ryckning på kroppen, som blef så aldeles stilla liggandes som den för ut låg; det var eij eller Naturligt ... i et ögnablick vara död utan at röra minsta lem".[327]

Carlberg misstänkte, att "ting inte stod rätt till".[328] Han hade skrivit sin berättelse "strax efter konungens död"[329], men den blev inte publicerad förrän efter Kaulbars och Fredrik av Hessen (då Fredrik I) var döda. Kaulbars hade belönats med titlarna "Baron, General, Landz-höfdinge". Carlberg noterade, att de som spritt ut andra "orimligheter" om dödstillfället "grufweligen afwiker ifrån sanningen".[330]

Carlberg berättar också, att han fått order av Schwerin att skaffa fram "12 bra karlar som skulle bära en Officerare" till batteriet på Studekullen bakom Gyldenlöve (vilket gav möjlighet att hålla kungens död hemlig en viss tid)[331]. En annan svensk officer, adjutant till Fredrik av Hessen, bekräftar senare: "Hans död tystades ned och liket transporterades genom soldatskarorna under annat upphittat namn som förevändning".[332]

Men planen gick fel. Carlberg förklarar att de "begge lösa kappor, med hatten och peruquen, kunde inte hindras at falla af" och att bårbärarna hade känt igen Karl XII. Det kungliga liket blev då omdirigerat till högkvarteret i Tistedal[333].

Maigret i sin tur hade sagt precis efter att Karl XII förklarats död: *"Skådespelet är slut, låt oss gå och supera" / "Voilà la pièce finie, allons souper"*.[334] Maigret bekräftade därmed charaden, som hade utspelats i den gamla löpgraven.

Senare berättade en av Fredrik av Hessens adjutanter (Schering Rosenhane), att denne varit "mycket orolig och tankfull" hela dagen. Vid åttatiden på kvällen hade han skickat iväg Sicre till utanverket Gyldenlöve. Efteråt blev han ännu mer orolig, ända tills Sicre återvände vid elvatiden och berättade att kungen var död. Fredrik av Hessen hade därefter ridit med sina bägge adjutanter till platsen[335].

En av Karl XII:s lakejer (Pihlgren) skrev, att Sicre kommit tillbaka med Karl XII:s hatt och överräckt den till Fredrik av Hessen, som suttit till bords med några generaler. Pihlgren slogs av, att underrättelsen inte väckte någon överraskning eller bestörtning[336]. Kasten Feif berättar separat, att Sicre också kommit med Karl XII:s kappa "som bevis för den olyckliga händelsen" [se kapitel 8][337].

<u>Slutsats</u>: Karl XII sköts någon annanstans än i löpgraven. Fyra utländska officerare ("ärligt folk") hade fått förhandsorder av Fredrik av Hessen beträffande den snabba och minutiösa hanteringen av Karl XII:s lik: släpa liket till löpgraven (Maigret och Kaulbars), förklara honom skjuten där (Kaulbars), leverera hans hatt och kappa till Torpum (Sicre), och täcka över liket med två lösa kappor och bära bort det under namnet på en okänd officer till Studekullen (Schwerin). Carlberg var tydligen inte insatt i mordet, men blev beordrad av Schwerin att hålla kungens död och identitet hemlig.

2. **Karl XII stod på en 'skyddad' plats, när han träffades av ett druvhagelskott från ett kanonbatteri placerat på norra sidan av Tistedalsälven kontrollerad av svenskarna.**

Inte långt från den gamla löpgraven låg en samlingsplats, som beskrivs i Carlbergs rapport. I den säger han, att konungen den kvällen befann sig på "uppställningsplatsen", som låg "under bergets betäckning" ett gott stycke från fästningen. Där samlades manskapet varje afton vid mörkrets infall för att tilldelas sitt arbete i löpgravarna av Maigret[338].

Den skyddade samlingsplatsen verkar också beskrivas av en norsk historiker 2007: "Hele høyden, Kaponnierberget og nordskrenten frem til Utsiktsberget kunne besettes etter erobringen [av Gyldenløve]. Her var det nå dekning bak fjellknausene mot beskytning fra Overberget, Stortårnet [Mellemberget] og hovedfestningen[339]."

Ett fältbesök i april 2016 visade att det finns en sådan skyddad plats, relativt liten i yta, mellan utanverket Gyldenlöve och Fredriksten fästning i det lågtliggande området (bakom Karl XII monumentet från 1938), längs stupet ner mot Tistedalsälven. Löpgravarna låg 20-100 meter längre bort. En liten bergskulle ger området fullt skydd mot beskjutning från fästningen och från utanverken Mellemberget och Overberget. Passagen dit från Gyldenlöve är skyddad av en annan bergskulle.

Denna plats (markhöjd ca 95 meter enligt Googlemätning) är emellertid helt öppen mot en bergsplatå på Oskleiva med ungefär samma markhöjd (ca 100 meter) på den norra sidan av Tistedalsälven ca 690 meter längre bort, nära staden Fredrikshald (se foton nedan).

Gyldenlöve i bakgrunden   Monumentet från 1938   Utsikten mot Oskleiva
Den skyddade platsen är inte synlig från fästningen, Mellemberget eller Overberget, men kan ses från Oskleiva (utan träd).
Foton: Icons of Europe fältbesök till Fredriksten fästning, april 2016.

Området på båda sidorna av Oskleiva-bergsplatån var kontrollerat av svenskarna. Det låg mellan överbefälhavaren Fredrik av Hessens huvudkvarter i Torpum och Karl XII:s i Tistedal. Karl XII hade därför all anledning att känna sig i säkerhet på samlingsplatsen.

Olika källor bekräftar, att Karl XII sköts till döds med druvhagel (kartesch) från ett välinriktat kanonbatteri:

(a) Sicre (eller Maigret) berättar genom Voltaire 1731, att "Kungen stod med halva kroppen exponerad mot ett kanonbatteri riktat exakt mot den vinkel där han stod. Ingen var nära honom ... Kanonen sköt med kartesch[340]." Sicre röjer därmed, att det inte rörde sig om ett ströskott.

(b) Fredrik av Hessen skriver den 1 december 1718 till sin far: "Konungen sköts igår kväll mellan klockan sju och elva i löpgravarna framför Fredrikshald med en kartesch genom bägge tinningarna och dog ögonblickligen av skadorna".[341] Han preciserar inte varifrån skottet kom.

(c) Kaulbars skriver samma kväll, att det sköts med "druvhagel" [kartesch] och att Karl XII träffades "widh 4de Canonskottet".[342] – Genom att ha räknat skotten avslöjar Kaulbars, att han också kände till mordplanen och att det inte rörde sig om ett ströskott.

(d) Maigret verkar veta vilken typ av kanon det rör sig om: "... vapnet varmed kulan blivit avskjuten, kunde inte bäras av någon man, hur stark han än vore".[343]

(e) Sicre rapporterar muntligen några dagar senare, att "skottet har skett med en kartesch från en annan skans, som låg på sidan på avstånd derifrån[344] [Oskleiva]."

(f) Den tyske generalmajoren von Leutrum, en "ärlig man"[345] utskickad av lantgreven av Hessen till Glommen i Norge[346], berättade att han informerats den 6 december 1718 av en viss Kapten Engelbrecht, att Karl XII blivit "skjuten med en karteschkula från Fredrikshald [staden / Oskleiva], som gick in genom den vänstra tinningen".[347]

Oskleiva-platån mitt emot Gyldenlöve och samlingsplatsen | 6-pundare

  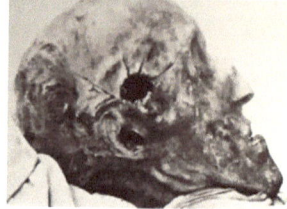

Foton: Icons of Europe, Google Earth, Fredriksten fästningsmuseum (2016).

Slutsats: Ett kanonbatteri laddat med kartescher var placerat på Oskleiva-platån mitt emot Gyldenlöve och riktat mot den vinkel, där Karl XII stod på den 'säkra' samlingsplatsen ca 690 meter längre bort. Den lilla ytan på denna plats hade gjort det möjligt att ställa in kanonbatteriet med en viss precision. Karl XII dödades av en svärm av karteschkulor.

***

Flera källor uppmärksammar en egendomlig omständighet rörande den unge svenske löjtnanten Carl Vilhelm Drakenhielm. Enligt en regementsorder sköts han natten innan av en karteschkula i huvudet och i axeln "vid ungefär den plats där kung Karl XII nästa dag skulle stupa".[348]

Det är dock mer troligt, att Drakenhielm var Karl XII:s adjutant och stod tillsammans med honom när han sköts[349] (inte "uti approacherna för Fredrikshald"[350]) – se sidorna 66-67. För övrigt gifte sig Drakenhielms syster med Erland Broman, en gunstling till Fredrik av Hessen, och Drakenhielms uniform och hatt bevaras än idag i Ludgo kyrka, Nyköping[351].

3. **Ballistiska analyser och likbesiktningar visar, att det var fullt möjligt att träffa Karl XII från Oskleiva-platån.**

Ett ballistiskt-matematiskt experiment i Sverige 1988 fastställde, att Karl XII kunde ha skjutits av en kartesch med 18-20 mm muskötkulor från en tre-pundig eller sex-pundig kanon på cirka 625 meters avstånd (man tänkte då på en kula från utanverket Overberget)[352]. Senior Curator Thomas Roth på Armémuseum i Stockholm bekräftar, att en svensk sex-pundig kanon den gången kunde skjuta druvhagelskott med järn- eller blykulor mot en viss yta upp till ett avstånd på 700 meter[353]. Detta stöds av Oberst Strømsæther, kommendant på Fredriksten fästning: "Rent ballistisk er det ikke tvil om at en kardeskkule som treffer et hode etter 700 ms flukt vil være dødelig".[354] För att rikta kanoner mot ett avsett mål hade Karl XII själv genom Polhem och Cronstedt låtit uppfinna riktskruvar, som kunde låsa kanonerna i rätt vinkel[355]. På sin dödsbädd ska Cronstedt ha erkänt sin delaktighet i mordet[356].

Träffsäkerheten med sådana druvhagelskott demonstrerades av en engelsk provskjutning 1749: "Förra torsdagen ägde det länge förväntade experimentet rum ... de började med att skjuta på ett mål runt en fot diameter, på 700 yards [640 meter] ... efteråt avfyrade de druvhagelskott med absolut perfektion, och avslutade med åttiosex skott från en engelsk sex-pundare i nio minuter".[357]

Slutsats: Sannolikheten var alltså stor att träffa Karl XII med en eller flera kulor från svärmen av karteschkulor avfyrade simultant från fyra kanoner på Oskleiva-platån – alla inriktade på förhand "exakt mot den vinkel där han stod".

***

Skottskadan på Karl XII:s kranium visar enligt experter, att han träffades i tinningen av en rundkula med en diameter på 18-20 mm, men att projektilens ingångsöppning "påverkats av senare, väl huvudsakligen i samband med Konungens balsamering, vidtagna ingrepp".[358] – Kraniet blev manipulerat under kistöppningarna 1746, 1799, 1859 och/eller 1917, där ingångs och utgångshålen har gjorts större (se foton sidan 85).

En gammal debatt huruvida Karl XII träffats i vänster tinning (fiendeskott) eller höger (lönnmord[359]) är *irrelevant*. Eftersom han stod upp i själva skottögonblicket, kunde huvudet ha varit vänt i endera riktningen. Till exempel kunde han ha hört nerslaget bakom sig från ett av de tre första kanonskotten, som Kaulbars hade räknat på kvällen den 30 november.

Rapporterna av de fyra besiktningarna av Karl XII:s balsamerade lik har endast beskrivit kulhålen i kraniet, men inte officiellt uttalat sig om huruvida hans kropp haft skottskador. Det vore högst osannolikt att inte också kroppen träffats av svärmen av karteschkulor. Karl XII:s kappa hade ju levererats till Fredrik av Hessen i Torpum samma kväll, och liket täckts över av två andra kappor.

Inför kistöppningen 1917 hade Gustaf V speciellt gett order, att enbart kraniet fick undersökas "utan annan rubbning av den avlidne konungens kvarlevor än den, som nödvändiggöres för en beskrivning av den skada, som medförde konungens död".[360]

Men en av de deltagande likbesiktarna observerade några år senare, "att denna undersökning såsom sådan har otvetydigt åstadkommit, att uppfattningen att Karl XII träffats av en kula från de icke fientliga lederna, icke motsäges av de gjorda iakttagelserna på hans döda kropp ...".[361] Det vill säga att man undersökt kroppen (emot Gustaf V:s order) och insett, att skottet kunde ha kommit från *de svenska leden*. Men denna observation ingick inte i den officiella rapporten.

Slutsats: Under balsameringen av Karl XII:s lik och vid senare kistöppningar manipulerades skotthålen i hans kranium. Skottskadorna på kroppen omtalades inte.

4. **Karl XII:s militärstrategi vid fästningen ger en förklaring till varför han stod på samlingsplatsen i dödsögonblicket.**

Idag sägs att Karl XII:s plan enbart var att anfalla Fredriksten fästning från området framför Gyldenlöve[362], vilket inte stämmer med hans militära grupperingar på den tidpunkten.

En ny analys baserad på fakta och logik visar, att Karl XII:s strategi var en trippelsidig överrumplingsattack mot fästningen från både Gyldenlöve (från öst) och från två ställen i staden (från norr och nordväst). Angreppet skulle börja på kvällen den 30 november[363].

Karl XII hade redan tio år tidigare utarbetat en liknande plan för att attackera staden Veprik i Ukraina (innan slaget vid Poltava 1709). Tre stormkolonner skulle närma sig staden med understöd av artilleriet. Därefter skulle tre raketer skjutas upp. Vid den tredje skulle man öppna eld och stormningen börja. Men då hade den tyske översten Albedühl, som även är på plats i södra Norge i november 1718, inte inväntat raketskotten och anfallet misslyckats[364].

Dessutom hade Karl XII två år tidigare försökt göra en nattlig överrumplingsattack på Fredriksten fästning från staden, men misslyckats. Karl XII hade då haft färre soldater och norrmännen hade fått förhandsinformation[365].

I november 1718 åtnjöt Karl XII emellertid en stor militär överlägsenhet. Hans armé i södra Norge bestod av 36 000 man[366] och ett tungt svenskt artilleri. Ragnhild Hatton berättar, att "kavalleriet från Karl XII:s egen grupp bredde ut sig norr och nordväst om Fredrikshald, medan den Hessen-Mörnerska armén stod väster om staden ... tungt artilleri hade förts över Idefjorden". Karl XII hade redan i september anförtrott Fredrik av Hessen sin fälttågsplan[367].

Förklädd som officer hade Karl XII tillbringat hela månaden med att förbereda de taktiska elementen av anfallet på fästningen. Den 27 november hade han med hjälp av de så kallade Cronstedtska batterierna på Studekullen intagit utanverket Gyldenlöve (ca 300 meter framför fästningens östsida).

Därefter sattes arbetet igång med att gräva löpgravar inför stormningen av fästningens östsida samt att förflytta batterierna "till sina nya ställningar". Det noterar Ragnhild Hatton som tillägger, att det var "endast en tidsfråga när belägringen skulle leda till resultat", samt att "Maigrets skickliga planering av parallellerna med deras vetenskapligt uträknade vinklar" var en viktig tillgång[368].

"En del av artilleriet skulle forslas från Studekullen till en punkt framför Gyldenlöve ... den 30 november", skriver en norsk historiker[369]. En annan del av artilleriet förflyttades till staden, något som bekräftas av Kaulbars vittnesmål.

Beträffande kvällen den 30 november skriver Kaulbars nämligen, att "bomber kastades från Staden" [från de svenska leden norr och nordväst om fästningen], att "skott ifrån Öfwerberg ok staden rättades på oss", och att Karl XII "wille taga alt detta i närmare ögnesikte".

Peter From säger senare, att Kaulbars "felaktigt talar om 'Staden' istället för fästningen." ... "Det fanns ju inga fiender till höger (norr) om konungen, endast en brant bergvägg ned mot Tistedalsälven".[370]

Men en engelsk tidningsartikel 1723 rapporterade, att skott kom "från Staden" / "from the Town[371]. Det stämmer också med soldaternas vittnesmål att de hade hört, att flera skott kom "från höger" [Oskleiva].[372] Överrumplingseffekten stärktes av, att Fredrik av Hessen intog en middag i Torpum den kvällen och att soldaterna arbetade i löpgravarna.

Det vill säga, angreppet mot fästningen skulle börja på kvällen den 30 november genom att det svenska artilleriet bombarderade fästningen "från Staden".

Fästningens norra sida kunde nås med visirskott från det ca 100 meter höga och lätt tillgängliga Rödsberget ca 1000 meter längre bort (nordväst om fästningen)[373] och med kartescher från Oskleiva-området norr om fästningen. Detta Googlefoto (2016) visar fem viktiga ställen:

1 = Fästningen 2 = Gyldenlöve 3 = Samlingsplatsen 4 = Oskleiva 5 = Rödsberget

Utsikten från samlingsplatsen vid Gyldenlöve, vid branten ner mot Tistedalsälven, gav en överblick över själva staden, Oskleiva och löpgravarna framför fästningens östsida. Platsen var alltså en viktig *utkiksplats*, som också kunde iakttas från Gyldenlöve, Oskleiva och Rödsberget.

Trots att svenskarna, enligt den danske fästningskommendanten Landsberg, hade "spärrat in dem så väl att ingen människa kunde ta sig igenom",[374] avbröts angreppet så snart Karl XII rapporterats död.

Däremot sköts det sporadiskt från fästningen ytterligare två dagar innan kommendanten fick veta av en desertör, att kungen av Sverige hade dödats i löpgravarna, och att "fienden redan höll på att dra bort sina kanoner från batterierna".[375] En adjutant till kungen av Danmark noterade senare, att den svenska armén gjort "en mycket överilad och oordnad reträtt".[376] Dessa uppgifter framgår av fästningskommendantens krigsjournal för november och december. Den hade snabbt översatts och publicerats i en engelsk tidning[377], vilket bekräftar Danmarks samarbete med England [ända sedan Amiral Norris ankomst till de danska farvattnen 1715].

Slutsats: Karl XII:s strategi var en nattlig trippelsidig överrumplingsattack på Fredriksten fästning – med angrepp från Rödsberget, Oskleiva och Gyldenlöve, vilket senare har hållts hemligt för att dölja att skottet kom från de svenska leden.

I dödsögonblicket stod Karl XII på den skyddade samlingsplatsen/utkiksplatsen redo att ge startsignalen till angreppet mot fästningen (Fredrik av Hessen befann sig då i Torpum). Som kung måste Karl XII ha haft en adjutant vid sin sida – det var troligtvis Löjtnant Drakenhielm (se sidan 61). Karl XII visste inte, att han i själva verket skulle ge en ljussignal till sin egen 'bödel' vid kanonbatteriet på Oskleiva.

Cederströms målning *Den 30 november 1718* illustrerar denna scen precis innan Karl XII träffas av druvhagelskottet. Han står i mörkret framför utanverket Gyldenlöve. Han är klädd i slängkappa och hatt och håller en trästav framför sig. Vänstra handen vilar på värjan. En officer [Löjtnant Drakenhielm] räcker fram en lykta till honom. I bakgrunden syns ett kanonskott från staden och fyra ljusglimtar [kanonskott – se sidan 60] samt Nordstjärnan och Karlavagnen över Fredriksten fästning. I verkligheten kan dessa stjärnor inte ses mot öst över fästningen, men väl över Oskleiva.

Gustaf Cederströms målning (1897) *Den 30 november 1718*

Karl XII står i mörkret framför utanverket Gyldenlöve – redo att ge startsignalen till trippelattacken mot Fredriksten fästning. Målningen är återgiven i *En målad historia*, Göteborgs konstmuseum, 2014. Den är avbildad efter en skiss *Den 30 november 1718*, olja på trä, 1896, signerad Cm96, mått 32 cm x 24 cm (källa: Nationalmuseum, Stockholm). Cederströms farfars far, Karl XII:s kanslist befann sig i Tistedal den dagen.

Skiss

Det sägs senare "hwad alla weta", att Karl XII dragit sin värja i dödsögonblicket och "hölt med handen ännu så fast i handkafweln at man ey utan möda kunnat skilja handen därifrån". Myten stämmer med en förvirrad skildring av Karl XII:s livläkare Melchior Neumann, om hur konungen "upptäckte sin mördare och började dra sin värja ur skidan".

5. **Fredrik av Hessen genomförde kungamordet med stöd av Georg I och Frankrikes regent, hertigen av Orléans.**

Ovanstående fyra punkter visar, hur mordet rent praktiskt gick till. Fredrik av Hessen hade fått hjälp av sina utländska sympatisörer: den tyskfödde Georg I (kung av England och även kurfurste av Hannover) och dennes bundsförvant hertigen av Orléans (Frankrikes interim regent)[378]. Båda hade ett stort intresse av att få Karl XII eliminerad. Trots Georgs tidigare försök, hade han vägrat ge upp det skotska projektet[379].

Fredrik av Hessen hade hållit relationerna levande med Georg I genom sin far, lantgreven av Hessen[380]. Dessa gav honom även tillgång till kungen av Danmark och Norge, som ofta besökte Amiral Norris ombord den engelska flottan[381].

Beträffande de franska officerarna Maigret och Sicre hade Fredrik av Hessen säkrat deras lojalitet genom hertigen av Orléans[382]. Under belägringen av Fredriksten fästning i november 1718 skickade hertigen av Orléans nämligen sin envoyé (greven de la Marck) till Norge för att konferera med Fredrik av Hessen om "den utrikespolitiska situationen".[383] En svensk historiker noterar senare, att Maigret och Sicre var "två hantlangare" till de la Marck och skulle verkställa det "s.k. nödvändiga" [mordet på Karl XII][384].

Till bemanningen av kanonbatteriet på Oskleiva behövde Fredrik av Hessen en lojal tysk kommenderande officer, som kunde kommunicera med ett antal artilleriofficerare och med Kaulbars och Maigret på andra sidan av Tistedalsälven. Protokollet från krigsmötet i Tistedal den 1 december 1718 och annan information visar, att det troligen rörde sig om generallöjtnanten Henrik Otto Albedühl (se s. 75).

Manskapet på Oskleiva (tyska och engelska officerare och soldater) behöver inte ha känt till varken mordplanen eller terrängen. De engelska männen kan ha anlänt på ett kortvarigt uppdrag med ett av de två örlogsfartyg, som Amiral Norris lämnat kvar i "svenska hamnar" i oktober

1718[385] eller med den engelska flottan, när den åter igen passerade de nordiska farvattnen i mitten på november[386]. Därefter kan dessa "desertörer" ha seglat tillbaka till London med det engelska skepp, som lämnade Fredrikstad några dagar efter Karl XII:s död. Detta rapporterades av en engelsk tidning som även noterade, att desertörerna "ur den svenska armén" berättat att svenska soldater inte längre ville strida nu när konungen var död[387].

Deras närvaro bör inte ha väckt någon uppmärksamhet, eftersom det var vanligt att se utländska officerare och legosoldater i svensk tjänst. De svenska besittningarna i Tyskland var en viktig källa av resurser för den svenska armén och statsförvaltningen. Men deras lojalitet mot Sverige var osäker[388], vilket den tyske Fredrik av Hessen utnyttjat för att stärka sin egen ställning[389] ända sedan han kom till Sverige.

Georg I:s hjälp bekräftas av Fredrik av Hessen själv, när han tackar den engelske ambassadören i Stockholm våren 1719: "Jag har haft äran att tjäna flera år i Edra trupper, och jag tror att hertigen av Marlborough [som 1709 rekommenderat honom att gifta sig med Ulrika Eleonora[390]], och alla Edra officerare kunna säga, att jag aldrig varit desertör ... och den gode Guden skall välsigna konungen [Georg I], som så ärorikt understött en av sina gamla officerare".[391]

I november 1718 hade situationen varit akut för Fredrik av Hessen och Georg I av flera orsaker: Karl XII var ovetande om Ulrika Eleonoras tronbestigning, Karl XII hade gett order till Armfelt att anfalla Trondheim[392], 36 000 trupper stod redo vid Fredrikshald, ett spanskt ombud var på väg till Karl XII, och Jakob Edvard Stuart och Filip V planerade landstigning i Skottland våren 1719[393]. Dessutom misstänkte Georg I, att Karl XII slutit fred med Tsar Peter[394].

Även efter Karl XII:s död fortsatte Georg I och hertigen av Orléans att aktivt stödja Fredrik av Hessen. De ingick ett vänskapsfördrag med Drottning Ulrika Eleonora i januari 1720[395] och samverkade till, att Fredrik av Hessen "upphöjdes till konung" i samma månad[396].

Hertigen av Orléans skickade sin ambassadör i Stockholm till Sankt Petersburg 1721 för att avvisa alla förslag från Tsar Peter rörande tronföljden i Sverige[397]. Tsar Peters dotter, Anna Petrovna hade just trolovats med Karl Fredrik av Holstein-Gottorp, och tsaren arbetade aktivt på att få sin framtida svärson utnämnd till officiell tronföljare. Sicre hade följt med den franska ambassadören till Sankt Petersburg och därefter begett sig direkt till Paris med depescher för att informera hertigen av Orléans[398].

Emellertid började misstankar väckas, att Frankrike och England på något sätt deltagit i mordet på Karl XII, och i Sankt Petersburg 1721 gick rykten att Sicre lönnmördat honom och försökt förgifta Karl Fredrik av Holstein-Gottorp[399].

Hertigen av Orléans lät senare intervjua fransmän som varit närvarande vid Fredriksten fästning i november 1718, vilket idag ses som ett försök att fria Frankrike "från misstankar om delaktighet i en eventuell sammansvärjning mot Karl XII:s liv".[400] I ett brev till den svenske ambassadören 1723 tog Maigret "helt avstånd från misstanken om ett lönnmord på Karl XII och sökte med iver försvara Sicre".[401]

Georg I misstänktes för att ha kollaborerat med Fredrik av Hessen i den "hannoverska, hessiska och svenska planen om Karl XII:s expedierande utur världen".[402] Dessa rykten kan bara ha förstärkts av, att Friedrich Ernst von Fabrice, Georg I:s hannoveranske agent bekände i ett anfall av melankoli att det var han som mördat Karl XII (trots att han då inte ens var i Norge)[403]. Han hade tidigare varit i Karl XII:s tjänst och beundrade honom, men tvingades skriva falsk information om Karl XII[404] som senare användes av Voltaire[405].

Teorin om en konspiration förespråkades senare av bland annat historikern Per Wieselgren. Han menade att Karl XII "stupade för en koalition af Europas väldigaste makter", vari Ulrika Eleonora och Fredrik av Hessen spelat en roll. De tyska historikerna Fredrik Rühs och Friedrich Schlosser var också övertygade om att Karl XII mördats. Men alla missade, att Karl XII sköts på ett annat ställe än i en löpgrav[406].

Görtz var den ende person som blev straffad i förbindelse med Karl XII:s död, trots att han inte varit inblandad[407]. Det anses idag, att hans rättsprocess och avrättning på galgbacken i Stockholm i februari 1719 var ett justitiemord[408]. Hans lojalitet hade dock legat främst hos Georg I, vilket den kryptiska inskriptionen på hans kista tyder på: "Kungens död [Karl XII] och troheten till kungen [Georg I] blev min död[409]."

***

Slutsats: I mordet på Karl XII fick Fredrik av Hessen stöd av utländska sympatisörer på olika nivåer och av olika skäl: Georg I av England, hertigen av Orléans (Frankrikes regent) och lantgreven av Hessen, samt ett antal tyska, franska och engelska officerare och soldater i svensk tjänst.

Karl XII och Georg Heinrich von Görtz

Sammanfattning om mordet
Motiv – kapacitet – tillfälle – bevis

Karl XII föll offer för ett mord iscensatt av Sveriges överbefälhavare Fredrik av Hessen med stöd av Georg I av England och Frankrikes regent, hertigen av Orléans. Fredriks ambition hade sedan 1709 varit att "störta konungen i fördärvet" och att erhålla den svenska kronan.

Som överbefälhavare hade Fredrik av Hessen kontroll över hela armén, (speciellt som Karl XII var förklädd till officer i november). Fredrik hade full vetskap om Karl XII:s militära strategi och visste därför, att kungen skulle stå på utkiksplatsen för att själv ge startsignalen till den trippelsidiga överrumplingsattacken mot Fredriksten fästning på kvällen den 30 november.

Karl XII sköts av en svärm av karteschkulor avfyrad från det redan inriktade svenska kanonbatteriet på norra sidan av Tistedalsälven (Oskleiva). Hans lik förflyttades till en löpgrav av Fredriks hantlangare.

Fällande bevis mot Fredrik av Hessen

1. Fredrik genomförde en väl förberedd statskupp i mitten på oktober 1718. Han fick ett akut motiv att eliminera Karl XII, när denne mot förväntan återkom levande till Strömstad i slutet på oktober ovetande om Ulrika Eleonoras tronbestigning.
2. Fredrik övertygade Karl XII, att hans liv var i fara och fick honom att byta ut sina närmaste män mot "ärligt folk" (utlänningar, lojala till Fredrik och hertigen av Orléans, som blev hantlangare i mordet på kungen).
3. Fredriks "ärliga folk" hade fått precisa förhandsinstruktioner: Inrikta kanonbatteriet på Oskleiva "exakt" mot utkiksplatsen (Cronstedt, Maigret, Albedühl), släpa Karl XII:s lik till löpgraven och förklara honom skjuten där (Kaulbars och Maigret), ta Karl XII:s kappa och hatt till Fredrik i Torpum (Sicre), beordra hemlighållandet av kungens död (Schwerin) och se till att liket, förklätt till officer, forslades till Studekullen (Schwerin).
4. Fredriks hantlangare röjde sin vetskap om mordplotten, till exempel: "4de kanonskottet" (Kaulbars), "skådespelet är slut" (Maigret).
5. Fredrik manipulerade krigsrådet i Tistedal den 1 december 1718 (majoriteten tyska officerare). Han fick fältmarskalkarna Mörner och Rehnskiöld att informera det Kungliga rådet samma dag, att Karl XII dött av ett fiendeskott i en löpgrav. Men i protokollet beskrev han kungens död som en "olycklig och högst beklaglig händelse", utan att precisera *när, var eller hur* han dog. Ingen utredning gjordes (kapitel 8).
6. Fredrik belönade deltagarna, inklusive Albedühl och Cronstedt, samt Kaulbars och Schwerin med pengar och titlar (i Paris blev Maigret Chevalier de l'Ordre Royal et Militaire de Saint Louis). Fredrik lät även balsamera Karl XII:s lik för att dölja karteschskottskadorna på kroppen.

8 – Mörkläggning och misstankar

Dagen efter Karl XII:s död höll Fredrik av Hessen ett krigsråd i högkvarteret i Tistedal, där kungens lik låg i ett rum vid sidan om. Deltagarna visste, att Karl XII skjutits på utkiksplatsen (i skydd från fienden) av kanonbatteriet på Oskleiva, när han gav startsignalen till den trippelsidiga *överrumplings*attacken mot fästningen. Ett dilemma var, att kungen rapporterats stupad i oktober. Protokollet noterade därför inte när, var eller hur Karl XII dog. Hans "dödeliga frånfälle" nämndes bara i frågan om belägringen skulle fortsätta eller ej.

> **Krigsrådets protokoll den 1 december 1718.**
> Krigshistoriska samlingen, Stora nordiska kriget, vol. 150. RA'
> Anno 1718 d. 1 decemb. kommo uti Hans Excellences Kongl. Rådet och Feltmarskalkens Gref Mörners cammare uti Tistedahlen wed Fredrichshall folljande Herrar tillsammans, neml. Hans Durchl:t Hertigen af Holsteen, Hans Durchl:t Arfprintzen, Hans Excellence Kongl. Rådet och Feltmarskalken Gref Rhenschiöld, Hans Excellence Kongl. Rådet och Feltmarskalken Gref Mörner, Generalerne Dücker och Örnstedt, Generallieutenanterne Stackelberg, Albedihl och Crispin samt Generalmajorerne Trautvetter, Gabriel Ribbing, Bennett, Fleetwood, Stahl von Holstein och Lagerberg samt Öfwersten Törnflycht, då, sedan alla med stor sorg beklagat Hans May:ts dödeliga frånfälle, frågades, huru wid sådan olyckel. och högst beklagelig händelse med krigzförfattningar här uti Norrige skulle förhållas, antingen belägringen för Fredrichshall skulle fortsättjas el:r ej. Hwaruppå

Protokollet finns på Riksarkivet i Stockholm. Nerskrivet av fältsekreteraren Gabriel von Seth 1718 och publicerat av historikern Lennart Thanner 1954 i *Handlingar angående revolutionen i Sverige 1718-1719*, utgivna av Kungl. Samfundet för utgifvande af handskrifter rörande Skandinaviens historia[410]. Fältsekreteraren von Seth blev krigskommissarie 1723, krigsråd 1732, friherre och riksråd 1747 och mottog den kungliga Serafimerorden första gången den utdelades 1748.

Av krigsrådets protokoll och relaterad information framgår även:

(a) Beskrivningen av Karl XII:s död som en "olyckel. och högst beklagelig händelse" (dvs inte ett fiendeskott) visar, att Fredrik av Hessen inför krigsrådet täckt upp mordet som ett misstag av de svenska leden. Karl Fredriks brev samma dag till sin moster Ulrika Eleonora talar också om "ett helt olyckligt karteschskott". Mörner och Rehnskiölds brev till det Kungliga rådet bekräftar, att 'misstaget' i sin tur kamouflerats som ett fiendeskott i en löpgrav (se nedan).

Deltagarna i krigsrådet, Tistedal, den 1 december 1718

Namn	Titel	Född	Ålder 1718	Anm.
Karl Fredrik 1700-1735	Hertig av Holstein-Gottorp	Tysk-svensk Stockholm	18	Karl XII:s nevö
Fredrik av Hessen 1676-1751	Generalissimus (överbefälhavare)	Tysk Hessen	42	Karl XII:s svåger
Rehnskiöld 1651-1722	Fältmarskalk	Tysk Stralsund	67	Ankom okt. 1718 Riksråd 1719
Mörner 1658-1738	Fältmarskalk	Svensk Malmö	60	Adlad 1719 Pres. hovrätt 1719
Dücker 1663-1732	General	Tysk Livland	58	Riksråd dec. 1718
Örnstedt 1654-1752	General	Tysk Pommern	64	Riksråd dec. 1718
Stackelberg 1670-1749	Generallöjtnant	Tysk Ösel	48	Adlad 1719 Guvernör 1719
Albedühl 1666-1738	Generallöjtnant	Tysk Lifland	39	Friherre 1720 Lämnar SE 1724
Crispin 1694-1743	Generallöjtnant	Svensk	24	Adlad 1719
Trautvetter 16__-1741	Generalmajor	Tysk Lifland		Envoyé Engl. 1719 Friherre 1720
Ribbing 1679-1742	Generalmajor	Svensk	39	Befordrad 1720
Bennett 1680-1740	Generalmajor	Finsk Åbo	38	Friherre 1719 Landshövding 1728
Fleetwood 1669-1728	Generalmajor	Svensk-engelsk	49	Landshövding Kalmar 1721
Stahl v. Holstein 1668-1730	Generalmajor	Tysk Estland	40	Friherre 1719
Lagerberg 1672-1746	Generalmajor	Svensk	46	Friherre 1719 Talman RD 1723
Cronstedt 1672-1750	Generalmajor	Tysk-svensk	46	Friherre 1719
Törnflycht 1683-1738	Överste	Tysk	35	Friherre 1719

Källor: Protokollet den 1 december1718 (samma ordning), Svensk biografiskt lexikon, Riksarkivet.

(b) De 15 deltagarna var mestadels utlänningar (främst tyskar) utplockade av Fredrik av Hessen, "ärligt folk" och under generalsgrad. Högst rang hade de gamla fältmarskalkarna Carl Mörner (svensk) och C.G. Rehnskiöld (tysk). Rehnskiöld, nyanländ från ryskt fängelse i oktober 1718, blev utnämnd till riksråd 1719 av Fredrik av Hessen[411]. Deltagarna beskrivs senare felaktigt som "den svenska militära eliten".[412]

(c) Den tyske generallöjtnanten Henrik Otto Albedühl kan ha varit den kommenderande officeraren för kanonbatteriet på Oskleiva. Albedühl intar nämligen trots sin relativt låga rang en prominent roll i protokollet[413]. Han hade också ankommit till Norge i oktober 1718 och skickats till Tistedal den 22 november (ersatt av Leutrum som skickats till Glommen av lantgreven av Hessen[414]).

Albedühl var känd för åtskilliga misslyckanden under Karl XII[415] (inklusive en Svea Hovrättsdom för underlåtelse att åtlyda påbud)[416]. Han blev senare beskylld för långsamhet och "fullständig obekantskap med de här rådande förhållandena" [i Norge]. Ragnhild Hatton noterar, att Albedühls "brist på initiativ i de inledande skedena av fälttåget väckte uppmärksamhet".[417]

Albedühl var därmed en perfekt syndabock att visa fram för krigsrådet, där han kunde försvaras av tre andra som stod honom nära (Bennett och Trautvetter, tidigare under Albedühls befäl[418] samt Stackelberg, gift med Albedühls kusin[419]). Han kunde också ha hävdat, att han inte känt till terrängen och att det varit mörkt ute. Strax efter krigsrådet begav sig Albedühl till de "varma baden" i Tyskland[420]. Han blev svensk friherre 1720, gifte bort sin dotter 1721 med sonen till överståthållaren Taube[421] (Fredrik av Hessens närmaste man) och lämnade svensk tjänst 1724[422].

(d) En person som inte deltog i mötet var Generalmajor Schwerin. På så vis undvek han att behöva förklara hur han, en nyanländ tysk officer, kunnat beordra att hemlighålla kungens död och transportera hans lik till Studekullen. – Schwerin blev upphöjd till friherre och lämnade Sverige följande år[423].

(e) Krigsrådet beslutade att stoppa belägringen av olika anledningar: sjuka soldater, brist på artilleri, risk för infrysning av Göteborgseskadern och hotet från Ryssland[424]. Fredrik av Hessen, som redan förutsett vapenstillestånd i sin plan 1715 i det fall Karl XII skulle stupa[425], tackade de så kallade generalerna för deras råd och sade att dispositioner skulle tas, så att "regementena kommer hem igen i fred".[426] Protokollet nämner inte, att ett intagande av fästningen hade varit nära förestående efter en hel månads belägringsarbeten och 36 000 man i väntan i södra Norge. Mörner och Rehnskiöld hade dock sagt (på tyska), att belägringen borde fortsätta ett tag till "för att rädda vår ära" och för att invänta order från Sverige om reträtt[427].

Krigsrådet i Tistedal var principiellt underordnat den svenska arméns Kongl. råd (i Stockholm) presiderat av fältmarskalken Nils Gyllenstierna. Det överträdde alltså sina befogenheter med beslutet att omedelbart göra reträtt ur Norge[428].

(f) Krigsrådet kom överens om, att det jämtländska regementet skulle "marschera hemåht".[429] Men "Prins Fredrik [av Hessen] begick ett allvarligt – och obegripligt – misstag" med sina motstridande order[430]. Det ledde till, att Armfelts återtåg från Trondheim (känt som "karolinernas dödsmarsch") försenades och att tusentals män frös till döds[431].

Fredrik av Hessen var direkt ansvarig för frysdöden av 3750 karoliner.
Målningen: Okänd konstnär. Forsvarets museer, Norge.

(g) Protokollet nämnde inget om tronföljden, trots att Karl Fredrik av Holstein-Gottorp var närvarande. Däremot skickades generalmajor Bennett dagen efter till Stockholm – officiellt för att beklaga Karl XII:s död – men enligt Ulrika Eleonora var det enbart för att lyckönska henne "till anträdet på tronen".[432] Det tyder på att Ulrika Eleonora höll fast vid, att Karl XII stupat i oktober[433]. Men hon visste genom Karl Fredrik brev den 1 december, att Karl XII dog den 30 november.

Karl Fredriks brev informerade också Ulrika Eleonora, att Karl XII dog "genom ett helt olyckligt karteschskott" (dvs inte ett fiendeskott)[434]. Däremot informerade Mörner och Rehnskiöld det Kungliga rådet den 1 december, att Karl XII sköts av **ett fiendeskott i en löpgrav**: "Konung Carl den tolffte är i förleden natt uti approcherne för Fredrichshalls fästning af rijksens fiender till dödzskuten[435]."

Breven bekräftade därmed, att krigsrådet i Tistedal accepterat Fredrik av Hessens lögn om ett misstag av de svenska leden (ett helt olyckligt karteschskott från Oskleiva) och gått med på, att det kamouflerades som ett fiendeskott i en löpgrav. Det framgår också, att Fredrik av Hessen övertagit kontroll av all vidare kommunikation[436].

Den 2 december snappade Fredrik av Hessen upp ett sändebud, som anlänt med upphandlingsdeputationens kassa[437]. Han konfiskerade pengarna och delade ut dem åt ett antal officerare "som en gottgörelse för under fälttåget utståndna strapatser" [korruption av enstaka officerare]. Albedühl och Stackelberg fick var och en 2,000 daler i silvermynt[438]. Cronstedt, som fått Mörner och Rehnskiöld att tro "att vi står helt utblottade"[439], fick 4,000 daler.

Olika historiker har tolkat krigsrådets beteende som ett tecken på en generalernas sammansvärjning bakom Karl XII:s död (utan att påpeka att de flesta, inklusive Fredrik av Hessen, var tyskar). Detta intryck har förstärkts av ett uttalande av den hessiske generalmajoren Leutrum, som frånskrev all inblandning av Fredrik av Hessen. Han påstod, att denne velat fortsätta med belägringen [vilket inte stämmer med protokollet], "men att dessa personer, som kungens död mera gladde än bedrövade, genomdrevo krigsrådets beslut".[440] Leutrum själv lämnade snart Sverige, precis som Albedühl och Schwerin, och installerade sig 1721 på ett slott i Tyskland[441].

En av de två generalerna i krigsrådet, General Örnstedt, var däremot övertygad om att Fredrik av Hessen (sedermera Fredrik I) var ansvarig för att ha mördat Karl XII. Örnstedt undvek senare all kontakt med Fredrik, trots dennes försök att träffa honom[442]. Precis som Löjtnant Carlberg måste Örnstedt ha börjat inse, att "ting inte stod rätt till". Skottet kunde inte ha varit ett misstag, eftersom de utländska officerarna omedelbart efter skottet vidtagit en serie majestätskränkande åtgärder som bara kunde ha beordrats på förhand av Fredrik av Hessen (släpa Karl XII:s lik till löpgraven, hålla hans död hemlig och bära bort hans lik förklätt till officer till Studekullen).

Slutsats: Fredrik av Hessen hade haft lätt att övertyga krigsrådet att delta i mörkläggningen av det han kallade en "olycklig och högst beklaglig händelse". De flesta var tyskar och lojala till honom själv, och de belönades med pengar och titlar. Karl Fredrik av Holstein-Gottorp var ung och oerfaren och hade tydligen trott att det var ett misstag av de svenska leden. Örnstedt hade dock misstänkt, att det rörde sig om mord.

***

Fredrik av Hessen manipulerade därefter indicier på hur Karl XII hade skjutits: utskärningen av hålet i Karl XII:s hatt och läkaranteckningar från balsameringen av hans lik (fiendeskott "från vänstra sidan")[443]. Fredrik lyckades också institutionalisera Ulrika Eleonoras kröning samt överta Karl XII:s Madagaskarprojekt[444].

Ett år senare (1720) drev han fram Ulrika Eleonoras abdikation och upphöjdes själv till Kung Fredrik I[445]. Han mer eller mindre gav iväg Sveriges imperium till Tsar Peter vid **freden i Nystad 1721** (efter att ha försvagat landet med sitt landsförräderi och mord på Karl XII)[446]. Trots detta försökte Fredrik återinrätta kungamakten 1723. Med hjälp av Gustaf Fredrik Lewenhaupt och hessiska ämbetsmän lät han fabricera falska skrivelser från bondeståndet, men avslöjades och flera av de inblandade dömdes till döden[447]. Riksdagens talman lantmarskalken Sven Lagerberg tvingade därefter Fredrik I att uppge all makt[448]. **Lagerberg anklagade öppet Fredrik I för att se mer på sin egen makt, höghet och ära än undersåtarnas kärlek, välgång och förkovran**[449].

Samma vår drabbades Fredrik I av ytterligare bakslag. André Sicre, hans adjutant hade erkänt (men sedan dragit tillbaka), "att han var konungens baneman", och det gick rykten att Sicre "sökt ta hertigen av Holstein av daga i Moskva medelst en förgiftad peruk".[450] I denna veva började man tvivla på historien om, att Karl XII dödats av ett skott från fästningen eller Overberget. Riksdagen satte nu upp (1723) en hemlig kommitté, det så kallade sekreta utskottet, med greven Arvid Horn som ordförande, för att närmare utreda omständigheterna kring Karl XII:s död[451].

Emellertid publicerades ingenting om utfallet av det sekreta utskottets arbete, och misstanken om kungamord började växa fram. Fredrik I och Ulrika Eleonora anklagades i skrifter av överstelöjtnanten Olof J. Dagström för att ha "anstiftat mord på Karl XII" och att "orättmätigt ha bemäktigat sig tronen". Denne ansågs emellertid som förvirrad och dömdes 1728 till livstids fängelse[452]. Senare spreds rykten att protokollet förfalskats[453].

Fredrik I, som även blev lantgreve av Hessen vid sin fars död 1730, kom att skyddas från framtida läckor och anklagelser, när Sveriges Rikes Lag antogs 1734. Ett kapitel stipulerade, att "dhen som betrodd är att weta att Konungens och Rikets hemliga rådslag" riskerade mista höger hand, halshuggas och steglas, ifall information röjdes utan lov. Ett annat kapitel varnade, att den som talade illa om konungen eller drottningen "warde halshuggen".[454]

Informationen om denna för Sverige hemliga och "olyckliga och högst beklagliga händelse" kunde Fredrik I även ha förpassat till det svenska frimureriet, som blev grundat 1735[455] (det engelska hade etablerats i London 1717[456]). Fredrik I:s gunstlingar, Erland Broman och Nils Palmstierna var nämligen bland de tre första medlemmarna och de fick båda den kungliga Serafimerorden arton år senare[457].

Under tiden skaffade sig Fredrik I en ung älskarinna (Hedvig Taube), som utnämndes till hovfröken hos Ulrika Eleonora[458]. Men när Hedvig Taube fick barn med Fredrik och började visa sig offentligt vid hovet, "tyckte dock drottningen tydligen att det gick för långt[459]."

Ulrika Eleonora övertog temporärt regentskapet, när Fredrik I var sjuk 1738. Hon skrev i januari 1739 ett notat om att återta tronen och pekade ut pfalzgreven Kristian av Zweibrücken-Birkenfeld som tronföljare[460]. Samtidigt försökte hon driva iväg Hedvig Taube, vars äldste son var en potentiell tronföljare[461]. Hedvig lämnade Stockholm, men kom tillbaka i mars 1741[462]. Ulrika Eleonora beskrevs som "rasande" och "förtvivlad".[463] Hon blev plötslig sjuk och dog i november 1741. Det gick rykten att hon hade förgiftats[464].

Fredrik I, som sedan 1739 haft ett stort motiv till att göra sig av med sin hustru, hade bytt ut hennes förtrogna rådgivare mot sina egna 'ärliga folk' och inkallat sin hessiske livläkare till hennes sjukbädd⁴⁶⁵.

I oktober 1742 utsågs Karl Fredrik av Holstein-Gottorps yngste son, Karl Peter Ulrik till svensk tronföljare, men till sist valde man Karl Fredriks kusin hertigen Adolf Fredrik av Holstein-Gottorp⁴⁶⁶. Nu började Fredrik I attackeras i anonyma propagandaskrifter i Stockholm, där det hette: "I hans tid mördades k. Carl den stora ... för hans skuld blev arvtagaren, K. Carl d. XI. äldsta bröstarvinge dreven ut ur Sverige ... horeri med gifta och ogifta ... myckenhet med lagar och förordningar, men var och en levde ändå lagelös⁴⁶⁷."

Samtidigt satte medlemmarna i Hattpartiet press på Fredrik I att avgå⁴⁶⁸. I framledet för denna rörelse stod den tyske Baron Anders Johan von Höpken, riksråd och senare medlem i sekreta utskottet⁴⁶⁹. Höpken deltog i öppnandet av Karl XII:s kista i juli 1746. Då framgick det att Karl XII skjutits i högra tinningen, men ingenting nämndes om huruvida kroppen hade skottskador eller ej⁴⁷⁰. Våren 1747 var Fredrik I beredd att avgå "om det kunde ske med ära⁴⁷¹."

Men Fredrik I:s hessiska ämbetsmän övertygade honom, att folk skulle tro att "något hemligt tvång hade sin del i hans beslut". Han hade då sagt, att han "skulle veta att hämnas ett sådant tilltag".⁴⁷² Fredrik I:s gunstling, Erland Broman, som också var medlem i riksdagens sekreta utskott, kunde påverka utvecklingen i konungens favör⁴⁷³. Någon gång efter sommaren 1747 skickade sekreta utskottet en högtidlig delegation till Fredrik I med en "försäkran om sin trohet".⁴⁷⁴

Fredrik I (ca 1730)
Porträtt av Martin Mijtens d.ä.

Vad hade hänt? Svaret måste vara att kistöppningen avslöjat skottskador på kroppen och lett till konklusionen, att Karl XII inte kunde ha skjutits i en löpgrav. Fredrik I hade därefter (igen) övertygat det sekreta utskottet att det dödande skottet avfyrats av misstag från de svenska leden och att han, Fredrik I genom att täcka upp denna "olyckliga och högst beklagliga händelsen" hade räddat Sveriges ära.

Fredrik I kunde ha stötts av Gabriel von Seth, krigsrådets protokollförare i Tistedal den 1 december 1718 och av Generalmajor Carl Cronstedt – två av de fyra överlevande deltagarna[475]. Både Seth och Cronstedt mottog den kungliga Serafimerorden första gången den utdelades i februari 1748. Att det sekreta utskottet hade trott på Fredrik I:s förklaring reflekteras av Höpkens uttalande 1751, att "han inte trodde att ett mord ägt rum" på Karl XII[476]. Fredrik I dog samma år och blev hedrad med en överdådig begravning.

Trots Höpkens uttalande spreds kort därefter ett rykte, att Cronstedt på sin dödsbädd 1750 hade erkänt inför prästen Tolstadius, att det var han, Cronstedt som "laddat bössan som dödat Karl XII" och att drabantkorpralen Stiernros hade avlossat skottet. Fredrik av Hessen pekades ut som anstiftare[477].

Men Tolstadius, som varit Fredrik I:s präst[478], hade försäkrat Baron Axel von Fersen "på ed", att ryktet om Cronstedt var osant[479]. Enligt Fersen hade det så kallade tolstadiska ryktet uppkommit på grund av Cronstedts profetia femtio år tidigare, att Karl XII skulle vara död innan oktober månad [1718] var slut[480] (i samband med statskuppen).

Ryktet om Cronstedts inblandning i mordet på Karl XII styrktes av en anekdot, tillskriven Jöran Nordberg. Cronstedt hade sagt till de övriga officerarna i Tistedal den 30 november 1718: "Den som vill se konungen levande, han ser honom nu för sista gången".[481]

Manuskript av Jöran Nordbergs biografi om Karl XII (1740), som innehåller ett interfolierat blad med anekdoten om Cronstedt.

"Den som vill se konungen levande ..." finns på linjerna 11-12.

Manuskriptet finns idag i Västerås bibliotek och hittades okatalogiserat i oktober 2016 "tack vare en lappkatalog från en lektor Wilhelm Molér upprättad någon gång på 1880-talet".

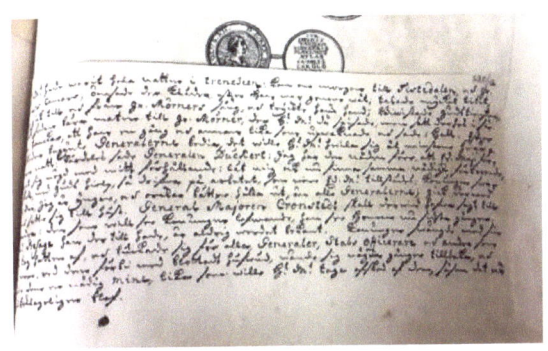

Nordberg kan ha fått bladet av Swedenborg. Handskriften påminner om Swedenborgs dagbok (avbildad sidan 103), som också fanns i Västerås.

Anekdoten hade skrivits ner på ett odaterat blad, som blev interfolierat i ett manuskript av Jöran Nordbergs biografi om Karl XII (1740) tillsammans med andra anekdoter och notater (se ovan). Manuskriptet hamnade på Västerås bibliotek, där det lappkatalogiserades på 1880-talet. Efter en förfrågan av Cecilia Nordenkull återfanns det okatalogiserat i oktober 2016[482].

Västerås bibliotek anser, att det nyfunna manuskriptet har varit Nordbergs personliga exemplar, och skriver: "Biblioteket har inte bara ett originalmanuskript av verket utan också ett av författaren egenhändigt interfolierat tryckt exemplar." Det innehåller ett av Nordberg signerat försättsblad med titeln "Pro Memoria", som börjar: "Uti detta exemplar finner Läsaren ...".[483]

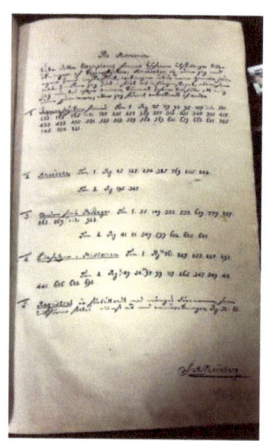
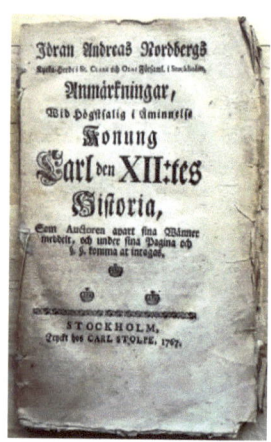

Jöran Nordbergs originalmanuskript (Västerås bibliotek).

Försättsbladet "Pro Memoria" (Västerås bibliotek).

Dessa *Anmärkningar* från 1767 är i författaren Cecilia Nordenkulls ägo.

Det är känt att Nordberg, efter utgivningen av Karl XII:s biografi 1740, skrev ned ett antal anekdoter och noter och lät dem cirkulera bland sina vänner[484]. De publicerades i Köpenhamn 1754 (efter Fredrik I:s död) och i Stockholm 1767 under titeln *Anmärkningar, wid högsalig i åminnelse Konung Carl den XII:tes Historia* (se foto ovan). Anekdoten om Cronstedt ingår inte i *Anmärkningar*, men innehåller däremot vittnesmål om Karl XII, som motsade helt den falska kritik Fredrik av Hessen spridit om kungen[485]. De bekräftade att Karl XII varit helt emot smicker, att han alltid lyssnade till andras meningar om deras skäl var grundliga och väl genomtänkta; och att då han talade med en person som en jämställd mellan fyra ögon, såg han inte så mycket på orden, men mer på välmeningen och hjärtat[486]. Vittnesmålen bekräftade även att Karl XII sagt sig vilja gifta sig av kärlek, inte av 'raison d'État'.[487]

Misstankarna om lönnmord fick ett nytt momentan 1768, när likbesiktningsresultatet från 1746 kunde offentliggöras under en ny tryckfrihetsförordning[488] (Karl XII träffad i högra tinningen[489]).

År 1795 publicerade Linköpings Bladet en artikel kallad *Anecdoter eller noter till J. Nordbergs historia om konung Carl den XII, hvilka vid censureringen blifvit uteslutne*. Men den återgav enbart anekdoterna från publikationen 1767 och innehöll inte den falska anekdoten om Cronstedt. Det tyder på att anekdoten ännu inte hade kommit ut till allmänheten 1795. Senare utgick vissa historiker felaktigt från, att anekdoten om Cronstedt hade ingått i *Anmärkningar* (1754 och 1767)[490]. Det blev alltså en viss hopblandning mellan anekdoter och anmärkningar.

Gustav III, krönt 1772, lär själv ha varit övertygad om att Karl XII fallit offer för en lönnmördare[491]. Det sägs att Gustav III lämnat efter sig ett 'tolstadiskt' dokument om Cronstedts bekännelse, vilket inte fick öppnas förrän femtio år efter hans död: "Alla paketen som är markerade med ett kryss eller papper rörande frimureriet kan inte öppnas annat än av en regerande kung ur min dynasti" (senare "fanns inga dokument i kistan")[492].

År 1799, sju år efter Gustav III:s död, godkände hans son Gustav IV Adolf en ny besiktning av Karl XII:s lik. Där rapporterade man återigen, att Karl XII skjutits från höger [tecken på lönnmord][493]. Efter en statskupp 1809, skickade Napoleon sin marskalk Jean Bernadotte för att inta rollen som svensk tronföljare[494]. Bernadotte och sonen Oscar besökte Karl XII:s dödsplats 1814[495].

Flera årtionden senare publicerades *Memoarer från St Hélène* (1842), där författaren Las Cases berättar att Napoleon frågat honom, "om de inte var helt överens om Karl XII:s dödssätt" ["si on était bien d'accord sur la nature de sa mort"]. Las Cases hade svarat, att han hört ur Gustav III:s egen mun att Karl XII "mördats av sina egna; Gustaf hade besökt gravkällaren; kulan var från en pistol; den hade avlossats från nära håll och bakifrån".[496]

Utgåvan 1842 är i författaren Cecilia Nordenkulls ägo.
Sidan 291: "… la balle était d'un pistolet, elle avait été tirée de près et par derrière, etc. etc."

År 1859 deltog Karl XV av Sverige och Norge personligen i en ny kistöppning tillsammans med sin bror Prins Oscar. Syftet var att "befria den svenska nationen från misstanken om ett konungamord". Undersökningsmännen rapporterade att Karl XII skjutits från vänstra sidan, men alla var inte överens och frågan lämnades öppen[497].

I samband med Svenska Militärsällskapets minnesfest 1868 på 150-årsdagen av Karl XII:s död, beklagade Prins Oscar (sedermera Oscar II) hur nesligt officerare och riksdagsmän betett sig efter kungens död: "Det är tungt att nödgas säga: Carl den Tolfte icke blott var borta, han glömdes[498]." I en efterskrift, bekräftade Oscar "huru grundlösa alla misstankar varit att vår hjelte fallit för lönnmördares hand … Sveriges söner behöver icke längre med blygsel nedslå sina ögon under tyngden af de hemska rykten, hvilka hviskat om ett förräderi".[499]

Oscar II införde 1897 förstärkta sekretessbestämmelser i tryckfrihetsförordningen rörande militära handlingar "vilkas offentliggörande kan medföra våda för rikets säkerhet." Sekretesstiden blev obegränsad och enbart Kungl. Maj:t kunde häva den[500].

Men rykten om lönnmord fortsatte[501]. Gustaf V godkände en ny kistöppning 1917 med förbehållet, att ingen "annan rubbning av den avlidne konungens kvarlevor än den, som nödvändiggöres för en beskrivning av den skada, som medförde konungens död". Det vill säga, att ingen undersökning av kroppen fick göras. Återigen konstaterade man att skottet kommit från vänster [ett fiendeskott].

Emellertid skrev en av likbesiktarna (Carl Fürst) några år senare (runt 1920), att "uppfattningen att Karl XII träffats av en kula från de icke-fientliga lederna, icke motsägs av de gjorda iakttagelserna på hans döda kropp".[502] Det vill säga, kroppen hade skottskador och Karl XII kunde alltså inte ha skjutits i en löpgrav.

Motstridiga synpunkter rörande omständigheterna kring Karl XII:s död fortsatte att publiceras ända in på 2000-talet. I sin biografi om Fredrik I (1953) spekulerade Walfrid Holst om kungamord: "Var det en generalernas sammansvärjning som denna gång lyckades[503]?" Senare sa han i ett annat sammanhang, att indiciekedjan mot Fredrik I var "för svag för en fällande dom".[504]

Rolf Uppström ansåg 2002, att "någon person nära Karl XII skjutit honom". Motivet, sa han, kunde ha varit "en förmögenhetsskatt på cirka 16 %" [introducerat av Karl XII den 20 november 1718][505].

Däremot konkluderade både Ragnhild Hatton 1968[506] och Peter From 2005[507], att ett fiendeskott dödat Karl XII i den gamla löpgraven. Följande år (2006) skrev Rolf Uppström en artikel i Karolinska förbundets årsbok, att "frågan var långt ifrån avgjord" och förordade nya undersökningar[508]. En officiell undersökningsgrupp, som bildades 2007, fick emellertid avslag på sin ansökan till Vetenskapsrådet att göra "förnyade fotograferingar av kraniet".[509] Men en kistöppning gjordes tydligen 2010 i vetenskapligt syfte[510].

Manipulation

Undersökningarna av Karl XII:s balsamerade lik 1746, 1799, 1859 och 1917 har endast beskrivit (och grovt deformerat) kulhålan i kraniet, men inte officiellt uttalat sig om huruvida kungens kropp haft skottskador.

Karl XII:s kranium. Foton 2016: Fredriksten fästningsmuseum.

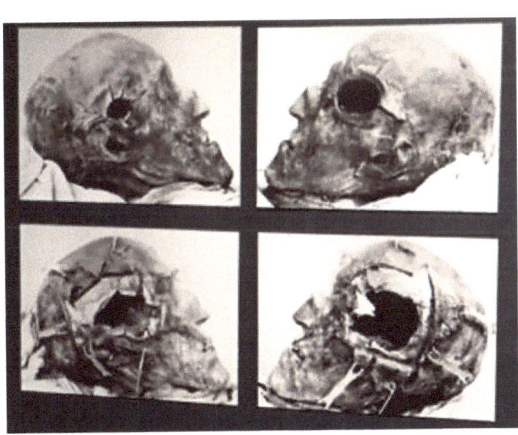

Sammanfattning om mörkläggning och misstankar

Sveriges överbefälhavare, den tyske Fredrik av Hessen informerade deltagarna i krigsrådet (majoriteten tyska officerare) den 1 december 1718 att Karl XII skjutits av misstag av de svenska leden, och att denna "olyckliga och högst beklagliga händelse" hade täckts upp som ett fiendeskott i en löpgrav.

Snart började Fredrik I dock misstänkas för att ha mördat Karl XII. År 1723 tillsatte riksdagen ett sekret utskott för att utreda omständigheterna kring hans död. Inget blev publicerat om dess arbete.

Därefter anklagades Fredrik I av överstelöjtnanten Olof Dagström för kungamord och andra brott, men denne ansågs sinnesförvirrad och dömdes till livstids fängelse. En av deltagarna i krigsrådet, General Carl Gustaf Örnstedt var också övertygad, att Fredrik av Hessen hade anstiftat mordet. Sveriges Rikes Lag av 1734 skyddade dock Fredrik I från framtida läckor och anklagelser (straff: "... mista högra hand, halshuggas och steglas"). Det är sannolikt, att Fredrik lät giftmörda Ulrika Eleonora 1741, när hon försökte återta kungamakten och utnämna en annan tronföljare än Fredriks egen illegitime son.

Efter Ulrika Eleonoras död beskylldes Fredrik I återigen för kungamord och sattes under press att avgå. Trycket på honom förstärktes 1746, när en besiktning av Karl XII:s kranium konkluderade, att kungen skjutits från höger [tecken på lönnmord]. Fredrik I lyckades (igen) övertyga riksdagens sekreta utskott, att han hade räddat Sveriges ära genom att täcka upp ett pinsamt misstag begånget av de svenska leden.

Ytterligare tre likbesiktningar, samtliga godkända eller kommenterade av sju olika svenska kungar, gav fortfarande ingen klarhet i frågan och gav heller ingen officiell information om skottskador på kroppen. Oscar II införde förstärkta sekretessbestämmelser 1897.

Än idag råder det motstridiga uppfattningar, om huruvida Karl XII fallit offer i en löpgrav för ett fiendeskott, en lönnmördare eller en generalernas sammansvärjning. Det har inte öppet diskuterats, att kungen kunde ha skjutits utanför löpgraven.

Under 300 år har institutioner hemlighållit ett 'misstag' som inte var ett misstag, men ett kungamord iscensatt av Fredrik av Hessen och hans utländska bundsförvanter.

9 – Personliga öden

Karl XII fick en ytterst förnedrande begravning. Den försenades flera månader på grund av problem med betalning för balsameringen av hans lik[511]. En engelsk tidning rapporterade från Hamburg den 24 mars, att konungen hade burits till Karlbergs slott och att "dagen för begravningen är ännu inte fastsatt".[512] Ingen svensk tidning har funnits med information om begravningen[513].

Enligt Livrustkammaren blev Karl XII begravd i Riddarholmskyrkan den 26 februari 1719 och fick "till skillnad från många andra kungar inte med sig några begravningsregalier i sin kista". Han hade lindats in i tygremsor och fötterna snörts ihop för att han "inte skulle kunna gå igen".[514] En professor på Uppsala Universitet, Johan Upmarck höll ett föga smickrande tal och adlades Rosenadler kort efteråt[515].

Ulrika Eleonora var inte närvarande under ceremonin. Hon hade gett påbud om en enkel begravning för att hålla kostnaderna nere, men sagt att "sorgemusique kunde där vara".[516] Själv fick hon två veckor senare en magnifik och påkostad kröning i Uppsala domkyrka[517].

Karl Fredrik av Holstein-Gottorp lämnade Sverige i maj 1719[518]. Han trolovade sig 1721 med prinsessan Anna Petrovna, Tsar Peters äldsta dotter. I mars 1723 födde hon i all hemlighet deras förste son i Drottningrummet i Rödkullatornet på Kalmar Slott (senare kallat Rum nr. 88)[519]. Dopet blev uppskjutet i väntan på, att Karl Fredrik skulle utnämnas till svensk tronföljare.

I juni samma år tillerkände den svenska riksdagen Karl Fredrik titeln Kunglig Höghet och gav honom en årlig pension på 50 000 daler silvermynt[520]. Men i oktober 1723 avslogs Tsar Peters begäran att utse Karl Fredrik till svensk tronföljare. Tre dagar senare döptes den nu sju månader gamle sonen i Kalmar Slottskyrka (födelsedatum inte angivet i dopboken). Han fick namnet Alexander, och fadern skrevs in som Erik Kastman[521]. Ett vittne var en rysk officer, Överstelöjtnant Bratke. Ett annat var makan till Generalmajor Fleetwood, en deltagare i krigsrådet i Tistedal den 1 december 1718[522].

Anna Petrovna av Ryssland
Dotter till Peter den Store
Huset Romanov
Målning av Ivan G. Adolsky.
Hermitage, Sankt Petersburg

Alexander Kastman
Son till Anna och Karl Fredrik.
Foto av målning av
Martin David Roth.
Nationalmuseum, Stockholm

Tsar Peter III
Karl Peter Ulrik, son till
Anna och Karl Fredrik.
Hans änka 1762 blev
Katarina II av Ryssland.

Karl Fredrik och Anna Petrovna återvände till Sankt Petersburg, där de gifte sig 1724. Men nya politiska omständigheter tvingade dem att lämna kvar Alexander hos Erik Kastman i Kalmar. Där växte han upp och blev så småningom ritmästare under vetenskapsmannen Carl von Linné på Uppsala universitet[523]. Karl Fredrik dog redan 1739, då tronföljdsfrågan återigen diskuterades i riksdagen. Det är troligt, att både han och Ulrika Eleonora giftmördades av Fredrik I[524].

***

Fredrik I, som blivit återställd av det sekreta utskottet 1747, fick sitt namn kopplat till tre kungliga riddarordnar – Serafimerorden, Nordstjärneorden och Svärdsorden. De hade skapats på initiativ av det sekreta utskottet och utformats av riksrådet Baron Anders Johan von Höpken[525]. Vid ordnarnas instiftande den 23 februari 1748 blev statuterna signerade av konungen, instiftelsesdatumet var på hans födelsedag och F.R.S. [Fredericus, Rex Sueciae] ingraverades på baksidan av Serafimerorden. De första recipienderna blev utvalda av Fredrik I, och han var själv den förste att motta Serafimerorden.

Men Walfrid Holst konstaterade, att Fredrik I inte haft någon roll i det hela: "I själva verket hade kungen antagligen lika litet att göra med inrättandet av dessa nådevedermälen [ordnarna] som med så mycket annat som kom till under hans långa regeringstid".[526] Den tyska kronprinsessan Lovisa Ulrika (framtida drottning av Sverige) noterade, att Fredrik I varit borta på jakt i februari 1748[527].

De tre kungliga riddarordnarna var uppenbarligen uttänkta till Karl XII:s ära. I mitten av 1740-talet hade Fredrik I förväntats avgå till förmån för Adolf Fredrik av Holstein-Gottorp (under press från Hattpartiet och riksrådet Höpken). Dessutom är symboliken i utformandet av ordnarna starkt associerad med Karl XII:

Serafimerorden 1748   Nordstjärneorden 1748   Svärdsorden 1748

Karl XII hade själv använt Nordstjärnan i sitt monogram 1697 (se nedan). Höpken, som motarbetat Fredrik I, kunde ha designat kedjans ryggställda FF med tanke på initialerna i Fredriksten fästning. Det åttaspetsiga malteserkorset i ordenstecknet återkallar Karl XII:s

 oktala aritmetik. De 11 små vita femspetsiga nordstjärnorna och ordenstecknet blir till 12 stjärnor, vilket motsvarar hans dödsdatum den 11.12 (enligt norsk datumkonvention).

Den speciellt förnäma Serafimerorden har samma matematiska konstruktion som Nordstjärneorden, och de 11 blå patriarkalkorsen liknar ryggställda FF. Serafimernas bibliska källa och identitet som de högst placerade i änglahierarkin[528] ger genklang till Karl XII:s bibelintresse[529]. I *Karl XII:s bibel* utgiven 1703 står skrivet[530]: "Seraphim stodo öfver honom [Herren], hvardera hade sex vingar".

Höpken kan ha inspirerats av Händels oratorium *Samson* med arian "Let the bright Seraphim", som hade haft premiär 1743. Händel hade tidigare visat intresse för matematikens inflytande på musik[531].

Om Karl XII och Svärdsorden sade Prins Oscar (sedermera Oscar II): "... uti hans tappra hand blixtrade det svärd, hvaraf den svenska Svärdsorden må anses som en dyrbar symbol".[532]

Fredrik I dog 1751, tre år efter instiftandet av riddarordnarna.

I stark kontrast till Karl XII fick Fredrik I en ståtlig begravning med ett stort uppbåd från kungahuset, rådet och ständerna. Det började med lit de parade i Kungshuset, där liket var iklätt serafimerdräkt och de kungliga regalierna utlagda vid hans fötter. Därefter var det bifästning i Riddarholmskyrkan den 11 april; och en offentlig begravning den 27 september 1751, där "kyrkklockorna ringde och regementen bildade häck, kanonskotten dånade och salvor avskötos".[533]

Idag står Fredrik I:s sarkofag bredvid Ulrika Eleonoras och Karl XII:s i det karolinska gravvalvet i Riddarholmskyrkan[534].

Karolinska gravvalvet i Riddarholmskyrkan, Stockholm, färdigställt 1742.
Golvets femspetsiga stjärna återkallas i Nordstjärneordens kedja.
Foto: Cecilia Nordenkull, Icons of Europe, 2016.

Det är oförklarligt och motbjudande att se Karl XII:s sarkofag placerad mellan sin baneman Fredrik I (till vänster) och Ulrika Eleonora (till höger).

Riddarholmskyrkan från norr, 2005
(karolinska gravvalvet till vänster).

Photo by Nordelch.
"Permission is granted to copy,
distribute and/or modify this
document under the terms of the
GNU Free Documentation Licence."

10 – Karl XII:s eftermäle

Karl XII var en kung med höga moraliska principer och stora kunskaper inom militärstrategi, handelspolitik, vetenskap, konst och filosofi. Han var också en stor visionär med väl utvecklade planer och idéer för Sveriges infrastruktur och handel, som senare bidrog till Sveriges industriella utveckling på 1700-talet. Men idag beskrivs han som en hämndlysten krigarkung, vars staty borde rivas ner i Kungsträdgården. Var har hänt?

Fredrik av Hessen förtalade Karl XII för att själv bli kung av Sverige. Som kung (Fredrik I) förfalskade han Karl XII:s eftermäle och lade beslag på dennes vetenskapliga och merkantilistiska planer för egen räkning. Karl XII:s eftermäle förvärrades på 1800-talet, när huset Hessen lät förfalska Swedenborgs texter och lägga in groteska påhitt av bröderna Grimm. Samtidigt spreds lögnerna vidare av tyska historiker och nådde Sverige genom Anders Fryxell. De anammades av Strindberg och av kultureliten än idag.

Spridning av förtal och falsk information

Fredrik av Hessen och hans utländska bundsförvanter (främst Frankrike och England) började sabotera och tala illa om Karl XII redan när han var i Osmanska riket. Karl Marx berättade, att i London från 1716 blev "allt fördelaktigt som sades eller skrevs om Karl XII omedelbart tillskrivet en jakobitpenna och sålunda smädat och avvisat utan att ens läsas eller tas i beaktande[535]." Under våren 1718 kritiserade Fredrik av Hessen allt mer öppet Karl XII inför sin kommande statskupp i oktober[536].

Direkt efter Karl XII:s död satte Fredrik av Hessen igång en smutskastningskampanj mot hans eftermäle genom diplomatiska kanaler. En hessisk kommentator skrev till Cassel 1719, att "öfver allt i Sverige och till och med från predikstolarna talar man illa om den döde konungen. I allmänhet torde aldrig något folk visat större glädje öfver förlusten af sin furste än svenskarna nu göra[537]."

Hertigen av Orléans sändebud skrev samtidigt: "Den svenske konungen hade några stora egenskaper, men en rasande krigslusta, hvilken gjorde honom till ett gissel för sitt land, för sina grannar, för människosläktet ... [och skyldig till] hela Sveriges ödeläggelse[538]."

Georg I:s sändebud observerade: "En falsk ärelystnad gjorde denne furstes förvillelse och olycka ... ett verkligen elakt sinne ... hans folks förfärliga lidanden[539]."

Därefter engagerades franska och engelska skribenter till att förfalska delar av Karl XII:s historia[540]. Till exempel fransmannen de Limiers (1721)[541], engelsmannen Motray (1723)[542] och Voltaire (1731)[543], som fick medaljer av både Georg I och hertigen av Orléans[544]. Men Voltaire kritiserades senare för att ha varit offer för sina källor, som fick honom att revidera sitt verk om Karl XII flera gånger[545]. I sin version 1748 observerade han, att Karl XII och Tsar Peter varit *"de mest extraordinära personligheter på mer än tjugo århundraden*[546]*."*

Fredrik I undanhöll under tiden Karl XII:s väl utvecklade planer för svensk handel (för att själv utnyttja dem). Till exempel, han lät förfalska Gyllenkroks så kallade Poltavaberättelse, så det skulle se ut som om att Karl XII enbart haft för avsikt att inta Moskva[547].

Korruption och försnillning av statstillgångar

Fredrik I tog över Madagaskarprojektet kort efter Karl XII:s död[548] och blev delägare i olika företag, som gavs kungliga privilegier[549]. Han sög ut bolagen för sin egen och familjen i Hessens räkning. Senare ansågs lantgreven vara en av de rikaste personerna i Europa[550].

Fredrik byggde upp ett nätverk av lojala ämbetsmän och köpmän (de flesta tyskar[551]), som han adlade. Den så kallade ämbetsaristokratin hade kunskap om Karl XII:s nerskrivna handelsstrategier och merkantilistiska idéer och fick teckna andelar i stora svenska företag[552].

En centralfigur var den tyske friherren Daniel Niklas von Höpken[553]. Han blev 1721 ledamot i Madagaskarkommissionen och 1727 president för Kommerskollegium[554], som kontrollerade hela det svenska näringslivet inklusive kungliga privilegier och statliga bidrag[555].

När det Svenska Ostindiska Companiet etablerades 1731, blev Höpkens svåger direktör[556] och själv fick han teckna andelar i företaget[557]. Den första expeditionen blev högst vinstrik, men den stadgade sekretessen runt dess finanser och aktieägare reste misstankar om att "utlänningar sög ut Sveriges rikedomar".[558]

Höpken var dessutom partner med affärsmannen Thomas Plomgren[559] i det Levantiska kompaniet (1738), som exporterade järn och andra råvaror till Mellanöstern[560] i linje med Karl XII:s vision om att utveckla Sveriges handel med Medelhavsländerna[561]. – Riksdagens sekreta utskott återkallade dock dess kungliga privilegier 1752 (efter Fredrik I:s död), eftersom företaget inte varit vinstgivande[562]. Thomas Plomgren anklagades för att ha utsugit företagets tillgångar och blev kallad "rikstjuv".[563]

Höpken var även meddirektör i Alingsåsverket, i vilket Jonas Alströmer var grundare och Fredrik I delägare. Höpken och andra aktieägare anklagades 1738 för att ha tagit ut stora privata lån, trots att företaget varit i behov av statsunderstöd[564].

Fredrik I satte också in sina ofta inkompetenta gunstlingar i viktiga institutioner. Till exempel, Erland Broman placerades 1734 som assessor i Kommerskollegium (där han blev president 1747 och samtidigt upphöjd till friherre). Han var känd för sitt vidlyftiga leverne och för sitt utprånglande av falska bankosedlar[565]. Det var han som tog hand om Fredrik I:s penningaffärer[566]. Han kunde även gå Fredrik I:s ärenden som medlem i det nystartade frimureriet[567] och som ledamot i sekreta utskottet[568].

Fredrik I lär även ha överfört en konstsamling av 28 stora porträtt till Hessen (hälften på kungliga svenska personer). En konsthistoriker ansåg 1926 att de kommit dit med en svensk adelsdam 1661, när hon gifte sig med lantgreven av Hessen-Homburg[569]. Men det är långt mer sannolikt, att samlingen överfördes till Hessen efter Karl XII:s död: drottningen Hedvig Eleonora skulle knappast ha gett tillstånd att föra ut de kungliga klenoderna inklusive porträttet på sin just avlidne gemål; i samlingen ingick ett ungdomsporträtt på Fredrik av Hessen (född 1676); och Fredriks bror var en stor konstsamlare.

Upphovsrättsintrång mot Karl XII

Polhem och Swedenborg fick arbeta vidare i sina egna namn på många vetenskapliga, industriella och filosofiska projekt, som Karl XII personligen hade tänkt ut och satt igång. Det vill säga, de övertog de facto Karl XII:s immateriella rättigheter, vilket var i konflikt med Sveriges Rikes Lag etablerad 1734, kapitel VIII ("Om den, som förfalskar och missbrukar annans namn och skrifter")[570].

Polhem fortsatte på Kommerskollegium och fick ta äran för många av Karl XII:s idéer[571], även för den stora mängden av manuskript (inom astronomi, kosmologi, geologi, fysik, religion, historia, naturfilosofi, musikteori, matlagning, etc) som hittades och tillskrevs Polhem efter dennes död[572]. Tekniska museet i Stockholm gav honom också äran 2011 för Karl XII:s vision om, att "Sverige skulle omvandlas från ett primitivt jordbruksland till en modern industrination[573]." Men Polhem själv hade haft stora läs- och skrivsvårigheter, hans uppfinningar sades ha varit "förbättringar av sådant han sett", och han hade varit bitter för att hans hänglås "inte alls fick den uppskattning han väntat sig".[574]

Beträffande Swedenborg så arbetade han vidare på Bergskollegium, som kontrollerade den svenska gruvnäringen[575] och vars färdiga produkter senare kunde exporteras av de Levantiska och Ostindiska kompanierna[576]. Redan i oktober 1718, mitt under de falska ryktena om att Karl XII stupat i Norge, hade Swedenborg fått tillåtelse att publicera dennes nya räknesystem i sitt eget namn[577]. En amerikansk teknolog noterade 2014, att Karl XII:s 8-talsystem använts i utvecklingen av moderna datorer[578].

Efter Karl XII:s död adlades Swedenborg av Ulrika Eleonora. Tre år senare gav han ut *Principer inom Kemin* (1734)[579], också i sitt eget namn. Han publicerade *Principia* (1735), där han fokuserade på frågan om själens väsen och dess förbindelse med kroppen[580]. Det var ett ämne som Karl XII elaborerat 1716 i sina fjorton filosofiska teser[581]. Swedenborg var känd för att sällan uppge sina upphovsmän, och upprepade själv att han varit främst en "kompilator och eklektiker[582]."

Att Polhem och Swedenborg arbetade vidare med Karl XII:s vetenskapliga idéer i sina egna namn passade naturligtvis Fredrik I, och för dem var det inte onaturligt. Redan från början hade de accepterat Karl XII:s princip, att han som enväldig kung inte kunde framstå som vetenskapsman och filosof och därmed tvingas att öppet debattera sina åsikter och projekt. Det är känt att Kasten Feif, rekommenderat Karl XII, att han "lämnar detta penne-kriget och bliver vid sin värja[583]."

Social och sexuell dekadens

Fredrik I införde under tiden en social dekadens i Sverige, som snabbt spred sig i alla samhällsklasser[584]. Han skaffade en 16-årig älskarinna och övertygade präster att acceptera hans horeri och äktenskapsbrott[585]. Hans "motbjudande" levnadssätt och brottsliga förhållanden med unga älskarinnor bekräftades av många källor[586].

På ytan var Fredrik charmfull och gemytlig och tilltalades som den "höge herren"[587], men han var vida känd för att tänka mer på sin egen makt än på undersåtarnas välgång[588]. Under hans tid skapades "en oändlig myckenhet med lagar" som ingen följde[589].

Swedenborgs erkännande och nya mission

Inför publikationen av Karl XII:s biografi 1740 bekräftade Swedenborg i ett brev till Jöran Nordberg, att han haft tillgång till diverse manuskript och fragment skrivna av Karl XII[590]. Han beskrev Karl XII som en stor matematiker, skicklig inom mekanik, filosofi, kemi, psykologi och anatomi, och noterade att hans entreprenörskap "inte skulle ha bidragit mindre än hans militära handlingar, för att odödliggöra hans namn, om ödet gett honom tid att utföra sina jättelika planer[591]."

Vid den här tidpunkten var Ulrika Eleonora "rasande" över Fredriks otrohet och hade framskridna planer på att återta makten från honom[592]. Men hon dog plötsligt i november 1741 och det gick rykten, att hon hade blivit förgiftad[593]. Swedenborg sade upp sig från Bergskollegium och lämnade Sverige 1743[594]. Han förklarade senare, att han hade "kallats till en helig mission av Herren själv".[595]

Swedenborgs nya mission hade tydligen tre mål: skapa en bättre värld genom en ny kyrkoordning, fortsätta att lovorda Karl XII, och ställa Fredrik I till svars för sina brott. Under sin utlandsvistelse 1743-1744 skrev Swedenborg ner sina drömmar och visioner i en dagbok. De visar hans vördnad och respekt, men också skuldkänslor gentemot Karl XII som han såg uppstånden från de döda:

- Den 7 juli 1743 noterade Swedenborg, att han besökt husen i Stralsund "där Karl XII bott".[596]
- Den 1-2 april 1744 såg han "Konung Karl" stå i ett mörkt rum och tala med någon och frågade sig själv: "Betyder att jag fått allt vad jag tänkt till min upplysning, och att jag tager kanske en orätt väg".[597]

- Den 19 april 1744 hade "Konung Karl" vunnit ett slag ... det betydde att "jag själv med Guds nåde vunnit striden", och i studierna skulle vinna sitt ändamål. Han var rädd att ha förtörnat "vår Herre" och hade med ödmjukelse bett om förlåtelse. "Det lär förmodligen betyda Karl XII, som var helt blodig[598]."

- Den 24 april hade han talat några gånger med "kong Karl d XII" som berättat för honom allt han undrat över. "Betyder att Gud talade med mig", och att det var "representationer, som jag ännu förstod rätt lite av[599]."

- Den 28 april såg han "Karl XII ... uppstånden från de döda" och ville nu dedicera sig till honom[600].

Swedenborg anklagar i samma dagbok Fredrik I för att ha gett Ulrika Eleonoras juveler till sin älskarinna[601]; felaktigt ordinerat 30 präster[602]; velat komma till himlen utan att betala[603]; och delat riket i två delar utan att ens kunna svenska[604].

Däremot lovordar han Karl XII tio år senare i en engelsk tidningsartikel, *Karl XII av Sveriges nya aritmetik* [8-talsystemet]:

"Jag slogs av den djupaste beundran inför kraften av hans Majestäts geni, och med sådan märklig förundran, vilken tvingade mig att värdera denne eminente personlighet, inte som min rival, utan som min i särklass överlägsne i min egen konst[605]."

Swedenborgs doktriner

Under tiden hade Swedenborg börjat skriva religiösa doktriner på latin, som han gav ut anonymt i London från 1749 fram till sin död 1772. I dem avslöjar han i förtäckta termer Fredrik I:s otukt och brott, för vilka han ställdes till svars i helvetet[606].

Swedenborg vågade aldrig tala i klartext om Fredrik I, inte ens efter dennes död 1751. "Allt jag skrivit är sant ... Jag skulle ha kunnat säga ännu mer, om det varit mig tillåtit[607]." Den nya kungafamiljen trodde blint på Fredrik I:s kritik av Karl XII[608], och Swedenborg hade ju sett vad som hänt med överstelöjtnanten Olof Dagström.

Fredrik I:s karaktär och vidden av hans "illdåd, ränker och brott" lyser speciellt genom i följande fyra av Swedenborgs doktriner:

– *Arcana Cœlestia* [Himmelska hemligheter] (1749-1756)⁶⁰⁹ beskriver personer såsom "äktenskapbrytande män" och "oskuldens förförare, som hamnat i helvetet".⁶¹⁰ – Det var ju väl känt att Fredrik I förfört en sextonårig oskuld och fått tre barn med henne⁶¹¹.

– *De Caelo et Ejus Mirabilibus et de inferno* [Himmel och Helvete] (1758) berättar hur man genom minnet av en död person kunde avslöja otrohet och horeri och de som lockat unga flickor till skam och kränkt kyskhet⁶¹². Swedenborg talade också om "en" [person] som förtalat och smutskastat andra och noggrant dolt allting under sin livstid. Där var också "en" som berövat en släkting sitt arv under en bedräglig förevändning och samma person som, före sin död, i all hemlighet hade förgiftat sin granne [Ulrika Eleonora?]⁶¹³."

– *Apocalypsis Revelata* [Uppenbarelseboken avslöjad] (1766) använder sig av den bibliska symboliken runt "Babylon den stora", en hora⁶¹⁴ (hon var känd som "Modern av alla prostituerade och vederrvärdigheter på jorden"⁶¹⁵). Swedenborg observerade: "För alla nationer har druckit av vinet till vreden över hennes horeri, och kungarna på jorden har begått horeri med henne, och köpmännen på jorden hade bivit rika från överflödet av hennes lyx⁶¹⁶." – Överstelöjtnant Olof Dagström hade också associerat Fredrik I, Ulrika Elonora och prästeståndet med "den babyloniska skökan".⁶¹⁷ Senare cirkulerade smädesskrifter om Fredrik I: "I hans tid övades exempel på horeri med gifta och ogifta, som förr i landet varit ohört."

– *De Ultimo Judicio* utgavs i två delar på latin av Swedenborg själv (1758 och 1763)⁶¹⁸. Runt 1840 hittades två opublicerade manuskript på latin, som ansågs skrivna i perioden 1758-1763 och vara förbundna med *De Ultimo Judicio*⁶¹⁹. Dessa publicerades postumt 1846 som en bilaga till *Diarium Spirituale* (se nedan) och senare på engelska som *The Last Judgment (Posthumous)*⁶²⁰.

I det första postuma manuskriptet står skrivet i avsnittet *De Amore*: "Må alla, som i världen är, och detta läsa, veta, att kärleken att härska för egen räkning och ej för nyttans skull är djävulsk kärlek ...⁶²¹." – Fredrik I hade öppet anklagats av talmannen för riksdagen 1723 för att "se mer på sin makt, sin myndighet, sitt herravälde, sin höghet, sin ära, än undersåtarnas kärlek, förkovring, välgång och lycksalighet".⁶²² Swedenborg (som deltagit i denna riksdag⁶²³) resumerade sina anklagelser mot Fredrik I i *De Amore* med orden:

Utdrag ur Swedensborgs två postuma manuskript förbundna med *De Ultimo Judicio*.
Källa: Email med foton från Kungl. Vetenskapsakademiens bibliotek (12 december 2017).

Manuskripten beskrivs senare som « Tafels latinska text »[627] och är arkiverade på Kungl. Vetenskapsakademien i Stockholm, där de sitter tillfogade *Diarium Spirituale*.

Till vänster det första manuskriptet: Avsnittet *De Amore,* som börjar med passage 93, nämner *inte* C:XII i passage 97 (inlagt i den engelska översättningen från 1934).
Till höger en av de sista sidorna av det andra manuskriptet: Passagen markerad ##, "De jucundo ex gloria sapiendi et de jucundo imperandi …" är förfalskad i linje nio med inlägget "C:XII, _ Benz et alii". – Den varierande skrivstilen förklaras senare med "andarnas" inflytande på Swedenborg (se nedan).

"Om jag skulle nämna alla hans [Fredrik I:s] illdåd, ränker och brott skulle jag fylla sidor. I honom såg jag vad en djävul är, både i sitt eget helvete och med män[624]."

Sättningen i avsnittet *De Amore* förfalskades 1934 av en engelsk översättare, som lade till "C:XII" inom parantes[625]. Detta flagranta försök att göra Karl XII till härskargestalten och djävulen var rotat i ett omfattande hessiskt förfalskningsprojekt på 1800-talet (se nedan).

I det projektet hade det andra postuma manuskriptet förfalskats av den tyske teologen Immanuel Tafel, som lagt in Karl XII:s namn i följande sättning på en av de sista sidorna (på latin): "Jag har ibland sett att när de njöt av att härska, agerade de som fåniga personer, och trodde att de var klokare än andra. Om detta kan många nämnas från erfarenhet, såsom C:XII, Benz och andra" (se ## på fotot)[626].

Engelska översättare förtydligade senare C:XII med "Charles XII", numrerade helt om passagerna i det första manuskriptet, och fortsatte denna numrering i det andra manuskriptet (onumrerat på latin). De två manuskripten omtalas idag som "Tafels latinska text".[627]

Slutsats: Swedenborg avslöjar i sina doktriner klart och tydligt Fredrik I:s många brott (men utan att nämna hans namn). För att det skulle se ut som om Swedenborg talade om Karl XII, lade Immanuel Tafel in C:XII i det ena postuma manuskriptet på latin. Tafels förfalskning förstärktes senare i engelska översättningar av bägge manuskripten, som publicerades i *The Last Judgment (Posthumous)*.

Hessiskt förfalskningsprojekt

Det började med att Immanuel Tafel översatte en av Swedenborgs doktriner från latin till tyska 1823. Det gav Fredrik I:s släktingar i Hessen tillfälle att läsa om "Sexuelle Mädchenschänder sind Mörder der Unschuld" (sexuella flickskändare är mördare av oskulder)[628]. De måste omedelbart ha förstått, att det rörde sig om Fredrik och att huset Hessens goda rykte stod på spel.

Tafel utnämndes följande år till bibliotekarie på universitetet i Tübingen (söder om Hessen) och engagerades som frontperson i vad som skulle visa sig vara ett massivt förfalskningsprojekt organiserat av huset Hessen. Målsättningen var att disassociera Fredrik I från anklagelserna i doktrinerna och föra över dem på Karl XII.

Ett första steg var att övertyga Kungl. Vetenskapsakademien och andra institutioner i Sverige och England att skicka alla existerande originalmanuskript av Swedenborg (tiotusentals sidor på latin) till Tübingen[629]. Bland dem fann Tafel de två postuma manuskripten. Sedan skulle han även ha hittat en stor volym dagboksanteckningar på latin från perioden 1745-1765[630]. Det framgår emellertid av följande information, att dessa anteckningar blev fabricerade i Tübingen baserade på existerande doktrintexter och rena rama uppdiktningar[631]. Den varierande skrivstilen förklarades med "andarnas" inflytande på Swedenborg[632].

Den falska dagboken kom ut i Tübingen 1843-1847 i fem band med titeln *Diarium Spirituale* [Andlig Dagbok], namngiven och publicerad av Immanuel Tafel[633]. Den blev sedan översatt till engelska av den amerikanske teologen George Bush och publicerad i New York 1849 som *The Spiritual Diary*[634].

Fredrik I beskrivs i den som lyckligt uppstånden från de döda[635]. Däremot har Karl XII hamnat i helvetet som "vansinnig av krigslystnad, utvärtes artig och blygsam, men invärtes högmodigast bland alla, och ville bli den förnämste bland djävlarna[636]." Karl XII blev gift i helvetet med en kvinna som var "än mer envis och oböjlig" än han själv och "han högg en kniv i hennes rygg och drog ut hjärtat och söndertuggade det så, att fradgan stod honom kring munnen[637]."

En enkel tysk bibliotekarie i Tübingen kunde omöjligt själv ha genomfört ett sådant omfattande projekt, som krävt kungligt tillstånd från Sverige samt kreativa skribenter och andra resurser. Immanuel Tafels länk till huset Hessen gick genom hans nye chef Dr Robert von Mohl (professor i statsvetenskap[638]), som plötsligt utnämndes till överbibliotekarie på Tübingen universitet 1836[639].

Mohl hade nära kontakter med toppeliten i Hessen och hade gett ut en bok i Tübingen samma år med den hessiske statsministern Ludwig Hassenpflug, känd som Hessens hat och förbannelse[640]. Hassenpflug hade varit medlem i Schönfeldcirkeln i Hessen, en kulturgrupp som startats av kurfurstinnan Augusta av Hessen. Bland medlemmarna ingick de hessiska bröderna Grimm (Jacob och Wilhelm, vars syster var gift med Hassenpflug)[641]. De var berömda för sina grymma folksagor och kunde liksom Mohl skriva på latin[642].

Bröderna Grimms deltagande i förfalskningsprojektet framgår av Jacob Grimms nära kontakter med Sverige och hans kunskaper i svenska språket. Han blev utländsk ledamot i Kungliga Vitterhets, Historie och Antikvitets-Akademien 1842[643], där den perpetuelle sekreteraren Jacob Berzelius av Kungl. Vetenskapsakademien var hedersledamot[644]. Berzelius hade varit drivkraften i skickandet av Swedenborgmanuskripten till Tübingen i slutet på 1830-talet[645]. Jacob Grimm höll ett festtal den 25 juni 1845 i Berlin på svenska till ära för "friherren Berzelius".[646]

Bröderna Grimms skrivsätt går som en röd tråd igenom *Diarium Spirituale* med dess många groteska och sexuella fantasmer. En BBC artikel bekräftar idag, att brödernas oskyldiga sagor är fulla av "sex och våld" och beskrivits som "pornografi från en tidig ålder[647]."

Bröderna Grimms samt även Mohls och Hassenpflugs deltagande i projektet hade underlättats av, att de alla blev befriade från sina officiella funktioner runt 1837[648]. En tidning rapporterade 1840 att bröderna Grimm, som "levt i skymundan sedan 1837", inte hade tvekat när de kallats att "välja mellan plikt och intresse[649]." Jacob Grimm tilldelades 1841 Hederslegionen av den franske kungen, en ättling till den "sexgalne" hertigen av Orléans, Fredrik I:s partner[650].

Senare bekräftade historikern Anders Fryxell, att *Diarium Spirituale* fått många läsare, tack vare "bearbetarnas skriftställarförmåga", som "utplockat" det bästa ur doktrinerna och gjort "egna inskjutna bidrag".[651] Anders Fryxell blev 1845 vice-president i Kungliga Vitterhetsakademien, där Jacob Grimm var medlem[652].

Immanuel Tafel var alltså frontperson för den politiska och kulturella eliten i Hessen, som gav honom tillgång till viktiga institutioner i Sverige och England och till bröderna Grimm.

Berzelius, en tidigare beundrare av Swedenborgs [vetenskapliga] åsikter, förklarade att "Swedenborg sedermera hade blivit sinnesrubbad".[653] Han dog 1848, året innan den första översättningen av *Diarium Spirituale* kom ut på engelska.

Den prominente engelske Swedenborgexperten Dr J.S.G. Wilkinson, som då arbetat på en biografi om Swedenborg, hade också blivit konfunderad[654]. Wilkinson hade haft en mycket positiv syn till Karl XII och känt till Swedenborgs vördnadsfulla brev till Jöran

Nordberg[655]. Men nu beskrevs Karl XII plötsligt i groteska termer, och Nordberg förklarades en hycklare "omskapad till en grön orm".[656] När Wilkinsons biografi publicerades 1849, hade han inte lagt in några som helst beskrivningar om Karl XII eller Nordberg ur *Diarium Spirituale*[657]. Det gjorde heller inte andra teologer och Swedenborgexperter, som lanserade en häftig kritik mot dess innehåll. Ironiskt nog blev Wilkinson själv inblandad i en sexuell skandal[658].

På en konferens i London 1858, förklarade en talare "denna dagbok för att vara den mest kaotiska ["bedlam"] bok, som någonsin skrivits av Swedenborg[659]." I engelska tidningar anklagades översättare för att ha förvridit, felöversatt och ha lagt in egna uppdiktade paragrafer[660]. Det observerades att dagboken innehöll totalt motsatta läror jämfört med de som Swedenborg själv publicerat[661], och att stilen var helt annorlunda mot hans vanliga (torra och tråkiga) sätt att skriva på[662]. George Sand såg i den ett utslag av "överexalterad fantasi".[663]

De teologer och experter, som förstod att *Diarium Spirituale* var manipulerad eller fabricerad av andra skribenter, trodde ändå att det groteska innehållet om Karl XII principiellt var sant. Det bekräftades av en amerikansk teolog och översättare av *Diarium Spirituale* (1902): "Missbruk tar emellertid inte bort användning, precis som förfalskningen av sanning inte tar bort sanning, med undantag bara för dem som begår förfalskningen[664]." – Samma attityd framvisades under en konferens i Sverige 2011. En debattör sa, att det var helt acceptabelt att en översättare lade in sina egna uppdiktningar, "så länge man håller sig till sanningen".[665]

De som trodde på innehållet av den falska dagboken hade ju läst om maktgalna personer i Swedenborgs doktriner (och kanske hört om "C:XII" i Tafels latinska text). Det stämde också med det falska förtalet mot Karl XII, som Fredrik I och hans utländska bundsförvanter tidigare lanserat, och som nu återuppstod på 1800-talet genom tyska, franska och engelska historiker[666].

Andra som tidigare haft en positiv inställning till Karl XII måste, liksom Wilkinson, ha ställt sig undrande. Swedenborg hade ju de facto värdesatt Karl XII på det högsta, vilket framgick av Swedenborgs brev till Nordberg och av artikeln i den engelska tidningen 1754 ("Jag slogs av den djupaste beundran inför kraften av hans Majestäts geni ...")[605].

Resultatet blev att seriösa teologer och experter helt enkelt ignorerade *Diarium Spirituale* och *The Last Judgment (Posthumous)*. De använde bara de texter som Swedenborg själv publicerat under sin livstid och höll tyst om Karl XII. Fryxell frågade senare Tafels nevö: "Är det bifallets tystnad? ... detta att med tystnad förbigå kinkigaste delen av ämnet".[667]

Författaren Ernst Brunner lär vara den ende som öppet (*Darra*, 2015) har associerat Fredrik I med Swedenborgs doktriner och med "den kung som Swedenborg redan sett i helvetet straffad för sitt hor ...". Det är därför obegripligt, att Brunner i samma bok citerar helvetesbeskrivningarna om Karl XII ur *Diarium Spirituale*[668] – utan att kommentera huruvida bägge kungarna hamnat i helvetet.

Slutsats: Denna analys visar för första gången, att 'dagboken' *Diarium Spirituale* fabricerades av huset Hessen i perioden 1836-1847. Syftet var att disassociera Fredrik I från anklagelserna i Swedenborgs doktriner och föra över skulden på Karl XII. De hessiska bröderna Grimm broderade vidare på de existerande doktrinerna samt lade till sina egna groteska och sexuella fantasier. Förfalskningen C:XII i *The Last Judgment (Posthumous)* gav trovärdighet till den falska dagboken. När de första engelska översättningarna kom ut, reste teologer och Swedenborgexperter en storm av kritik och vissa trodde Swedenborg hade blivit sinnesrubbad.

Dagboken på svenska

Det måste ha kommit som en chock i Hessen när nyheten att en dagbok på svenska, som Swedenborg skrivit 1743-1744 (se foto), hade köpts in av Kungliga biblioteket i Stockholm 1858 från en viss professor Scheringsson i Västerås[669].

Detta var elva år efter publiceringen av det sista bandet av den falska dagboken på latin.

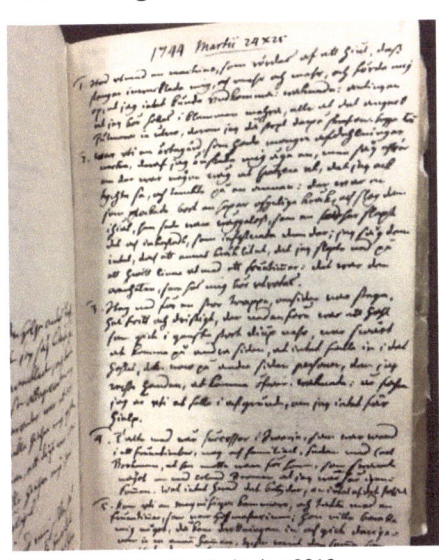

Foto: KB, 24 oktober 2016

Dagboken på svenska var en vanlig anteckningsbok bunden i pergament och försedd med klaff och fickor på båda sidor[670], i motsats till formatet på den falska dagboken som var skriven på avlånga engelska folios[671].

Immanuel Tafel skickades nu till Stockholm[672], där den 36-årige Gustaf Edvard Klemming var tillförordnad amanuens på Kungliga biblioteket och just hade blivit medlem i Vitterhetsakademien[673]. Jacob Grimm och Anders Fryxell var fortfarande ledamöter i Vitterhetsakademien, men Jacob Berzelius hade avlidit 1848.

Tafel övertygade tydligen Klemming, att censurera bort drömmarna om Karl XII och att positionera dagboken på svenska som en föregångare till *Diarium Spirituale* (den falska dagboken på latin). Denna grova manipulation omfattade:

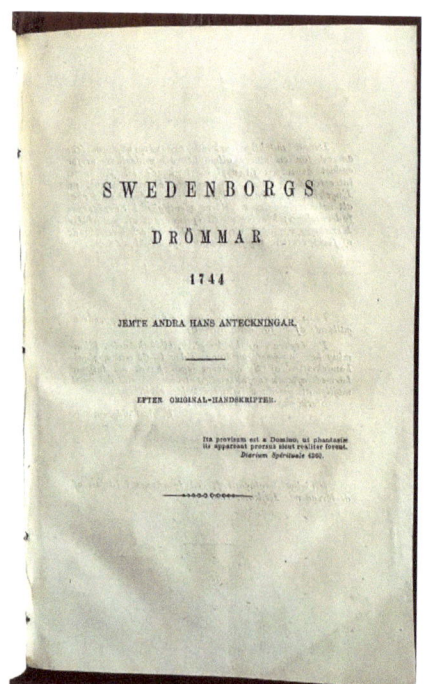
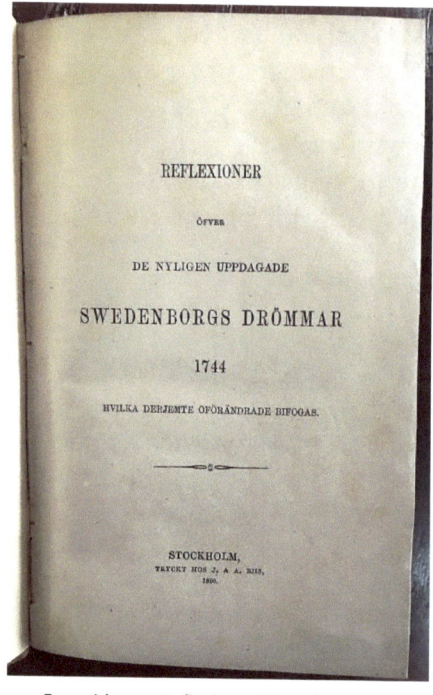

Framsidan av SWEDENBORGS DRÖMMAR 1744, Jämte andra hans anteckningar, tryckt i Stockholm 1859. Framsidan är reproducerad i Reflexioner öfver de ... (Stockholm 1860).

Framsidan av *Reflexioner öfver de nyligen uppdagade SWEDENBORGS DRÖMMAR 1744*, tryckt i Stockholm 1860. Denna utgåva är i Cecilia Nordenkulls ägo.

- Titelsidan: Under dagbokens titel *Swedenborgs drömmar 1744, Jämte andra hans anteckningar* står ett citat på latin: « Ita provisum est a Domino, ut phantasiæ iis appareant prorsus sicut realiter forent. *Diarium Spirituale* 4360. » [Tillhandahållits av Mästaren som vanföreställningar som ser ut som verklighet][674].

- Förordet i dagboken signerat av Klemming: "Drömmarna och synerna från 1744 torde kunna få anses som en första del av detta yngre [falska] diarium[675]."

- Inlägg av ett 12-sidors Bihang på svenska och latin beskrivet i Företalet som Tafels "oläsliga utelämnade stycken av *Diarium Spirituale*[676]". – Ett försök att ge trovärdighet till den falska dagboken.

- Censurering av innehållet: "Det egendomliga innehållet, som lätt skulle kunna råka i strid med tryckfrihetslagen, har nemligen icke tillåtit att sprida boken i oförändrat skick till allmänheten[677]." – Ett orimligt argument.

- En dedikation till Tafel och Wilkinson[678], som redan 1849 beskrivit Tafel som professor i filosofi och "en aktningsvärd tysk akademiker".[679] – Ett sätt att öka Tafels trovärdighet.

I sitt äkthetsintyg specificerade korrekturläsaren, att han enbart jämfört sidorna 1-64 i den tryckta dagboken "med originalhandskriften av Swedenborgs egen hand" (men han kommenterade inte andra aspekter av dagboken)[680]. Dagboken gavs ut 1859 med titeln *Swedenborgs Drömmar 1744 Jemte Andra Hans Anteckningar* av kungliga boktryckaren P.A. Norstedt & Söner[681].

I sista minuten, hade Klemming dock tvingats lämna kvar drömmarna om Karl XII. Istället hade han begränsat upplagan till 99 numrerade exemplar samt helt underlåtit att nämna Karl XII i förordet, i de 79 anmärkningarna om drömmarna 1744, och i sin resumé av drömmarna (där ju Karl XII ofta figurerar)[682].

I sin "dedikation" till Tafel och Wilkinson, bad Klemming dem att inte lägga honom till last för att han i sökandet av "sanningen" hade behållit innehållet "oförändrat och oavkortat". Klemming lade till, att han endast gett ut boken till "några få sanningens och tänkandets vänner" och överlämnade åt Tafel och Wilkinson att "sprida det till större kretsar".[683]

Men Klemming fick därefter order från högre ort, med "oscarianskt buller", att verkställa översättningar av dagboken på tyska, engelska och franska och kunde inte längre kontrollera spridningen[684].

Det fanns därför inte längre skäl att "neka originalet en större offentlighet i Swedenborgs fädernesland".[685] Följande år utgavs ett "oförändrat avtryck av Hr. Klemmnings upplaga med hans tillstånd" *Reflexioner öfver de nyligen uppdagade SWEDENBORGS DRÖMMAR 1744, hvilka derjemte oförändrade bifogades* (1860).

Det framgår av en senare källa, att reflexionerna skulle ha skrivits av författarinnan Anna Fredrika Ehrenborg[686] (som redan gett ut tre böcker om Swedenborg[687]). Hon gick helt i Tafels ärende och skrev i sitt förord, att hon inte kunnat finna något märkvärdigt "i denna så försiktigt anmälda skrift".[688] Liksom Klemming nämnde hon inte ett ord om Karl XII, trots att hon så noggrant studerat Swedenborgs drömmar. Däremot tyckte hon att det var "märkvärdigt", att ingen hade tänkt på en jämförelse mellan Swedenborg och Luther[689].

Slutsats: Immanuel Tafel fick Klemming (KB) till att censurera bort drömmarna om Karl XII och positionera den svenska dagboken som en föregångare till den fabricerade *Diarium Spirituale*. – *Swedenborgs Drömmar 1744* publicerades dock oavkortad 1859 och 1860, men Karl XII nämndes inte i varken förord eller resumé. **Hela denna manipulation bekräftar alla huset Hessens falsarier.**

Gamla skolan

Karl XII hade ända fram till slutet på 1850-talet generellt ansetts som en legendarisk kung i Sverige[690]. Det var nu som historikern Anders Fryxell satte igång en kampanj mot Karl XII:s renommé. Han blev därmed föregångsfigur för vad som blev kallad den Gamla skolan[691].

Fryxell var fortfarande ledamot av Kungl. Vitterhetsakademien (tillsammans med Jacob Grimm) samt av Svenska Akademien och Kungl. Vetenskapsakademien[692]. Fryxell hade även tilldelats Ridderskapet och Adelns stora guldmedalj vid 1848-års riksdag "såsom bevis för Ståndets högaktning och erkänsla för det sätt, varpå han skriver sitt Fäderneslands historia".[693]

Fryxell inledde sin historiska berättelse om Karl XII 1854 och hade till en början haft en positiv inställning till "hjältekungen".[694] Men under sitt skrivande fick han tillgång (via Jacob Grimm?) till en stor volym utländskt material[695] inklusive den manipulerade Poltavaberättelsen[696], som gav en ytterst kritisk bild på Karl XII.

I sina *Berättelser ur den svenska historien* 1859 citerade Fryxell de falska rapporterna, som Fredrik I och hans bundsförvanter spridit ut genom diplomatiska kanaler och som nu var arkiverade i utlandet. Fryxell hänvisade också till en biografi om hertigen av Orléans (deltagare i mordet på Karl XII) samt till verk av tyska historiker, flera från samma period som det hessiska förfalskningprojektet[697].

Det sades att Fryxell tillskrev sådana utländska källor inklusive hessiskt arkivmaterial den högsta trovärdighet[698]. Han noterade själv att "röster från utlandet ... log medlidsamt åt svenskarnas menlösa och godtrogna bemödande att göra Karl XII till ett helgon".[699] Svenska tidningar och historiker kommenterade inte Fryxells nya syn på Karl XII, trots att det gick helt emot det "allmänna tankesättet".[700]

Inför sitt följande band om Fredrik I:s regeringstid reste Fryxell till Hessen 1864 för att undersöka arkiven rörande Karl XII och Fredrik I. Enligt en engelsk tidning hade Fryxell förvånats över den "hessiska censuren" gällande en så avlägsen period[701] (Jacob Grimm hade dött 1863).

Fyra år senare kom Fryxell ut med sitt 38:e band (1868), vilket innehöll ett helt kapitel om Fredrik I:s syndiga liv. Fryxell beskrev nu hans "motbjudande" levnadssätt, hans våldsamma böjelse för det svaga könet, hans brottsliga förhållanden med unga älskarinnor och till vilket "djup av förnedring och oefterrättlighet" Fredrik I sjunkit[702]. Men när Fryxell publicerade sitt kapitel om Swedenborg sju år senare (1875) associerade han inte sin egen långa beskrivning (1868) av Fredrik I med de "äktenskapsbrytande män" och "oskuldens förförare" i Swedenborgs doktriner[703].

Som huvudkälla för kapitlet om Swedenborg använde Fryxell utdrag ur den falska *Diarium Spirituale*[704], trots att han själv betecknade dessa som de "**vildaste inbillningsfostren**".[705] Fryxell återgav dock de mest groteska skildringarna om Karl XII samt kritiken mot det "onda" svenska folket som "förfalskar både godheten och sanningen".[706]

Det var i kapitlet om Swedenborg som Fryxell avslöjade, att han visste att *Diarium Spirituale* hade fabricerats av en grupp skribenter (dock utan att nämna bröderna Grimm eller huset Hessen). Han förklarade, att man hade "utplockat" det bästa ur Swedenborgs doktriner och med hjälp av "bearbetarnas skriftställareförmåga samt egna inskjutna bidrag, bildat några rätt vackra taflor".[707]

Enligt Fryxell var det tack vara *Diarium Spirituale* [med starka sexuella inslag] som Swedenborg fått så många läsare". Fryxell fick dock utstå hård kritik från andra svenska historiker för att vara en icke opartisk och icke tillförlitlig forskare med förutfattade meningar[708]. Trots detta fick han en sällsynt stor läsekrets i många länder[709].

Under tiden hade Oscar II (då prins) vid invigningen av Karl XII:s staty i Kungsträdgården 1868[710] uttryckt sig positivt om Karl XII: "... i Turkiet egnade han sig med en ifver, som väcker förvåning, åt frågor rörande Sveriges inre förvaltning, samt visade det lifligaste intresse för fosterländsk bildning och konst ... från hans dåvarande kansli utgingo äfven förordningar om Stockholms förskönning, slottsbyggnadens fortsättning, understöd åt vetenskapsmän m.m. ...".[711]

Men Oscar II lyckades inte stoppa den negativa kritiken mot Karl XII. Han var speciellt upprörd över August Strindberg, som förlöjligade Karl XII i *Det nya riket* (1882)[712]. Strindberg, som var amanuens på Kungliga Biblioteket sedan 1874 (under överbibliotekarien Gustaf Edvard Klemming), var starkt påverkad av Fryxells negativa åsikter om Karl XII[713]. Strindberg påstod senare, att han inte känt till Swedenborgs doktriner förrän 1897[714].

Strindberg trodde blint på falsarierna. Foto ca 1900.

Strindberg skrev om den förfalskade dagboken i artikeln *Faraondyrkan* publicerad 1910:

"Swedenborgs *Diarium Spirituale* ger en symbolistisk bild av den störste tyrann [Karl XII] som levat, d'après nature, ty Swedenborg var hans personliga umgänge under sista åren, och kände honom därför bättre än vi".[715]

Strindberg svalde alltså helt innehållet i den falska dagboken och omskrev dess symbolik i 'grimmska' termer, som att "Pultavamannen ... övat sig med att hugga huvudet av 'får, kalvar och hästar' ...[716]."

Strindberg ansågs dock "tvifvelaktig" som forskare[717], men fick en viss historisk legitimitet genom Anders Fryxell. Han använde sin egen vältalighet och skrivtalang till att sprida vidare de förfalskade och groteska bilderna på Karl XII. Samtidigt ansåg Strindberg, att Fredrik I var "Sverige sämsta regent, som icke kunde svenska, och egentligen var tysk lantgreve[718]." Strindberg ironiserade också över svenska adelsmän (adlade av Fredrik I), som lagt in den tyska prepositionen *von* framför sina namn[719].

Men Strindberg kopplade heller inte ihop Fredrik I:s sexuella dekadens (beskriven av Fryxell) med de sexualbrottslingar, som Swedenborg beskrev i helvetet i sina religiösa doktriner. Han trodde blint på den falska dagboken och insåg inte, att han tagit fel på kung. Strindberg med sin stora beundrarskara blev därför en av de svenska personer som tillfogat Karl XII:s renommé störst skada.

Nya skolan

I reaktion mot August Strindberg och den Gamla skolan skrev den prominente upptäcktsresanden och skribenten Sven Hedin (senare medlem av Svenska Akademien 1913-1952) i juni 1904 en artikel i tidningen *Kalmar*, i vilken han visade sitt förakt inför Strindberg och hans likar. Han konstaterade hur "Karl XII:s minne bokstavligen neddrages i smutsen, och det av hjältar ... som hörde hemma i gränder och guldkrogar, vid spelborden eller jobberiets labyrinter[720]." Hedin beklagade, att man låtit "neddraga ett av våra största och dyrbaraste minnen".[721] Han la till: "Så långt jag kan minnas tillbaka har jag beundrat honom [Karl XII] och i honom sett allt vad gammaldags äkta svenskhet heter förkroppsligat ... Hans nimbus har aldrig förlorat sin glans utan snarare tilltagit i skärpa och klarhet[722]."

Sven Hedin blev medlem i det nya Karolinska förbundet 1910, vars syfte var "att främja vetenskapliga undersökningar af Karl XII:s och hans tidehvarfs historia".[723] Det hade bildats av en grupp militärer och historiker som ansåg, att Karl XII varit en stor statsman och en lysande strateg, och de blev omnämnda som den Nya skolan[724]. Gustaf Cederström, känd som en "sanningsenlig skildrare" av dramatiska händelser i Karl XII:s liv[725], blev också medlem[726].

Snart gick allt fel.

Strindberg anklagade genast det Karolinska förbundet för "Faraondyrkan", senare omtalad som Strindbergsfejden. Skämttidningen *Puck* lät förstå, att om Strindberg fick bestämma skulle Karl XII:s staty plockas ned från Kungsträdgården[727].

Karolinska förbundet blev infiltrerat av medlemmar, som tillhörde den Gamla skolan. Främst stod riksheraldikern Adam Lewenhaupt, vars förfädrar ställts inför rätta av Karl XII för allvarliga brott[13]. Andra var Erik och Eugène Lewenhaupt, Arnold Munthe och Ludvig Stavenow[728]. Dessa personer hade därför en bra möjlighet att underminera Karl XII:s renommé på olika fronter. En viss Kapten Kuylenstierna kom ut med en bok 1912, som "äventyrade hela återupprättandet av Karl XII:s eftermäle[729]."

Författaren av *Bedrägeriet i Karl XII:s historia* (1915) beskyllde Karl XII för att ha förfalskat dokument i självförsvar i samband med förlusten vid Poltava, medan General Adam Ludvig Lewenhaupt oskyldiggjordes för "varje misstanke om oredligt förfarande".[730]

Generalstabens stora verk *Karl XII på slagfältet* (1918) kritiserades för en överdriven lovordan och blev sedan lagt åt sidan[731]. Det blev till och med tillbakahållet under den internationella kongressen i militärhistoria i Stockholm 2000[732]. Ingen officiell markering av Karl XII:s 200-års dödsdag gjordes i Sverige 1918. Rektorn på Lunds universitet sade: "En jubelfest kan ju bara vara det tommaste av allt tomt". Han skrev samma år om lagar rörande ärekränkning[733].

En ny utgåva av *Swedenborgs drömmar* publicerades 1924, men drömmarna om Karl XII nämndes fortfarande inte[734]. I boken *Karl XII och Sammansvärjningen mot hans envälde och liv* (1928) citerade författaren *Diarium Spirituale* och manipulerade Karl XII:s brev för att få honom att framstå som "barbarisk och grym".[735] Den förre riksheraldikern Adam Lewenhaupt skrev 1937, att Fredrik I varit en av de "verkligt populära kungar Sverige haft[736]."

Tekniska Museets årsbok 1949 innehöll en lång avhandling om en "märklig föregångsman inom norrländsk trävaruhantering", som 1865 kallat Karl XII "den beklagansvärde narren och Don Quichotten".[737]

Ragnhild Hatton (1985) lyckades inte rehabilitera Karl XII. Hon skrev, att Swedenborgs bild av honom som en härskare med falsk anspråkslöshet hade "inverkat på den legendariske Karl XII".[738]

I slutet på 1990-talet började de negativa åsikterna om Karl XII att accelerera bland personligheter i det svenska kulturlivet[739]. Den tidigare chefredaktören på Dagens Nyheter, Olof Lagerkrantz utgav 1996 en bok om Swedenborg, i vilken han jämnförde Karl XII med Hitler: "Kungen lyckades slita sönder Sverige nästan lika bra som Hitler i Tyskland[740]."

Swedenborgpredikanten Olle Hjern skrev i sin efterskrift till *Andlig Dag-bok* (1998)[741], att Karl XII var en maktgalen härskargestalt, en jagad jägare och en helvetesresande[742]. – **Hjern tog också fel på kung!** Det var ju Fredrik I, som riksdagens talman 1723 hade anklagat för att vara maktgalen och som Swedenborg beskrivit i helvetet[743].

Den tidigare ambassadören Lars Bergquist jämförde (liksom Lagerkrantz) Karl XII:s maktlystnad med Hitler i *Svenska Dagbladet* 1999: "Båda hade i livet styrts av onda andar[744]." Idéhistorikern David Dunér skrev i en artikel 2002, att Swedenborg återsett "krigarkungen längst ner i helvetets helvete[745]."

De absurda synpunkterna om Karl XII styrktes 2005, när Swedenborgs arkiv (med de förfalskade texterna) registrerades som ett UNESCO-Världsminne[746].

Några år senare blev Karl XII en förebild för extremistiska grupper i Sverige[747], vilket ledde till ett förbud mot manifestationer i Kungsträdgården den 30 november[748]. Två svenska politiker krävde 2012 att Karl XII:s staty skulle flyttas, eftersom "krigarkungen" ansågs vara en dålig symbol för det moderna Sverige[749].

Författaren Ernst Brunner kom ut 2015 med sin Swedenborgbiografi *Darra*, där han beskrev både Fredrik I och Karl XII i helvetet (utan kommentar)[750]. I efterordet nämnde han Olle Hjern, Lars Bergqvist och David Dunér som de "med största sakkunskap".[751] I en recension av boken 2017, citerade historikern Dick Harrison de mest grova sexuella inslagen av *Darra* (men nämnde inte Karl XII).[752]

I juli 2018 ansågs Karl XII fortfarande ansvarig för döden av hundratusentals människor[753]. Men enligt Ragnhild Hatton rörde det sig bara om en bråkdel av detta antal[754] (varav Fredrik av Hessen ju var direkt ansvarig för frysdöden av 3750 karolinska soldater i Norge[755]).

I början på september 2018 nämndes fortfarande ingenting på Karolinska förbundets hemsida om Karl XII:s död för 300 år sedan[756].

Sveriges sekretesslagstiftning

I Sverige rådde 2018 en obekväm tystnad om Karl XII inom flera svenska institutioner[757]. En historiker uttryckte sin frustrering redan 2000 när hon skrev, att denne kung är "en av dem vi vet väldigt lite om", trots att han "nog är vår allra mest omskrivne monark".[758]

Uppgifter om Karl XII:s död blev sekretessbelagda redan dagen efter. Sekretessystemet blev förstärkt av Sveriges Rikes Lag 1734[759]. Senare verkar det som om, att information om hans död och eftermäle har aggregerats under detta system och den tystnadsplikt, som fortsatt råder på tjänstemannanivå för att undvika att en uppgift röjer en annan uppgift[760] ("pusselläggning"[761]).

Svensk lag verkställd 2009 stipulerar, att "sekretesstider för uppgifter i allmänna handlingar som omfattas av försvarssekretess är som huvudregel högst 40 år".[762] Men upp till 150 år kan gälla för "särskilt angivna uppgifter", vilket är exceptionellt länge jämfört med andra länder i Europa[763]. Sekretessprövningar utförs på tjänstemannanivå, men en "brist på vägledning" försvårar allt hävande av sekretessbelagda uppgifter[764].

Detta strikta och svårförståeliga sekretessregelverk har lett till att tjänstemän på alla nivåer, samt författare, bokutgivare och journalister i Sverige, är utsatta för risken att begå tryckfrihets- och yttrandefrihetsbrott (högförräderi, landssvek, uppsåtligt åsidosättande av tystnadsplikt, m.m.)[765]. En blivande justitieminister framhöll 1943, att den generella hemligstämplingen "på vissa håll synes ha drivits väl långt".[766] Denna synpunkt bekräftades 2002-2004 av två höga tjänstemän[767].

Statsheraldikern (tidigare riksheraldikern), ett ämbete skapat av Fredrik I, spelar uppenbarligen fortfarande en roll i sekretessbeläggningen runt Karl XII. Vid en förfrågan till Riksarkivet om ett (enligt Fryxell) hemligt rådsprotokoll rörande Ulrika Eleonora och Karl XII kom svaret nämligen från den biträdande statsheraldikern: "Jag har nu gått igenom rådsprotokollen i inrikescivilexpeditionen, utrikesexpeditionen och krigsexpeditionen men utan resultat[768]."

Riksåklagaren sa 2017: "Tystnadskulturen är ett växande problem i samhället". Det är "allas ansvar hjälpa till att klara upp brott[769]."

***

Slutkommentar

Karl XII:s tyske svåger Fredrik lyckades att bli kung av Sverige med stöd av utländska makter efter att ha begått landsförräderi, statskupp och kungamord.

All vetskap om Karl XII:s dödssätt har varit baserad på *fel* information planterad av Fredrik av Hessen / Fredrik I på två nivåer. I den öppna debatten har det tagits för givet, att Karl XII sköts i en löpgrav (fiendeskott eller lönnmord). Bakom stängda dörrar har det visserligen varit känt att han stod på en utkiksplats, men det har tagits för givet att han sköts av misstag av de svenska leden (inget om infiltreringen av tyska officerare).

Fredrik I missrepresenterade Karl XII som en hämndlysten krigarkung som ville invadera Ryssland (ett karaktärsmord). Samtidigt utnyttjade han för egen vinning Karl XII:s stortänkta visioner och merkantilistiska planer om handel med Levanten och Kina. Karl XII:s eftermäle förvärrades ytterligare på 1800-talet av förfalskade Swedenborgtexter med groteska påhitt av bröderna Grimm samt förtal av samtida historiker, främst tyska.

Lögnerna om Karl XII anammades i Sverige genom Anders Fryxell. De spreds vidare under Strindbergsfejden, och de citeras och kommenteras okritiskt än idag av kultureliten.

Denna 300-åriga historiska härdsmälta är en skandal för Sverige!

Ansvariga institutioner måste nu häva all sekretessbeläggning runt Karl XII, rensa ut förfalskade manuskript, revidera historieskrivningen, och erkänna Karl XII:s betydande bidrag till vetenskap, konst och industri (han var en 'kunglig Leonardo da Vinci'), och därmed göra Sverige till ett föregångsland som tar itu med sin egen historia.

***

Mazepa och Karl XII   *Gomorron gossar*   *Karl XII:s likfärd*   *30 november*

Cederström är känd som en "sanningsenlig skildrare av ett specifikt förflutet". Målningarna visar hans insikt i Karl XII:s vision om en vattenväg till Svarta havet, Karl XII:s besök i Trondheim i oktober 1718 och rapporten om att han stupat under ritten, och Karl XII:s position utanför en löpgrav när han sköts den 30 november.

"Det förflutna vädjar till en kommande tids rättvisa.
Historien gifver svaret, men slägter förgås
innan hon är färdig att fullt uttala det."

Prins Oscar Fredrik, 1868
Minnestal till Karl XII[770].

Om författaren

Cecilia Nordenkull är medgrundare av kulturföretaget Icons of Europe asbl, Bryssel, där hon ansvarar för forskning. Hon har en MBA från Boston University och talar fem språk.

I sin kreativa och 'grävande' roll inom kultur och historia har Cecilia (gift Jorgensen) använt sig av sina erfarenheter från det internationella affärslivet. Hon arbetade 16 år på J.P. Morgan, där hon blev vice president. Samtidigt drev hon en agentur för Christie's Contemporary Art. Hon etablerade sitt eget bolag 1995 med Internetutbildning för chefer, vilket skapade stort medieintresse och egna idéer för användningsområden.

När Icons of Europe instiftades 2001 började Cecilia forska runt stora personligheter i Europas historia. Flera utredningar publicerades online och i bokform och användes i en serie musikevenemang i Europa och Amerika samt i en BBC dokumentär om Chopin.

Cecilia har de senaste åren prioriterat sin forskning om Karl XII (efter att ha upptäckt sin anfaders släktskap med Karl XII[771]). Den nya boken har redigerats av hennes danske make, en tidigare McKinsey managementkonsult.

***

Icons of Europe publikationer

Karl XII: Kungamord, 2018
Rum nr 88 på Kalmar Slott, 2013 (proof)
Bel Canto: Chopin Teaching the Art of Singing, 2013
Chopin's Dream: Jenny Lind Gala Concert, 2013
Shakespeare and his stable of bards, 2011 (online)
Chopin and The Nightingale, 2003-2008 (musikdrama)
Chopin and The Swedish Nightingale, 2003

Media information

http://www.iconsofeurope.com
iconsofeurope.com/ceciliapress
icons@europe.com
@IconsEurope
@KarlXII_Sverige
@ChopinFryderyk
galeriebeaumont.com

G.F. Händel (1685-1759) J.S. Bach (1685-1750)
Balthasar Denner, ca 1726-1728 E.G. Haussmann, 1746

Händels och Bachs musik ... och Karl XII

Den amerikanska teologen Rev. Dr. Erik E. Sandstrom observerade 2016 "spännande ekon" av Händels oratorium *Messiah* (premiär 1742) i Swedenborgs skrifter[772]. – Författaren av denna bok ser även länkar mellan Händels (och Bachs) musik och Karl XII, som var djupt engagerad i musik och teater samt i bildkonst och arkitektur[773].

Messiah-temat går igen i Swedenborgs dröm 1744 om Karl XII: "... jag tyckte nu att han var uppstånden från de döda" (s. 96 ovan).

Premiären 1743 på Händels oratorium *Samson* med arian "Let the bright Seraphim" sammanföll med idén om Sveriges Kungliga Serafimerorden, som blev instiftad 1748 (s. 89).

Händels kantata *A Song for St Cecilia's Day* (1739) firar Pytagoras matematiska musikteori. Kantatan påminner därför både om Swedenborgs välkomstdikt 1714 till Karl XII (som hänvisade till en pytagoreisk doktrin, s. 32) och om Karl XII:s eget 8-talsystem (s. 94, 96).

Händels oratorium *La resurrezione* tillägnades 1708 drottning Maria Casimira av Polen (då i Rom), medan Karl XII försökte insätta hennes son på den polska tronen[7]. Påven hade låtit resa ett monument 1702 för Drottning Kristina, Karl XII:s fadder. Händel komponerade för flera kardinaler, när han var där 1706-1710.

Händel och även Bach kan ha varit under beskydd av Karl XII:s äldsta syster Hedvig Sofia, en fulländad sångerska och regent i Holstein-Gottorp 1702-1708 (musikmanuskript därifrån utgör idag en av de största samlingarna från den tiden[774]). Händel arbetade på operan i Hamburg 1703-1706, och Bach besökte Buxtehuvud i Lübeck 1705-1706. Bach komponerade *Capriccio sopra la lontananza del fratello dilettissimo*, när hans äldre bror Johann Jacob Bach blev hautboist i Karl XII:s militärband i Stockholm 1704. Efter Hedvig Sofias död deltog Johann Jacob i slaget vid Poltava 1709 och följde med Karl XII till det Osmanska riket (s. 20). Han blev flöjtist i hovkapellet i Stockholm 1713 och sägs sedan ha kallats Stockholm-Bach.

Början på begravningsmusiken för Fredrik IV av H-G (1702)[774].

Historik 1700-2018

	Visioner
1700	- Tsar Peter anfaller Narva för att kunna bygga Sankt Petersburg
1700-1709	- Karl XII förbereder upprättandet av en vattenväg till Svarta havet
1709	- Fredrik av Hessen sätter sig målet att bli kung av Sverige
1709-1714	- Karl XII arbetar i Osmanska riket på industri-och handelsprojekt för Sverige.
	Skotska projektet (avsätta Georg I av England)
1714	- Karl XII ingår avtal med Ludvig XIV i Versailles om det skotska projektet
1715	- Ludvig XIV avlider och hertigen av Orléans lierar sig med Georg I
1715	- Karl XII saboteras i Stralsund och misslyckas med projektet
1715	- Fredrik av Hessen föreslår 'företag mot Norge' (Trondheim)
1716	- Karl XII saboteras i Norge och misslyckas återigen med projektet
1716-1718	- Karl XII mobiliserar trupper i Lund och förbereder Madagaskarprojektet.
	Statskupp och kungamord
1718	- Fredrik av Hessen utfärdar en promemoria om tronföljden (18 maj)
1718	- Han lurar iväg Karl XII till Trondheim (ca 1 oktober – 23 oktober)
1718	- Ulrika Eleonora bestiger i all hemlighet tronen (ca 17 oktober)
1718	- Karl XII övertygas av Fredrik att byta ut sina närmsta män, hans liv är i fara
1718	- Karl XII mördas vid Fredriksten fästning, Norge den 30 november
1718	- Fredrik mörklägger omständigheterna och mutar officerare
1718	- Fredrik försenar General Armfelts återtåg till Jämtland (tusentals dör)
1719	- Fredrik ger Karl XII en förnedrande begravning i Stockholm
1719	- Ulrika Eleonora får en magnifik kröning till drottning i Uppsala
1720	- Hon abdikerar och Fredrik upphöjs till Kung Fredrik I av Sverige.
	Fredrik I av Sverige
1723	- Fredrik förfalskar officiella dokument i ett försök att återinrätta enväldet
1723	- Han anklagas av riksdagens talman för maktfullkomlighet
1720-1751	- Han utnyttjar Karl XII:s planer för handel med Levanten och Kina
1720-1751	- Han inför en vidspridd dekadent livsstil i Sverige
1728	- Han anklagas av överstelöjtnanten Olof J. Dagström för mord på Karl XII
1735-1744	- Han får tre barn med älskarinnan Hedvig Taube
1741	- Han anlitar hessiska läkare till Ulrika Eleonoras sjuk/dödsbädd
1743	- Han anklagas i smädesskrifter för mord på Karl XII, horeri och laglöshet
1751	- Fredrik I avlider och får en ståtlig begravning.
	Karl XII:s eftermäle
1719+	- Fredrik av Hessen lanserar en smutskastningskampanj mot Karl XII
1739	- Voltaires biografi nedvärderar Karl XII som en krigarkonung
1743	- Swedenborg lovordar Karl XII i Jöran Nordbergs biografi
1748	- Voltaire reviderar sin biografi och lovordar Karl XII och Tsar Peter
1836-1847	- Bröderna Grimm skändar Karl XII i texter fabricerade i Swedenborgs namn
1854-1875	- Historikern Anders Fryxell anammar förfalskad information om Karl XII
1910	- August Strindberg sprider vidare falsarierna (Strindbergsfejden)
1995-2018	- Svenska kultureliten citerar okritiskt lögnerna om Karl XII.

Christopher Polhem Emanuel Swedenborg Olof J. Dagström
(1661-1751) (1688-1772) (ca 1678-1755/1771)
Målad 1703 Målad ca 1706 Arméofficer, politisk fånge

Karl XII:s kreativitet och nytänkande

Efter Karl XII:s död tog Fredrik I genast kontroll över hans Madagaskarprojekt, vilket ledde till etableringen av Svenska Ostindiska Companiet och sedan till Levantiska Companiet.

Samtidigt fortsatte Polhem sin tjänst i Kommerskollegium och Swedenborg i Bergskollegium. Där hade de tillgång till Karl XII:s manuskript, brev och anteckningar, vilket Swedenborg för sin del bekräftade till Jöran Nordberg. Både Polhem och Swedenborg publicerade ett stort antal verk och betänkanden i sina egna namn.

Polhem fick senare äran för Karl XII:s vision, att Sverige skulle omvandlas från ett primitivt jordbruksland till en modern industrination. Han blev även tillskriven en stor mängd opublicerade manuskript[571-574]. Men dessa, som rör allt från astronomi, geologi, företagsekonomi och historia till jordbruk, matlagning, naturfilosofi och musikteori, kan bara ha utvecklats av Karl XII med tanke på vidden av hans intresseområden och vetenskapliga geni. Manuskriptens "kreativitet och nytänkande" jämfördes av en historiker 2011 med **Leonardo da Vinci**.

Swedenborg drabbades av skuldkänslor mot Karl XII och började öppet prisa hans breda kunskapsområden och hans jättelika planer[591]. Han visade sin vördnad inför Karl XII i en engelsk tidning: "Jag slogs av den djupaste beundran inför kraften av Hans Majestäts geni ... i särklass min överlägsne i min egen konst".[605]

Swedenborg var en vetenskapsman, som blev nyreligiös för att råda bot på sveket mot Karl XII och på allt det onda som Fredrik I skapat i Sverige. Olof Dagström var en militär, som också blivit nyreligiös av samma orsaker[617]. Båda använde Babylons sköka som symbol på Fredrik I:s dekadens. Men Dagströms öppna anklagelser mot Fredrik I ("Ahab") och Ulrika Eleonora ("Isebel") fick honom dömd till livstids fängelse.

Bibliografi

Bevismaterialet i denna bok bygger på svenska och utländska källor, som är allmänt tillgängliga.

Allmän historisk information har tagits från svenska uppslagsverk publicerade på Runeberg.org och på Riksarkivets hemsida. Bland nyfunnen information ingår engelska tidningar sedan 1709 (skannade i samarbete med British Library) samt kopior av brittiska parlamentets journaler och Windsor Castle arkivinformation.

Följande biografier och publikationer har också använts:

BERGER L., *Bedrägeriet i Karl XII:s historia: Falska och förfalskade källuppgifter angående Karl XII:s ryska fälttåg 1708*, A.-B. Framtidens bokförlag, Malmö, 1915.

BOBERG Torsten, MAIJSTRÖM Erik, *Tre tusen man kvar på fjället*, Gebers, 2:a något omarbetade upplagan, Malmö, 1961.

BRUNNER Ernst, *Carolus Rex*, Bonniers förlag, Stockholm, 2005.

BRUNNER Ernst, *Darra*, Bonniers förlag, Stockholm, 2015.

FROM Peter, *Karl XII:s död: Gåtans lösning*, Historiska Media, Lissabon, 2005.

FRYXELL Anders, *Berättelser ur svenska historien*, 1856-1875.

FRYXELL Anders, *Min historias historia autobiografisk uppsats*, redigerad av E.A. Fryxell, Stockholm, 1884.

GYLLENBORG Carl, *Letters which passed between Count Gyllenborg, the Barons Gortz, Spar, and others*, London, 1717.

GÖTEBORGS KONSTMUSEUM, *En målad historia: Svenskt historiemåleri under 1800-talet*, Göteborg, 2014.

HATTON Ragnhild Marie, *Karl XII*, Köping, 1985 (engelska originalet, London, 1968).

HASSENPFLUG Ludwig Friedrich (Kürfurstlich Hessischen Staatsminister), *Actenstucke*, Mitarbeiter professor Dr. R. Mohl in Tübingen, Stuttgart und Tübingen, 1836.

HELANDER Abel, *Daniel Niklas v. Höpken*, Stockholm, 1955.

HOLST Walfrid, *Fredrik I*, Wahlström & Widstrand, Stockholm, 1953; samt *Ulrika Elonora d.y.*, Stockholm, 1956.

JÄGERSKIÖLD Stig, *Sverige och Europa 1716-1718*, Akademisk avhandling, Ekenäs, 1937.

KARL XII, egenhändigt skrivna brev, runeberg.org.

KARLSSON Åsa, KRONBERG Klas, SANDIN Per, *Karl XII och svenskarna i Osmanska riket*, Armémuseums Årsbok 2015.

LAMM Martin, *Swedenborg*, Stockholm, 1915.

LAS CASES Cte, *Memorial de Sainte-Hélène*, Paris, 1842.

LINDGREN Michael H., *Christopher Polhems testamente*, Stockholm, 2011.

MAGNUSSEN Kjeld Th., *Ved Karl XIIs død*, Norge, 2007.

NORDBERG Jöran, *Histoire de Charles XII Roi de Suède*, traduite du Suédois, Tome troisième, M.DCC.XLVIII [1748], chez Pierre de Hondt.

NORDBERG Jöran, *Anmärkningar, wid högstsalig i åminnelse Konung Carl den XII:tes Historia*, Stockholm, 1767.

NORDENKULL Cecilia, *Rum nr 88 på Kalmar Slott*, Icons of Europe, Bryssel, 2015 (provtryck).

NYSTRÖM Anton, *Karl XII och Sammansvärjningen mot hans envälde och liv*, Stockholm, 1928.

OSCAR Fredrik [Oscar II], *Carl den Tolfte: Tal*, Stockholm, 1868.

RICHARDSON Jakob, *Inledning till Krigsvetenskapen*, 1sta delen, Stockholm, 1738.

STRINDBERG August, *Det nya riket*, Stockholm, 1882.

STRINDERG August, *Legender*, Stockholm, 1898.

STRINDBERG August, *Engelbrekt Carl XII*, Stockholm, 1916.

STRINDBERG August, *Samlade Skrifter*, Stockholm, 1919 [inklusive *Faraondyrkan*].

SWEDENBORG Emanuel, *De Ultimo Judicio*, London, 1763.

Reflexioner öfver de nyligen uppdagade SWEDENBORGS DRÖMMAR 1744, hvilka derjemte oförändrade bifogades, J. & A. Riis, Stockholm, 1860.

The Spiritual Diary of Emanuel Swedenborg, Volume IV, translated by Professor George Bush, M.A. and the Rev. James F. Buss, revised and edited by the latter, United States, 1889.

The Spiritual Diary of Emanuel Swedenborg, Volume V, translated by James F. Buss, United States, 1902.

Swedenborgs Drömmar, Emanuel Swedenborgs dagbok 1743-1744 utgiven och kommenterad av Knut Barr, Stockholm, 1924.

Emanuel Swedenborg Drömboken, redigerad och kommenterad av Per Erik Wahlund, Wahlström & Widstrand, 1964.

Emanuel Swedenborg, Andlig Dag-bok, översättning Eric Hermelin, huvudtexten återgiven i faksimil efter originalutgåvan 1920, Ellerströms, Lund, 1998.

THANNER Lennart, *Handlingar angående revolutionen i Sverige 1718-1719*, utgivna av Kungl. Samfundet för utgifvande af handskrifter rörande Skandinaviens historia, Stockholm, 1954.

UPPSTRÖM Rolf, *Karl XII:s Död*, Göteborg, 1994.

VOLTAIRE, *The Age of Louis XIV*, translated by Martyn P. Pollock (first edition in French, Berlin, 1751).

VOLTAIRE, *Histoire de Charles XII, Roi de Suède*, 1731, 1748, 1768.

VOLTAIRE, *The History of Peter the Great, Emperor of Russia*, Manchester, MDCCCXLV [1845], Translator: Tobin Smolett.

WILKINSON, James John Garth, *Emanuel Swedenborg*, London, 1849.

***

Ett stort antal noter ur ovanstående and andra källor är återgivna i sin helhet på originalspråket (se sidorna 127-272).

Wilhelm och Jacob Grimm
Målning av Elisabeth Jerichau-Baumann, 1856

Bröderna Grimm ... och Karl XII

När Swedenborgs doktriner översattes till tyska i början på 1800-talet var det inte svårt att inse, att Fredrik I av Sverige var den maktgalne och sexuellt perverse personen, som Swedenborg såg som en djävul i helvetet.

För att undvika en skandal lät kurfurstinnan av Hessen lansera ett massivt förfalskningsprojekt för att disassociera Fredrik I från anklagelserna i doktrinerna och föra över dem på Karl XII.

Hon engagerade teologen Immanuel Tafel och de hessiska bröderna Grimm. De förfalskade ett postumt Swedenborgmanuskript och fabricerade en dagbok *Diarium Spirituale* i Swedenborgs namn, som grovt skändade Karl XII. Jacob Grimm tilldelades den franska Hederslegionen 1841, och året efter blev han utnämnd till utländsk ledamot i Sveriges Kungliga Vitterhetsakademi. Den falska dagboken publicerades 1843-1847.

Bröderna Grimms groteska påhitt om Karl XII citerades okritiskt av historikern Anders Fryxell (den Gamla skolan) och spreds vidare under Strindbergsfejden och helt fram till idag.

Index

Adolf Fredrik av Holstein-Gottorp 80, 89
Ahmed III, Sultan 19
Albedühl, Henrik Otto 63, 68, 72, 74, 75, 77
Alexander (Kastman) 87, 88
Alströmer, Jonas 33, 93
Armfelt, General 34, 35, 46 48, 53, 69, 76
August II av Polen 17
Augusta av Hessen 100, 122

Bach, Johann Jacob 20, 116
Bach, Johann Sebastian. 11, 20, 116
Bernadotte, Jean 83
Berquist, Ambassadör Lars 111
Berzelius, Jacob 101, 104
Bolingbroke, Lord 29
Broman, Erland 61, 79, 80, 93
Brunner, Ernst 103, 111
Buxtehude, Dieterich 116

Carlberg, Löjtnant Bengt Wilhelm 54, 56, 57, 58, 78
Carlsberg, Kapten 54
Cederström, Carl Gustaf 12, 48, 52, 66, 67, 109, 113
Chopin, Fryderyk 115
Clement XI 24
Cronstedt, Carl 42, 47, 55, 61, 64, 72, 74, 77, 81, 82, 83

Dagström, Olof J. 79, 86, 96, 97, 118
Drake, Sekreterare 50
Drakenhielm, Carl 61, 66, 72
Dunér, David 111

Ehrenborg, Anna Fredrika 106
Fabrice, Fr. Ernst von 46, 70
Feif, Kasten 21, 58, 93, 94
Filip V 23, 28, 29, 38, 43, 69
Fleetwood, Generalmajor 74, 87, 93
Folard, Jean Charles 42
Fredrik av Hessen, 8, 44, 72, 80, 113 och andra ställen
Fredrik I 44, 86, 90, 113 och andra ställen
Fredrik IV av DK & NO 8, 35
Frisk, Kapten Peter 24, 54
From, Peter 12, 65, 85
Fryxell, Anders 9, 12, 91, 101, 103, 104, 106-109, 113

Georg I, 8, 23, 39, andra ställen
Grimm brothers 9, 12, 100, 101, 103, 104, 107, 108, 113, 122
Gustav III 83
Gustav IV Adolf 83, 107
Gustaf V 63, 84, 110
Gyllenborg, Karl 28, 39-42, 46
Gyllenkrok, Axel 12
Gyllenstierna, Nils 76
Görtz, Georg Heinrich von Schlitz- 39-41, 46, 47, 53, 71

Hassenpflug, Luwig 100, 101
Hatton, Ragnhild 11, 29, 41, 42, 64, 85, 110 och andra ställen
Hedin, Sven 109
Hedvig Eleonora 17, 31, 43, 93
Hedvig Sofia 8, 17, 28, 43, 51, 116
Hein, David 43, 45

Hertigen av Orléans 8, 9, 28, 32, 38-42, 68, 70-72, 91, 107
Hjern, Olle 111
Holst, Walfrid 12, 53, 85,88, 97
Horn, Arvid 36, 79
Händel, G.F. 11, 89, 116
Höpken, Anders Johan von 80, 81, 88, 89
Höpken, Daniel Niklas von 92

Jägerskiöld, Stig 47

Karl XII, 16, 113, andra ställen
Karl XV 84
Karl Peter Ulrik 80, 88
Kastman, Alexander 87, 88
Karl Fredrik av Holstein-Gottorp, 8, 87, andra ställen
Kaulbars, Johan Fredrik 53, 56, 57, 58, 60, 61, 62, 64, 65, 68, 69, 72, 77
Kemp, Sir Roger 29
Klemming, Gustaf Edvard 104, 105, 106, 108
Kuylenstierna, Kapten 110

Landsberg, Kommendant 66
Lantgreven av Hessen 21, 27, 28, 31, 32, 42, 60, 68, 71, 75, 93
Las Cases, författaren 83
Leutrum, von 60, 75, 77
Lewenhaupt, Adam 110
Lewenhaupt, Adam Ludvig 17, 110
Lewenhaupt, Erik 110
Lewenhaupt, Eugène 110
Lewenhaupt, Gustaf Fredrik 78
Lind, Jenny 115
Linné, Carl von 88
Locke, John 27
Ludvig XIV 8, 9, 23-26, 28, 32, 42

Ludvig XV 28, 38
Maigret, Philippe 42, 52, 53, 56-62, 68, 70, 72, 77
Marck, Louis de la 41, 68
Marx, Karl 91
Mazepa, Ivan, 17, 19, 21, 113
Mohl, Robert von 100, 101, 107
Mörner, Fältsmarskalk 33, 54, 64, 73-77

Napoleon 83
Neumann, Melchior 67
Newton, Isaac 19, 27
Nordberg, Jöran 11, 22, 79, 81, 82, 83, 95, 102, 118
Nordenkull, Cecilia 11, 12, 82, 84, 90, 104, 115
Norris, Amiral Sir John 28, 35, 37, 38, 46, 49, 50, 66, 68

Oscar I 83
Oscar II 84, 86, 89, 106, 108

Palmstierna, Nils 79
Peter, Tsar 8, 17, 19, 22, 27, 37, 41, 46, 47, 49, 51, 69, 70, 87, 88
Peter III, Tsar 88
Petrovna, Anna av Ryssland 46, 70, 87, 88
Plomgren, Thomas 93
Polhem, Christopher 21, 33, 38, 42, 43, 61, 93, 94, 118
Pytagoras 27, 116

Rehnkiöld, Fältsmarskalk 17, 54, 73-77
Rosenhane, Schwering 57

Sand, George 102
Schwerin, Philip 53, 56, 57, 58, 68, 72,75, 77
Seth, Gabriel von 73, 81
Sicre, André 53-61, 68, 70, 72, 77, 78

Sparre, Amiral Claes 46
Sparre, Baron Erik 24, 39, 40, 42
Stanhope, Lord 40
Stanislaus I 17, 25, 54
Stenboch, Magnus 21
Stenflycht, Johan 30, 45, 54, 55
Stiernros, drabantkorpralen 81
Strindberg, August 9, 12, 91, 108-110, 113
Strømsæther, Oberst Dag 5, 61
Stuart, Jakob Edvard 8, 23, 25, 29, 34, 36, 37, 69
Swedenborg, Emanuel 3, 8,10, 11 12, 16, 21, 22, 27, 33, 38, 42-44, 91, 94-111, 113, 116, 118

Tafel, Immanuel 97-106, 113, 122
Taube, Gustaf Adam 43, 45, 75
Tessin, Carl Gustaf 22, 89
Tessin, Nicodemus 19
Thanner, Lennart 12, 46, 51, 55, 73
Tolstadius, präst 81
Tordenskiöld, Peter 36, 38

Ulrika Eleonora, 8, 48, 90 och andra ställen
Uppström, Rolf 85

Vellingk, Greve Mauritz 21
Vinci, Leonardo da 22, 113, 118
Voltaire 11, 14, 23, 29, 59, 70, 79, 92

Wallis, John 21
Wilkinson, J.J.G. 101, 102, 105, 106
Würtemberg, Marcks von 47, 49

***

Karl XII

Karl XII mördades och hans eftermäle förfalskades grovt.
Målning av David von Krafft, 1700 (Nationalmuseum, Stockholm).

Noter

[1] "In 1700, a triple alliance of Denmark-Norway, Saxony-Poland-Lithuania and Russia launched a threefold attack on the Swedish protectorate of Swedish Holstein-Gottorp and provinces of Livonia and Ingria, aiming to draw advantage as Sweden was unaligned and ruled by a young and inexperienced king, thus initiating the Great Northern War." Source: Wikipedia.org / Charles XII, downloaded 17 May 2018. – Karl XII vinner oförväntat slaget vid Narva.

[2] "... but that Peter, just after his misfortune at Narva, should apply himself to the junction of the Baltic, Caspian, and the Black seas, by canals, has crowned him with more real glory than the most signal victory. It was in the year 1702, that he began to dig that deep canal, intended to join the Tanais [= the Don River leading to the Black Sea] and the Wolga [leading to the Caspian Sea]. Other communications were likewise to be made, by means of lakes between the Tanais and the Duna [= Danube River leading to the Black Sea]; whose waters empty themselves into the Baltic, in the neighbourhood of Riga. But this latter project seemed to be still at a great distance, as Peter was far from having Riga in his possession." VOLTAIRE, *The History of Peter the Great, Emperor of Russia*, Manchester MDCCCXLV, Translator: Tobin Smolett [1721-1771] / gutenberg.org.

"Captain John Perry, R.N. ... in 1698 he was introduced to the Russian ambassador and was offered £300 per year to work in Russia. He started by surveying the line of a canal to be built between the rivers Volga and Don to link the Caspian with the Black Sea; however work was halted by the outbreak of war between Russia and Sweden." Källa: Borough of Barking and Dagenham Local Studies Library Information Sheet No. 37, *Captain John Perry, R.N.* / downloaded 17 December 2016.

[3] "... åtgärder vidtogs också [av Sverige] med tanke på möjligheten av att införliva Kurland med det svenska väldet. Tullarna i hamnstäderna Libau och Windau uppbars av svenska Kronan enligt samma principer som i Riga ... Många av dessa förändringar kunde inte hemlighållas, och de väckte hos handels- och sjöfarsnationerna misstankar om att Sverige avsåg att förstora sitt östersjövälde." HATTON Ragnhild, *Karl XII*, Köping, 1985, s. 201.

[4] "Sjömakternas uppmärksamhet på Sveriges aggressiva kommersiella avsikter ... bidrog till att uppamma misstankar om att Karl XII ville skapa ett *dominium maris Baltici*." HATTON Ragnhild, *Karl XII*, Köping, 1985, s. 201.

[5] Flera källor noterar, att Karl XII i början på 1700-talet strävade efter att genomföra en merkantilistisk rationell ekonomipolitik, som byggde på Sveriges

råvaruindustri, Baltikums strategiska läge och därmed möjligheten för ökad export till Medelhavsländerna. En välfungerande vattenväg genom Europa var långt mera fördelaktigt än sjörutten över Atlanten och Medelhavet (vilket Tsar Peter, vikingarna och andra sjöfarare redan insett). Det är dessutom känt, att Karl XII planerade en vattenväg genom Östersjön och Nordsjön (Kielkanalen idag).

Källor: EKEGÅRD Einar, *Studier i svensk handelspolitik under den tidigare frihetstiden*, 1924, s. 95-128; HATTON Ragnhild, *Karl XII*, Köping, 1985, s. 395-396; ALMQVIST Daniel, *Några karolinska kanalprojekt*, Karolinska förbundets årsbok 1935, Stockholm, s. 112-135; ROSMAN Holger, *Christopher Polhem*, 1911, s. 70, runeberg.org.

[6] Likaså uppmuntrades de polska kontakterna med tatarkhanen på Krim och med inflytelserika turkar i Bender och Konstantinopel av Karl XII från och med 1701." HATTON Ragnhild, *Karl XII*, Köping, 1985, s. 281.

[7] Karl XII lyckades 1704 att genomdriva tronavsättningen av August den Starke, som var kung av Polen och samtidigt kurfurste av Sachsen. Han ersattes interimt av Stanislaus Leszczyński, eftersom den tilltänkte Jakob Sobieski kidnappats av August och inte blev frisläppt förrän efter Stanislaus kröning 1705. Jakob Sobieski var son till den tidigare kung Jean Sobieski av Polen och hans gemål drottning Maria Casimira.

"Bakslaget för Karl XII:s planer var oerhört... en hemlig förbindelse från Stanislaus sida att han skulle regera endast interimistiskt för Jakob Sobieskis räkning." HATTON Ragnhild, *Karl XII*, Köping, 1985, s. 235, 236.

[8] Brev från Karl XII mellan den 12 maj 1702 och den 7 april 1706 till generalen Carl Gustaf Rehnskiöld visar, att Karl XII befann sig i Storpolen i fyra år och att han inte var inblandad i några större slag (förutom en dragonattack i Lemberg med ett fåtal döda). Det framgår också, att han rekognoserade ("kunnskapade") längs floderna Weichsel [Vistula] och Bug, att den svenska flottan var med, och att han byggde broar över Vistula och Bug. Källa: Karl XII:s egenhändiga bref / runeberg.org.

[9] En översikt av Karl XII:s "ryska" fälttåg visar, att han vann flera slag på östsidan av floden Dnjepr på väg söderut. Källor: "Road to Poltava" http://www.tacitus.nu/gnw/battles/Poltava/background.htm och https://en.wikipedia.org/wiki/Swedish_invasion_of_Russia_(1708%E2%80%931709).

[10] Ivan Mazepa var hetman (statschef) i kossackstaten Ukraina och hjälpte till med Karls förbund med zaporog-kosackerna. – "Ett stycke från sitt utlopp i Svarta Hafvet bryter Dnieperfloden fram genom en mängd berg och klippor och bildar därunder tretton forsar eller vattenfall ... nästan otillgängliga för främlingar ... Denna befolkning kallades *Zaporoger*, d.v.s. *öbor* eller enligt andra *vattenfallskosacker* ... Författningen var republikansk. ... När Mazepa började förbereda sitt uppror mot tsaren, vände han sig ock till Zaporogerna." FRYXELL

Anders, *Berättelser ur svenska historien*, volym 22, 1856, s. 175, 176 / runeberg.org.

[11] Vitryssland (dagens Belarus) var den gången dominerat av Polen-Litauen. Ukraina var en kossackstat (Cossack Hetmanate), uppdelad mellan Polen och Ryssland längs floden Dnjepr, med hetmannen Ivan Mazepa som statschef. Mazepa bröt unionen med Ryssland 1708 och gick över på Karl XII:s sida. Källor: https://sv.wikipedia.org/wiki/Vitryssland och https://en.wikipedia.org/wiki/Cossack_Hetmanate.

Notat: Floden Dnjepr går genom Vitryssland (dagens Belarus) då kontrollerat av Polen och därefter genom Ukraina, där området öst om floden var i union med Ryssland. För Karl XII:s vattenvägsprojekt var det därför viktigt att ta kontroll över de större samhällena på båda sidor av Dnjepr och dess bifloder.

[12] Ett EU-projekt etablerat 2013 motsvarar Karl XII:s vision om en vattenväg från Gdansk vid Östersjön (via Vistula och Bug), förbi Brest och sedan (via Dnjepr) till Kiev och Odessa vid Svarta havet. – The "E-40 waterway is a modern route from the Varangians [Vikingarna] to the Greeks that opens new possibilities for development of trade, cross-border tourism and multicultural dialogue to Belarus, Poland, Ukraine and other countries." Källa: Commission on the development of the E40 waterway on the Dnieper-Vistula section (http://www.e40restoration.eu).

Notat: Staden Bender i det Osmanska riket, där Karl XII hade sitt högkvarter i flera år, ligger ca 10 mil från Odessa (där Dnjepr utmynnar).

[13] Adam Ludvig Lewenhaupt blev 1703 generalmajor och guvernör i Riga, Kurland. Det finns tecken på, att han var i ryssarnas och sachsarnas tjänst och medvetet saboterade Karl XII:s fälttåg 1703-1709:

a) Lewenhaupt hade rykte om sig att vara beräknande; och kurländarna kallades "icke goda svenskar, men väl goda Lewenhauptare."

b) Lewenhaupts egen kusin Carl Gustaf hade 1703 blivit dömd av Karl XII från liv, ära och gods för att ha begått förrädiska stämplingar med sachsarna (allierade med ryssarna).

c) I början av 1706 reste Lewenhaupt plötsligt hem till Stockholm, efter att ryssarna lämnat området kring Kurland.

d) Lewenhaupt följde inte Karl XII:s order att marschera till Litauen i början av juni 1708. Han kom tre veckor för sent, vilket enligt Karl XII bidrog väsentligt till förlusten vid Lasnaya den 29 september 1708.

e) Lewenhaupt red med Karl XII längs floden Dnjepr vid Poltava den 17 juni 1709, när kungen sköts i vänstra foten. Var ryssarna informerade på förhand om Karl XII:s ritt?

f) Lewenhaupt gav en felaktig order till Carl Gustaf Rehnskiöld vid Poltava den 28 juni, vilket förorsakade stor oordning och sägs ha bidragit till nederlaget. Lewenhaupt påstod att kungen gav ordern.

g) Ryssarna fick tydligen förhandsinformation om Karl XII:s marsch mot Perevolotsjna och brände upp hela köpingen, innan Karl XII anlände dit den 30 juni med sin hovstat.

h) Helt emot Karl XII:s order kapitulerade Lewenhaupt till ryssarna den 1 juli 1709 efter att kungen fortsatt sin resa söderut. Därefter gav Lewenhaupt order att bränna upp en stor del av fältarkiven (se nästa not).

i) Karl XII anlade 1710 process mot Lewenhaupt, som han ansåg ha "förorsakat obotlig förlust". Handlingarna i målet, som pågick åtminstone tre år, har senare försvunnit.

j) Lewenhaupts bror Gustaf Fredrik förespråkade vid riksdagen 1713-1714 aktivt för planen att göra prinsessan Ulrika Eleonora till regent och bringa de så kallade kriget till slut utan Karl XII:s samtycke. Han var även inblandad i en rättegång för att ha mutat vittnen, samt anklagad för att ha underblåst rörselsen i bondeståndet för Fredrik I med syfte att återfå konungamakten.

Källor: FRYXELL Anders, *Berättelser ur svenska Historien*, volym 22, s. 72, 74; HATTON Ragnhild, *Karl XII*, Köping, 1985, s. 304, 341; NYSTRÖM Anton, *Karl XII och sammansvärjningen mot hand envälde och liv*, Stockholm, 1929, s. 59, 60, 61; BERGER L., *Bedrägeriet i Karl XII:s historia: Falska och förfalskade källuppgifter angående Karl XII:s ryska fälttåg 1708*, Malmö, 1915, s. 90, 93, 96; adelsvapen.com / Lewenhaupt nr 2, TAB 8, 25, 26; Svenskt biografiskt handlexikon, 1906 / runeberg.org; och wikipedia.org / Slaget vid Poltava.

[14] "Samma kväll som Karl XII lämnade armén för att skeppas över Dnjepr, lät överbefälhavaren general Adam Ludvig Lewenhaupt, utfärda order om att ur den stora trossen med sina handlingar skulle 62 brännas ...". Källa: Svensk Tidskrift, 31 december 1960, *De Karolinska fältarkivens öde* / svensktidskrift.se.

[15] "Under Karl XII:s ryska fälttåg bildades ett mycket omfattande handskriftsmaterial ... Alla dessa fältarkiv försvann spårlöst efter katastroferna vid Poltava och Perevolotjna sommaren 1709. Saknaden av detta värdefulla primärmaterial har varit mycket kännbar för alla de forskare, som under tidernas lopp sysslat med kungens fälttågsplaner ...". Källa: Svensk Tidskrift, 31 december 1960, *De Karolinska fältarkivens öde* / svensktidskrift.se.

[16] I avsaknad av de karolinska fältarkiven, som försvann efter Poltava 1709, har historiker främst förlitat sig på en berättelse tillskriven Karl XII:s generalkvartermästare Axel Gyllenkrok. Men denna så kallade Poltavaberättelse innehåller förfalskningar och är i alla avseenden oanvändbar som källa för historieskrivning:

a) Originalet är försvunnet. Enligt en viss L. Berger (1915) var det skrivit på tyska och arkiverat på Riksarkivet under beteckningen *Förslag rörande Moskau*.
b) Idag finns endast en avskrift på svenska på Krigsarkivet, men utan registrerad proveniens. Den är på 240 sidor med beskrivningen "en avskrift som rör Gyllenkroks berättelser om fälttåget mot Ryssland 1708-1709".
c) En tidigare arkivarie på Krigsarkivet (Alf Åberg, död 2011) ansåg i sin biografiska text om Gyllenkrok, att samtalen i Poltavaberättelsen "med kungen och andra måste betraktas med misstro, eftersom de är ett led i hans tendentiösa framställning." – I samtalen (citerade av Fryxell 1856) framställs Karl XII som en infantil person, medan General Lewenhaupt (som Karl XII anklagat för misstag vid Poltava) rosas som en stor general.
d) Åberg noterade också, att "Poltavaberättelsen sannolikt tillkommit i mars 1711" under Gyllenkroks fångenskap i Moskva, där han "samarbetat med den fångne general Adam Ludwig Lewenhaupt". – Historikern C. Hallendorff ansåg 1902 att Gyllenkrok och Lewenhaupt var opålitliga: "Karls verkliga motiv och afsikter lär man icke känna genom att följa en del bristfälligt underrättade partimäns subjektiva gissningar."
e) Gyllenkroks återkomst till Sverige 1722, med sin berättelse, sammanföll med Fredrik I:s nedsvärtningskampanj mot Karl XII (se kapitel 10). Berger bekräftar att Poltavaberättelsen innehåller "insmugglade förfalskningar", vilka han identifierar med olika "motsägelser" i texten (Berger beskyller ämbetsmannen Cederhielm för att vare förfalskaren).
En sådan motsägelse rör just fälttåget mot Moskva (identifierad av Cecilia Nordenkull). I ett samtal skulle Karl XII ha sagt till Gyllenkrok: *"Nu är vi på stora vägen till Moskva"*. Men flera sidor längre fram står det "Hvilken var då Karls afsikt? Hans plan för det kommande fälttåget?"
f) Gyllenkroks egen medverkan i förfalskningen av en avskrift framgår av de exceptionella belöningar, som han mottog av Fredrik I. Han utnämndes omedelbart till generallöjtnant, blev landshövding i Göteborg och Bohuslän 1723, fick delta i riksdagarna, och upphöjdes till friherre 1727. Dessutom blev Gyllenkroks son senare kammarherre hos Fredrik I. – Historikern Carl-Gustaf Warmholtz, som själv var i Fredrik I:s sold (utnämnd till hessiskt hovråd 1741), gav Gyllenkrok en falsk trovärdighet.

Källor: Krigsarkivet, Stockholm, 2018; FRYXELL Anders, *Berättelser ur svenska historien*, volym 22, 1856 / runeberg.org; BERGER L., *Bedrägeriet i Karl XII:s historia: Falska och förfalskade källuppgifter angående Karl XII:s ryska fälttåg 1708*, A.-B. Framtidens bokförlag, Malmö, 1915, s. 100, 101; ÅBERG Alf, *Axel Gyllenkrok*, Svenskt Biografiskt Lexikon ref. urn:sbl:13380 / riksarkivet.se.

[17] Karl XII:s syster, prinsessan Hedvig Sofia, hertiginna av Holstein-Gottorp, var vacker och intelligent (kallades den 'lyckliga prinsessan'). Det är inte omöjligt att

hon togs till daga av sin yngre syster Ulrika Eleonoras. Motivet kunde ha varit svarsjuka samt önskan om att försvaga det holsteinska inflytandet i Sverige till fördel för Ulrika Elenoras ambition om att bli drottning. Walfrid Holst förklarar: "Rivaliteten dem emellan blev allt mera märkbar ... bland den nya adeln fanns en utpräglad sympati för Ulrika Eleonora, som ju också hade de gällande arvföljdsreglerna för sig ... Några förtroliga brev under året 1707 från Samuel Barck till kanslirådet Hermelin vid Karl XII:s fältkansli belysa intimt både Ulrika Eleonoras personlighet, hennes ställning och hur man den tiden resonerade i hennes närmaste omgivning ... 'Det angår *framtiden* [de kursiverade orden skrivna med chiffer] och *hertiginnan* och *prinsessans* väsende, så fremt med tiden något skulle hända, det hr Kanslirådet kan ungefär gissa ...' (Barck till Hermelin d 23 januari 1707) ... Den 9 december 1708 drabbades Hedvig Sofia av huvudvärk och dog två dagar senare. Det holsteinska inflytandet vid svenska hovet hade hittills varit synnerligen mäktigt. Nu fick det en svår knäck." HOLST Walfrid, *Ulrika Eleonora d.y.*, Stockholm, 1956, s. 60, 61, 66.

[18] Fredrik av Hessen hade rekommenderats av den engelske hertigen av Marlborough och av holländska ministrar, att gifta sig med prinsessan Ulrika Eleonora och därmed få makten i Sverige. Marlborough hade träffat Karl XII 1707 och ansåg honom vara ett hot mot alliansen (England, Holland, och Österrike) i kampen mot Frankrike [i det så kallade spanska tronföljdskriget, som brutit ut när Ludvig XIV:s sonson kröntes till kung Filip V av Spanien 1700]. Sources: HATTON Ragnhild, *Karl XII*, Köping, 1985, s. 266; HOLST Walfrid, *Fredrik I*, Stockholm, 1953, s. 23, 24, 28, 31, 32.

"... i hertigen av Marlborough, hade arvprinsen ett lysande exempel för att vägen till makten kunde gå genom kvinnohjärtan ... och att den man som behärskade en regerande drottning, också härskar över ett helt kungarikes resurser ... under Marlboroughs överbefäl kämpar arvprinsen av Hessen-Kassel i huset Brabants stamländer [slaget vid Malpaquet 1709] ... kasta längtansfulla blickar mot höga Norden. Det var ett strålande perspektiv. Det tyckte också Förenade Nederländernas statskloka och realistiskt räknande regering [1709]. Vad var väl ändå för en krigarprins av Hessen ståthållarskapet över Luxemburg mot den gamla stolta svenska kungakronan?" HOLST Walfrid, *Fredrik I*, Stockholm, 1953, s. 23, 24, 30.

[19] "När svenskarna hade kommit över Dnjepr, anträdde de med zaporogerna och Mazepa som vägvisare den långa färden ...". HATTON Ragnhild, *Karl XII*, Köping, 1985, s. 353.

Natten den 1 juli begav hans sig vidare söderut tillsammans med "flera högre officerare, en hel hovstat med en mängd tjänare, drabanter och flera, som ej deltagit i slaget, tillsammans omkring 1500 man. I flykten deltog ock Mazeppa och hans återstående följeslagare ...". NYSTRÖM Anton, *Karl XII och Sammansvärjningen mot hans envälde och liv*, Stockholm, 1928, s. 55.

Karl XII skrev den 11 juli 1709 till defenskommissionen i Stockholm: "tillståndet varit godt och alt väl aflupit ... Dock är hänt at dhen, 28 förledne månadh giönom ett öde och olykkeligt tillfälle dhe svänske trupper lidit avbråk [vid Poltava] ... betänkt på att finna utvägar."

Notat: Karl XII såg alltså nederlaget vid Poltava som *ett avbrott* ("avbråk") på vägen mot Bender och Konstantinopel, inte som ett slutgiltigt slag mot ryssarna.

[20] "FEIF, som hade hand om hans inrikespolitiska korrespondens ... duglig och energisk ... förmedlade länk mellan kungen och rådet ... Ett livligt tankeutbyte följde mellan Bender och sådana tilltänkta reformatorer i Sverige, varvid Feif och Silfvercrantz hade i uppdrag att sköta korrespondenterna tills kungen själv fick tillfälle att träffa och tala med personerna i fråga." HATTON Ragnhild, *Karl XII*, Köping, 1985, s. 384, 395.

[21] "Det har berättats att ett frihetsparti ... började omkring 1710 att hålla hemliga överläggningar ... och bevis finnas att åtskilliga personer umgåtts med en hemlig plan att avsätta Karl XII och upphöja Ulrika Elonora på tronen." NYSTRÖM Anton, *Karl XII och Sammansvärjningen mot hans envälde och liv*, Stockholm, 1928, s. 105.

[22] "Lewenhaupt, Gustaf Fredrik ... Vid 1713-14 års riksdag var han en af de mest framträdande förespråkarna för planen att göra prinsessan Ulrika Eleonora till regent och bringa kriget till slut utan Carl XII:s samtycke." Källa: Svenskt biografiskt handlexikon, 1906 / runeberg.org.

Notat: Gustaf Fredrik Lewenhaupt var bror till Adam Ludvig, som Karl XII anklagat för att ha "förorsakat obotlig förlust" vid Poltava 1709 (not 13).

[23] "Med den holländska regeringens goda minne och hemliga understöd sändes denne värdige kumpan [Conrad Ranck] av den martialiske arvprinsen till Stockholm, dit han anlände i februari 1710. Genom sin systers och ett par hovfröknars förmedling kom han i förbindelse med prinsessans förtrogna Emerantia von Düben och även med Ulrika Eleonora själv, en dygdig med något försummad prinsessa ... Den 26 april kan han meddela en i saken invigd hessisk förtroendeman ... att han drivit sina delikata förhandlingar, så vitt, att det är nödvändigt, att en kurir kom med brev från vår 'amis à la Personne mesme [sic]'." HOLST Walfrid, *Fredrik I*, Stockholm, 1953, s. 32.

[24] "Arvprins Fredrik tager omedelbart sitt sändebud på ordet. I en biljett, daterad i lägret vid Douay den 14 maj 1710 ... skriver han till den prinsessa han aldrig sett, att han helst personligen velat komma, 'för att ödmjukast förklara för Er muntligen den stora vördnad, som jag har fattat för Eder person på grund av enstämmiga utsagor av kunnigt och intelligent folk' ... den 30 september 1710,

råder han [Ranck] arvprinsen att fortsätta korrespondensen, trots att prins Fredrik ej fått svar på sitt första brev ... Arvprins Fredrik sätter nu in all sin kraft på att lyckas i sina svenska planer". HOLST Walfrid, *Fredrik I*, Stockholm, 1953, HOLST Walfrid, *Fredrik I*, Stockholm, 1953, s. 33, 34.

[25] Bender den 25/6 1710 till Ulrika Eleonora: "Jagh måste berätta Mon Cour, at iagh ännu befinner migh här vidh Bender och hvilar migh här uti latehundsdagar." Källa: Karl XII:s egenhändiga bref / runeberg.org.

[26] Det rysk-turkiska kriget 1710-1711: "Turkiet hade förklarat tsar Peter krig den 21 november 1710 ... När tsar Peters över femtiotusen man starka armé nådde Prut i juli 1711 ... gick [storvesiren] den 11 juli med på en fred med följande villkor: Azov skulle återlämnas till Turkiet ... de ryska trupperna skulle evakueras från Polen ...". HATTON Ragnhild, *Karl XII*, Köping, 1985, s. 381.

[27] *Newcastle Courant*, 23 January 1712 (1713 Swedish calendar): "... that that Minister [Grand Vizier Mehemet Pascia] had been bribed by the Czar and received a great sum of Money to let him retire with his Army." Source: britishnewspaperarchive.co.uk.

[28] "Karls böjelse för matematik var utpräglad redan under barndomen ... att han som vuxen framhöll att de som inte behärskade matematiken bara kunde betraktas som halva människor ...". HATTON Ragnhild, *Karl XII*, Köping, 1985, s. 78, 79.

[29] "Den 20 april 1697 beviljade Karl XII:s förmyndarregering statliga medel till Laboratorium mechanicum ...". LINDGREN Michael H., *Christopher Polhems Testamente*, Stockholm, 2011, s. 91.

[30] Den 28 december [1698] skrev Tessin till den svenske Paris-diplomaten Daniel Cronström: "Hans Majestät Konungen har stort nöje av konsterna och vetenskaperna." Källa: *Karl XII och svenskarna i Osmanska riket*, Martin Olin, Stockholm, 2015, s. 190.

[31] "Kiev-Mohyla-akademin (ukrainska) ... är Ukrainas äldsta universitet. Det grundades av Petro Mohyla år 1615 i Kiev och är ett av landets ledande universitet ... Kiev-Mohyla-akademin spelade en viktig roll i Ukrainas och Rysslands intellektuella och religiösa liv under 1600- och 1700-talet. Bland akademins mer kända studenter finns hetmannen Ivan Mazepa och filosofen Hryhori Skovoroda." Källa: Wikipedia.org / Loev-Mohyla-akademin, nerladdat den 29 maj 2016.

[32] "Travels of Peter the Great ... arrived in Amsterdam 11 August 1697 ... He went through a course of natural philosophy ... shipbuilding, engineering, geography ... till the middle of January 1698, and then set out for England ... In England he found the art better explained, for there they work according to mathematical

proportion. He soon made himself so perfect in this science, that he was able to give lessons to others ... The art of Watchmaking ... Peter made himself proficient in astronomy ... as well as the laws of gravitation ...". VOLTAIRE, *Peter the Great* / gutenberg.org.

[33] A list of Ottoman mathematicians in the 17th and 18th centuries is provided by the Foundation for Science, Technology and Civilisation (FSTC), a British non-for-profit, non-political and non-religious organization founded in 1999 by a group of philanthropic historians, scientists, engineers and social scientists. Source: www.muslimheritage.com (downloaded 5 May 2016).

[34] "Istanbul University was established in 1453 by the Ottoman Sultan Mehmed II ... educating the ruling cadres ... The university has seventeen faculties on five campuses ...". Source: Wikipedia.org / Istanbul University.

[35] "Introduced in this paper is one of the most remarkable Ottoman institutions, the Ottoman Palace School – Enderun ... Mehmet II improved the existing palace school founded by his father, Murat II (1421-1451), and established the Enderun Academy within his private residence at Tapkapi Palace in Istanbul (Akkutay, 1984) ... Thus, it is speculated that the Enderun School was an institution that contributed to the rise of The Ottoman Empire ... the world's first institutionalized education ... The school system never aimed to educate its students to become only a scientist, an artist or a soldier; but aimed at versatility which turned out to be the education of the perfect human who has good knowledge of everything so that they could become leaders of the Empire ... Topkapi Palace's third court consisted of the Imperial Treasury ... the Ottoman contributions to world civilization were not restricted to their magnificent mosques or their advanced military technology ... multiculturalism ... peace and harmony ...". Source: *The Ottoman Palace School Enderun and the Man with multiple talents, Matrakci Nasuh*, Journal of the Korea Society of Mathematical Education Series D, Vol. 14. No 1, March 2010, 19-31.

[36] "Den 24 juli 1709 kom Karl XII till Bender ... Den 11 juli 1709 skickade den svenske kungen sitt första sändebud, diplomaten Martin Neugerbauer, till den osmanske sultanen Ahmed III för att etablera diplomatiska kontakter med Höga porten. Den första svenska ambassaden, eller snarare beskickningen, upprättades därmed i Konstantinopel med residens i stadsdelen Pera ... Det är inte klart var den svenska beskickningen låg ... Sändebudet Neugerbauer skulle snart få flera medarbetare. I november skickades Hans Perman Olivecrona ... Michael Eneman ... Gustaf Celsing ...". Källa: *Karl XII och svenskarna i Osmanska riket*, Stockholm, 2015, s. 47, 161, 162.

[37] "Även Eneman hade studerat för den mångkunnige Mutefferika." Källa: *Karl XII och svenskarna I Osmanska riket*, Karin Ådahl, Stockholm, 2015, s. 178.

"Ibrahim Müteferrika (Turkish: İbrahim Müteferrika; 1674–1745) was a Hungarian-born Ottoman diplomat, polymath, publisher, printer, courtier, economist, man of letters, astronomer, historian, historiographer, Islamic scholar and theologian, sociologist, and the first Muslim to run a printing press with movable Arabic type. His original name remains unknown ... head of the household, under Sultan Ahmed III and during the Tulip Era, was also a geographer, astronomer, and philosopher." Source: Wikipedia.org / Ibraihim Müteferrika, downloaded 27 maj 2016.

[38] "Johann Jacob Bach ... an older brother of Johann Sebastian Bach ... In 1704, he entered the service in the military band of the army of King Charles XII of Sweden. It is thought that Johann Sebastian Bach wrote *Capriccio on the departure of his beloved Brother* BWV 992 on this occasion. In 1709, he participated in the Battle of Poltava. During his stay in Constantinople, he studied flute under Pierre-Gabriel Buffardin. From 1713 to 1722, he served as flutist in the court of the Stockholm capelle. He died childless in 1722 in Stockholm and is buried there." Source: Wikipedia.org / Johann Jacob Bach, downloaded 19 June 2018.

Notat: Prinsessan Hedvig Sofia, hertiginna av Holstein-Gottorp hade liksom Karl XII ett stort intresse för musik och teater. Hon kunde själv spela piano och sjunga och hade sitt eget musikband. Efter hennes tyske makes (Fredrik of Holstein-Gottorps) död 1702 organiserade hon en avante-garde begravningsceremoni med oratorier, där det reciterades bibliska liknelser mellan hennes döde make, henne själv och Karl XII (se s. 116).

[39] Brev från Karl XII till Ulrika Eleonora, Bender den 19 juni 1711: "Jagh kan intet stort af värde berätta dhenna gången utan iagh håppas fälttåget lärer snart begynnas på denna sida, så att, fast dhet dröjt något länge på såmmaren, innan alla trupper kunnat blifva samlade ... Dhet seyes och, att Hospodaren af Moldauen [Dimitri Cantemir] och några dhe förnämsta af landet blifvit otrogna och begifvit sig till fienden." Källa: Konung Karl XII:s egenhändiga bref / runeberg.org.

[40] "Kantemir, fursteslätt från Moldau ... Dimitri K, f. 1673, d. 1729 blef 1709 hospodar i Moldau och stod till en tid i sådan gunst hos Porten, att han 1710 befriades från all tribut och erhöll löfte om hospodarvärdigheten i Valakiet ... Han var en bildad och lärd man, väl hemmastadd i persiska och turkiska språken." Källa: Nordisk familjebok, 1910 / runeberg.org.

« Cantemir pratiquait onze langues, tant anciennes que modernes, Mathématicien, musicien, compositeur, architecte, historien, cartographe, philosophe et romancier, c'est l'une des personnalités de la culture européenne, aujourd'hui oublié en raison de ses origines (les personnalités issues de petits pays sont peu présentes dans la mémoire collective occidentale).» Source: Wikipedia.org/Dimitrie Cantemir.

[41] "En annan viktig del av kungens göromål var att ta emot alla de besökare som anlände, däribland osmanska höga ämbetsmän och diplomater ... ". Källa: *Karl XII och svenskarna i Osmanska riket*, Åsa Karlsson, Stockholm, 2015, s. 50.

[42] "I januari 1710 reste de tre officerarna från Varnitsa [nära Bender] till Konstantinopel, där de skulle stanna under sex veckor till början av mars för att lära känna staden, studera turkiska och arabiska och förbereda expeditionen mot Kairo." Källa: *Karl XII och svenskarna i Osmanska riket*, Karin Ådahl, Stockholm, 2015, s. 165.

[43] "Efter två månader i Konstantinopel återvände Loos, Sparre och Gyllenskiepp till Bender ... den 28 juni 1711 ... uppdrag av Karl XII att teckna byggnader och monument ... Bland de bevarade verken dominerar motiven från Konstantinopel ... I det omfattande materialet från Konstantinopel har tre stora panoramateckningar över Konstantinopel ett särskilt intresse. Teckningarna visar utblickar över den historiska staden Pera, troligen från den högsta höjden där det svenska generalkonsulatet ligger idag. Alla kända byggnader är omsorgsfullt tecknade ... Topkapipalatset ...". Källa: *Karl XII och svenskarna i Osmanska riket*, Karin Ådahl, Stockholm, 2015, s. 165, 166, 167.

[44] "Den stora slottsbranden som utbröt den 7 maj 1697 kan anses ha varit den mest dramatiska enskilda händelsen någonsin i stadens arkitekturhistoria ... Sultanernas Seralj [Topkapipalatset] i Konstantinopel ... slående parallell till det stockholmska slottets förutsättningar ... Tessins avsikt var knappast att arkitektoniskt kopiera Seraljen, men att inspireras av dess relation till dess omgivning ... Att arkitekturen tillhörde Karl XII:s intresseområden är omvittnat ... Att då Konstantinopels modesta framtoning, där topografin kunde tyckas få dominera över de arkitektoniska gesterna, fångade kungens intresse kan inte förvåna ... Kungen skickade en fråga till sin arkitekt om den tekniska möjligheten att genomföra detta flöde ...". Källa: *Karl XII och svenskarna i Osmanska riket*, Johan Mårtelius, Stockholm, 2015, s. 222-234.

[45] "I konkurrens med Sundahl vann Slang 1707 kungens [Karl XII:s] förtroende att rita och bygga den protestantiska Karlskyrkan. Det var en åttkantig salskyrka med högt tak och takryttare i korsvirke, och med putsade murar med hörnkedjor och praktportaler i sandsten. År 1715 utnämndes Slang till hertiglig byggmästare men avled samma år. Efter att Slang avlidit fick Sundahl slutföra Karlskyrkan." Källa: LANGER Ulrich, *Till minnet av det goda Sverige*, 2015, s. 109.

[46] *The Dublin Intelligence*, 14 March 1710 [1711 Swedish calendar]: "Letters from Constantinople say, that the King of Sweden had free liberty from the Ottoman

Port to depart from Bender as soon as his Majesty should think fit ... it was uncertain what rout he designed to take." Source: britishnewspaperarchive.co.uk.

[47] *The Dublin Intelligence*, 4 December 1711: "We have mortifying news that the King of Sweden and the Palatine of Kiow, are not only arrived at Constantinople, but have both had audience of the Grand Signior." Source: www.britishnewspaperarchive.co.uk.

[48] "Början till reformverksamheten ... genomgripande omorganisation av hela administrationen... befrämja den svenska gruvdriften och de metallurgiska näringarna, samt korrespondera med enskilda experter på dessa områden. En av de mest framträdande bland dessa var Christoffer Polhem, en gruvingenjör och uppfinnare ... Ett livligt tankeutbyte följde mellan Bender och sådana tilltänkta reformatorer i Sverige ... Man strävade mot en rätt utpräglad merkantilism ... Och manufakturerna skulle uppmuntras lika väl som handeln ... Planer för moderna skeppsdockor i Karlskrona och för kanalbyggen mellan Vänern och Östersjön ... slussar i Göta älv gjordes upp redan under korrepspondensen mellan Bender och Sverige." HATTON Ragnhild, *Karl XII*, Köping, 1985, s. 395.

[49] "Kungen bad också om provexemplar från den klockindustri som Polhem hade startat 1710 ... skickade ritningar av de kvarnar som armén synts honom nyttiga, till exempel bränslebesparande turkiska bakugnar. Han var full av förslag. Kunde man inte tillverka sy- och knappnålar i Sverige? Var det inte synd och skam att sådana skulle importeras när de erforderliga råvarorna fanns i hemlandet? ... vaccineringsmedel som turkarna använde för att förhindra smittkoppsepidemier. 1713 betalade han greken Emanuel Timoni, sultanens främste rådgivare, ett hundra dukater för en kopia av det manuskript som beskrev denna nya metod ...". HATTON Ragnhild, *Karl XII*, Köping, 1985, s. 396, 397.

[50] "Redan 1712 hade man varit inne på att bygga en ny sluss, och man hade diskuteret ärendet med Polhem ...". LINDGREN Michael H., *Christopher Polhems testamente*, Stockholm, 2011, s. 242.

[51] "Planer för moderna skeppsdockor i Karlskrona och för kanalbyggen mellan Vänern och Östersjön samt mellan Vänern och Kattegatt med slussar i Göta älv gjordes upp redan under korrespondensen mellan Bender och Sverige ... Skulle man inte kunna exportera koppar och mässing till Medelhavsländerna, där efterfrågan var stor". HATTON Ragnhild, *Karl XII*, Köping, 1985, s. 396. Hatton hänvisar till brev från Casten Feif till Polhem.

[52] "Tillsammans med Eneman, som gav sig iväg i augusti 1711, reste också den unge notarien vid kommerskollegium, Johan Silfvercrantz, med uppdrag att undersöka möjligheterna för en ökad svensk handel med de länder som de genomreste ... Efter resan till Alexandria – genom Smyrna och över öarna i den

joniska arkipelagen – fortsatte resan till Palestina och Syrien." HATTON Ragnhild, *Karl XII*, Köping, 1985, s. 363.

[53] "De strider som verkligen förekom under kalabaliken, som började lördagen den 31 januari 1713, och antalet stupade har i hög grad överdrivits ... dem som deltog och dem som – likt Fabrice [Friedrich Ernst von Fabrice, en hannoversk agent] och de la Motraye [engelsman], den senare utklädd till tatar – bevittnade det som åskådare ... En kula hade snuddat vid hans [Karl XII:s] näsa och öra och rispat upp örsnibben." HATTON Ragnhild, *Karl XII*, Köping, 1985, s. 405, 409.

[54] "De möttes av en av sultanens utsände som när han fick höra om kalabaliken i Bender framhöll att 'hans höge herre var helt främmande för dessa helvetiska konspirationer'. En eskort anlände, 'bestående av några tusen av de främsta spahis, idel förnämt folk', som skulle åtfölja Karl XII till Demotika, nära Adrinianopel. Vid sin ankomst dit den 17 mars blev han mottagen med vederbörliga hedersbetygelser." HATTON Ragnhild, *Karl XII*, Köping, 1985, s. 413.

[55] "Karl hade fått sig tilldelat slottet Timurtasj i närheten av Adrianopel som residens ... hölls Karl i viss mån som fånge, även om han behandlades hövligt." HATTON Ragnhild, *Karl XII*, Köping, 1985, s. 414.

[56] "Redan 1713 hade Hessiska partiet uppgjort planen till konungens mord, vilket man ämnade verkställa antingen i Demotica eller Stralsund." NYSTRÖM Anton, *Karl XII och sammansvärjningen mot hand Envälde och liv*, Stockholm, 1928, s. 207.

[57] "Detaljerna [om arrestationen av Fredrik av Hessens ombud som skulle bringa Fredriks äktenskapsförslag till Karl XII] meddelar arvprins Fredrik själv i ett brev till den slipade svenske diplomaten och generalen greve Mauritz Vellingk ...". HOLST Walfrid, *Fredrik I*, Stockholm, 1953, s. 39.

[58] Karl XII anklagade Mauritz Vellingk för att ha låtit sig luras av August 1712, vilket lett till kapitulationen av Stenbock i Tönning i maj 1713. HATTON Ragnhild, *Karl XII*, Köping, 1985, s. 414, 415, 429.

[59] "Arvprinsen befinner sig under sommaren det olycksaliga året 1713 med hela det lantgrevliga hovet på badkur i Slangenbad och avvaktar med spänd väntan händelsernas utveckling." HOLST Walfrid, *Fredrik I*, Stockholm, 1953, s. 39.

[60] Croissys brev till Torcy den 27 maj 1715: "Det är faktiskt så att hans samtal rör sig på så många vitt skilda områden och jag har ett intryck av att jag snarare talar med en filosof än med en konung." Källa: HATTON Ragnhild, *Karl XII*, Köping, 1985, s. 463, 662.

[61] "Casten Feif skrev till Christopher Polhem [1712]: 'Om herr direktören en gång får den nåden att tala med Hans Maj:t om mekaniken, så torde han finna hos

honom ett makalöst geni därtill'." LINDGREN Michael H., *Christopher Polhems testamente*, Stockholm, 2011, s. 210.

[62] "Polhem betraktade Karl som den berömde engelske professorn John Wallis' [en av grunderna av Royal Society] jämlike när det gällde att utföra invecklade kalkyler i huvudet." HATTON Ragnhild, *Karl XII*, Köping, 1985, s. 487.

Notat: Swedenborg betraktade Karl XII som den stora Leipnitz: "... förblev Swedenborg alltid en beundrare av kungens matematiska insikter ... han ansåg kungen mer begåvad för denna vetenskap än någon lekman eller professionell matematiker han hade träffat, bland dem också den store Leibnitz." HATTON Ragnhild, *Karl XII*, Köping, 1985, s. 487

[63] Vetenskapliga manuskript på tjugo tusen sidor (tillskrivna Polhem), men merdelen utan tvekan utvecklade av Karl XII) finns idag bevarade i svenska arkiv och täcker följande breda ämnesområden: "... astronomi, kosmologi, geologi, fysik, kemi, botanik, medicin och hälsovård, national- och företagsekonomi, religion, historia, musikteori, språk, naturfilosofi, jordbruk, barn-uppfostran, matlagning, och andra hushållsgöromål." Författaren Michael Lindgren anser, att "det skulle kräva år av forskningsarbete för att fullständigt beskriva och analysera" alla dessa verk.

Lindgren bekräftar Polhems "eftersatta kunskaper och svårigheter på detta viktiga område [läsning och skrivning]. Möjligen gick han här miste om en chans att åtgärda en av sina största brister – den att han aldrig lärde sig stava korrekt och konsekvent. Inte heller lärde han sig skriva bokstäverna ordentligt." LINDGREN Michael H., *Christopher Polhems Testamente*, 2011, s. 11, 40.

[64] « À cela je dois ajouter une circonstance dont aucun auteur n'a fait mention, à savoir que ce Prince [Charles XII] avait du goût infiniment pour les *Sciences Spéculatives*, comme la physique, la pneumatique, l'arithmétique & l'Algebra ou il avait fait des progrès étonnants ... chose admirable dans un prince qui semblait ne s'être occupé dès sa jeunesse que de la guerre, & qui dans les différentes circonstances de sa vie, paraissait n'avoir pas eu un moment de temps de reste, pour s'appliquer à des sciences, qui ne s'acquièrent que par une profonde médiation. » NORDBERG Jöran, *Histoire de Charles XII*, traduit du suédois, Tome Troisième, M.DCC.XLVIII [1748], s. 278.

[65] "... 'Under Fredrik I:s regering hava vetenskaperna utvecklat sig – han har aldrig gjort sig mödan att läsa en enda bok. Manufakturerna hava grundats och handeln har tagit fart. Han har aldrig givit en enda daler för att uppmuntra dem eller ens låtit köpa en eldskärm till sina rum'." Satserna äro formulerade av Carl Gustaf Tessin." HOLST Walfrid, *Fredrik I*, Stockholm, 1954, s. 255.

"Karl XII däremot hade varit full a merkantilistiska idéer ...". HATTON Ragnhild, *Karl XII*, Köping, 1985, s. 396.

[66] "Historical Relations – Swedish Chamber of Commerce ... However, it is reasonable to see Charles XII – known by Turkish schoolchildren as Demirabas, Sarl, 'The Iron Head Charles' or 'The fixture Charles' – as catalyst of the network of relations which would eventually develop between the two countries." Source: http://sccturkey.com/historical_relations / downloaded 9 May 2016.

[67] Några år senare beskriver Karl XII sig själv som: "We Charles, by the Grace of God, King of the Swedes, Goths and Vandals, Great Prince of Finland, Duke of Schonen, Estonia, Livonia, Carelia, Bremen, Verden, Stetin, Pomerania, Cassubia and Vandalia, Prince of Rugen, Lord of Ingria and Wismar, Palatine of the Rhine, Duke of Bavaria, Julsers, Cleves and Bergues, etc.' ... Given at Lund in Schonen, the 23rd day of October, 1716 CAROLUS." Källa: GYLLENBORG Carl, *Letters which passed between Count Gyllenborg, the Barons Gortz, Sparre, and other*, London, 1717 / Reproduction from Huntington Library.

[68] "Karl XII:s utkast till brev till rådet den 14 okt. 1711. Enligt hans synsätt var provinserna bålverket för Sveriges stormaktsställning och måste försvaras vad det än skulle kosta. Om de förlorades skulle Gammalsverige komma i farozonen, och det skulle också bli dyrare att återerövra dem i framtiden än att försvara dem nu." HATTON Ragnhild, *Karl XII*, Köping, 1985, not 4, s. 659.

[69] "Det var harmen över Georgs [kurfursten av Hannover] dubbelspel som kom Karl att före Stralsunds fall fundera på åtgärder som kunde befrämja jakobiternas sak." HATTON Ragnhild, *Karl XII*, Köping, 1985, s. 471.

"Antalet af hans fiender ökades ... som sedan 1714 dessutom var Englands konung. ... England-Hannover begär att behålla Bremen-Verden, som det tillpantat sig af Danmark." Källa: Nordisk Familjebok, 1887 / runeberg.org.

[70] England omfattar i denna bok Storbritannien och Ireland.

[71] "Försvunnen svensk greve kan ha hittats. Den svenske greven Philip Christoph Königsmarck försvann för 323 år sedan under mystiska omständigheter ... Nu kan ett skelettfynd i Leineslottet i tyska Hannover lösa gåtan ... Möjligtvis kan resultatet av DNA-jämförelser nu slutligen ge svar på vad som egentligen hände den unge greven den där julinatten. Ock kanske också på om det var Georg Ludvig som fick honom mördad, vilket många tror." Källa: aftonbladet.se, nerladdat den 28 augusti 2016. Artikel signerad Joakim Magnå.

La Libre Belgique, le 31 octobre 2016: "Un crime passionnel du XVIIe siècle sera-t-il bientôt résolu ? ... A Versailles Louis XIV demanda en vain des renseignements à sa belle-sœur, la princesse Elisabeth du Palatinat, nièce de Sophie Dorothée. Le Roi aurait même envoyé des agents à Hanover. Furieux, le prince Georges Louis obtint le divorce et fit emprisonner son ex-épouse dans le château d'Ahlden, perdu dans les bandes de Lunebourg, où elle mourut 31 ans plus tard, à l'âge de 60 ans ...". Article signé, Marcel Linden, Correspondant en Allemagne.

[72] « Celui-ci trouve alors refuge, en février 1713, à Bar-le-Duc capitale du Barrois, auprès du duc de Lorraine Léopold Ier et de ses parents, au château de Lunéville et à Commercy. » Source: Wikipedia.org / Jacques François Stuart.

[73] "Following the arrival from Hanover of George I in 1714, Tory Jacobites in England conspired to organize armed rebellions against the new Hanoverian government." Source: Wikipedia.org / Jacobite risings.

Stamford Mercury, 9 September 1714: "From Fox, September 4 ... It's said a List is ordered to be printed of those that have been in Lorrain, or held Correspondance with the Pretender [Jakob Edvard Stuart]." Source: www. britishnewspaperarchive. co.uk.

[74] "The Duke of Ormond [Stuart's representative] flattered the King of France's glory and deluded him with hopes of a rising in England and especially in Scotland against George I. The pretender had only to appear; all they required was a ship, a few officers and a little money. The ship and the officers were at once forthcoming, though the treaties did not allow of a warship being sent ... As for money, the king had none. Only four hundred thousand crowns were asked and they could not be found. Louis XIV wrote himself to his grandson, Philip V, King of Spain, who lent him the money." VOLTAIRE, *The Age of Louis XIV*, translated by Martyn P. Pollock, p. 253.

[75] "... prins Karl fick läsa om den franske kungen Henrik IV både för att träna sin franska och samtidigt insupa centrala kungliga dygder. Samma bok hade även Ludvig XIV studerat som barn för att drillas i en kungs plikter ...". Källa: Åsa Karlsson, *Karl XII*, 2010 / Karolinska förbundets hemsida.

"K[arl XII] var ovedersägligen en utpräglad militär begåvning av hög klass". Källa: Riksarkivet.se/http://sok.riksarkivet.se/sbl/artikel/12357, Svenskt biografiskt lexikon (art. av Sven Grauers), hämtad 2015-02-20.

"Rådsherrarna i Stockholm hade under de sista åren i sina skrivelser till kungen så ivrigt klagat över landets nöd." Källa: Wikipedia.org/ Karl XII.

[76] "Som lärare i krigets teori och praktik kammarherre och generalkvartermästar-löjtnanten Karl Magnus Stuart ... Med säkerhet kan man däremot konstatera, att Stuart gjort K väl förtrogen med ett fälttågs tekniska planläggning och med förbandens lämpliga disposition på ett slagfält ... Rehnskiöld, som var guvernör över Skåne, dit operationsarmén dirigerades, blev under den närmast följande tiden K:s främste militäre rådgivare, sekunderad av generalkvartermästaren K M Stuart." Källa: Riksarkivet.se / http://sok.riksarkivet.se/sbl/artikel/12357, Svenskt biografiskt lexikon (art. av Sven Grauers), hämtad 2015-02-20.

"Stuart ... Ätten härstammar från en yngre gren efter Robert II av Skottland ... Släkten Stuart inkom till Sverige med John (Hans) Stuart ... han fick intyg från kung Jakob VI av Skottland och huvudmännen för sin ätt att han tillhörde ätten Stuart ... kammarherren David Stuart till Rockelstad ... Deras yngste son Carl Magnus Stuart [död 1705] ...". Källa: Wikipedia.org / Stuart (svensk adelsätt).

[77] "Knappt två månader senare döptes han [Karl XII] och fick som en av sina faddrar drottning Kristina, vilken sedan drygt 25 år levde i Rom." Källa: Åsa Karlsson, *Karl XII*, 2010 / Karolinska förbundets hemsida.

"In 1702 Clement XI commissioned a monument for the queen [drottning Kristina], in whose conversion he vainly foresaw a return of her country to the Faith and to whose contribution towards the culture of the city he looked back with gratitude." Source: Wikipedia.org / Christina, Queen of Sweden.

[78] « Le Marquis de Fierville envoyé secrètement de la part de la France ... L'Ambassadeur de France Desalleurs [le comte Desalleurs, 1711-1716 à Constantinople] qui s'était chargé des affaires de la Suède ... Desailleurs prêta au Roi quarante mille écus ... Enfin, le premier octobre 1714, le Roi de Suède se mit en route pour quitter le Turquie. » VOLTAIRE, *Histoire de Charles XII*, Roi de Suède, 1731.

[79] "Ehrenskiöld lyckades hos bankirer i Wien [residens för den tysk-romerska kejsaren] och andra privata källor skrapa ihop en summa pengar ...". HATTON Ragnhild, *Karl XII*, London, 1968, s. 435.

"Kejsaren var av flera orsaker villig, ja till och med angelägen, att underlätta Karl XII:s resa ... Han stipulerade att han måste få företa resan inkognito, och att inga officiella arrangemang fick förekomma i samband med den ... Wien hade endast ställt två villkor när kejsaren lovade respektera hans inkognito: han fick inte resa genom Schlesien, och de österrikiska militärbefälhavarna i Ungern och Siebenbürgen skulle hålla skarp utkik efter suspekta typer." HATTON Ragnhild, *Karl XII*, Köping, 1985, s. 435, 436.

[80] Demitocka den 2 september 1714 till Ulrika Eleonora: "Så är fuller skiäl at seija, dhet man har stor orsak at vara misslynt på Ängelandh ... Frankrike har dhenna tiden altidh visat sigh benägnast mot Svärgiet ... Frankrikes interesse är mera enligheet medh Svärgiets än någon annans. Jagh beer Mon Coeur intet ville låta någon annan läsa, hvadh iagh skrifver i dhetta brefv; ty dhet är nödigt, at andra intet veta alt." Källa: Karl XII:s egenhändiga bref / runeberg.org.

[81] "16. Sparre, Erik Axelsson, krigare. Född d. 15 juli 1665 ... Med anledning däraf återvände S. till Sverige och skickades därifrån tillbaka till Frankrike för att anskaffa subsidier. Vid fredskongressen i Baden mellan tyska kejsaren och konungen bevakade han svenska kronans intressen och afgick 1715 ånyo till Frankrike för att söka detta rikes bemedling mellan Carl och de krigförande makterna." Källa: Svenskt biografiskt handlexikon, 1906 / runeberg.org.

"Före slutet av 1714 ... Generallöjtnant Erik Sparre skickade till Versailles för att föreslå ett återknytande av den gamla fransk-svenska alliansen." HATTON Ragnhild, *Karl XII*, Köping, 1985, s. 447.

[82] "Geheimdiplomatie am Rande des Kongresses. Konsequenz des Friedenswerkes: Katholische Union zwischen Bourgon und Habsburg ... In einer ersten Unterredung unter vier Augen ... die Möglichkeit einer vollständingen Aussöhnung zwischen Frankreich und dem Keiser sowie eines engen Zusammenwirkens beider Grossmäche in der europäischen Politik im Hin blick auf Ihre gemeinsamen katholischen Interessen." Source: STÜCHELI Rolf, *Der Friede von Baden 1714*, Freiburg, 1997, s. 181.

"Treaty of Baden (1714) ... between France and the Holy Roman Empire ... signed on 7 September 1714 in Baden ... In the margins of the conference, the signatories also secretly agreed to a Catholic union to intervene in favour of the Catholic cantons defeated at nearby Villmergen ...". Source: Wikipedia.org / Treaty of Baden (1714) downloaded on 21 December 2015.

Stamford Mercury, 9 September 1714: "Baden, Sept 6. Yesterday Marshal Villars and this day Prince Eugène arrived here. They have had interview and intend to begin their first conference Morrow". Source: britishnewspaperarchive.co.uk.

[83] "Via kanslirådet Casten Feif korresponderade Karl med P [Polhem] från Bender, och de fann varandra i ett gemensamt tekniskt intresse ... De kortvariga förbindelserna med Karl XII innebar att P fick stor frihet och betydelsefullt genomslag för sina idéer angående olika projekt i Sverige. Av de diskuterade förslagen genomfördes bl a fartygsdockan i Karlskrona medan andra aldrig fullbordades. Detta gällde t ex vittgående industrialiseringsplaner samt den kanal som initierades av P med en påbörjad sluss i Trollhättan men som förverkligades först långt senare - då under namnet Göta kanal." Källa: http://sok.riksarkivet.se/sbl/artikel/7338, Svenskt biografiskt lexikon (art. av Michael Lindgren), hämtad 2016-04-26.

[84] Brev från Karl XII till Ulrika Eleonora, daterat Stralsund den 11 november 1714: "I största hast dristar iagh migh allenast med dhese få rader at berätta min hiärtans aldrakiäresta Syster, at iagh för fjorton dagar sedan begifvit mig på resan utur Vallachiet hijt och är i dagh bittida hijt kommen till Stralsund." Källa: Karl XII:s egenhändiga bref / runeberg.org.

[85] "Den sträcka han lagt bakom sig på mindre en två veckor, räknat från Pitesti, var omkring 383 tyska mil. Av dessa hade kungen och Düring tillryggalagt 118 mil med postskjuts. Den övriga delen av vägen, 266 mil, hade de tillbragt på hästryggen ... knappast troligt att de hade haft tillfälle att ta av sig stövlarna från Wien och Stralsund: den sträckan red de på sex dygn, en enastående prestation." HATTON Ragnhild, *Karl XII*, Köping, 1985, s. 440.

86 "Den 20 september 1714 lämnade Karl Demotika med en turkisk eskort, som skulle följa honom och hans svit på 130 personer så långt som Pitesti [i Valakiet] ... Den rutt som ryttarna hade valt gick över Balkanbergen ... Den 8 oktober var man framme vid Pitesti ... Han tog faktiskt på sig en mörk peruk och valde en guldgalonerad hatt och en brun rock med vitt foder, samt befallde kansliet att utfärda ett pass för kapten Peter Frisk ... Den förestående resan [efter Pitesti] skulle utan tvivel bli ansträngande ... Den 27 oktober inledde kapten Peter Frisk [Karl XII] och hans två följeslagare ... sin ritt." HATTON Ragnhild, Karl XII, London, 1968, s. 436, 437, 438.

87 *Stamford Mercury,* 21 October 1714: "From Wye's Letter, October 19. Letters from Paris of the 22d [N.S. i.e. 11 October O.S.] advise, that an express was arrived from the King of Sweden, with an Account of his Swedish Majesty's being at length set out from Demir-Tocca [Demotika], and was passed through Sophia in his Way to Belgrade or Temiswar [Timișoara], and that he would come directly through the Emperor's Dominions into Swabia, and go to the Duchy of Deux Ponts [Zweibrucken], where he resolved to be by the 28th Instant [17 October O.S.). It's reported, that his Swedish Majesty will go incognito to Versailles, in order to have a private Interview with the King of France, and as the Dutch have disobliged him in the highest degree by neglecting to perform their guarantee of the Treaty of Altranstadt, and by selling Men of war, and carrying ammunition, etc, to the Czar of Muscovy for it's expedition against Sweden, it's feared the King may enter into measures with the Courts of France and Vienna not at all to the Advantage of the States." Source: britishnewspaperarchive.co.uk.

88 "Och i juni 1714 hade han ordnat det så, att Stanislaus kunde slå sig ned i Zweibrücken på det tyska område som Karl hade ärvt på sin fars sida som personlig besittning." HATTON Ragnhild, *Karl XII*, Köping, 1985, s. 417.

89 "Sundahls [arkitekt] första profana arkitekturuppdrag var restaureringen av stadsslottet inför kung Stanislaus ankomst 1714. För denne ritade han också sommarslottet Tschiffik, en avancerad barockanläggning med paviljonger i turkisk stil, utlagd i ett kuperat landskap som gav möjlighet till vattenkonster." ... "I Zweibrücken kan man [idag] gå kulturvandringar och läsa på skyltar om Karl XII:s bedrifter". Källa: LANGER Ulrich, *Till minnet av det goda Sverige*, 2015, s. 109, 103.

90 In North Caucasus it is seen as a challenge to ride "1000 km in 12 days on Kabardian horses". Source: kabardians.com/ru/node/14.

91 "Karl XII (1682-1718) ... Konstnär: Hyacinthe Rigaud. Hans ateljé ... Peint par Hyacinthe Rigaud à Paris, 1715 ... ". Källa: http/nationalmuseum.livejournal.com.

92 "Under belägringen hade den franske officeren Croissy ... rätt ofta tillfälle att träffa och samtala med Karl XII. Han hade anlänt i maj 1715, och följde ständigt kungen åt på hans inspektionsritter och promenader. Hans omdöme var odelat

positivt: 'Karl ser mycket bättre ut än på de porträtt vi har sett, han är så lättillgänglig och så fri i sin konversation att jag inte är det minsta blyg när jag talar med honom'." HATTON Ragnhild, *Karl XII*, Köping, 1985, s. 463.

[93] "... fördrag som undertecknades i mars 1715, var en klausul enligt vilken Ludvig XIV lovade Karl XII årliga subsidier om 600 000 kronor för den tiden kriget pågick." HATTON Ragnhild, *Karl XII*, London, 1968, s. 447.

[94] "THE DUKE OF BERWICK TO JAMES III [Jakob Edvard Stuart] 1715, March 10 [February 28 O/S] ... M. Spencer's [King of Sweden's] attorney at Alençon (King of Sweden's ambassador in England) told M. Janot that three of Tilmond's (the Tories) family came to him to acquaint him that forty more of the said family were resolved to send Mr. Agincourt (money) unto M. Spencer (King of Sweden) to enable his carrying on and finishing soon his lawsuit, that he mought after that take pity of the present condition of all the Tilmonds and deliver them from the oppression of Mr. Horne (Elector of Hanover) ...". Source: Historical Manuscripts Commission / Calendar of the Stuart Papers belonging to his Majesty the King, preserved at Windsor Castle, Volume I, presented to Parliament by Command of his Majesty, London, 1902, p. lxvii / Digitized by Internet Archive in 2008 with funding from Microsoft Corporation.

[95] "Arrived in England, Swedenborg devoted his attention chiefly to astronomical subjects ... On the way back to Sweden, during a stay at Greifswald in Swedish Pomerania, Swedenborg began to arrange his results into order and published a number of poems and fables as also a 'Festive Applause' on the return of Charles XII from Turkey. In the opening words of the 'Applause' he refers to a doctrine of the Pythagoreans that all things proceed and return in cycles, making it a leading idea in the little work, a harbinger of doctrines which were later works again and again elaborated by Swedenborg, forming as important a component of his later philosophy as the doctrine of perpetual flux in Heraclitus ...". Källa: STROM Alfred H, *Emanuel Swedenborg as a Scientist*, 1908, s. 107 / runeberg.org.

[96] "Swedenborg, Emanuel ... i England gjorde han sig nära förtrogen med filosofen Locke och matematikern Newtons nya åsikter. Återkommen till Sverige 1714, förvånade han alla med sina ovanliga kunskaper och deltog med intresse i flera av sina landsmäns vetenskapliga arbeten." Källa: Svenskt biografiskt handlexikon, 1906.

[97] "Kort efteråt kom ock första häftet af tidskriften: 'Daedalus Hyperboreus, eller några nya matematiska och fysikaliska försök och anmärkningar, som välborne herr assessor Pålheimer och andra sinnrika i Sverige hafva gjort och nu tid efter annan till allmän nytta lemna'. Den var skrifven på svenska och tryckt i Uppsala; företalet och dedikation till Karl XII voro daterade redan 23 oktober 1715. På titelbladet står en latinsk vers." Källa: *Bibelforskaren. Tidskrift för skrifttolkning*

och praktisk kristendom, 1907-1922, Författare: Otto Ferdinand Myrberg, Johan August Ekman, Erik Stave / runeberg.org.

Notat: I den grekiska mytologin är Daedalus en kunglig ättling, känd som uppfinnare, skulptör och arkitekt, lovordad för sin exceptionella talang, sitt estetiska geni och sitt tekniska snille.

[98] "Några dagar därefter, onsdagen den 12 december [1714], anlände hans höghet arvprins Fredrik av Hessen till Stralsund ... Karl XII hade snart nog inbjudit honom ... att blifva Eders Kungl. Majestäts lydigaste, trogne kusin och tjänare." HOLST Walfrid, *Fredrik I*, Stockholm, 1954, s. 45.

Sommaren 1713 hade Karl XII samtyckt till Fredrik av Hessens giftemålsförslag med Ulrika Eleonora. HOLST Walfrid, *Fredrik I*, Stockholm, 1954, s. 39.

[99] "Prinsens uppehåll i Stralsund blev dock inte långvarigt. En kväll förklarade Karl XII – vilket arvprinsen ofördröjligen meddelade fader lantgreven – att han för sin del önskade, att giftermålet kom till stånd ju snarare, ju hellre ... Förgäves hade man från hessisk sida nu gjort försök att ordna successionsfrågan." HOLST Walfrid, *Fredrik I*, Stockholm, 1954, s. 46.

[100] Brev från Karl XII till Ulrika Eleonora, daterat Stralsund den 11 november 1714: "Iagh skulle och intet underlåta at skynda mig fram och inställa mig i stället för än dhetta brefvet, om intet nödhvändigheten fodrade, at iagh mig här måste längre uppehålla till at fräsla, hvadh som här kan stå till at uträtta." Källa: Karl XII:s egenhändiga bref / runeberg.org.

[101] "Introduction ... Newcastle was named as the fittest place for the landing of the Swedish troops, as they would thus be near James, who would be then in Scotland ...". Source: Historical Manuscripts Commission / Calendar of the Stuart Papers belonging to his Majesty the King, preserved at Windsor Castle, Volume I, presented to Parliament by Command of his Majesty, London, 1902, p. lxvii / Digitized by Internet Archive in 2008 with funding from Microsoft Corporation.

[102] Bolingbroke to James III, 30 August 1715: "... News of the King of France's death ... we expect soon an answer from Spencer (King of Sweden) ... his baron has assured me that his master desires no better ...". Paper sent by Ormonde and Bolingbroke to England. "This is a duplicate of the memorial sent some time ago in Mr. d'Iberville's cipher, and recommended to Lords Mar or Lansdowne ...The troops which are hoped for are Twelve battalions, at this time in the neighborhood of Gottenberg, to be commanded by Hamilton, a Scots Major-General in the Swedes' service. Observe that these troops may be as well transported when the Baltic squadron is come back to England, and laid up, as when they were passed the Belt, the point of time first thought of." Source: Historical Manuscripts Commission / Calendar of the Stuart Papers belonging to

his Majesty the King, preserved at Windsor Castle, Volume I, presented to Parliament by Command of his Majesty, London, 1902, p. lxvii / Digitized by Internet Archive in 2008 with funding from Microsoft Corporation.

[103] Engelska parlamentsjournaler (1717) bekräftar att Georg I såg det jakobitiska landstigningshotet från "Dunkirk & Mardyke". Dessutom bekräftar engelska tidningar, att engelska besiktningsmän inspekterat den nya hamnen i Mardyke (vid Dunkirk) i september 1714 och att Karl XII väntade på tillskott av franska trupper i juni 1715: "Mercurii, 20° die Februarii Anno 3° Georgii Regis, 1716 [1717]. A message from his Majesty ... My Lords and Gentlemen ... By the Alliance lately concluded with France, and the States General [Holland], we are soon to be eased of all future apprehensions from Dunkirk and Mardyke. The Pretender [Jakob Edward Stuart] is actually removed beyond the Alps; his Adherents are deprived of all Hopes of Support and Countenance from France; and even the Assistance of that Crown is stipulated to us, in case of Exigency." Source: Entries for the House of commons and house of Lords Journal of 20 Feb. 1717 / PDF file provided by email, 11 Januari 2016: "Here are the entries for the House of commons and house of Lords Journals of 20 Feb. 1716. The date is 1715 because in early eighteens century England the year was conveniently assumed to run from 25 March to 24 March."

Stamford Mercury, 9 September 1714: "Commissioners are sent to Dunkirk; to examine ... and see if it be completed according to the late Treaty; and whether making a new Harbour at Mardyke, is consistent with the Agreement of filling up the Harbour of Dunkirk, another Harbour." Source: britishnewspaperarchive.co.uk.

[104] "In 1714 Hessians were rented to Sweden for its war with Russia whilst 12,000 Hessian were hired by George I of Great Britain in 1715 to combat the Jacobite Rebellion." Source: John Brewer, Eckhart Hellmuth, German Historical Institute in London (1999). *Rethinking Leviathan: The Eighteenth-Century State in Britain and Germany*, Oxford University Press. p.64. / Wikipedia.org / Hessian (soldier), downloaded 3 January 2018.

[105] "Samtidigt [1715] avslöts ett fördrag mellan Sverige och Hessen, genom vilket det senare landet på vissa villkor ställde trupper till Karl XII:s tjänst ...". HOLST Walfrid, *Fredrik I*, Stockholm, 1954, s. 46, 49.

"De trupper som stod till Karl XII:s förfogande uppgick tillsammans med den hessiska kontingenten till 12 000 man, men inslaget av inhemska svenska trupper var obetydligt." HATTON Ragnhild, *Karl XII*, Köping, 1985, s. 455.

"... enskilda fransmän började ta värvning hos Karl XII." HATTON Ragnhild, *Karl XII*, London, 1968, s. 447.

[106] "Detaljerna angående giftermålskontraktet avhandlades mellan greve Vellingk och den hessiske förtroendemannen von Malsburg. Det ratificerades

sedan i början av år 1715 av lantgreve Carl, som efter sonens avresa begav sig till Stralsund. ... Bröllopet står två månader därefter den 24 mars i all enkelhet ...". HOLST Walfrid, *Fredrik I*, Stockholm, 1954, s. 46, 49.

[107] *Stamford Mercury,* 21 April 1715: "Stockholm April 10 ... the Prince of Hesse-Cassel, our Viceroy and Captain General ... He is mightily taken with his new bride, our princess, to whom he was married by the Arch-bishop of Upsal privately, and whom he, next Morning after confirmation, presented with a Necklace of Diamonds ...". Source: britishnewspaperarchive.co.uk.

"La reine douairière grand-mère de Charles XII et de la princesse, âgée de quatre-vingts ans, fit le honneur de cette fête le 4 avril 1715 dans le palais de Stockholm ... ". VOLTAIRE, *Histoire de Charles XII*, Amsterdam, M.DCC.XXXIII, p. 106.

[108] "Han [Fredrik av Hessen] hoppades att Karl skulle utnämna honom till vicekonung i Sverige ... fastän kungen fortfarande förvägrade honom titeln 'vicekonung', som enligt kungens åsikt alltför mycket skulle inkräkta på Ulrika Eleonoras prerogativ." HATTON Ragnhild, *Karl XII*, London, 1968, s. 450.

[109] "Det tunga ansvaret av Stockholms och den svenska Östersjökustens försvar föll just på honom, som av sin svåger våren 1715 tilldelades detta stora uppdrag." HOLST Walfrid, *Fredrik I*, Stockholm, 1954, s. 51.

[110] "De enda icke svenska trupperna på pommersk mark var preussiska ... Genom förmedling av lantgreven av Hessen försökte Karl göra slut på den preussiska ockupationen i Pommern ... Preussens krigsförklaring mot Sverige av den 1 maj (N.S.) 1715 blev känd ...". HATTON Ragnhild, *Karl XII*, Köping, 1985, s. 447, 448.

[111] "När Preussens krigsförklaring mot Sverige av den 1 maj (N.S.) 1715 blev känd i Wien, insåg man där att det inte skulle dröja länge förrän Hannover följde exemplet. 'Vi måste delta i denna kapplöpning i norr', sade kejsaren till prins Eugène i juni 1715. 'Vi måste samarbeta med England för att inte gå miste om vår *avantage*'." HATTON Ragnhild, *Karl XII*, Köping, 1985, s. 448.

[112] "Av prins Eugène kunde Fredrik av Hessen lära sig tidens yppersta krigskonst ...". HOLST Walfrid, *Fredrik I*, Stockholm, 1954, s. 23.

[113] "Carl Gyllenborg ... Efter sin befordran till envoyé i maj 1715 gav han sig i kast med en ganska intensiv propagandaverksamhet i syfte att bearbeta den engelska opinionen i svenskvänlig riktning ... Tryckte och spridde pamfletter, givetvis under anonymitetens skydd. Tvenne linjer följdes därunder, den konfessionella och den allmänt politiska. I förra fallet som i New Discoveries of the dangers of popery framhölls hotet från katolicismen. Sverige var jämte England den enda makt, som kunde skydda protestantismen i Europa. Hade England råd att förlora denne bundsförvant? ... Konung Georg och hans regering torde inte haft alltför svårt att

spåra författaren ... hans roll i 'the Swedish plot' kommer väl aldrig att bli fullt klarlagd ...". Källa: Gyllenborg Carl, Svenskt biografiskt lexikon XVII, s. 532.

[114] "Sir John Norris ... Han sändes 1715 med en flotta till Östersjön, officiellt för att skydda den engelska handeln och sjöfarten, men faktiskt för att öfva påtryckning på Sverige i Hannovers intresse, där engelske kungen var kurfurste ... Året därpå i maj sändes N ånyo med en flotta till de nordiska farvattnen med order bl.a. att hindra eventuella svenska försök i jakobitiskt intresse till infall i Skottland." Källa: Nordisk Familjebok 1913 / runeberg.org/nfbs/0801.html.

[115] *Stamford Mercury,* 1 April 1715: "Yesterday came in a Dutch Post, advising from Hamburg that a Squadron of Swedes are gone after a Squadron of Danes, so that a Battle is hourly expected; and that the Commerce of the Baltick is much interrupted, by reason the Swedes seize all Ships they can meet with, lest they should supply the Tsar, and the Danes seize the Hamburghers, or any other Vessels with provisions lest they should carry them to the King of Sweden in Pomerania." Source: britishnewspaperarchive.co.uk.

[116] *Stamford Mercury,* 7 July 1715: "The Swedes give out that the King of France is under management to assist them with a body of Troops, which are, by way of Diversion, to invade the Dutchy of Cleves belonging to the King of Prussia; But letters from France make no mention of the March of any Troops ...". Source: britishnewspaperarchive.co.uk.

"År 1707 gjorde den preussiske kungen honom [Fredrik av Hessen] också till ståthållare över det tidigare självständiga hertigdömet Cleve vid Rhen ...". HOLST Walfrid, *Fredrik I*, Stockholm, 1954, s. 29.

[117] "Rancks brev till Fredrik av Hessen den 16 augusti [5 augusti O.S.] 1715 ... inofficiell svensk anmodan [Karl XII] till Ludvig XIV att anfalla Preussens provinser vid Rhenfloden." HATTON Ragnhild, *Karl XII*, London, 1968, not 49, s. 662.

[118] "Själv tog arvprins Fredrik sommaren 1715 sitt högkvarter nära Norrtälje på Finsta gård, tillhörig vicepresidenten i Åbo Sven Leyonmark, som på 1714 års riksdag varit en av de ledande oppositionsmännen mot Karl XII och enväldet och förordat ett regentskap under Ulrika Eleonora som riksföreståndarinna i konungens frånvaro ... 'här sitter jag i min tråkiga tillbakadragenhet i Finsta', undslipper det Fredrik i slutet av augusti'." HOLST Walfrid, *Fredrik I*, Stockholm, 1954, s. 54.

[119] "Louis XIV died in the midst of the abominable intrigues." VOLTAIRE, *The Age of Louis XIV*, translated by Martyn P. Pollock, p. 254.

"Och Tessin anförde ett nära till hands liggande exempel, Ludvig XIV: 'Hans Maj:t i Frankrike var en så stor konung, men han blev i tysthet begraven'." HOLST Walfrid, *Ulrika Eleonora* Stockholm, 1954, s. 186.

[120] "Louis [XIV] foresaw a minority and sought to restrict the power of his nephew Philip II, Duke of Orléans ... Accordingly, the king created a regency council ... Orléans, however, had Louis' will annulled by the Parliament of Paris after his death and made himself sole regent." Source: Wikipedia.org / Louis XIV, downloaded 31 December 2016.

« Le Parlement de Paris casse son testament dès le 4 septembre, ouvrant une ère de retour en force des nobles et des parlementaires. Pour la plupart de ses sujets, le souverain vieillissant était devenu une figure de plus en plus lointaine. » Source : Wikipedia.org / Louis XIV, downloaded 31 December 2016.

[121] "Reversing his uncle's policies again, Philippe [Duke of Orléans] formed an alliance with Great Britain, Austria, and the Netherlands, and fought a successful war against Spain that established the conditions of a European peace. During this time he opened up diplomatic channels with Russia which resulted in a state visit by Tsar Peter the Great." Source: Wikipedia.org / Philippe II Duke of Orléans.

« Le Duc d'Orléans lié avec le Roi d'Angleterre. » VOLTAIRE, *Histoire de Charles XII*, Amsterdam, M. DCC. XXXIII, p. 140.

Notat: Philippe V av Spanien var en sonson till Ludvig XIV och farbror till Ludvig XV.

[122] "I september lämnade Norris på Georg I:s order kvar åtta av sina starkaste skepp i Östersjön ... Dessa ställdes till den danske kungens förfogande för att förhindra svenskt herravälde till sjöss i Östersjön." HATTON Ragnhild, *Karl XII*, Köping, 1985, s. 458.

[123] *Stamford Mercury,* 6 October 1715: "From Pomerania, That the King of Sweden has ordered eight Frigates to be burnt, rather than they should fall in the Hands of the Danes." Source: britishnewspaperarchive.co.uk.

[124] "Men när han såg hur effektivt de brittiska eskadrena hade lyckats stänga in den svenska flottan i Karlshamn [östersjökusten under ansvar av Fredrik av Hessen] 1715 kom det som en chock för honom ... engelsmännen snarare än danskarna och ryssarna ... farligaste fiender till sjöss 1715." HATTON Ragnhild, *Karl XII*, Köping, 1985, s. 458.

[125] "A diversionary rising had been planned in Northumberland [Newcastle] to accompany the main rising in the West. Although the rising in the West was scuppered by prompt Government action, the one in Northumberland went ahead on 6 October 1715 ... this led to the Battle of Preston, on 12-14 November. The Jacobites actually won the first day of the battle, killing large numbers of Government forces. However, Government reinforcements arrived the next day and the Jacobites eventually surrendered." Source: Wikipedia.org / Jacobite rising of 1715.

[126] Letter from James III to Lord Bolingbroke, 23 September 1715 [12 September OS]: "... I never had a good opinion of our expectations from Sweden and always grudged the money that was sent there ... I must confess that King's reply is both reasonable and unanswerable ... I hope at least the money will not be lost ...". Source: Historical Manuscripts Commission / Calendar of the Stuart Papers belonging to his Majesty the King, preserved at Windsor Castle, Volume I, presented to Parliament by Command of his Majesty, London, 1902, p. 425 / Digitized by Internet Archive in 2008 with funding from Microsoft Corporation.

[127] Letter from James III to Lord Bolingbroke, 29 September 1715: "I am very glad the money designed for Mr. Kemp (King of Sweden?) [sic] is returned." Source: Historical Manuscripts Commission / Calendar of the Stuart Papers belonging to his Majesty the King, preserved at Windsor Castle, Volume I, presented to Parliament by Command of his Majesty, London, 1902, p. 425 / Digitized by Internet Archive in 2008 with funding from Microsoft Corporation.

[128] "Karl XII ... skickade tillbaka de pengar som Sveriges diplomatiske representant i Paris, Sparre hade mottagit från Jakobitiska källor 1715." HATTON Ragnhild, *Karl XII*, Köping, 1985, s. 472 / Hatton hänvisar till HMC Stuart Papers i (London 1903) Bolingbrokes brev till Mar 29 sept. 1715, och Jakob Edward Stuarts brev till Bolingbroke 23 och 29 sept. 1715.

Observation 1: Ragnhild Hatton baserar sig på information i en parantes med ett frågetecken: "I am very glad the money designed for Mr. Kemp (King of Sweden?) is returned [sic]."

Observation 2: Karl XII:s kodnamn i tidigare brev hade varit "Mr Spencer": Letter from Duke of Berwick to James II, 7 april 1715: "to give him some recommendations to M. Harvey (Holland) as also to Mr Spencer (King of Sweden)."

[129] I engelska parlamentsarkiv står inskriven: "Kemp, Sir Robert, 3rd bt (1667-1734). Kemp stood unsuccessfully as a Tory for Dunwich in 1715. In 1721 his name was sent to the Pretender [Jakob Edvard Stuart] as a probable supporter." Source: History of Parliament, a research project ... governed by its Trustees, who are mainly Members and Officers of both houses of Parliament / www.historyofparliamentonline.org / downloaded 27 February 2016.

[130] *Stamford Mercury,* 3 January 1716 [1717 – i England gick kalenderåret från 25 mars till 24 mars]: "Some letters from Sweden intimate, that of late a great deal of Silver and Gold was arrived there from foreign countries, which had enabled that Kingdom to pay off several debts, and amongst the same, that which his Swedish Majesty contracted during his stay in Turkey." Source: www.britishnewspaperarchive.co.uk.

Stamford Mercury, 31 May 1716: "They write from Switzerland, that abundance of English gentlemen still to the pretender [Jakob Edvard Stuart] at Avignon, where he hath lately received a great sum of money ... They write from Lyons, that the Pretender's Court increases at Avignon, and that the Pope and the Catholic princes has settled a revenue upon him, and that he designs to go for Sweden to confer with that King." Source: britishnewspaperarchive.co.uk.

Stamford Mercury, 24 July 1718: "Hamburg, June 15. We are assured, that the King of Sweden has received a considerable Sum of Money from Spain, and that the Swedish Minister at that Court has remitted large Bills of Exchange to be paid here." Source: britishnewspaperarchive.co.uk.

[131] "It is incontestable that the Jacobite party were to have made a rising in England, while Charles, in his return from Norway, was to make a decent in the north of Scotland." VOLTAIRE, *The History of Peter the Great, Emperor of Russia*, Manchester MDCCCXLV, Translator: Tobin Smolett [1721-1771] / gutenberg.org.

[132] "Ett tillfälle erbjöd sig onekligen, då en norsk överlöpare, officeren Wilster, infann sig hos arvprins Fredrik med en rekommendationsskrivelse från greve Vellingk, som framhöll Wilsters goda kännedom om norska förhållanden." HOLST Walfrid, *Fredrik I*, Stockholm, 1954, s. 67.

"1715 deserterade dansken Peter Jacob von Wilsters son Dominikus von Wilster till Sverige. Det är intressant eftersom fadern var inspektör över de norska fästningsbyggnationerna 1703-1704 (inklusive Fredriksten fästning) och chef för fortifikationsstaten. Sonen Wilster blev av Kungliga rådet och generalguvernören Mauritz Vellingk skickad till arvprinsen Fredrik av Hessen, till vilken han lämnade upplysningar om Norge. Han framförde bland annat en angreppsplan som arvprinsen skickade vidare till Karl XII. Med några modifikationer låg den sedan till grund för det första norska fälttåget 1716." FROM Peter, *Karl XII:s Död: Gåtans lösning*, 2005, s. 232.

[133] "Wilster, Peter Jacob, 1661-1725 ... 1693 blev han Major ved Artilleriet og Fortifikationen nordenfjaelds og fik Artillerikompagniet i Throndhjem ... 1698 bytte denna Kompagni og fik det i Kongsvinger. Han blev 1700 oberstlieutenant og fik 1701 Inspektion over Faestningernes Arbejder i Norge och Inspektionen over Artilleriet i de oplandske Faestningar, Throndhjem medberegnet ...". Källa: Danskt biografisk Lexikon, 624 (1887-1905 / runeberg.org.

[134] "Denne var inte sen att i början av september 1715 inrapportera saken till Karl XII ... 'Jag har tänkt på om det inte skulle vara möjligt att använda trupper, som höra till de bästa i världen på något mera nyttigt för Eders Majestäts tjänst än att hålla sig på defensen ... funnit honom [Wilster] ha nog insikt och kunskaper för att tro honom i stånd att lämna de nödvändiga informationerna för ett företag mot norska sidan. Jag har förmått honom att sätta upp ett projekt och har härmed äran att översända det till Eders Majestät, så som han framlagt det för mig." HOLST Walfrid, *Fredrik I*, Stockholm, 1954, s. 67.

[135] "Det förtjänar att understrykas, att Wilsters av arvprinsen insända projekt betytt åtskilligt för företagets iscensättning. Norrmannen [Wilster] hade också givit konungen en skiss över landet, vilken tjänat honom till orientering." HOLST Walfrid, *Fredrik I*, Stockholm, 1954, s. 69.

[136] "Stenflycht, Johan ... Utnämnd 1715 till öfverstelöjtnant vid Dnjesterska dragonregementet, deltog han i striderna vid Stralsunds belägring och befordrades för sin tapperhet till öfverste för nämnda kår, hvarjämte han adlades med namnet Stenflycht 1716 ...". Källa: Svenskt biografiskt handlexikon, 1906 / runeberg.org.

[137] Flera element tyder på att Stenflycht är lojal till Fredrik av Hessen. Förutom den falska kartan, ger Stenflycht senare falska vittnemål om Karl XII:s strategi vid Fredriksten fästning. 1738 övertar Stenflycht posten som kommendant i Hamburg efter en av Fredrik av Hessens lojala officerare, Albedühl. 1743 anlitas Stenflycht officiellt av Fredrik I i Stockholm: "Stenflycht ... utsågs av Kung Fredrik till att resa norrut för att möta bönderna ... Inte hjälpte det att kung Fredrik själv, 'den gamle tysken' ... med Stenflycht vid sin sida ...". Källa: *General Johan Stenflychts minnen från det stora nordiska kriget*, inledning av Anders Brogren (en ättling), 2012 / www.brogren.nu.

[138] Når det en sjelden gang lar seg gjøre å ta fatt i en navngitt karttegner fra dette felttoget, kan det gi et interessant bilde av hvor vanskelig det er å gjengi virkeligheten etter hukommelsen ... Dette eksemplet er oberstløytnant Johan Stenflycht, som i historiske verker om Karl XII:s siste felttog stadig omtales som kongens hoyt betrodde mann. Han befinner seg i begivenhetenes sentrum ... Stenflycht har selv fortalt om det. Senere i livet, som general, ga han fra seg en dagbok som er ofte sitert, og vi får håpe at den ikke har villedet historikerne. Kartet som han tegnet og signerte med navn og tittel må det absolutt advares mot i så måte ... Det viser tydeligt at Stenflycht hadde de underligste forestillinger om landskapet på Idd og i Enningdal, og at han hadde store problemer med å redegjøre for hvor han hadde vaert. Noen pålitelig karttegner var han ikke, og dessverre var han ikke alene om det." Källa: MAGNUSSEN Kjeld Th., *Ved Karl XIIs død*, Rakkestad, 2007, s. 11-13.

[139] "For kartene kan i alle fall sammenholdes med det terrenget som de skal beskriva, og karttegneren kan vi lett knipe når han begår topografiske feil. Problemet er at vi vet ikke hvem det var som laget de beleiringskartene vi kjenner, verken de svenske eller de norske. Vi vet heller ikke på hvilket tidspunkt de tegnet, eller om tegnerne noen gang hadde vaert det begivenheten fant sted." Källa: MAGNUSSEN Kjeld Th., *Ved Karl XIIs død*, Rakkestad, 2007, s. 11.

[140] "Redan 1713 hade Hessiska partiet uppgjort planen till konungens mord, vilket man ämnade verkställa antingen i Demotica eller Stralsund." NYSTRÖM Anton, *Karl XII och sammansvärjningen mot hand Envälde och liv*, Stockholm, 1928, s. 207.

[141] "En av Campredon [fransk minister] löst framkastad misstanke ... att arvprinsen [Fredrik av Hessen] inte fruktat utan snarare önskat, att Karl XII skulle omkomma i Stralsund." HOLST Walfrid, *Ulrika Eleonora d.y.*, Stockholm, 1956, s. 137.

[142] "Lantgreven betonade, att företaget mot Norge tillråddes av Görtz, efter allt att döma, endast för att störta konungen i fördärvet." HOLST Walfrid, *Fredrik I*, Stockholm, 1953, s. 89.

Notat: Lantgreven för över skulden på Görtz, trots att det är allmänt känt att det var Fredrik av Hessen som presenterade idén om det norska företaget till Karl XII.

[143] "Först senare utnämndes arvprins Fredrik till generalissimus över 'Vår krigsmakt till häst och fot' daterad Stralsund den 16/27 september 1715." HOLST Walfrid, *Fredrik I*, Stockholm, 1954, s. 53.

[144] Brev från Karl XII till Ulrika Eleonora, Stralsund 29 september 1715: "Ty många hinder har här hela tiden förfallit och hindrar migh ännu, at iagh uti dhetta brefv ey eller hinner svara, helst som jagh och just nu är på Rygen och lämnat alla brefv i Stralsund." Källa: Konung Karl XII:s egenhändiga bref / runeberg.org.

[145] "Den holländske residenten inberättar i oktober, att arvprinsparet med anledning av änkedrottningens åttioårsdag [23 oktober 1715] givit en magnifik maskeradbal på rikssalen, men att de kostymerade inte haft några masker på 'med anledning av att Hennes Kungl. Höghet ansågs vara i välsignat tillstånd'." HOLST Walfrid, *Ulrika Eleonora d.y.*, Stockholm, 1959, s. 133.

[146] "Det allierade angreppet mot Rügen inleddes den 1/12 november ... Det var emellertid nödvändigt att genast gå till anfall om man inte skulle uppge Rügen ... den 5/16 november började striden ... Dessutom hade svenskarna redan förlorat fyrahundra man i stupade och tvåhundra man i sårade, och Karl insåg att kampen om Rügen var förlorad." HATTON Ragnhild, *Karl XII*, Köping, 1985, s. 460, 461.

[147] "Man visste i själva verket inte var Hans Majestät blivit av, om han återvänt till Stralsund eller begivit sig till Wismar." HOLST Walfrid, *Fredrik I*, Stockholm, 1954, s. 63.

[148] "Arvprinsen och hans gemål levde i den tillförsikten, att lantgreven på det kraftigaste ville bistå dem med råd och dåd ... Hade olyckan redan skett eller kom att inträffa 'måste man främst nödvändigtvis vara betänkt på medel att såväl inom som utom riket vidmakthålla Hennes Kungl. Höghets odisputerliga rätt till tronföljden ...'." HOLST Walfrid, *Fredrik I*, Stockholm, 1954, s. 63.

[149] "Arvprinsen överlämnade den närmare planläggningen och verkställheten helt åt lantgrevens faderliga omsorger, i all synnerhet som man i Sverige levde så avspärrat från yttervärlden." HOLST Walfrid, *Fredrik I*, Stockholm, 1954, s. 63.

[150] "Medan sålunda i Sverige allas tankar tycktes röra sig kring Karl XII:s öde i det allt mera sönderskjutna Stralsund, avled i Stockholm den 24 november 1715 den ålderstigna Hedvig Eleonora ... Den unga hertigen av Holstein hade varit änkedrottningens förklarade gunstling ... Arvprins Fredrik inberättar den 6 december till sin fader, att vid det tillfället hertigen och några av hans anhängare 'offentligen låtit höra av sig och låtit säga mig, att hertigen vid likbegängelsen skulle pretendera på försteget framför mig ... har endast helt kort velat berätta Ers Nåd, att jag hållit på företrädet ... Så att hertigen har blivit tvungen att ge vika, i det jag infunnit mig till sorgeakten, han däremot har blivit borta därifrån'." HOLST Walfrid, *Fredrik I*, Stockholm, 1954, s. 63, 65.

[151] "Den 11/22 december lämnade Karl Stralsund i en öppen roddbåt." HATTON Ragnhild, *Karl XII*, Köping, 1985, s. 466.

[152] Brev från Karl XII till Ulrika Eleonora, Ystad 14 december 1715: "... lärer Stralsund för dhenna gången ofelbart falla fienderna i händer, igiönom dhet ingen undsättningh hela tiden är kommen. Men jagh är försäkradh att utväger lärer finnas, at alt lärer kunna komma till förra stånd igen ...". Källa: Konung Karl XII:s egenhändiga bref / runeberg.org.

[153] Brev från Karl XII till Ulrika Eleonora, Ystad 24 december 1715: "I går var jagh så lyckeligh och bekom Arf-Printzen hijt ... Som helgdagarna nu tillstunda och vij, som nu här tillsammans är ...". Källa: Konung Karl XII:s egenhändiga bref / runeberg.org.

[154] Brev från Karl XII till Ulrika Eleonora, Ystad 31 december 1715: "Mon coeur lärer och redan vara bekant, at härtigen är lyckeligh och väl hijtkommen. Han har och i dessa dagar straxt ärnat sigh tillbaka igen. Men iagh söker ännu uppehålla honom här, så länge iagh kan, och ville giärna komma medh honom tillika, så fremt mina sysslor här tillåta mig ...". Källa: Konung Karl XII:s egenhändiga bref / runeberg.org.

[155] "I februari 1717 utfärdade Kungl. Maj:ts brev angående sedlar på vågfört järn, koppar, zink och mässing. Meningen var ju att konungen skulle kunna kontrollera handeln med dessa högst viktiga exportvaror men bergsmännen ändå i tid få penningmedel att röra sig om." HELANDER Abel, *Daniel Niklas v. Höpken 1669-1727*, Akademisk avhandling, Stockholm, 1927, s. 59.

[156] "I jan 1716 kallades Höpken till Ystad för tjänstgöring vid fältkansliet. Några veckor senare utsågs han att biträda Goertz i den nyinrättade upphandlingsdeputationen ... Meningen synes från början ha varit, att deputationen skulle arbeta som ett affärskontor och verksamheten bedrivas med hjälp av kapitalstarka köpmän." Källa: Daniel Niclas Höpken, von, https://sok.riksarkivet.se/sbl/artikel/14048, Svenskt biografiskt lexikon (art. av Olof Jägerskiöld), hämtad 2018-06-30.

"Från och med början 1716 och till slutet av 1718 var han [Höpken] emellertid framför allt upptagen av sitt ledamotskap i den bekanta s.k. upphandlingsdeputation ... mening att bruka 'idel köpmän' i detta verk ... de köpmän som vilja utskeppa varor, skola genom en 'revers' och tillräckligt ställd säkerhet förbinda sig att införa nödiga varor till ett lika värde ... På hösten 1717 utfärdades en kungl. Förordning om understöd åt bergmännen." HELANDER Abel, *Daniel Niklas v. Höpken 1669-1727*, Akademisk avhandling, Stockholm, 1927, s. 23, 57, 61.

[157] " År 1707 följde han [Jonas Alströmer] med sin vän Alberg till London ... 1709 blev han [24 år gammal] borgare I London och naturaliserad engelsman. Han lade märke till den stora skillnaden mellan England och Sveriges industriella utveckling. Då tänkte han att man i Sverige borde införa eller återupprätta de näringar, som var viktigast för rikets välstånd. När Karl XII återkommit från Turkiet begav sig Alströmer (1715) till Göteborg och erbjöd sig att arbeta för kungen. Här stannade han i två år och använde tiden till att, genom resor i bergslagerna och till de främsta städerna, lära känna landets förhållanden och produkter." Källa: Wikipedia.org / Jonas Alströmer, nerladdat den 28 juni 2018.

[158] "Jonas Alströmer, före adlandet Alström, född 7 januari 1685 i Alingsås, var en av den industriella revolutionens förgrundsfigurer i Sverige." Källa: Wikipedia.org / Jonas Alströmer, nerladdat den 28 juni 2018.

Notat: Alströmer och en viss Niclas Sahlgren uppgjorde runt 1729 planen till ett västindiskt handelskompani. Men Sahlgren blev istället direktör för det Ostindiska kompaniet, som etablerades 1731 med kungliga privilegier. Källa: *Svenska Millionärer*, Carl Fredrik Lindahl, 1897-1905), volym 3, s. 261.

[159] "I januari 1716 fick Polhem befallning att resa till Carlscrona ...". Källa: ROSMAN Holger, *Christopher Polhem*, 1911, s. 68 / runeberg.org.

"Polhem, Kristofer, mekaniker ... 1716 skickades P. Till Karlskrona för att tillsammans med skeppsbyggmästaren Sheldon lägga grunden till en ny dockbyggnad. För att afdämma vattnet under dockans uthuggande i hälleberget, lät P. göra en noggrann undersökning av hafsbottnen, byggde därefter ofvanpå vattnet dammen med alla de ojämnheter, hafsbottnens skapnad föranledde, och nedsänkte den på en gång, då den med ringa jämkning passade." Källa: Svenskt biografiskt handlexikon, 1906 / runeberg.org.

"The King had a regard for Swedenborg's mechanical knowledge, and that he should be the associate of Polhammar to assist him in the direction of building and mechanical work ... Basin of Carlscrona, formed to repair ships ..." Source: *An account of Emanuel Swedenborg*, 1787, The European Magazine / Googlebooks.

[160] "Den svenska huvudflottan i Karlskrona hade på kungens order fjorton linjeskepp och fem fregatter ... den lämnade Karlskrona den 20 april 1716 ...". HATTON Ragnhild, *Karl XII*, Köping, 1985, s. 483.

[161] "Karl XII hade i samband med förberedelserna inför den tänkta erövringen av Fredrikstens fästning i Halden beordrat att flottan i Göteborg ... då 8 transportfartyg, 8 galärer, 2 dubbelslupar och en artilleripråm samt en galliot och en strömbåt." Källa: Wikipedia.org / Slaget vid Dynekilen, nerladdad den 1 januari 2015.

[162] Brev från Karl XII till Ulrika Eleonora, Ystad 23 januari 1715: " Arfv-Printzen [Fredrik av Hessen], han är nu andra gången härifrån rest ... Han lärer ännu resa något vidare ikring och besee gränts-fästningarna och regementena." Källa: Konung Karl XII:s egenhändiga bref / runeberg.org.

[163] Brev från Karl XII till Ulrika Eleonora, Ystad 15 februari 1715: " Men som iagh nu i mårgon måste gjöra en liten resa härifrån på några dagar till att hälsa på några regementer ... Men när dhet kommer närmare in på såmmaren, så at vintertiden är förbi, så hoppas jagh at skaffa migh tillfälle at komma åp till Stockholm ". Källa: Konung Karl XII:s egenhändiga bref / runeberg.org.

[164] "Den 16 februari lämnade Karl Ystad ... Trupprörelserna på den svenska sidan hade inte försigått obemärkta." HATTON Ragnhild, *Karl XII*, Köping, 1985, s. 473.

[165] "Enligt den uppgjorda fälttågsplanen skulle Karl ta befälet över en häravdelning på omkring 3,000 man som samlades i Värmland och marschera rakt på Kristiania. 4,000 man, som samlats i Vänersborg under general Mörner, skulle gå över norska gränsen i närheten av Moss. De skulle gå förbi Fredriksten och Fredrikshald och förena sig med Karl i den norska huvudstaden. En kavalleristyrka på åttahundra man skulle göra ett skenanfall längre söderut vid Svinesund för att hålla norrmännen i ovisshet om var huvudanfallet skulle sättas in. Chefen för denna avdelning, generallöjtnant Ascheberg, hade också fått till uppgift att hålla förbindelserna med Sverige öppna genom att bygga en bro över Svinesund. Slutligen skulle Jämtlands regemente falla in i Norge i höjd med Röros." HATTON Ragnhild, *Karl XII*, Köping, 1985, s. 473.

[166] *Stamford Mercury*, 22 March 1715 (1716): "Edinburgh, March 8. We are now under a strange apprehension here, of an invasion from Swedeland, in favour of the Pretender and Rebels, I don't know upon what ground, but the thing is so romantic, that People of the best sense laugh at it as a Jacobite dream. And whereas, it was at first reported that the hundred and twenty gentlemen, who embarked in the Orkneys on board of two ships some time ago, went for France, 'tis now said they are gone to Sweden, to return from thence hither with the Swedes when they come". Source: britishnewspaperarchive.co.uk.

[167] "Företaget mot Norge var baserat på överraskning ... Norrmännen hade emellertid ända sedan Karl XII:s ankomst från Stralsund varit på sin vakt och rustat sig." HOLST Walfrid, *Fredrik I*, Stockholm, 1953, s. 70.

[168] "I daggryningen överrumplades emellertid svenskarna själva, av den norske översten Kruse, som skyndat till med ett par hundra dragoner och något infanteri. Kung Karl fick sin kappa sönderhuggen och räddades med knapp nöd för att bli tagen till fånga." HOLST Walfrid, *Fredrik I*, Stockholm, 1953, s. 70.

[169] "Arvprinsen blev däremot illa tilltygad och måste i medtaget tillstånd åter föras över gränsen till Sverige ... Efter denna dramatiska upptakt lyckades Karl XII snabbt tränga fram ända till Kristiania och tåga in i den norska huvudstaden." HOLST Walfrid, *Fredrik I*, Stockholm, 1954, s. 70.

[170] "Den 8 mars förenades de båda kårerna ... och den 10 och 11 mars besattes Kristiania utan strid ... Prickskyttar i fästningen besvärade de svenska ockupanterna, men Karl kunde inte inleda en regelrätt belägring innan han hade fått fram sitt belägringsartilleri sjövägen från Göteborg ... Den 22 mars insåg Karl efter en personligen utförd rekognoscering att ett anfall i stor skala skulle kosta mer än han hade råd att förlora." HATTON Ragnhild, *Karl XII*, Köping, 1985, s. 474.

[171] "Jämtlands regemente hejdades av den djupa snön och kunde inte fullfölja sin uppgift." HATTON Ragnhild, *Karl XII*, Köping, 1985, s. 475.

[172] "Men vad som var av ännu större betydelse var att Ascheberg hade dröjt med att rycka in i Norge till följd av en falsk rapport om danska förstärkningar vid Fredrikshald. Han gick över gränsen först den 12 mars och drog sig tillbaka igen efter två veckor. Hans brev till Karl i vilket han förklarade varför han inte hade kunnat utföra sin uppgift – att bygga en bro över Svinesund – blev uppsnappat; och först den 9 april, när en pålitlig bonde lyckades ta sig igenom med ett brev från prinsen av Hessen, fick Karl meddelandet om hans reträtt." HATTON Ragnhild, *Karl XII*, Köping, 1985, s. 475.

[173] "Men det gick långsamt med utrustningen av flottan, och danskarna vann kapplöpningen om herraväldet till sjöss. Detta tvingade Karl att uppge Kristiania ... Det var detta fälttåg [1716] som hade tvingat Frederick IV att skicka sju av sina största linjeskepp och fyra fregatter till Skagerack under viceamiral Gabel i slutet av mars, en eskader som inte kunde återvända till Köpenhamn förrän den 7 augusti." HATTON Ragnhild, *Karl XII*, Köping, 1985, s. 475.

[174] "Under natten till den 19 april lämnade svenskarna huvudstaden för att hinna fram till Glommen innan danskarna satte iland förstärkningar vid Fredrikshald ... Forcerade marscher förde svenskarna till den breda floden i så god tid att de hann bygga flottar av det längs stränderna uppstaplade timret. Den 21 april gick de relativt ostörda över floden vid Onstadsund och kunde därpå unna sig några dagars välförtjänt vila ... Karl inrättade sitt högkvarter i Torpum, en herrgård tre

kvarts mil från Fredrikshald ...". HATTON Ragnhild, *Karl XII*, Köping, 1985, s. 475, 476.

[175] Brev från Karl XII till Ulrika Eleonora, Torpum den 10 juni 1716: "Elliest är här ännu intet stort at gjiöra, utan är alt stilla och tyst så väl på våran som fiendens sida." Källa: Konung Karl XII:s egenhändiga bref / runeberg.org.

[176] "Norris seglade in i Öresund så tidigt som den 7 juni med nitton linjeskepp, bestyckade med 1070 kanoner". HATTON Ragnhild, *Karl XII*, Köping, 1985, s. 480.

[177] "Sir John Norris ... Han sändes 1715 med en flotta till Östersjön, officiellt för att skydda den engelska handeln och sjöfarten, men faktiskt för att öfva påtryckning på Sverige i Hannovers intresse, där engelske kungen var kurfurste ... Året därpå i maj sändes N ånyo med en flotta till de nordiska farvattnen med order bl.a. att hindra eventuella svenska försök i jakobitiskt intresse till infall i Skottland." Källa: Nordisk Familjebok 1913/runeberg.org/nfbs/0801.html.

[178] "Den logiska nästa åtgärden var att erövra Fredrikshald med fästningen Fredriksten ... Han planerade därför att erövra staden och fästningen genom en överrumpling natten till den 22 juni ... Vi känner till en hel del om Karl XII:s planer och det misslyckande som stod honom så dyrt, genom generalmajor Hamiltons brev till Feif. Uppgifter om de svenska förberedelserna hade nått norrmännen och överraskningsmomentet var därmed förlorat ... stormningsförsöket mot Fredriksten avvärjdes, och de mest inflytelserika borgarna gick med på att kommendanten sköt staden i brand." HATTON Ragnhild, *Karl XII*, Köping, 1985, s. 476.

[179] Brev från Karl XII till Ulrika Eleonora, Torpum den 24 juni 1716: "I går är en liten Schärmytsel förefallen emellan vårt fålk och dhe Danska. Ty våra gjorde infall medh commenderat manskap i staden Hall och kiörde ut dhe Danska från dheras bröstvärn. Sedan skiöt fienden från slåttet sielvf elden inuti staden och brände åp altsammans. Då drogh sigh våhrt fålk utur Staden undan elden och röken. Attaquen har gått lycklight och väl; men giönom olyckliga skått hafva vij mist åhtskilliga brafva officerare, som ödet intet längre ville låta lefva." Källa: Konung Karl XII:s egenhändiga bref / runeberg.org.

[180] "Tordenskiöld 24 och 26 juni ... Dynekilen ... förstör en svensk transportflotta på väg mot kungen." HATTON Ragnhild, *Karl XII*, Köping, 1985, s. 477.

[181] "Tordenskiöld fick då information om den stora svenska underhållsflottan samt att många svenska officerare var gäster på ett bröllop i trakten, eller på fest hos amiralen. Då vinden var västlig fanns här ett gyllene tillfälle för överraskningsanfall ... De hade turligt lyckats få tag på en svensk sjöman som tidigare lotsat in den svenska transportflottan. Ingen i norska styrkan hade varit där tidigare, och fjorden var på sina ställen bara ca 100 m bred. ... Tordenskiöld,

han blev snart befordrad till kommendör ...". Källa: Wikipedia.org/Slaget vid Dynekilen/downloaded 1/1/2015.

[182] "Efter motgångarna den 22-26 juni evakueras trakten kring Fredrikshald (Halden) ... trupperna dirigerades tillbaka till Sverige, men en del lämnades kvar som tillfällig bevakning av Svinesundsbron. På gränsen mellan Norge och Sverige inleddes byggandet av fästningen Sundsborg den 21 augusti som en föreberedelse för nästa rond ... Under tiden hade han fullt upp att göra. Försvarsförberedelserna kunde han leda från den plats han för ögonblicket befann sig." HATTON Ragnhild, *Karl XII*, Köping, 1985, s. 477.

[183] Brev från Karl XII till Ulrika Eleonora, Norby den 21 juli 1716: "Och hade iagh intet försummat dhenna tiden, som mon coeur vistas vedh Medevi, till at komma och giöra min upvaktningh, om iagh intet hade nödgats till at uppehålla mig här för några små ärender ...". Källa: Konung Karl XII:s egenhändiga bref / runeberg.org.

"När sommaren kom, begav han [Fredrik av Hessen] sig för en tid till Medevi för att dricka brunn." HOLST Walfrid, *Fredrik I*, Stockholm, 1954, s. 71.

[184] *Stamford Mercury*, 26 July 1716: "Stockholm, June 27. MEMORIAL presented to the Chancery of Sweden by the Resident of Great Britain, on the 15th instant ... the King his Master was then obliged, for that reason, to send a squadron of Men of War under the command of his Admiral Sir John Norris, to protect the Lawful Traffick of his Subjects ... And whereas divers Rebels are fled from Great Britain into the Swedish countries, the under-written resident is further charged to represent, that the King his Master promises himself from the Equity and Friendship of his Swedish Majesty, that he will make no Difficulty to give Assurances and to engage solemnly, never directly or indirectly, to give the least assistance, support, or Refuge to the Pretender to his Crown; nor any protection to the Lord Duffus, and others, who are lately fled into Sweden from Scotland, nor from any other Person, who took part in the Rebellion, which not long since was happily quelled in Great Britain." Source: britishnewspaperarchive.co.uk.

[185] *Stamford Mercury*, 26 July 1716: "Stockholm, June 27 ... EXTRACT out of the Records of the Royal Chancery, deliver'd to Mr Jackson, Resident of Great Britain, on the 16th of June, 1716. Count Horn President of the Council, hath caused to be read and examined the Memorial which the Resident of Great Britain delivered to him, dated the 15th instant, and which the said resident had drawn up according to the orders newly received from his Court by Admiral Norris, concerning 1. The prohibited Commerce in the Baltick. 2. The Scottish rebels who are fled hither. 3. The Expedition in Norway. And 4. The offers of his King to procure a peace in the North. And it is resolved to send this Memorial, by the post today, to Mynheer van Mullern, Minister of State, who, shall take care to make a humble

Report thereof to his Majesty ... Signed Carl van Crooth". Source: www.britishnewspaperarchive.co.uk.

[186] *Stamford Mercury,* 19 July 1716: "Letters from Stockholm of the 26th, say that the Senate, seconded by the Princess Ulrica, had made very humble and urgent instances to the King of Sweden to prevail with him to remove with his Army from Norway to Schonen, the better to protect his own country, and that the Hereditary Prince of Hesse-Cassel had been desired to concur in those representations; but that Prince knowing the Temper of his Swedish Majesty, declined meddling in that Affair, as believing the same would meet with a cold reception". Source: britishnewspaperarchive.co.uk.

[187] "Varken Fredrik eller kriget ställde hinder i vägen, och bror och syster tillbragte torsdagen och fredagen den 20 och 31 augusti tillsammans [i Vadstena, mellan Göteborg och Stockholm] ... Efter aftonmåltiden den 31 augusti tog Karl avsked klockan 10 på kvällen och red över Jönköping, där han slog in på huvudvägen till Skåne ... Karl begav sig inte raka vägen till Lund, eftersom han först ville inspektera kustbefästningarna i Helsingborgs närhet. Detta gjorde han mellan den 2 och 6 september, varpå han slog sig ned i Lund som med sina goda förbindelser med både västra och östra delarna av södra Sverige var den idealiska platsen för högkvarteret om den fientliga landstigningen verkligen blev av." HATTON Ragnhild, *Karl XII*, Köping, 1985, s. 478.

[188] *Stamford Mercury,* 30 August 1716: "They write from Copenhagen, that before the departure of the Great Fleet a Council of War was held, wherein it was agreed to confer the chief command of the said fleet upon the Czar, that Sir John Norris should be at the Head, the Czar in the Centre, and Admiral Guldenlew in the Rear, that the Dutch Commodore de Grave should with his own squadron and 5 British men of war convoy the Merchant Men ... in the meanwhile the great Fleet is cruising near Bornholm, from whence the Swedish Fleet is retired." Source: britishnewspaperarchive.co.uk.

"Norris och Georg I:s allierade ankrade upp sin armada utanför Bornholm för att stänga in den svenska flottan i Karlskrona och sålunda underlätta landstigningen i Skåne." HATTON Ragnhild, *Karl XII*, Köping, 1985, s. 480.

[189] "... frångick tsar Peter den uppgjorda planen den 19 september (NS - 8 september OS). Han motiverade det med att årstiden var för långt framskriden ... Kurfursten av Hannover ... förfärad över utsikten att de trupper som tsar Peter hade reserverat för landstigningen 1717 skulle gå i vinterkvarter i Mecklenburg ... Tsaren var också orolig för konflikten med sonen Aleksej ... det ryska 'förräderiet'... ". HATTON Ragnhild, *Karl XII*, Köping, 1985, s. 480, 481, 482.

[190] "En av Jakobs III:s främste anhängare, hertigen av Mar, vilken genom sin frände, tsarens livläkare Robert Erskine hade goda ryska förbindelser, lät

nämligen underrätta om att det fanns utsikter till en överenskommelse mellan tsaren [Alexei] och Karl XII och erbjöd sig att förmedla en underhandling." HATTON Ragnhild, *Karl XII*, Köping, 1985, s. 42.

[191] "... och 7 december [26 november O.S.] beordrade konungen den på fastlandet kvarblivne Stanislaus Poniatowski att erbjuda Alexei hemstad i sitt rike [not 2 Karl XII t. Poniatowski (26.11) 7.12.1717." JÄGERSKIÖLD Stig, *Sverige och Europa 1716-1718*, 1937, s. 231.

[192] "Papal control persisted until 1791 when, during the French Revolution, it became part of France." Source: Wikipedia.org / Avignon.

[193] *Newcastle Courant*, 7 April 1716: "The report continues ... with messages and money from the pretender to the rebels, who are more numerous and considerable than was thought ..." Source: britishnewspaperarchive.co.uk.

[194] *Stamford Mercury*, 31 May 1716: "They write from Switzerland, that abundance of English gentlemen still to the pretender [Jakob Edward Stuart] at Avignon, where he hath lately received a great sum of money ... They write from Lyons, that the Pretender's Court increases at Avignon, and that the Pope and the Catholic princes has settled a revenue upon him, and that he designs to go for Sweden to confer with that King." Source: britishnewspaperarchive.co.uk.

[195] "Till det Broughamska arkivet har jag ej kunnat erhålla tillträde – I inledningen till Stuarts papers meddelas (s.11): 'Mr Brougham ... took with him what is described as a very interesting letter from Charles XII of Sweden to James III [Jakob Edvard Stuart] in which he promised to conclude peace with the Czar, and to land in Scotland with 30 000 men and to support his claim." JÄGERSKIÖLD Stig, *Sverige och Europa 1716-1718*, Akademisk avhandling, 1937, förord.

[196] Letter from Lieut.General Dillon to James III, Sept 26 [15 O.S.] 1716: "Your Majesty will find enclosed Baron de Sparre's demands. They have, as I believe, been deliberated on and concerted between him and Baron Görtz ... The King of Sweden is in absolute need of money to pay his troops." Source: Historical Manuscripts Commission / Calendar of the Stuart Papers belonging to his Majesty the King, preserved at Windsor Castle, Volume I, presented to Parliament by Command of his Majesty, London, 1902, p. 425 / Digitized by Internet Archive in 2008 with funding from Microsoft Corporation."

[197] *Stamford Mercury*, 3 January 1716 [1717]: "Some letters from Sweden intimate, that of late a great deal of Silver and Gold was arrived there from foreign countries, which had enabled that Kingdom to pay off several debts, and amongst the same, that which his Swedish Majesty contracted during his stay in Turkey." Source: britishnewspaperarchive.co.uk.

[198] Enligt samma tidning, skickar Filip V av Spanien pengar till Karl XII i juli 1718:

Stamford Mercury, 24 July 1718: "Hamburg, June 15. We are assured, that the King of Sweden has received a considerable Sum of Money from Spain, and that the Swedish Minister at that Court has remitted large Bills of Exchange to be paid here". Source: britishnewspaperarchive.co.uk.

[199] « À l'instigation de l'abbé Dubois, secrétaire d'État aux Affaires étrangères, la France forma la Quadruple Alliance avec l'Angleterre, la Hollande et l'Empereur, pour contrebattre les prétentions de Philippe V, petit-fils de Louis XIV, qui rêvait de porter la couronne de France, nonobstant la renonciation obtenue dans les traités d'Utrecht, en cas de décès de Louis XV. » Source: Wikipedia.org / Conspiration de Cellamare.

[200] *Stamford Mercury*, 3 January 1716 (1717): "Hamburg, December 29 [18 December O.S.]. The Swedish letters of the present date advice that the King of Sweden is still at Lund, but Hereditary Prince of Hesse-Cassel set out the 15th November for Stockholm, such large magazines are erecting in Schonen, as may subsist 46 000 Men during 8 Months. The King of Denmark has ordered a second Transport of Troops and Provisions to be sent to Norway with all speed." britishnewspaperarchive.co.uk.

[201] « ... en 1716, il [Swedenborg] accompagna à Lund Monsieur de Polhem, Conseiller de Commerce, qui y avait été mandé par Sa Majesté. » NORDBERG Jöran, *Histoire de Charles XII*, traduit du suédois, Tome Troisième, M.DCC.XLVIII [1748], s. 279.

[202] I sina brev till Fredrik av Hessen omtalar Karl XII honom som "mein lieben Zwager" [min käre svåger]. Exempel från hans brev daterat september 1717 i Strömstad. Källa: Karl XII:s egenhändiga bref / runeberg.org.

[203] "Lantgreven betonade, att företaget mot Norge tillråddes av Görtz, efter allt att döma, endast för att störta konungen i fördärvet." HOLST Walfrid, *Fredrik I*, Stockholm, 1953, s. 89.

[204] "Carl Gyllenborg ... Efter sin befordran till envoyé I maj 1715 gav han sig i kast med en ganska intensiv propagandaverksamhet i syfte att bearbeta den engelska opinionen i svenskvänlig riktning ... Tryckte och spridde pamfletter ... Sverige var jämte England den enda makt, som kunde skydda protestantismen i Europa. Hade England råd att förlora denne bundsförvant?" Källa: Gyllenborg Carl, Svenskt biografiskt lexikon XVII, s. 532.

[205] *Caledonian Mercury*, 15 October 1728: "Baron de Gortz, president of the chamber of Finances, he was Uncle to the unfortunate Baron Gortz in Sweden, and had served the House of Hanover almost 50 years." Source: britishnewspaperarchive.co.uk.

[206] GYLLENBORG Carl, *Letters which passed between Count Gyllenborg, the Barons Gortz, Sparre, and others; relating to the design of raising a rebellion in His Majesty's dominions. To be supported by a force from Sweden*, London, 1717 / Reproduction from Huntington Library.

[207] A letter from Baron Görtz to Count Gyllenborg, Hague 5/16 Oct. 1716: "In the meantime, you will risque nothing by acquainting me with all the particulars on that Head, but above all, it will be necessary to explain clearly to me how Ten thousand Men might do the Business, that is to say, what Scheme is contrived and what Money is designed to be offered to the King of Sweden, to induce him to enter into this Affair." Source: GYLLENBORG Carl, *Letters which passed between Count Gyllenborg, the Barons Gortz, Sparre, and others; relating to the design of raising a rebellion in His Majesty's dominions. To be supported by a force from Sweden*, London, 1717 / Reproduction from Huntington Library, p. 6.

[208] "Han [Georg I] hade blivit starkt kritiserad för att använda den brittiska flottan 1715". HATTON Ragnhild, *Karl XII*, London, 1968, s. 488.

[209] "Mercurii, 20° die Februarii Anno 3° Georgii Regis, 1716 [1717]. A message from his Majesty ... Gentlemen of the House of Commons, I did hope, the putting an End to the late Rebellion would have so far secured the Peace and Tranquility of the Nation, that I might, consistently with the Safety of my People, have made a considerable Reduction of the Forces; But the Preparations which are making from abroad to invade us, oblige me to ask such Supplies, as you shall find absolutely necessary for the Defence of the Kingdom ... ". Source: Entries for the House of commons and house of Lords Journal of 20 Feb. 1717 / PDF file provided by Shirley Macquire, email, 11 Januari 2016.

[210] "After which, Mr Secretary Stanhope acquainted the House, That his Majesty had commanded him to lay before the House Copies of Letters which passed between Count Gyllenborg, the Baron Gortz, Sparre, and others, relating to the design of raising a Rebellion in his Majesty's Dominions, to be supported by a Force from Sweden ... And the said Copies were read, and are bound up with other Papers of this Section". Source: Entries for the House of Commons and House of Lords Journal of 20 Feb. 1717 / PDF file provided by Shirley Macquire, email, 11 Januari 2016.

[211] "Address to the King's speech. Resolved, That an humble address be presented ... To acknowledge his Majesty's Goodness ... in so reasonable discovering the traitorous Designs that are again on foot against his sacred person and government ... and to assure his Majesty that this House will stand by and support his Majesty against all his enemies at home and abroad, who, shall in any manner aid and abet the Pretender to the Crown, and shall most cheerfully contribute such supplies as shall be found necessary for the safety of his loyal person and the defence of his Kingdoms ... Ordered, That a committee be

appointed ... Sir John Norris ...". Source: Entries for the House of Commons and House of Lords Journal of 20 Feb. 1717 / PDF file provided by Shirley Macquire, email, 11 Januari 2016.

[212] "Korrespondensen mellan Gyllenborg och Görtz 1716 hade uppsnappats och offentliggjordes i London för att rättfärdiga Gyllenborgs arrestering i januari 1717." HATTON Ragnhild, *Karl XII*, London, 1968, s. 496.

[213] "Man vet numera att varken Georg I eller den brittiska regeringen, trodde att en svensk invasion var förestående eller ens att Karl XII hade gett ett sådant företag sitt godkännande ...". HATTON Ragnhild, *Karl XII*, London, 1968, s. 496.

[214] *Stamford Mercury*, 28 February 1716 [1717 O.S.]: "From Fox's Letter, Feb. 23 ... That the letters from King George to the King of Sweden about seizing his envoy, could not be delivered, by reason his Swedish Majesty pretended to be indisposed." Source: britishnewspaperarchive.co.uk.

[215] « Ses [le tsar] grands desseins paraissaient couverts d'un secret impénétrable: il se flattait que l'Europe ne les apprendrait que par l'exécution. Il ne parlait cependant à la Haye que de paix : il disait hautement qu'il voulait regarder le Roi d'Angleterre comme le Pacificateur du Nord : il pressait même en apparence la tenue d'un Congrès à Brunswick, où les intérêts de la Suède et de ses ennemis devaient être décidés à l'amiable. Le premier qui découvrit ces intrigues fut le duc d'Orléans régent de France, il avait des espions dans toute l'Europe ... Le duc d'Orléans, lié avec le roi d'Angleterre par des engagements personnels, lui découvrit les menées qui se tramaient contre lui. » VOLTAIRE, *Histoire de Charles XII*, 1768, p. 270.

[216] Brev från Karl XII till Ulrika Eleonora, Lund den 2 maj 1717: "I går måorres kom dhen Fransöske General hijt, som heter Lamark, öfver Lybek och kom i landh vedh Malmö." Källa: Karl XII:s egenhändiga bref/runeberg.org.

[217] "I mitten av juni 1717 kommer så uppgifter från de la Marck [fransk envoyé], att Karl XII förnekat, att han ägt kännedom om den jakobitiska komplotten ehuru han ansåg det vara oförenligt med sin ära att lämna en skriftlig förklaring häröver ... varefter Gyllenborg till slut frigavs". JÄGERSKIÖLD Stig, *Sverige och Europa 1716-1718*, Akademisk avhandling, 1937, s. 138.

"De La Marck, Louis Pierre, grefve och franskt sändebud, född 1674. Han var skickad till Karl XII för att söka medla mellan Sverige och England." Källa: Karl XII:s egenhändiga bref, s. 169 / runeberg.org.

[218] "Carl Gyllenborg ... Affären ebbade så småningom ut ... I september inställde han sig i Strömstad och avlade rapport för konungen, som mottog honom väl. Några efterräkningar utsattes han ej för." Källa: Svenskt biografiskt Lexikon XVII / Sven Grauers.

"3 december [1717] avlade han [Görtz] rapport för Karl XII, och fann till sin lättnad att han hade fått förlåtelse för sitt 'missöde' att bli arresterad." HATTON Ragnhild, Karl XII, London, 1968, s. 496.

[219] *Stamford Mercury*, 30 May 1717: "We hear the King of Sweden doth not avow all the steps taken by his enterprising ministers Baron Gortz and Count Gyllemberg but declares however, that he thinks himself under an obligation to maintain the dignity of their Characters." Source: britishnewspaperarchive.co.uk.

[220] "Som ett alternativ, eller ett komplement, till freden med Danmark talade Fredrik varmt för en fred mellan Sverige och kurfursten av Hannover [Georg I av England] ... hans makas utsikter och hans egna ambitioner att bli kung av Sverige ... Lantgreve Karl av Hessen var till synnerligen stor nytta när det gällde att ta upp både ryska och hannoveranska kretsar 1716 och 1717." HATTON Ragnhild, *Karl XII*, Köping, 1985, s. 505, 506, 507.

[221] "Lantgreven ansåg sig dock nu ha fått en auktorisation, som han med stor iver begagnade sig av för att hålla förbindelserna med London levande." HOLST Walfrid, *Fredrik I*, Stockholm, 1954, s. 80.

[222] "I Zweibrücken stannade han [Cornelius Loos] till 1716, då han begav sig till Frankrike för att på Karl XII:s uppdrag engagera franska fortifikationsofficerare för sv tjänst. Bland dem som anställdes befann sig Philippe Maigret [kontrollerad av hertigen av Orléans], som kom att spela en känd roll i det norska fälttåget fram till kungens död 1718." Källa: Cornelius Loos, http://sok.riksarkivet.se/sbl/artikel/9660, Svenskt biografiskt lexikon (art. av Gunnar Jarring), hämtad 2016-05-09.

[223] "Den tekniska ledningen av belägringsarbetena var anförtrodd den franske översten Maigret, som hade fått sin utbildning under Vauban ...". HATTON Ragnhild, *Karl XII*, London, 1968, s. 551.

"Vauban var sin tids främste fästningsbyggare. Han förenade erfarenhet av befästningsbyggande, belägringar och strider på öppna fältet. Han deltog så gott som i samtliga Ludvig XIV:s fälttåg och var med om 140 fältslag och 53 belägringar ... Hans principer för bastionsfästningar sammanställdes efter hans död i tre olika system." Källa: Wikipedia.org / Sébastien Le Prestre de Vauban.

[224] Maigret belönas senare av hertigen av Orléans med titeln Chevalier de l'Ordre Royal et Militaire de Saint Louis. Källa : « *TRAITÉ DE LA SURETÉ et CONSERVATION des Etats, par le moyen des Forteresses*. Par M. MAIGRET, Ingénieur en chef, Chevalier de l'Ordre Royal et Militaire de Saint Louis, À Paris M.DCC.XXV ». Source: Bibliothèque nationale de France / gallica.fr.

Notat: I ovanstående fästningsverk nämner Maigret ingenting om sin tjänst hos Karl XII.

[225] "Folard, en veteran från det Spanska tronföljdskriget, tjänstgjorde i den svenska armén under de militärt sett relativt händelselösa åren 1716 och 1717. Men han deltog i förberedelserna för det norska fälttåget och iakttog utbildningen av den nya armén. Han förundrade sig över en sinnrik bro som konstruerades för detta företag, 'den finaste jag någonsin sett', och försökte ge sitt bidrag genom att arbeta på nya idéer för att förbättra det svenska fartygsartilleriet ... var medlem av den inre krets som efter kvällsmålet diskuterade krigskonsten och krigsvetenskapen med Karl XII. 'Je n'ai jamais tant profité que dans ses conversations' (Jag har aldrig profiterat så mycket som av dessa samtal), skrev han i sitt verk i många delar, Histoire de Polybe ... Vid närmare eftertanke kom han till den slutsatsen, att det var tack vare den mångfald av taktiska metoder, med vilka Karl XII genomförde sina flodövergångar, i vilka hans 'vive force' var oöverträffad." HATTON Ragnhild, Karl XII, Köping, 1985, s. 593.

[226] "Kanaler och farleder ... Den vittberömde Kristoffer Polhem avslöt den 16 januari 1718 i Lund med Karl XII ett formligt kontrakt om att 'gjöra en sjöfart emellan Stockholm, Göteborg och Norrköping' och arbetena påbörjades även omedelbart vid Göta älv." Källa: Sveriges land och folk: historisk-statistisk handbok, 1915, Joseph Guinchard / runeberg.org.

[227] "Flera vittnen hade hört Cronstedt, en övertygad hessare ...". HATTON Ragnhild, Karl XII, London, 1968, s. 362.

[228] "Bland annat blev hans förslag till omorganisation 29 jan. 1718 av Karl XII fastställt. Samtidigt förbättrade han sitt s.k. system, uppgjorde nya konstruktioner för kanoner av alla kalibrar och konstruerade den s.k. blocklavetten, som i motsats till den äldre lavettypen kunde tjäna som underlag även för tyngre pjäser såväl vid deras förflyttning som under eldgivning. C. övervakade gjutningen av pjäser och projektiler och verkade även inom detta område som nydanare." Källa: Carl Cronstedt, http://sok.riksarkivet.se/sbl/artikel/15694, Svenskt biografiskt lexikon (art. av H.E. Uddgren), hämtad 2016-03-25.

[229] "Swedenborg Emanuel ... Då Carl XII åter befann sig på svensk jord, presenterade Polhem i Lund 1716 S för konungen, som fattade mycket tycke för den unge lärde svensken, särskilt för hans insikt i matematiken ... Under den närmaste tiden arbetade han under Polhem, dels vid anläggningen af saltsjuderier i Bohuslän, dels vid Trollhätta slussbyggnad och dockbyggnaden i Karlskrona, hvarjämte han på konungens befallning förde några smärre örlogsfartyg landvägen på en av S uppfunnen rullmaskin från Strömstad till Idefjorden." Källa: Svenskt biografiskt handlexikon, 1906 / runeberg.org.

[230] "Kungen var av den åsikten att 10 var en olämplig bas for talsystemet eftersom det bara kunde halveras en gång och vid fortsatt delning snabbt ledde

till brutna tal. Enligt hans uppfattning vore 8 eller 12 lämpligare." HATTON Ragnhild, *Karl XII*, Köping, 1985, s. 486, 487.

[231] "I oktober 1718, under kanalbygget vid Karls grav utanför Vänersborg, hade Swedenborg skrivit ett förslag till ett nytt oktalt talsystem, ett räknesystem med basen åtta, med titeln: *En ny räkenkonst som omwexlas wid 8 i stelle then vahnliga wid thalet 10, hwarigenom all ting angående mynt, wich, mål och mått, monga resor lettare än effter wahnligheten uträknas (1718)*. Det var ett försök att reformera vårt sätt att räkna, en uppgift som tycks ha roat både honom själv och hans uppdragsgivare, Karl XII. Skriften är dedicerad just till Karl XII, men inte till en kung utan till 'en djupsinnig Mathamaticus'." DUNÉR David, *Decimalsystemet, Historien bakom den första ryska översättningen av Swedenborg* / www.kb.se.

[232] Den 1 november 1716 skrev Feif till [Nicodemus] Tessin att kungen ville träffa honom ... förberedelserna för de ståtliga statsbegravningar som skulle genomföras. Kungen ville hedra minnet av den äldsta systern och farmodern så snart det fanns pengar tillgängliga ...". HATTON Ragnhild, *Karl XII*, Köping, 1985, s. 490.

Notat: Stora summor pengar hade kommit in i den svenska statskassan i slutet på 1716. *Stamford Mercury,* 3 January 1716 [1717]: "Some letters from Sweden intimate, that of late a great deal of Silver and Gold was arrived there from foreign countries, which had enabled that Kingdom to pay off several debts, and amongst the same, that which his Swedish Majesty contracted during his stay in Turkey." Source: britishnewspaperarchive.co.uk.

[233] "Hedvig Eleonora och Hedvig Sofia begravs i Karolinska gravvalvet på #dagensdatum 1717, den karolinska tidens minst påkostade begravningar." Källa: Riddarholmskyrkans tweet den 17 januari 2017 (@Riddarholmskyrk).

Notat: Karl XII var sjuk på denna tidpunkt. Karl XII:s brev till Ulrika Eleonora den 25 januari 1717: "... bröstsjukan. Men dhen lilla hostan, som iagh har hafft, är redan försvunnen och har varit allenast en bröstränsningh, som vanligen om hösten plägar af vätan komma." Källa: runeberg.org / *Karl XII:s egenhändiga bref*. – Karl XII nämner inget om begravningarna i sitt brev.

[234] "Arvprins Fredrik infann sig i mars månad och stannade där, med ett kortare avbrott, in i maj. I hans sällskap färdades ock en av det hessiska prinsparets främsta anhängare, överståthållaren general Adam Taube." JÄGERSKIÖLD Stig, *Sverige och Europa 1716-1718*, 1937, s. 125.

[235] "Ännu under sommaren 1717 sände Lantgreve Karl f.ö. en uttrycklig uppmaning till arvprinsen att söka förmå Karl XII att fastställa tronföljdsordningen till hessisk förmån." JÄGERSKIÖLD Stig, *Sverige och Europa 1716-1718*, 1937, s. 128.

[236] "Hovrådet Hein hade därför i september 1717 avtalat med Ulrika Eleonora, att hon 'mit aller erforderlichen prudentz' skulle göra sig till tolk för de hessiska synpunkterna hos Karl XII/Hein till Ulrika 20/10 1717 beträffande Görtz ränker." JÄGERSKIÖLD Stig, *Sverige och Europa 1716-1718*, 1937, s. 218.

[237] "Karls intresse för sin samtids filosofiska teorier omvittnas av de fjorton 'teser' om *Anthropologia Physica* som han skrev i Lund på hösten 1717. Därtill stimulerades han av sina diskussioner med den lärde Hein, ett besökande hessiskt geheimeråd, som hade studerat under ledning av Christian Thomasius, en av den tyske filosofins centralfigurer under den tidiga upplysningstiden." HATTON Ragnhild, *Karl XII*, Köping, 1985, s. 488.

"Orsaken till att Hein hösten 1717 lämnat Stockholm, uppsökt arvprins Fredrik på Höjentorps gård i Västergötland och sedan följt med till Lund hade emellertid knappast varit en önskan att diskutera abstrakta filosofiska problem." HOLST Walfrid, *Fredrik I*, Stockholm, 1953, s. 84.

"... Hein yppa Correspondencen för Thomasius? ... originalpapperet af hans Maj:ts egen hand ... så lydande: 1:mo. Alla lefwandes naturliga drift är det, som kallas passion, eller åstundan till wällusts åtnjutande. 2:do Wällust är af 2:nehanda slag, näml. Själens och Kroppens wällust. Själens wällust kallas den, hvaruti kroppen ingen del hafwa kan; men kroppens wällust kallas den, hwilken kroppen tillika med själen känner ...". NORDBERG Jöran, *Anmärkningar, wid högsalig i åminnelse Konung Carl den XII:tes Historia*, Stockholm, 1767, s. 55.

[238] "En expedition till Madagaskar förbereddes, och till dess ledare utsågs K [Otto W Klinckowström] ... följde han kungen till Ystad och Lund". Källa: Otto W Klinckowström, https://sok.riksarkivet.se.sbl.artikel/11601, Svenskt biografiskt lexikon (art. av Sven Grauers), hämtad 2018-01-28.

Notat: Enligt Stig Jägerskiöld gick Madagaskarexpeditionen under täcknamnen "Empereur de la lune" och "Le Grand Mogul" (Jägerskiöld, s. 435).

[239] "Den 24 juni 1718 utfärdade Karl XII ett formligt skyddsbrev, vari han under förutsättning att vederbörande avstod från sin hittillsvarande hantering tog dem under sin protektion." Källa: Otto W Klinckowström, https://sok.riksarkivet.se.sbl.artikel/11601, Svenskt biografiskt lexikon (art. av Sven Grauers), hämtad 2018-01-28.

Notat: Kaparbrev var en fullmakt utfärdad av en stat till en privatperson för att kapa och plundra fiendestaters sjöfart. En sådan person kunde vara pirat själv, som därmed skyddade statens egen sjöfart och gav piratverksamheten legitimitet. Karl XII hade redan 1710 gett kaparbrev till Lars Gathenhielm, en mångsidig kommendör och affärsman i Göteborg, som köpt sin första kaparefregatt av köpmannen Jonas Alströmer i London 1714.

[240] *Stamford Mercury*, 28 September 1721: "It is reported here as certain, that the said Pyrates have made Settlement in the Isle of St Mary, near Madagascar, from whence it will be extremely difficult to drive them, because that Island may be easily fortified, and supplied with provisions from Madagascar, so that all nations trading to the Indies are much alarmed at it." Source: Britishnewspaperarchive.co.uk.

[241] "Vid sidan härav drev han [W Klinckowström] uppenbarligen förhandlingar med Spanien, närmast med Alberonis sändebud i Paris A Cellamare, men begav sig också senare personligen till Spanien. Även om något direkt samband mellan Madagaskarexpeditionen och de spansk-sv förhandlingarna ej dokumentärt kan påvisas, är det uppenbart, att han haft hemliga instruktioner att agera på båda linjerna." Källa: Otto W Klinckowström, https://sok.riksarkivet.se.sbl.artikel/ 11601, Svenskt biografiskt lexikon (art. av Sven Grauers), hämtad 2018-01-28.

"The journey departed from the port in Gothenburg, usually with a stop in Cadiz on Spain's West coast, they rounded the Cape of Good Hope and continued towards the South China Sea to reach the Pearl River and finally the goal – Canton." Källa: Gotheborg.com/project/company, downloaded 28 June 2018.

[242] "Arvprins Fredrik hade samtidigt sökt utverka konungens samtycke till att prinsessan finge vistas i Lund under vintern 1717-1718 (Fredrik t Ulrika 1/11 1717) ... Så mycket är likväl visst, att aktionen till sist misslyckats. Arvprinsen kunde ej ens förmå Karl XII att mottaga ett längre besök av Ulrika Eleonora, och hessarna ha ej heller mäktat nämnvärt skada Görtz' ställning." JÄGERSKIÖLD Stig, *Sverige och Europa 1716-1718*, 1937, s. 218.

[243] "Men livliga rykten om intressekampen mellan Hessen och Holstein, ha vid denna tid cirkulerat. I december 1717 kunde till exempel von Dernath meddela Görtz, att överståthållaren Taube – en av arvprinsens ivrigaste anhängare – gav fart åt ryktessmideriet. Han uppgåve sålunda, att konungen vid årets slut skulle giva offentlighet åt en reglering av tronföljdsfrågan till arvprinsens förmån eller låta motsvarande bestämmelser inflyta i sitt testamente." JÄGERSKIÖLD Stig, *Sverige och Europa 1716-1718*, 1937, s. 218.

[244] "Det föregående året [1717] hade varit ett framgångens år för arvprins Fredrik. Det hade förstärkt hans anseende som dugande militär, och han hade av Karl XII erhållit ett uppdrag, som gav honom en central ställning vid nyorganisationen av såväl hären som flottan. Denna ställning kom honom att få en intimare kontakt än någonsin med alla militära angelägenheter och personligheter i landet." HOLST Walfrid, *Fredrik I*, Stockholm, 1954, s. 51.

[245] "Belysande både för arvprinsens sinnesstämning under året 1718 och hans åtgärder att värva anhängare äro ett par brev på franska, som finnas bevarade i avskrift av Ulrika Eleonora: 'Monseigneur, le Comte M.W. Ni misstager Er, eller

Ni känner mig illa, då Ni, Monseigneur, förmodar mig vara väl anskriven hos konungen ... De flesta furstar äro olyckligtvis känsliga för smicker och tycka om att man någon gång smeker deras äregirighet rent av till skada för deras intressen ... De föredraga att låna öron åt eländiga lismare och okunniga ... De svaga hovmännen'... De ärelystna Furstarna ha svårt att giva vika för en annans skäl ...'
... Fredrik av Hessen framträder i breven i en roll av sanningssägare och samvetsöm moralist, som man onekligen icke är van att förknippa honom med."
HOLST Walfrid, *Fredrik I*, Stockholm, 1953, s. 92, 93.

[246] "Det viser tydelig at Stenflycht hadde de underligste forestillinger om landskapet på Idd og i Enningdal, og at han hadde store problemer med å redegjøre for hvor han hadde vaert. Noen pålitelig karttegner var han ikke, og dessverre var han ikke alene om det." Källa: MAGNUSSEN Kjeld Th., *Ved Karl XIIs død*, Rakkestad, 2007, s. 11-13.

[247] "Vid det tillfälle under år 1718, då Konungen samtidigt skulle utnämna aderton generalmajorer, ville man att även jag skulle bli generalmajor ... Vi firade påsk vid gränsen till Norge i närheten av Eda skans, där de högre ämbetsmännen var angelägna om att få äta middag med arvprinsen av Hessen-Kassel, som höll ett bord av högsta klass, vilket medförde att Konungen åt sitt bröd helt allena tillsammans med hertigen av Holstein och mig ... Konungen hade genom vissa omständigheter insett att det i hemlighet smiddes ränker beträffande tronföljden i Sverige." STENFLYCHT Johan, *General Johan Stenflychts minnen från Det stora nordiska kriget* / riksarkivet.se.

Karl XII varnas även av sin hovpredikant Petrus Johannis Brenner, att "stämplingar" pågick mot honom. Denne avrättas efter Karl XII:s död. Källa: Petrus Johannis Brenner, https://sok.riksarkivet.se/sbl/artikel/16944, *Svenskt biografiskt lexikon* (art. av Erik Naumann), hämtad 2017-03-08.

[248] Brev från Karl XII till Ulrika Eleonora, Strömstad, d. 14 maj 1718: "... iagh är på resande fot at i dagh resa härifrån och ärnar i affton at vara i Venersborgh och dherifrån fortsätta resan till Lund. Dherifrån ärnar iagh om några veckor at åhter komma hijt tillbaka igen." Källa: Konung Karl XII:s egenhändiga bref / runeberg.org.

[249] "På våren 1718 författade det hessiska hovrådet Hein en ofta anförd promemoria, i vilken han dryftade frågan, vilka åtgärder Ulrika Eleonora och hennes gemål borde vidtaga i händelse av den svenske konungens frånfälle. Det framgår klart av detta aktstycke, att man på hessiskt håll med ängslan iakttog den roll, Görtz spelade vid fredsunderhandlingarna och att man befarade, att holsteinarna med stöd av sina utländska förbindelser skulle kunna bereda prinsessan svårigheter vid en framtida tronledighet, i varje fall kunna nödga henne till eftergifter, gentemot ständerna, som hon icke var villig att göra. Det är tydligt, att det för den hessiska furstefamiljen var en angelägen uppgift att driva

bort Görtz från hans dominerande ställning i Sverige." JÄGERSKIÖLD Stig, *Sverige och Europa 1716-1718*, 1937, s. 443.

[250] "Så snart den sedvanliga parentationen över den bortgångne kungen hade hållits i rådet, borde hon proklamera sig själv som drottning och låta kröna sig innan riksdagen inkallades." HATTON Ragnhild, *Karl XII*, Köping, 1985, s. 535.

[251] "Det hessiska hovrådet D. Heins betänkande maj 1718 ... Gott erhalte und segne den König, dass man aller dieser umbestände nicht möge nötig haben (Ulrika Eleonoras handstil) 18 Maij 1718 (texten har eljest korrumperats)." Källa: Handlingar *angående revolutionen i Sverige 1718-1719*, utgivna av Kungl. Samfundet för Utgifvande af Handskrifter Rörande Skandinaviens Historia genom Lennart Thanner, Stockholm, 1954, s. 4.

[252] *Pue's Occurences,* Vol. XVI, 27 January 1719: "Hamburg, Jan. 13: We see here a Pamphlet concerning the succession in Sweden, since the Death of King Charles 12th, the Author of which endeavors to prove that according to the fundamental Laws of that Kingdom and the Treaty of Peace concluded at Munster, the Young Duke of Holstein being the son of the elder Sister of the late King of Sweden has a Right to the Crown, preferably to the Youngest Sister now living, and married to the Hereditary Prince of Hesse Cassel." Source: britishnewspaperarchive.co.uk.

[253] *Stamford Mercury,* 7 August 1718: "They write from Berlin, that the peace with Sweden is so far made, that the Czar is to give up Carelia, Ingria, Finland, and Livonia, excepting Revel only; and that the Duke of Holstein, heir apparent to the King of Sweden, is to marry the Czar's eldest daughter". Source: www.britishnewspaperarchive.co.uk.

[254] "Först den 20 maj 1718 [9 maj OS] kunde alltså den så länge planerade och med så livliga förväntningar motsedda fredskongressen taga sin början." JÄGERSKIÖLD Stig, *Sverige och Europa 1716-1718*, 1937, s. 228, 229.

[255] "Till och med vissa personer som stod utanför den egentliga inre kretsen i Lund, men som var välkända för Karl, tilläts att delta i fredsoffensiven. Bland dessa var Fabrice den mest framträdande ...". HATTON Ragnhild, *Karl XII*, Köping, 1985, s. 508.

"Fabrice, Friedrich von Ernst (1682-1750), hannoveransk diplomat i Holstein-Gottorps tjänst till 1718, använd som agent av Georg I av Storbritannien, blev kurfurstlig kammarherre efter Karl XII:s död." HATTON Ragnhild, *Karl XII*, Köping, 1985, s. 688.

[256] "... de svenska ministrarnas uppdrag vara att av tsaren kräva ersättning för lidna skador, full restitution av alla de under Sveriges krona hörande provinser ... 'knappast (kan) betraktas annat än som rent formellt'." JÄGERSKIÖLD Stig, *Sverige och Europa 1716-1718*, 1937, s. 234.

"Det mest iögonfallande motivet för hans fredsoffensiv var att vinna tid för att inleda den militära offensiv som, enligt hans åsikt, var det enda säkra sättet att åstadkomma en dräglig fred." HATTON Ragnhild, *Karl XII*, Köping, 1985, s. 508.

[257] *Stamford Mercury*, 5 June 1718: "From Copenhagen, That Admiral Norris is arrived with ten Men of War, and that 20 Merchant Ships came under his Convoy." Source: britishnewspaperarchive.co.uk.

[258] Brev från Karl XII till Ulrika Eleonora, Lund, d. 11 juni 1718: "Jagh kommer nu allenast i största hast at berätta, dhet Arfv-Printzen [Fredrik av Hessen] för några dagar sedan är härifrån afrest åht till Carlscrona." Källa: Konung Karl XII:s egenhändiga bref / runeberg.org.

[259] "Vad Karl XII än försökte få sina fiender att tro, blev Karlskronaeskadern inte färdigrustad under sommaren. Liewen och Claes Sparre hade arbetat energiskt sedan de övertog befälet efter Wachtmeister ...". HATTON Ragnhild, *Karl XII*, Köping, 1985, s. 525.

[260] "Sparre, Claes ... Åren 1718 och 1721 anförde han svenska flottan i förening med Amiral Norris' engelska eskader och utnämndes 1719 till riksråd, president i Amiralitetskollegium och grefve. Död i Stockholm d. 24 april 1733." Källa: Svenskt Biografiskt Handlexikon, (1906), Authors: Herman Hofberg, Frithiof Heurlin, Viktor Millqvist, Olof Rubenson / Projekt runeberg.org.

[261] "... ryktades att svenska flottan var färdig ... Sådana rykten spreds medvetet av Karl XII ...". HATTON Ragnhild, *Karl XII*, London, 1968, s. 525.

[262] "Generallöjtnant Karl Gustaf Armfelt utsågs till befälhavare för den armégrupp som i början av augusti skulle marschera från Jämtland in i Norge och med ett överrumplande anfall försäkra sig om Trondheim ... Armfelt hade fått order att inleda marschen den 4 augusti. Men häftiga regn hade gjort vägarna svårframkomliga; och han gav sig iväg först elva dagar senare, den 15 augusti." HATTON Ragnhild, *Karl XII*, Köping, 1985, s. 535, 539.

"Den 7 augusti började proviantutdelning för sex veckor till trupperna ... i allt omkring 10 070 man med 6,800 hästar." BOBERG Torsten, MAIJSTRÖM Erik, *Tre tusen man kvar på fjället*, 1944, 2:a något omarbetade upplagan, s. 20, 21.

[263] "Filip Bogislaus von Schwerin, 1718 generalmajor i svensk tjänst och av Karl XII betrodd med betydelsefulla uppdrag har slutligen i en skrivelse från år 1728 till kanslikollegium lämnat några märkliga upplysningar om vad han erfarit om Karl XII:s planer ... Konungen hade anförtrott honom, att han efter erövringen av Norge ämnade sluta fred med Danmark ... Härefter ämnade konungen angripa Georg I i England. Från Norge skulle några tusen man infanteri, avsuttet kavalleri ... och polska ryttare överföras till Skottland. Lädersäckar, som Karl XII låtit förfärdiga ... hade varit avsedda att brukas till att förvara vatten och bröd på

transportskepp under färden till Skottland." JÄGERSKIÖLD Stig, *Sverige och Europa 1716-1718*, 1937, s. 458, 459.

"Existensen av en typ av utrustning – som i allmänhet finns på örlogsfartyg (t.ex. brödkorgar och vattensäckar i läder) – i den jämtländska arméns tross har kommit historikerna att förmoda att en stor del av Armfelts 7 500 man med skepp tagna i Trondheim hamn enligt planerna skulle fortsätta till Skottland för att där sätta igång en jakobitisk resning." HATTON Ragnhild, *Karl XII*, Köping, 1985, s. 536.

[264] *Stamford Mercury*, 18 September 1718: "They write from Hamburg of the 17th [6 September], that they have advice from Sweden, that the Princess Ulrica, Consort to the Hereditary Prince of Hesse-Cassel, was with Child." Source: britishnewspaperarchive.co.uk.

[265] Karl XII:s brev den 9 och 12 september 1718.

[266] *Stamford Mercury*, 18 September 1718: "They write from Hamburg of the 17th [6 September] ... That the King of Sweden had left the Frontiers of Norway, and was gone to meet Baron Gortz ...". Source: britishnewspaperarchive.co.uk.

[267] "Denna huvudarmé räknade 36 000 stridande ... Den största ... samlades i Strömstad. Den skulle stå under befäl av Fredrik av Hessen ... Den andra gruppen, som var ungefär jämstark med den första, och som stod under befäl av kungen själv, samlades i Västra Ed i Dalsland ... Den tredje betydligt mindre gruppen ... var stationerad i Värmland ... medan andra smärre grupper som var utspridda längs gränsen i Värmland ... (Karl XII till Fredrik av Hessen den 9 sept. 1718)." HATTON Ragnhild, *Karl XII*, Köping, 1985, s. 537, 674.

[268] Marx Würtemberg stod nära Fredrik av Hessen. När Fredrik kröns till kung av Sverige, skickar han denne till Sankt Petersburg för att informera Tsar Peter: *Caledonian Mercury*, 15 August 1720: "Stockholm, 14 August 1720. 'Tis certain, that Adjutant General Marx Wirtenberg [Würtemberg], who went to Petersburg with a letter notifying the King of Sweden's Election [Fredrik av Hessen], brought the Czar's last Resolution concerning the Peace ...". Source: britishnewspaperarchive.co.uk.

[269] "I slutet av september sände han [Armfelt] en av sina generaladjutanter, den tyskfödde överstelöjtnanten Marks von Würtemberg, för att avlägga rapport för kungen; och denne kom fram till Strömstad vid midnatt en kväll i början av oktober. Han fördes genast in i kungens rum och, som han senare minns, utfrågades han bakom låsta dörrar om fälttåget i norr." HATTON Ragnhild, *Karl XII*, Köping, 1985, s. 547, 548 (som hänvisar till Würtembergs rapport 1728).

"Det förefaller som om Karl fått en överdriven uppfattning om disciplinlösheten inom Armfelts armé och började frukta att generalen planerade att återvända till Jämtland ...". HATTON Ragnhild, *Karl XII*, Köping, 1985, s. 547, 548.

[270] "Karl tröttnade aldrig på att förklara för sina officerare att det var de som måste bygga upp andan och uppmunta sina trupper genom att själva visa gott exempel ... Det är inte bra att alltför blint lita på regementsofficerarna och deras skriftliga rapporter. Det är 'de som för befälet över armén och inte de som kommenderar regementena som är ansvariga för att de order som kommer från högkvarteret verkställs' ... 'Våra trupper måste få order på gamla maneret' ...". HATTON Ragnhild, *Karl XII*, Köping, 1985, s. 538.

[271] "Stupade konungen, löpte hessarna risken av att Karl Fredrik utropades till Konung. Krossades åter Holsteinarnas välde, hotade faran av en maktutvidgning för råd och ständer och en motsvarande minskning av konungamakten ... / brev från Ulrika Eleonora till Arvprins Fredrik den 2 oktober 1718." JÄGERSKIÖLD Stig, *Sverige och Europa 1716-1718*, Akademisk avhandling, 1937, s. 453.

[272] "Flera vittnen hade hört Cronstedts, en övertygad hessare [han var tysk-svensk och på Fredriks sida], profetia den 20 oktober att kungen skulle dö innan den löpande kalendermånaden." HATTON Ragnhild, *Karl XII*, London, 1968, s. 362.

I sina memoarer påtalar Axel von Fersen ... 'Anledningen till rykten om general Carl Cronstedt hämtades därav, att bemälde herre hela tre veckor före konungens död nog ovarsamt spådde, att konungen skulle leva till årets slut ... Jag har själv hört honom säga flera år därefter, att han till denna spådom ingen annan anledning hade än den, att då han, uti Oktober månads slut, begick sina salighetsmedel och förrättade, under böner och meditationer ... vari han även styrktes av monarkens ovarsamma behjärtenhet att uti oträngda tillfällen alltid blottställa sig för faror och förakta alla precautioner'." FROM Peter, *Karl XII:s död: Gåtans lösning*, 2005, s. 128.

Cronstedts bror Gabriel befinner sig i Trondheim, där han bygger diverse vägar och brosystem. Källa: runeberg.org / Cronstedt Gabriel

[273] "Han [Würtemberg] tillryggalade också de nittio milen (som han uppskattade till 100) från Karl XII:s högkvarter på tio dagar." HATTON Ragnhild, *Karl XII*, Köping, 1985, s. 548.

[274] "Kungens skarpa reaktion i det brev som han skrev till de la Barre [Armfelts närmaste man] den 16 oktober ... Han räknar upp de olika sätt på vilka de nya reglementena inte följts och föreslår metoder att förbättra förposttjänsten, inkvarteringen och truppernas förplägnad." HATTON Ragnhild, *Karl XII*, Köping, 1985, s. 547, 538.

[275] "Den 23 oktober gick han [Armfelt] själv ut i spetsen för en styrka ... Här skymtar ånyo något av den kraft, som utgick från Karl XII:s gestalt. En kärnfull och mankraftig order, framförd av Marcks von Würtemberg [den tyske kuriren], efter en nittiomilaritt från Strömstad hade inte mistat sin must och styrka. Tvärtom verkade den som en trolldryck på Armfelt och hans män. Med ens blev det omöjliga möjligt." BOBERG Torsten, MAIJSTRÖM Erik, *Tre tusen man kvar på fjället*, 1944, 2:a något omarbetade upplagan, s. 48.

[276] "... uppehöll sig Karl från den 15 mars till slutet af oktober[1718] vid norska gränsen, ofta på Vestra Ed, men oftast i trakten kring Strömstad eller Eda skans. Stundom visste ingen hvar han var till finnandes. Ty, åtföljd af blott få personer, red han emellanåt fram och tillbaka utefter gränsbandet, någon gång ända upp till Jemtland; ... Fr. Min br. D. 24 Juli, 9 Aug och 8 Okt 1718 och danska kunskapare-bref hösten 1718 i Köpenh. Geh. Ark ...". FRYXELL Anders, *Berättelser ur svenska historier* / Band 29, *Karl den tolftes regering*, 1832-1772, Stockholm, 1859, s. 120.

"Basen för anfallet mot Trondheim var skansen i Duved [i Jämtland, Sverige ca 10 mil öster om Levanger] – eller Dufwe som Frisenheim kallade platsen ...". www.frisenheim.se, nerladdat den 12 mars 2017 / Frisenheim var baserad i Duved.

[277] Karl XII:s brev till Ulrika Eleonora den 25 oktober 1718: "... Min svåger är hijt kommen i förrgår afton och är vedh godh hälsa. Jag önskar allenast, at min kjära syster och måtte beständigt befinna sigh vedh all önskelig hälsa och förmåga." Källa: Karl XII:s egenhändiga bref / runeberg.org.

[278] "UR HÄLSINGE REGEMENTES ORDERBOK. Onsdagen den 8 oktober. Hälsinge regemente har sitt kvarter i Svengården söder om Levanger ... Generalen anbefaller alla regementen att inkomma med styrkebesked ... att avlämnas till Överkrigskommissarien ... Det har förekommit att manskapet blivit skickat i onödiga ärenden och därigenom varit uttröttade när deras krafter erfordras i 'Hans Majt:s höga tjänst' ... Torsdagen den 9 oktober ... Manskapet är 'väl snyggade på Paraden, hattarna väl uppsatta och till alla delar propra'." Källa: www.i14.se / krigsdagbok1718.pdf.

[279] *Stamford Mercury,* 13 November 1718: "From Miller's Letter, November 1 ... That the hopes of a sudden peace with Muscovy at Stockholm, were vanished, on Account that Count Horn Principal Minister to the King of Sweden, having invited all the Foreign Ministers there, signifying to them, that the Russian Adjutant-General Romanzoff, who was lately arrived from Petersburg, had brought nothing relating to any Overtures of Peace, but only a Letter of Compliments to their Swedish Majesties on their Accession to the Throne ... That Admiral Norris was on the point to sail with his Fleet for Great Britain as soon as the wind became favorable, and designed to leave two of his men of war in the Ports of Sweden." –

Millers brev kommer ut varje vecka sedan 1715. Source: www.britishnewspaperarchive.co.uk.

[280] *Newcastle Courant,* Monday 3 November 1718: "London, November 1 ... Sir John Norris arrived on Wednesday [29 October] last at the Buoy in the Nore [London], from where he writes from on board the Cumberland, that having sailed from Copenhagen the 22d of Oct, an express dispatched from the Court of Denmark overtook him the same night at Elsinore, where he anchored with Advice that his Danish Majesty had received Letters from Norway, dated Oct. 15. N.S. [4 Oct O.S.] with Advice that the Body of Swedish Troops that had penetrated on the Side of Drontheim [Trondheim], being pressed by Famine, and Sickness, were obliged to retire; and that according to all appearances they must have lost a great many men in their Retreat, which was extremely difficult being continually harassed by the Parties of the Danish Troops, and armed peasants who were sent to pursue them. The same Letters add that General Budde had received the Succors he expected from Christiania, so that the City of Drontheim is out of all Danger." Source: britishnewspaperarchive.co.uk.

Notat: Den danske befälhavaren Budde har överdrivit den svenska arméns problem. Det visar Armfelts generalorder i Trondheim den 30 oktober: "I morgon bittida marscherar armén med högra flygeln främst och alla truppförband efter deras anvista ordning." BOBERG Torsten, MAIJSTRÖM Erik, *Tre tusen man kvar på fjället*, 1944, 2:a något omarbetade upplagan, s. 49.

[281] Karl XII:s brev till Ulrika Eleonora den 25 oktober 1718: "... Min svåger är hijt kommen [till Strömstad] i förrgår afton och är vedh godh hälsa." Källa: Karl XII:s egenhändiga bref / runeberg.org.

[282] "Det var svaret på följande brev Fredrik hade skickat till den blivande drottningen redan den 2 december med nämnde Wilhelm Bennet som kurir ... Officiellt var Bennets ärende att till Ulrika Eleonora framföra militärens deltagande i hennes sorg över den stupade brodern. Dock har Ulrika Eleonora lämnat en från Bennet avvikande skildring av händelseförloppet. Enligt den blivande drottningen hade Bennet på arméledningens uppmaning lyckönskat henne till 'anträdet på tronen'." FROM Peter, *Karl XII:s död: Gåtans lösning*, s. 84.

[283] "De påträffade honom [Görtz] den 2 december ... Så snart dennes arrestering var verkställd var det inte svårt att övertyga Karl Fredrik, som ställdes mot den slugne och erfarne Fredrik av Hessen, att onkeln visste bäst ... och att Karl Fredrik inte borde ställa till trassel och motarbeta sin moster, som var drottning av Sverige." HATTON Ragnhild, *Karl XII*, Köping, 1985, s. 572.

[284] "Det är skrivet av kommissarien vid Jämtlands regemente, Olaus Unäus, och daterat Duved (i Jämtland) den 13 december ... 'Nu på stunden hade jag brev från Sekreteraren Drake [måste ha skrivits runt den 5 december för att nå fram till

Duved den 13 december], som ber mig notificera Hr. General Major Horn de beklagel. tidenderna att Hans Maj:tt är förleden den 30 nov. klockan 9 om aftonen ... att Hennes höghet Arvprinsessan redan är i Stockholm för Drottning utropad ... Att han denna tidende alldeles i Tysthet håller, att ingen utom Generalen den får veta, emedan det är strängel, förbjudet låta den till gemen man utkomma'." BOBERG Torsten, MAIJSTRÖM Erik, *Tre tusen man kvar på fjället*, 1944, 2:a något omarbetade upplagan, s. 126, 127.

[285] "En av krigsbefälets trohetsförsäkringar till Ulrika Eleonora. 'Som Hans Excell:ce Högwälborne Grefwe H. Nils Gyllenstierna genom dess affärdade bref d. 18 uti innewahrande månad låtit kungiöra Hennes Kongl. Höghetz Arfprinssessans wår nu allernådigst regerande Drottningz lyckel. tillträde till regeringen i förmågo af den arfzrätten Hennes Kongl. Maij:tt till Cronan är tillfallen effter Hans Kongl. Maij:ttz högst sorgelige frånfälle ...' Dat. Ystad d. 3 januarij a:o 1719." *Handlingar angående Revolutionen i Sverige 1718-1719*, utgivna av Kungl. Samfundet för Utgifvande af Handskrifter Rörande Skandinaviens Historia genom Lennart Thanner, Stockholm 1954, s. 13.

[286] "Så snart den sedvanliga parentationen över den bortgångne kungen hade hållits i rådet, borde hon proklamera sig själv som drottning och låta kröna sig innan riksdagen inkallades." HATTON Ragnhild, *Karl XII*, Köping, 1985, s. 535.

[287] "I oktober 1718, under kanalbygget vid Karls grav utanför Vänersborg, hade Swedenborg skrivit ett förslag till ett nytt oktalt talsystem ...". Källa: DUNÉR David, *Decimalsystemet, Historien bakom den första ryska översättningen av Swedenborg* / www.kb.se.

[288] Karl XII:s brev till Ulrika Eleonora den 25 oktober 1718: "Jag önskar allenast, at min kjära syster och måtte beständigt befinna sigh vedh all önskelig hälsa och förmåga." Källa: Karl XII:s egenhändiga bref / runeberg.org.

[289] Fragment av Ulrika Eleonoras brev till Fredrik av Hessen: "... 'Gud vare mig nådig och värdes höra mina ivriga böner att bevara min käre make', skrev hon till honom den 29 oktober [1718]." HOLST Walfrid, *Ulrika Eleonora d.y.*, Stockholm, 1959, s. 155.

[290] *Handlingar angående Revolutionen i Sverige 1718-1719*, utgivna av Kungl. Samfundet för Utgifvande af Handskrifter Rörande Skandinaviens Historia genom Lennart Thanner, Stockholm 1954.

[291] "En av krigsbefälets trohetsförsäkringar till Ulrika Eleonora ... 'arfzrätten Hennes Kongl. Maij:tt till Cronan är tillfallen effter Hans Kongl. Maij:ttz högst sorgeliga frånfälle och derjemte uttryckeligen låtit förstå med hwad Kongl. Nådh. Mildhet och ynnest Hennes Kongl. Maij:ttz förklarat sig willja föra Rijksens styrelse på den gamla foten ...' Ystad d. 3 januarij a:o 1719. På regementets wägnar A.P. Mardefelt." *Handlingar angående Revolutionen i Sverige 1718-1719*,

utgivna av Kungl. Samfundet för Utgifvande af Handskrifter Rörande Skandinaviens Historia genom Lennart Thanner, Stockholm 1954, s. 13.

[292] "Ständernas skrivelse till Ulrika Eleonora angående hennes val ... 'Durchleuchtigste Printzessa ... Ty hafwa Riksens Ständer sig förenat, at wilja, af fri wilja och otwungne, antaga och annamma Eders Kongel. Höghet för Sweriges Drottning och sin nådige öfwerhet, efftersom sådant nu på ständernas fria wahl och samtycke så mycket mera ankommer, som jemwäl Hertig Carl Frideric, warande endaste arfwingen effter Eders Kongel. Höghets äldre syster, Prince Hedewig Sophia, hwilcken utur Riket, Ständerne oåtsporte [Karl XII var enväldig och hade godkänt äktenskapet], gifft blefwit, och med dess behörige brudeskatt försedd, ey heller någon arvsrättighet til Riket hafwer ...'." Källa: *Handlingar angående Revolutionen i Sverige 1718-1719*, utgivna av Kungl. Samfundet för Utgifvande af Handskrifter Rörande Skandinaviens Historia genom Lennart Thanner, Stockholm 1954, s. 47.

[293] "Ständernas skrivelse till Ulrika Eleonora angående hennes val ... 'Durchleuchtigste Printzessa ... men som nu förut icke allenast den så kallade souverainteten afskaffas bör, whartill Eders Kongel. Höghet jemwäl förklarat dess nådige benägenhet ... at den aldrig skal kunna introduceras ...'." Källa: *Handlingar angående Revolutionen i Sverige 1718-1719*, utgivna av Kungl. Samfundet för Utgifvande af Handskrifter Rörande Skandinaviens Historia genom Lennart Thanner, Stockholm 1954, s. 47.

[294] "Karl XII:s likfärd är en målning av Gustaf Cederström utförd i Paris 1878 ... Den döde kungen bars inte på en öppen bår över de norska fjällen. I verkligheten fördes kroppen nattetid till den svenska arméns högkarter i Tistedalen ... Cederström var väl medveten om att han hade tagit sig konstnärliga friheter med händelseförloppet, något han 1919 kommenterade enligt följande: 'Ej bars Karl XII obetäckt över gränsen, men har det stött någon människa att jag framställt honom så? ... Absolut lögn bör man akta sig för, men en väl vald licentia poetica måste vara tillåten'." Källa: Wikipedia.org/Karl XII:s likfärd.

[295] Karl XII:s ovetskap framgår av tonen i hans brev till Ulrika Eleonora den 25 oktober 1718: "... Min svåger är hijt kommen i förrgår afton och är vedh godh hälsa. Jag önskar allenast, at min kjära syster och måtte beständigt befinna sigh vedh all önskelig hälsa och förmåga." Källa: Karl XII:s egenhändiga bref / runeberg.org.

[296] "Fredrik av Hessen gjorde faktiskt ännu i oktober ett sista försök att förmå sin svåger att avstå från det norska vinterfälttåget och avslöja Görtz. I varje fall finnas i riksarkivet anteckningar av hans hand bevarade, där arvprinsen i tolv punkter samlat argument, tydligen för att användas i ett samtal med konungen." HOLST Walfrid, *Fredrik I*, Stockholm, 1953, s. 56.

Notat: Riksarkivet bekräftade till Cecilia Nordenkull-Jorgensen den 6 augusti 2018, att "Fredrik av Hessens anteckningar från oktober 1718 har överlämnats till Riksarkivet Marieberg. ... De ingår i den Kungliga handskriftssamlingen som förvaras här. Hela samlingen är emellertid skannad och finns tillgänglig via Nationell arkivdatabas på vår hemsida [https://sok.riksarkivet.se/bildvisning/A0069172_00010]."

[297] Walfrid Holst föreslår att "Kä" betyder kejsaren, men det är mer troligt att det betyder kungen av Ängelandh (Karl XII: "Ängelandh värre sinnadh än Hållandh").

[298] "... i sin helhet '1. Att betyga konungen, hur stor kärlek man hyser för honom ... 2. Att man står konungen efter livet ... 3. Att G. (Görtz) bedrager konungen. ... 5. Att Eders Majestät skall ha sina krafter nödiga mot Kä, emedan han blir alltför mäktig ... 6. Att nu alla trogna tjänare beredas bekymmer av konungen, ja, nu måste bort, och det av Edra bästa. 7. Att allt ännu kan gå väl, om man vill bruka ärligt folk ... 10. Sedan den utlovade utrustningen och alla nödvändiga varor att levereras i slutet av maj ännu i oktober inte ha anlänt, ser man det allvarliga bedrägeriet." HOLST Walfrid, *Fredrik I*, Stockholm, 1953, s. 96.

[299] "Den 8 november ankom till Armfelt ett par sändebud från kungen ... De medförde order, att Armfelt skulle 'omedelbart staden attackera' och bryta igenom alla mötande svårigheter ...". BOBERG Torsten, MAIJSTRÖM Erik, *Tre tusen man kvar på fjället*, 1944, 2:a något omarbetade upplagan, s. 52.

[300] "Vad Karl åstadkom genom att inleda offensiven från Dalsland under natten till den 30 oktober med sin egen trupp, som var numerärt svagare än gruppen i Strömstad ... Samma dag etablerade Karl med en förtrupp på 900 man sitt högkvarter vid Tistedalsälven." HATTON Ragnhild, *Karl XII*, Köping, 1985, s. 542.

[301] "Kaulbars, Johan Fredrik von, krigare. Född i Tyskland. 9 april 1689 ... gjort sin krigarskola under Prins Eugène och hertigen af Marlborough [som Fredrik av Hessen], när han 1714 ställde sig under Carl XII:s fanor och deltog i försvaret af Stralsund, där han blef fången, när staden kapitulerade 1715. Utväxlad 1717, åtföljde han konungen till Norge, befordrades 1718 till generallöjtnant af flygeln och utmärkte sig på det mest lysande sätt." Källa: Svenskt biografiskt handlexikon, 1906 / runeberg.org.

[302] "Företrädd på sv Riddarhuset blev den dock först vid 1700-talets början med Philip Bogislaus von Schwerin (1687–1736?) ... Han blev generalmajor 1715, föll så i dansk fångenskap men återkom till Sverige efter en rymning 1717 ... Ursprungligen räknad som en av Fredrik I:s gunstlingar ... Han hade blivit sv friherre efter hemkomsten från fångenskapen i Danmark 1717 (introd 1719)." Källa: Schwerin, von, släkt, https://sok.riksarkivet.se/sbl/artikel/6580, Svenskt biografiskt lexikon (art. av Jonas Kuschner), hämtad 2016-11-22.

[303] "Generalmajor Schwerin ... anklagad för lycksökeri, opålitlighet, oroligt lynne o.s.v.". FRYXELL Anders, *Berättelser ur svenska Historien*, volym 31, s. 37 (Fryxell refererar till danska ministerbrev från 1722-1724).

[304] "Den 14/24 september [1704] kröntes Stanislaus till Polens konung ... Karl XII bevistade ceremonin inkognito för att inte dra uppmärksamheten från dagens huvudfigur [Stanislaus]." HATTON Ragnhild, *Karl XII*, Köping, 1985, s. 240.

[305] "Under tiden i arvprins Fredriks högkarter i Torpum hade kungens troman Casten Feif under större delen av kvällen [den 30 november] samtalat med Fredrik tills han hade avbrutit honom med att det vore dags att gå till sängs." FROM Peter, *Karl XII:s död: Gåtans lösning*, 2005, s. 24.

[306] "Den 29 oktober sade Konungen till överste Stenflycht att han själv ville följa med till Fossane bro för att se till att alla order blivit noggrant genomförda ... Han sade ... 'Jag kommer att följa efter som volontär och iaktta hur ni går till väga ... '." STENFLYCHT Johan, *Redogörelse för händelserna vid invasionen i Norge år 1718* / riksarkivet.se.

[307] "Karls deltagande i belägringen kunde, som Rehnskiöld och Mörner framhöll i sitt brev till rådet i Stockholm efter kungens död, delvis förklaras med hans strävan att så snart som möjligt övergå till rörliga operationer. 'Natt och dag', skrev de, 'i regn och kula, ville kungen själv vara närvarande i löpgravarna för att allt skulle gå undan och arbetena framskrida så fort som möjligt' ... En sådan rastlös inlevelse i arbetet ... inre osäkerhet ...". HATTON Ragnhild, *Karl XII*, Köping, 1985, s. 549.

[308] "Fortfikationslöjtnant Beng Wilhelm Carlbergs berättelse ... 'Det war wanligt, at det til arbetet, från Regementerna Commenderade Manskapet, skulle hwar affton samlas et gådt stycke från fästningen under bergets betäckning, der ifrån de och alltid i rättan tid, så snart det begynte mörckna wore framme der arbetet med Nya Linier skulle begynnas; Men denna affton såg det nog omineuzt ut, alt gick långsamt, tungt och trögt. Arbetarna blefwo längre borta än wanligt war; der öfwer Hans Maij:tt åtskillige gånger wiste sig orolig till sinnes, och skickade den ena effter den andra til uppställningsplatsen, at effterfråga whad hinder som wålde drögsmålet. Jag blev och twenne gånger af Hans Maij:tt anbefalt, med de orden, gå och se hwad de söla effter. Änteligen effter långt wäntande, kom manskapet med deras tildelte Officerare an Marcherendes ...'." Källa: FROM Peter, *Karl XII:s död: Gåtans lösning*, Lund, 2005, s. 46.

Notat: I sin biograf, skriver Rolf Uppström att denna händelse ägt rum den 29 november 1718 och inte den 30 november (Uppström, s. 62).

[309] « Siguier [Sicre] mit sa perrugue et son chapeau sur la tête du roi ; en cet état, on transporta Charles, sous le nom du capitaine Carlsberg, au travers des troupes

qui voyaient passer leur roi mort, sans se douter que ce fût lui. » VOLTAIRE, Charles XII, Amsterdam, M.DCC.XXXIII, p. 304.

[310] « Toute les fois qu'il se promenoit à cheval, & que quelque passant le saluoit, il ne manquoit pas de le saluer à son tour, en touchant à son chapeau. C'étoit aussi, comme je l'ai dit, dans ces occasions seulement, qu'il avoit le chapeau sur la tête, car étant à pied il le mettoit rarement ou jamais, moins encore auquand il parloit à quelqu'un. » NORDBERG Jöran, *Histoire de Charles XII*, traduit du suédois, Tome Troisième, M.DCC.XLVIII [1748], s. 363.

Notat: På Gustaf Cederströms målning *Karl XII och Ivan Mazepa vid Poltava, Polen 1709*, bär Karl XII inte hatt. "Karl XII valde den kallaste vintern för sitt ryska fälttåg 1709." Källa: www.svd.se / Anders Alvestrand, den 12 april 2015.

Däremot bär Karl XII hatt på målningarna *Go morron gossar – Karl XII hälsar sina karoliner* och *Den 30 november 1718* utförd av samma konstnär.

[311] "Maigrets vittnesmål ... 'Man förde honom till batterierna, övertäckt av sin kappa, under namn av en ingenjör av hans storlek, som man föregav hade blivit skjuten'." FROM Peter, *Karl XII:s död: Gåtans lösning*, 2005, s. 34.

"Den anonyma berättelsen [Kaulbars] ... 'we blefwe ense holla dödzfallet hemligt, konungen under namn af en Artilleri Lieutenant blefw lagd på en båhr ...'." FROM Peter, *Karl XII:s död: Gåtans Lösning*, 2005, s. 38.

"Fortificationslöjtnant Bengt Wilhelm Carlbergs berättelse ... 'Herrar befunno sig wid Hyttan, och frågade, är Kungen skuten! Då jag svarade Neij, och at det war en Officerare, men bestört öfwer en så oförmodad fråga, nämnde jag i hastighet en fortifications Officerares namn som då föll mig i munnen'." FROM Peter, *Karl XII:s död: Gåtans lösning*, 2005, s. 38.

[312] "Samma afton [10 november 1718] fick han bud genom en ordonnans att arvprinsen av Hessen-Kassel ... att Hans Höghet avsåg att sammanträffa med översten Stenflycht ... varpå översten sade att han nu åter ville gå till anfall mot danskarna vid Sannesund. Arvprinsen, som var Sveriges generalissimus, förbjöd detta anfall ... Så snart Konungen fått reda på att arvprinsen förbjudit översten Stenflycht att gå till anfall vid Sannesund beordrade Konungen översten att ... utan dröjsmål skulle gå till anfall mot danskarna vid Sannesund ... Arvprinsen av Hessen-Kassel tog sitt kvarter i Torpum där översten [Stenflycht] vid föregående tillfälle hade satt ut vakt ... ". STENFLYCHT Johan, *Redogörelse för händelserna vid invasionen i Norge år 1718*, s. 120, 121 / riksarkivet.se.

[313] "Stämningen bland officerarna under generals grad i högkvarteret i Tistedal kan emellertid inte anses ha varit särskilt hoppfull eller uppsluppen ... När Rhyzelius anlände från Torpum ... Några pratade till och med hemlighetsfullt om att 'ett skott skulle göra slut på fälttåget', men vägrade att förklara sig närmare

när de uppmanades till det. Flera vittnen hade hört Cronstedts, en övertygad hessare, profetia den 20 oktober [1718] att kungen skulle dö innan den löpande kalendermånaden. När man retades med honom om saken den 30 november, sägs han ha svarat: 'Dagen är ännu inte slut'." HATTON Ragnhild, *Karl XII*, Köping, 1985, s. 561, 562.

[314] « Ayant distribué ses Ordres aux Généraux, il retourna le soir devant la Place, se faisant accompagner par l'ingénieur Megret & l'aide de Camp Général Siker, tous deux français ... ». NORDBERG Jöran, *Histoire de Charles XII*, traduit du suédois, Tome Troisième, M.DCC.XLVIII, s. 358.

[315] "Jöran Nordberg ger en suggestiv skildring av kung Karls sista dag; en skildring som av någon anledning inte inflöt i författarens år 1740 tryckta historia, men som han antagligen detta år infört som en anteckning i sitt originalexemplar; 'Hans Majestät hade varit hela natten i tranchéen ... Efter måltiden begynte generalerna bedja ... Konungen ... gick därmed ut och satte sig till häst. Generalmajor Cronstedt skall därvid hava sagt till de andra: - Den som vill se konungen levande, han ser honom nu sista gången'." HOLST Walfrid, *Fredrik I*, Stockholm, 1953, s. 97, 98.

[316] "Men verkliga bevis ha aldrig kunnat framläggas för att Fredrik av Hessen haft något att göra med den kula, som ändade Karl XII:s liv och gjorde slut på enväldskungens märkliga bana." HOLST Walfrid, *Fredrik I*, Stockholm, 1954, s. 100.

[317] "Det kanske aldrig blir möjligt att fastställa om skottet kom från utanverken eller från Fredriksten fästning. Men enligt vad jag kan förstå måste det ha kommit antingen från Mellemberget, Overberget eller huvudfästningen och inte från förbindelsegraven eller den 'nya linjen' som inte hade grävts fram så långt att man från den kunde avskjuta ett skott mot kungens vänstra tinning. Härav följer att Karl XII inte blev mördad utan dödad av ett 'ströskott', eller som han själv skulle ha uttryckt sig, av en 'ärlig fiendes kula'." HATTON Ragnhild, *Karl XII*, Köping, 1985, s. 575.

[318] Lennart Thanner drog slutsatsen 1954: "Problemet Karl XII:s död kommer sannolikt att alltid behålla sin plats bland historiens olösta mordgåtor." FROM Peter, *Karl XII:s död: Gåtans lösning*, Lund, 2005, s. 83.

[319] Brev från Maigret, Paris den 23 december 1723 till en svensk greve: "Min bäste Greve! Jag har nyss emottagit det brev, varmed Ni har behagat hedra mig ... Jag befann mig nedanför honom [Karl XII] med huvudet mellan hans stövelklackar och Couillebasse [= Kaulbars] befann sig på min högra sida. Knappt hade han stigit upp, förrän Sicre gick förbi och frågade mig, vad konungen gjorde. Jag svarade honom; att det inte var jag som placerat honom där. Sicre skyndade bort ...". FROM Peter, *Karl XII:s död: Gåtans lösning*, Lund, 2005, s. 33.

[320] "Kaulbars avfattade också samma natt en skriftlig rapport, som återfanns 1898; denna var känd som 'den anonyma redogörelsen' ända tills Ahnlund identifierade författaren på 1940-talet." HATTON Ragnhild, *Karl XII*, Köping, 1985, s. 568.

[321] "Den anonyma berättelsen ... Hans Maij:tt, som alt detta wille taga i närmare ögnesikte befalte mig att holla honom under armarna, då han opsteg nogot på den nyss upkastade tranchéen ell. wallen ...". FROM Peter, *Karl XII:s död: Gåtans lösning*, Lund, 2005, s. 37.

[322] "... då Hans Kongl. Maij:tt själf slog hål i wallen med sin foth och således gjorde sig fotfäste så högt att Hans Maij:tt kunde ligga med armarna på wallen." FROM Peter, *Karl XII:s död: Gåtans lösning*, Lund, 2005, s. 37.

[323] "General Maj:r Swerin hade i medlertid tillika mäd dhe öfriga wakthafwanden samt General adjutanten Sicker begifwit sig nogot längre till höger i tranchéen att observera fiendens mouvement ... och widt 4de Canonskottet hörde jag slaget på Hans Maij:tts hufwud ...". FROM Peter, *Karl XII:s död: Gåtans lösning*, Lund, 2005, s. 37.

[324] "Manskapet skulle hwar affton samlas et gådt stycke från Fästningen under bergets betäckning ... Manskapet blifwit indelt, trädde Fransyska öfwersten Maigret ... framför arbetarna och utstakade den Nya Linien ... efter honom defilerade Soldaterna ... blef jag befald at gå i Nya Linien och låta fylla skantzkorgarne ... När jag då wid pass 1 ½ timma warit hos arbetarne, gick jag der ifrån in uti den gamla färdiga Approchen ... Då jag nu, som bemelt, war kommen in uti den nämnde gamla Approchen, ungefär 6 eller 8 steg fram, såg jag Hans Maij:tt liggandes på Trachéens inre talud eller docering ... med kappan om sig ... 8 eller 10 Personer som stodo neder uti Approchen ...". FROM Peter, *Karl XII:s död: Gåtans lösning*, Lund, 2005, s. 45.

« On enveloppa le corps d'un manteau gris; Siquier mit sa perruque et son chapeau sur le tête du roi ... ». VOLTAIRE, *Histoire de Charles XII*, 1785, p. 340 / googlebooks.fr.

[325] "... eij eller wet jag huru länge Hans Maij:tt hade så legat exponerad ... aldeles stilla liggandes som den för ut låg ...". FROM Peter, *Karl XII:s död: Gåtans lösning*, Lund, 2005, s. 47.

[326] "... och nu hade skiedt til 8 eller 10 Personer, som stodo neder uti Approchen, nära in til och framför Hans Maij:tts fötter. När jag nu kom uti samma Approche der Hans Maij:tt låg, stälte jag mig ibland de Officerare som der för ut stodo ... Den första af oss närwarande, som nämnde Konungens död, war General Adjutanten Kaulbars (sedermera Baron, General, landzhöfdinge och öfwer Commendant) [sic] ... ropandes helt bestört, Herr Jesus! Konungen är skuten, sök

upp General Schwerin och berätta Honom det." FROM Peter, *Karl XII:s död: Gåtans lösning*, Lund, 2005, s. 48.

[327] "... skått in på wänstra sidan genom Hans Maij:tts hufwud, hwar wid icke minsta rörelse mer förspordes, än at handen undanföll wänstra kindbenet, och hufwudet lutade sig så sakta uti kappan, utan någon ringaste ryckning på kroppen, som blev så aldeles stilla liggandes som den för ut låg, det war eij eller Naturligt, at effter et skott, som så accurat träffade genom hufwudet, annat kunde följa, än i et ögnablick wara död utan at röra minsta lem." FROM Peter, *Karl XII:s död: Gåtans lösning*, Lund, 2005, s. 47.

[328] "I ett brev från Carlberg till sekreteraren Wargentin daterat Torp, vid Göteborg, 25 juni 1777 ... Så fortsätter han i brevet till Wargentin, och antyder återigen, som i slutet på sin relation om kungens död, att saker och ting inte stod helt rätt till. Om han här syftar på händelserna i löpgraven eller själva uttåget ur Norge är inte helt tydligt." FROM Peter, *Karl XII:s död: Gåtans lösning*, Lund, 2005, s. 57.

[329] "Brevet som finns i Bergianska samlingen, är visserligen en avskrift men uttrycksättet är utomordentligt carlbergskt, och jag tvivlar inte på dess äkthet. Carlberg har alltså skrivit åtminstone minnesanteckningar 'strax effter konungens död'." FROM Peter, *Karl XII:s död: Gåtans lösning*, Lund, 2005, s. 57.

[330] "Således hafwa de som här om andra orimligheter utspridt, grufweligen afwiker ifrån sanningen." FROM Peter, *Karl XII:s död: Gåtans lösning*, Lund, 2005, s. 47.

[331] Carlbergs berättelse: "... framskaffa en båhr, för en Officerare som var blefwen skuten ... nämnde jag i hastighet en fortifications Officerares namn som då föll mig i munnen." FROM Peter, *Karl XII:s död: Gåtans lösning*, Lund, 2005, s. 48.

Senare berättar Carlberg vid begravningen av Kaulbars 1762: "Han var då den förste, som straxt förmärkte denna hjertbrytande händelsen, hvilken Han, med et bestört utrop: Herr Jesu! Der König ist geschossen; gav tillkänna." FROM Peter, *Karl XII:s död*, Lund, 2005, s. 55, 56.

[332] "Till slut skall vi i detta kapitel kort nämna en serie privatbrev från en okänd svensk officer till en vän i Wien från perioden 1698-40 ... Ett brev, daterat i Stockholm den 17 januari 1719, meddelar ... 'Hans död tystades ned och liket transporterades genom soldatskarorna under annat upphittat namn som förevändning'." FROM Peter, *Karl XII:s död: Gåtans lösning*, Lund, 2005, s. 115.

[333] Carlbergs vittnesmål: "... sök up General Schwerin och berätta för honom det ... Jag sade då till Generalen at Hans Maij:tt är skuten ... befalte mig strax gå och skaffa en båhr ... Jag begjärte af Honom [Hamilton] at få 12 bra karlar som skulle bära en Officerare utur Approchen ... med båhren kunde komma fram till det

stora batteriet ... men de bägge lösa kappor, med hatten och Peruquen, kunde inte hindras falla af Konungen ... Soldaterna kände Kungen ... befallde dem hålla munnen på sig ... tils wij hunno til det destinerade Batteri [Studekullen] ... befallning ifrån Generalen [Schwerin], at Konungen skulle föras til Högkqwarteret uti Tistedalen ...". FROM Peter, *Karl XII:s död: Gåtans lösning*, s. 48, 49, 50, 51.

[334] « À ce spectacle, Mégret, homme singulier et indifférent, ne dit autre chose, sinon : 'Voilà la pièce finie, allons souper'. » VOLTAIRE, *Histoire de Charles XII, Roi de Suède*, 1731, s. 304.

[335] "Tibertius skriver ... 'Wil jag lägga härtil en berättelse, som General Major Schering Rosenhane, hwilken äfwen war tillika med Sicre hos Arfprintsen av Hessen, gjorde wed bordet på Johannesberg hos Riks Rådet Grefe Axel Banér i närvaro af 13 à 14 personer. Den dag, sade han, som konung Carl XII blef skuten hade jag och General Adjutanten Sicker wakt hos Arfprintsen af Hessen Cassel, och måste wi bägge den dagen blifwa hos Herren sittande medan Herren war mycket orolig och tankfull. Klockan wed pass åtta om afftonen affärdades Sicker til konungens läger för Fredrichshall, efter hwars bårtresa Prinsen blev ännu mera orolig ... pustade och wisade alla tecken til största sinnesoro och detta räkte alt in på natten til wed pass klockan älfwa, då Sicker kom tillbaka med berättelsen at konungen war skuten ... Härmed war Hessiska arfprintsen ångest ändad, så att han satte sig hurtigt till häst, samt red till lägret wed Fredricshall med sina begge General Adjutanter." FROM Peter, *Karl XII:s död: Gåtans lösning*, Lund, 2005, s. 138.

"Han gifte därefter om sig 1737 med friherrinnan Maria Banér 1708-1746, i hennes första gifte ... generaladjutant hos hertigen av Hessen-Kassel 1718." Source: Wikipedia.org / Schwering Rosenhane.

[336] "Han [Sicre] skyndade därpå med kungens hatt till Fredrik för att meddela honom kungens död. Prinsen satt till bords med några generaler och andra officerare. Underrättelsen om Karls plötsliga död tycktes ej väcka någon överraskning eller bestörtning ... Originalberättelsen är skriven av Karl XII:s lakej Pihlgren, som den dagen hade vakt i Torpum." NYSTRÖM Anton, *Karl XII och sammansvärjningen mot hand Envälde och liv*, Stockholm, 1928, s. 154.

[337] "Under tiden i arvprins Fredriks högkvarter i Torpum hade kungens troman Casten Feif under större delen av kvällen samtalat med Fredrik tills han hade avbrutit honom med att det vore dags att gå till sängs. Senare under natten väcktes Feif av ett bud från Fredrik att kungen var skjuten. Feif som var yrvaken kunde först inte förstå vad som hade hänt men lite senare visade Sicre honom Karl XII:s hatt och kappa som bevis för den olyckliga händelsen." FROM Peter, *Karl XII:s död: Gåtans lösning*, 2005, s. 24.

[338] Carlbergs vittnesmål: "Manskapet, skulle hwar affton samlas et gådt stycke från Fästningen under bergets betäckning ... kom manskapet med deras tildelte

officerare ... trädde Fransyska Överste Maigret, som var direkteur av attaquen framför Arbetarna och utstakade den nya linjen på det sättet, at effter honom defilerade soldaterna man för man." FROM Peter, *Karl XII:s död: Gåtans lösning*, s. 46.

[339] "Hele høyden, Kaponnierberget og nordskrenten frem till Utsiktsberget kunne besettes etter erobringen. Her var det nå dekning bak fjellknausene mot beskytning fra Overberget, Stortårnet og hovedfestningen." MAGNUSSEN Kjeld Th., *Ved Karl XIIs død*, Norge, 2007, s. 57.

[340] "Le roi était exposé presque à demi-corps à une batterie de canon, pointée vis-à-vis l'angle où il était ... Le canon tirait sur eux à cartouches ...". VOLTAIRE, *Histoire de Charles XII, Roi de Suède*, 1731, p. 303.

"The King stood with half his body exposed to a battery of cannon directed precisely at the angle where he stood. No one was near him but two Frenchmen: one was M. Siquier, his aide-de-camp, a man of capacity and energy, who had entered his service in Turkey, and was particularly attached to the Prince of Hesse; the other was the engineer ... The cannon fired grape-shot and the King was more exposed than any of them." VOLTAIRE, *History of Charles XII King of Sweden*, Book VIII, p. 310-336 / Translated by Winifred Tod Hunter / Archive.org.

Artilleriteknologin beskrivs i en bok om Polhem: "... Carl Cronstedt kontaktades 1711 av Christopher Polhem och bad om hans hjälp rörande artilleriet. För att rikta kanoner mot ett avset mål användes kilar som kunde låsa kanonerna i rätt vinkel innan man sköt. Polhem uppfann tillsammans med Cronstedt riktskruvar – vevdrivna apparater som kunna höja och sänka pipan ...". LINDGREN Michael H., *Christopher Polhems testamente*, Stockholm, 2011, s. 209.

[341] Brev från Fredrik av Hessen till sin far daterat den 1 december 1718: "Demnach es sich nach dem ohnwandelbahrem Rathschluss und Willen des Allerhöchsten zugetragen, dass Ihro May, der König gestern abends zwischen zeben und eilff Uhren in denen Approchen vor Friedrichshall mit einer Kartetschen durch beyde Schlässe am Kopf durch und durch geschossen und von dieser Blessure augenblicklich Todes verblühen; so habe meiner unterthänigsten Schuldigkeith zofolge nicht Umbgang nehmen können diessen grossen und unvermutheten Traurfall Ew. Gnaden hiermit so wohl als auch vermittelst meinem hierbeygefügtem unterthänigstem und in höchster Eile geschribenem Handbrieflein gehorsamst zu notificiren ...". Källa: *Handlingar angående revolutionen I Sverige 1718-1719*, Utgivna av Kungl. Samfundet för Utgifvande af Handskrifter Rörande Skandinaviens Historia genom Lennart Thanner, Stockholm, 1954, s. 8.

[342] Den anonyma berättelsen [Kaulbars]: ..."hvarefter alla skott ifrån Öfwerberg och staden [norr om Tistedalsälven] rättade på oss så att alla drufwhagel slogo uti

och öfwer tranchéen ... och widh 4de Canonskottet hörde jag slaget på Hans Maij:tts hufwud." FROM Peter, *Karl XII:s död: Gåtans Lösning*, 2005, s. 37.

³⁴³ Brev från Maigret, Paris den 23 december 1723 till en svensk greve: "... vapnet varmed kulan blivit avskjuten, kunde inte bäras av någon man, hur stark han än vore. De som besiktigat honom efter hans död är övertygade om denna sanning." FROM Peter, *Karl XII:s död: Gåtans lösning*, Lund, 2005, s. 34.

³⁴⁴ "Efter hvad Paludan Müller upplysa i ett meddelande i en tidskrift benämnd 'Historiska Nachrichten von dem Nordischen Kriege ... 'Han [Sicre] hade intet bref med, men avlade muntlig berättelse ... 'skottet har skett med en kartesch från en annan skans, som låg på sidan på avstånd derifrån'." HULTGREN O.J., *Om Mordet på Karl XII, Historisk och juridisk undersökning*, Stockholm, 1897 / nerladdad från gutenberg.org den 29 oktober 2016.

³⁴⁵ "Arvprins Fredrik kunde ock med rätta meddela sin fader, att Leutrum talat som en ärlig man ... ' 16.7.1718 ... Gnade ordre gemäss als ein ehrlicher man gesprochen'." JÄGERSKIÖLD Stig, *Sverige och Europa 1716-1718*, Akademisk avhandling, 1937, s. 451.

³⁴⁶ Lantgreven av Hessen hade just skaffat fram Albedühls efterträdare (Carl von Leutrum), när denne plötsligt lämnade sitt befäl vid Glommen den 22 november och begav sig till Tistedal.

"Lantgreve Carl såg sig emellertid förhindrad att företa den långa resan till Sverige. I stället sände han den i svensk tjänst stående generalmajoren Karl von Leutrum, som lantgreven lyckats befria ur preussisk fångenskap och som stod i gunst hos Karl XII." HOLST Walfrid, *Fredrik I,* Stockholm, 1953, s. 89.

³⁴⁷ "Generalmajoren och friherren Carl von Leutrum berättade följande: 'Den 6:e december kom kapten Engelbrecht tillbaka igen [från högkvarteret] och meddelade mig den förskräckliga nyheten att kungen den 30:e november, på kvällen mellan klockan 9 och 10, i löpgraven, blivit skjuten med en karteschkula från Fredrikshald som gick in genom den vänstra tinningen och ut igen genom den högra så att han dog knall och fall'." FROM Peter, *Karl XII:s död: Gåtans lösning*, Lund, 2005, s. 30.

³⁴⁸ "En som däremot träffades i huvudet av just en järnkula kort före kungen var den 19 år unge löjtnanten vid Södermanlands ordinarie infanteriregemente och Nyköpings kompany, Carl Vilhelm Drakenhielm, som vid midnattstid natten till den 30 november befann sig i löpgraven framför huvudfästningen ... vid ungefär den plats där kung Karl XII nästa dag skulle stupa. Omkring klockan två på natten (mindre än ett dygn före kungen) blev Drakenhielm 'med en Cartesche Kuhlen skiuten igenom hufvudet och i axeln uti Approcherne för Fredriks Hall.' Så skildras det i den samtida regementsordern. Jag undersökte i november 2003 Drakenhielms uniform och hatt i Ludgo kyrka strax utanför Nyköping. I hatten

finns det ett hål, precis som i Karl XII:s ... Drakenhielm blev skjuten i samma 'gamla linje' som kungen och bevisligen av en kula ur en karteschladdning, en kula som passar bra in i de 6-pundiga kartescher som sköts från fästningen och deras utanverk i november 1718. Flera liknande kulor har också bevisligen hittats i området, troligen från betydligt senare testskjutningar eller från den svenska belägringen av Fredrikshald 1814." FROM Peter, *Karl XII:s död: Gåtans lösning*, Lund, 2005, s. 265, 266.

[349] Sicre (eller Maigret) berättade, att kanonbatteriet sköt mot *dem* ("eux"), inte mot *honom* ("lui"): "Le roi était exposé presque à demi-corps à une batterie de canon, pointée vis-à-vis l'angle où il était ... Le canon tirait sur eux à cartouches ...". VOLTAIRE, *Histoire de Charles XII, Roi de Suède*, 1731, p. 303.

[350] Regementsordern om Drakenhielm använder exakt samma formulering ("uti approcherne för Fredrikshald") som Rehnskiöld och Mörners brev om Karl XII:s död till Kungliga rådet den 1 december 1718.

[351] "Drakenhielm nr 510 – Adelsvapen – Wiki ... Barn: Carl Vilhelm, född 1699-10-12 på Malma ... Stupade ogift 1718-11-29 vid Fredrikshald. Hans vapen uppsattes i Ludgo kyrka, där han begrovs 1719-01-01 ... Eva Johanna, född 1704-12-02 på Malma ... Gift 1726-08-25 i Ludgo socken med presidenten Erland Broman, friherre Broman ...". Källa: www.adelsvapen.com/genealogi/Drakenhielm.

"Broman, Erland Carlsson, president, konung Fredrik 1:s gunstling ... hofjunkare kom B. tidigt i beröring med konung Fredrik, hvars bevågenhet han förvärfvade genom sitt glada lynne ... en av de första riddarna af Serafimerorden ... president i Kommerskollegium ... Hans slöseri och vinglerier slutade först med hans lif ... Gift I: 1724 med Eva Johanna Drakenhjelm ...". Källa: runeberg.org / Svenskt biografiskt handlexikon, 1906.

[352] "1988 gjorde artilleriöversten Gunnar Grenander ett försök att ballistiskt-matematiskt motbevisa ett mord. ... Eftersom Grenander utgår från 1917 års uppgift om den dödande kulans storlek (18-20 mm – möjligen en eller annan mm större eller mindre) och eftersom han nyss avfärdat en musköktkula hävdar han nu att ... 'Kungen sköts med en 3-eller 6-pundig kanon, som använde druvhagelskott' ... 'En kula från Overberg bör sålunda ha haft kraft att nätt och jämnt passera kungens huvud'." UPPSTRÖM Rolf, *Karl XII:s död*, [cirka 2000], s. 129, 130, 120.

[353] Email från Thomas Roth, 1:e intendent/Senior Curator på Armémuseum, till Cecilia Jorgensen [Nordenkull] den 29 augusti 2016: "Jag har ju tidigare hävdat att en 6p kanon kan skjuta druvhagelskott till ett avstånd på 700 meter. Det stämmer teoretiskt men på det avståndet hade man förlorat riktningen, vilket i och för sig inte hindrar att man kunde skjuta mot en viss yta i alla fall. Gränsen för riktad eld, där man alltså verkligen kunde träffa ett visst mål gick vid cirka 350 meter. Praktisk räckvidd för en 36 p haubits var 750 meter, eftersom man måste

kunna se målet för att sikta rätt ... Vad gäller 75 p mörsare så kunde man skjuta upp emot 2 000 meter med då bara mot stora ytmål, städer eller liknande. Praktisk räckvidd var 900 meter."

[354] Email från Magne Rannestad till Cecilia Jorgensen [Nordenkull] med kopia till kommendanten på Fredriksten fästning, Oberst Dag Strømsæther, den 28 juli 2016: "Kommentar til deler av innholdet i boken *Karl XII: Kungamord* ... Rent ballistiskt er det ikke tvil om at en kardeshkule som treffer et hode etter 700 ms flukt vil vaere dödelig, men å bruke kardekser på ett slik avstånd mot kongen når målet var med en stor grad av sikkerhet å drepe han, virker helt usannsynlig."

[355] "Carl Cronstedt kontaktades 1711 av Christopher Polhem och bad om hans hjälp rörande artilleriet. För att rikta kanoner mot ett avsett mål användes kilar som kunde låsa kanonerna i rätt vinkel ... riktskruvar – vevdrivna apparater som kunde höja och sänka pipan ...". LINDGREN Michael H., *Christopher Polhems testamente*, Stockholm, 2011, s. 209.

[356] "Nästa gång mordryktena kom igång på allvar ... Då riktades de främst mot Carl Cronstedt, det svenska artilleriets stora innovatör under Karl XII:s regering ... Även Stiernros [som Cronstedt] skulle ha avgivit en bekännelse om sin delaktighet på sin dödsbädd. Arvprins Fredrik pekades ut som anstiftare och han hade strax före sin död hållit ett ångerfullt tal om sin manliga föregångare på den svenska tronen'." FROM Peter, *Karl XII:s död: Gåtans lösning*, 2005, s. 126, 132.

[357] *The Ipswich Journal*, 8 April 1749: "Last Thursday the Experiment so long depending between the English and Saxon Cannon, was tried at Windsor before his Royal Highness the Duke of Cumberland [George I:s sonson], the Duke of Montagu, Duke of Richmond, Lord Sandwich, and several people of Quality; it begun by firing at a Target of about one Foot Diameter, at 700 yards [640 meter] distance, which was shot through the center the first shot from the English twenty-four Pounder, and several exceeding fine shots were afterwards made by the several guns fired out of; they afterwards fired a Grape-Shot to great perfection, and concluded by firing of eighty-six shot out of the English six-Pounder in nine minutes; which was afterwards attempted by the Saxon Gun, but his Carriage broke after firing of fifty shot ...". Source: britishnewspaperarchive.co.uk.

[358] Utlåtande vid 1719 års kistöppning: "Skottkanalen synes sålunda hava varit rak ... under förutsättning av att huvudet ... intagit vanlig upprätt ställning ... av en rundkula med 18-20 mm.s diameter ... för antagandet av ett närskott i egentlig mening har undersökningen icke lämnat något särskilt stöd ... påverkats av senare, väl huvudsakligen i samband med Konungens balsamering vidtagna ingrepp ... att projektilen med stor levande kraft tillryggalagt vägen genom huvudet. Stockholm den 15 september 1917." FROM Peter, *Karl XII:s död: Gåtans lösning*, 2005, s. 183, 184.

[359] "De viktigaste fakta som behövs för att jämföra teorin om 'en lönnmördare' med åsikten att kungen dödades av ett blindskott avskjutet från fästningen, har nu lagts fram för läsaren. Tanken på att skottet hade skjutits från höger fick en viss spridning, fastän alla de officerare, som befann sig i löpgraven den 30 november är ense om att skottet kom från vänster. Antagandet om ett skott från höger vann allmän tilltro efter öppnandet av kistan 1746 och har hållit i sig i våra dagar." HATTON Ragnhild, *Karl XII*, Köping, 1985, s. 573.

[360] "Ansökan riktades till kung Gustaf V den 3 april 1916 ... godkände dock Gustaf V den 12 maj 1917 en förnyad undersökning med förbehåll att 'för verkställande av erforderlig undersökning av Konung Karl XII:s sarkofag och dess innehåll utan annan rubbning av den avlidne konungens kvarlevor än den, som nödvändiggöres för en beskrivning av den skada, som medförde konungens död ... '." FROM Peter, *Karl XII:s död: Gåtans lösning*, 2005, s. 178.

[361] "Antropologen Carl Furst, som medverkade vid 1917 års undersökning, uttryckte i en bok några år efteråt: 'Det är emellertid en fråga, som oftare än alla andra framställes, när det talas om Karl XII, nämligen: Varifrån avlossades det dödsbringande skottet? En undersökning som den, som nu gjorts, har ej haft till uppgift att direkt besvara denna fråga och har därför ej tagit upp den till slutligt avgörande ... Jag kan emellertid ej underlåta att framhålla, att denna undersökning såsom sådan har otvetydigt åstadkommit, att uppfattningen, att Karl XII träffats av en kula från de icke-fientliga lederna, icke motsäges av de gjorda iakttagelserna på hans döda kropp, så mycket som man förr tog givet'." FROM Peter, *Karl XII:s död: Gåtans lösning*, 2005, s. 191.

"Carl Magnus Fürsts far Carl Absalon Fürst föddes 1822 och blev förste bataljonsläkare i Karlskrona. Han var god vän med prins Oscar, sedermera Oscar II och var dennes läkare ... Fürst ledde i juli 1917 den officiella undersökningen av Karl XII:s kvarlevor i Riddarholmskyrkan." Källa: wikipedia.org / Carl Magnus Fürst.

[362] Email till Cecilia Jorgensen-Nordenkull från Magne Rannestad, med kopia till fästningskommendanten Dag Stromsaether, den 4 oktober 2016: "Selvsagt KUNNE Karl XII ha brukt en annen angrepstaktikk mot Fredriksten, men det er ikke noe som hittils har indikert noe annet enn et 'tradisjonelt Vaubansk' angrep fra ost via Gyldenlove."

Email till Cecilia Jorgensen-Nordenkull från Thomas Roth, Senior Curator på Armémuseum, den 29 augusti 2016: "Frågorna om Karl XII:s strategi eller snarare taktik som är ett i sammanhanget korrektare uttryck är så pass komplicerade att jag behöver tid till egen forskning i ämnet."

[363] "Bengt Wilhelm Carlberg, skrev, som vi sett, sent i livet på uppmaning av riksrådet Scheffer, en utförlig berättelse om reträtten ur Norge ... 'Hertigen av Holstein hafva förestält och bedt at Fästningen måtte intagas, men ej blef hördt,

men snart nog hade blifvit verkstäldt, sedan man med arbetet avancerat sjelfa Hufvud Fästningen så nära att dagen efter Konungens död, skulle breche Batterierna blifvit uppställde' ... Enligt Carlberg, skulle belägringsartilleri ha satts in mot Fredriksten fästning redan den 1 decembre. Det finns ingen anledning att betvivla denna uppgift, hela det militärtekniska upplägget stödjer hans uttalande." FROM Peter, *Karl XII:s död: Gåtans lösning*, Lund, 2005, s. 79, 81.

[364] "Stormningen av Veprik var en belägring och stormning av den ukrainska staden Veprik av den karolinska armén från den 24 december 1708 till 7 januari 1709 under det stora nordiska kriget ... planen var utarbetad av Karl XII själv. Planen var att tre stormkolonner skulle närma sig staden med understöd av artilleriet. Därefter skulle tre raketer skickas upp och vid den tredje skulle man öppna eld och stormningen skulle börja ... Den tredje kolonnen anfördes av överstn Henrik Otto von Albedyhl, som hade befäl över sitt eget tyska dragonregemente ... Men inte alla kolonner inväntade de tre raketerna. Vid det hastiga artillerianfallet misstog sig Albedyhl och började anfalla ...Sedan anfallet verkade ha misslyckats beordrade han [Karl XII] Livländska adelsfanan att till häst hjälpa till så att de svenska trupperna kunde retirera." Källa: wikipedia.org / Stormingen av Veprik nerladdat den 22 september 2016. Artikeln refererar till FROM Peter, *Katastrofen vid Poltava*, 2007.

"Avsikten var att det svenska artilleriet skulle hålla ner försvararna medan tre kolonner löpte till storms. Detta misslyckades, dels för att signalerna missförstods och samarbetet mellan kolonnerna omintetgjordes." HATTON Ragnhild, *Karl XII*, Köping, 1985, s. 324.

[365] "Den logiska nästa åtgärden var att erövra Fredrikshald med fästningen Fredriksten ... Han planerade därför att erövra staden och fästningen genom en överrumpling natten till den 22 juni ... Vi känner till en hel del om Karl XII:s planer och det misslyckande som stod honom så dyrt, genom generalmajor Hamiltons brev till Feif. Uppgifter om de svenska förberedelserna hade nått norrmännen och överraskningsmomentet var därmed förlorat ... stormningsförsöket mot Fredriksten avvärjdes ... ". HATTON Ragnhild, *Karl XII*, Köping, 1985, s. 476.

[366] "... den armé med vilken Karl XII hade för avsikt att marschera in i Norge. Denna huvudarmé räknade 36 000 stridande ... uppdelad i tre grupper. Den största, 59 skvadroner och 12 bataljoner, samlades i Strömstad ... den andra gruppen, som var ungefär jämstark med den första, och som stod under befäl av kungen själv, samlades i Västra Ed i Dalsland ... Den tredje betydligt mindre gruppen ... stationerad i Värmland ...". HATTON Ragnhild, *Karl XII*, Köping, 1985, s. 537.

[367] "Den [största armén] skulle stå under befäl av Fredrik av Hessen, åt vilken kungen i september 1718 anförtrodde sin fälttågsplan ... Förhållandet mellan Karl och hans svåger kännetecknades av det allra största förtroende från kungens sida. Det är till exempel värt att notera att prinsen av Hessen var en av de få,

kanske den ende, åt vilken Karl redan september 1718 anförtrodde några detaljer av sina planer för fälttåget i Norge." HATTON Ragnhild, *Karl XII*, London, 1968, s. 537, 574.

[368] "Fredrikstens läge gjorde fästningen till ett fördelaktigt mål för det tunga svenska artilleriet. Fästningen låg på krönet av en brant kulle som reste sig över staden Fredrikshald. För en eventuell angripare presenterade den en respektingivande front med höga murar och en skickligt planerad konterskarp. Men själva höjden av dessa murar, som var otillräckligt förankrade på den hårda klippgrunden, gjorde att de inte för någon längre tid kunde motstå Cronstedts bombardemang. Härtill bidrog Maigrets skickliga planering av parallellerna med deras vetenskapligt uträknade vinklar, och den stora svenska överlägsenheten. De Cronstedtska batterierna på Studekullen omfattade 18 grova pjäser, av vilka sex var 36-pundiga haubitser och sex 75-pundiga mörsare. Så snart dessa blev förflyttade från Studekollen [efter intagningen av Gyldenlöve den 27 november 1718] till sina nya ställningar [Rödsberget i Staden?], var det endast en tidsfråga när belägringen skulle leda till resultat." HATTON Ragnhild, *Karl XII*, London, 1968, s. 552.

[369] "Professor Hatton skriver: 'En väg längs vilken en del av artilleriet skulle forslas fram från Studekullen till en punkt rakt framför Gyldenlöve var också så gott som färdig, och det var överenskommet att pjäserna skulle flyttas den 30 november'." MAGNUSSEN Kjeld Th., *Ved Karl XIIs død*, Norge, 2007, s. 59.

[370] "Det fanns ju inga fiender till höger (norr) om kungen, endast en brant bergvägg ned mot Tistedalsälven." FROM Peter, *Karl XII:s död: Gåtans lösning*, Lund, 2005, s. 141.

[371] *Newcastle Courant*, 3 August 1723: "… shot creeping upon his Knees by a Musquet Ball from the Town …". Source: britishnewspaperarchive.co.uk.

[372] "… den förklaring som togs för gott av många av de meniga soldaterna inom armén, att kungen blev skjuten från höger." HATTON Ragnhild, *Karl XII*, London, 1968, s. 571.

[373] Email från Thomas Roth, 1:e intendent/Senior Curator på Armémuseum, till Cecilia Jorgensen [Cecilia Nordenkull] den 29 augusti 2016: "Vad gäller 75 p mörsare så kunde man skjuta upp emot 2,000 meter med då bara mot stora ytmål, städer eller liknande. Praktisk räckvidd var 900 meter."

[374] "Även den danske fästningskommendanten Landsbergs brev från den 21 och 22 december [10 december] till den norske befälhavaren generallöjtnant Barhold von Lützow stödjer Carlbergs åsikt. Han skriver att fienden (svenskarna) spärrat in dem så väl att ingen människa kunde ta sig igenom." FROM Peter, *Karl XII:s död: Gåtans lösning*, Lund, 2005, s. 80.

[375] *Pue's Occurences,* Vol. XVI, 10 January 1719: "Copenhagen, Dec. 30 [December 19] ... The 11th [30 November] those Works were continued till Ten at Night. That Evening the Governour sent into the Counterscarp Part of his Garrison to fire upon the Enemy with Musquets; at the same time the cannon and mortars of the castle played continually. The 12th and 13th, the enemy lay very quiet: But on our Part of the Fire of Musquets; Canon, and Mortars, was continued. The 13th, came in a Deserter named Guldenpreis, who reported that the K. of Sweden was killed in the Approchen the 11th at Ten at Night, and that the Enemy were already drawing off the Cannon from their Batteries." Source: britishnewspaperarchive.co.uk.

[376] *Pue's Occurences,* Vol. XVI, 10 January 1719: "Copenhagen, Dec. 30 [December 19] ... Yesterday, the 29th of Dec. [18 December OS] arrived here (Copenhagen) Colonel Mesting Aide de Camp to the King of Denmark who reports that the Swedish Army made a very precipitate and disorderly Retreat, leaving Part of their Artillery behind ...". Source: britishnewspaperarchive.co.uk.

[377] *Pue's Occurences,* Vol. XVI, 10 January 1719: "From the London Gazette, dated January 3. Copenhagen, Dec. 30 [December 19]. The following Journal gives a succinct Account of the Irruption of the Swedes into the hither Part of Norway, and of their Retreat." Source: britishnewspaperarchive.co.uk.

[378] "Mercurii, 20° die Februarii Anno 3° Georgii Regis, 1716 [1717]. A message from his Majesty ... My Lords and Gentlemen ... By the Alliance lately concluded with France ...". Source: Entries for the House of Commons and House of Lords Journal of 20 Feb. 1717.

[379] "I mitten av juni 1717 kommer så uppgifter från de la Marck [franskt sändebud], att Karl XII förnekat, att han ägt kännedom om den jakobitiska komplotten ehuru han ansåg det vara oförenligt med sin ära att lämna en skriftlig förklaring häröver." JÄGERSKIÖLD Stig, *Sverige och Europa 1716-1718*, Akademisk avhandling, 1937, s. 138.

"De La Marck, Louis Pierre, grefve och franskt sändebud, född 1674. Han var skickad till Karl XII [1717] för att söka medla mellan Sverige och England." Källa: Karl XII:s egenhändiga bref, s. 169 / runeberg.org.

[380] "Lantgreven ansåg sig dock nu ha fått en auktorisation, som han med stor iver begagnade sig av för att hålla förbindelserna med London levande." HOLST Walfrid, *Fredrik I*, Stockholm, 1954, s. 80.

"På hessiskt håll inriktade man sig i stället närmast, som senare kommer att skildras, på att söka förmedla en svensk uppgörelse med England-Hannover ... På hessisk sida enades man snart i strävanden att förmedla en uppgörelse med Georg I." JÄGERSKIÖLD Stig, *Sverige och Europa 1716-1718*, Akademisk avhandling, 1937, s. 60, 106.

"... den engelske monarkens ansträngningar kort härefter kunde slutas, beslöt man sig dock till sist i oktober-november 1718 för att än en gång, ehuru med iakttagande av största försiktighet, inleda förhandlingar med Sverige ... Samtidigt sändes för övrigt Jeffereyes och Norris till tsaren för att söka anknyta förbindelser med honom'." JÄGERSKIÖLD Stig, *Sverige och Europa 1716-1718*, 1937, s. 419.

[381] *Stamford Mercury*, 17 July 1718: "... that the English and Danish officers entertain the King of Denmark's Court often board the fleet". Source: britishnewspaperarchive.co.uk.

Stamford Mercury, 28 September 1718: "The affairs of Sweden and Denmark are still in a perplexed state ... begged of Sir John Norris to winter there." Source: britishnewspaperarchive.co.uk.

[382] Vid sin återkomst till Paris i december 1718, skriver Maigret ett fästningsverk med tillstånd av Hertigen av Orléans. I det beskrivs han som « Chevalier de l'ordre Royal et Militaire de Saint Louis ». Source: Bibliothèque National de France / Gallica.fr. *Traité de la Sureté et Conservation des Etats par le moyen de forteresses, Par M. Maigret, Ingénieur en chef, chevalier de l'ordre Royal et Militaire de Saint Louis, À Paris, M.DCC.XXV Avec approbation et privilège du Roy*.

[383] "Redan i Norge hade han [Fredrik av Hessen] rörande den utrikespolitiska situationen konfererat med Frankrikes sändebud hos Karl XII, greve de la Marck, som i början av december 1718 insände ett av arvprinsen rekommenderat memorial till Ulrika Eleonora. Efter konferensen i Stockholm med Erik Sparre hade sedan ambassadören återvänt till Frankrike, där han skulle söka förmå regenten att understödja Sverige och även inverka på Londonregeringen." HOLST Walfrid, *Fredrik I*, Stockholm, 1953, s. 117.

[384] "P. Wieselgren har uttalat följande mening ... 'Vi se i lägret vid Fredriksten en fransk ambassadör, grefve de la Marck – Grefve de la Marck hade två hantlangare för sin politik i sina landsmän, direktören öfver belägringsverket Maigret och generaladjutanten Siquier – Hvem skulle dock verkställa det vid slika tillfällen s.k. nödvändiga? Denna fråga lär nog brytt prins Fredrik ...'. Efter sin långa framställning rörande Karl XII:s död i De la Gardieska Archievet ... säger Wieselgren, att han 'hoppas, att läsarne förena sig med honom, när han sätter *mordfrågan*, såsom bragt till mer än half bevisning, under framtiden'." NYSTRÖM Anton, *Karl XII och Sammansvärjningen mot hans envälde och liv*, Stockholm, 1928, s. 230.

[385] *Stamford Mercury*, 13 November 1718, Miller's letter, November 1: "The Admiral Norris was on the point to sail with his Fleet for Great Britain as soon as the wind became favorable, and designed to leave two of his men of war in the ports of Sweden". Source: britishnewspaperarchive.co.uk.

[386] "... tack vara den engelske monarkens ansträngningar kort härefter kunde slutas, beslöt man sig dock till sist i oktober – november 1718 för att än en gång, ehuru med iakttagande av största försiktighet, inleda förhandlingar med Sverige. Man torde kunna antaga, att denna politiska nyorientering stått i samband dels med det svenska hotet mot Norge, dels med de rykten, som just vid denna tid gingo om den åländska kongressens misslyckande. Samtidigt sändes för övrigt Jeffereyes och Norris till tsaren för att söka anknyta förbindelser med honom. Åtminstone vad denna sistnämnda åtgärd beträffar, torde man kunna fastställa; att den snarare inspirerats av Georgs engelska än av hans hannoverska rådgivare." JÄGERSKIÖLD Stig, *Sverige och Europa 1716-1718*, 1937, s. 419.

[387] *Pue's Occurences,* Vol. XVI, 24 January 1719: "London, Jan. 10. A ship is arriv'd in the River [Thames] from Frederickstadt [near Halden] in Norway, and brings letters of the 24th past NS [13 December OS] with an Account that several deserters were come thither from the Swedish Army, and report, that as soon as it was known that the King of Sweden was kill'd in the Trenches before that place, the Swedish soldiers declar'd that they had taken an Oath to fight and stand by the King as long as he lived; but now he being dead, they would fight no longer, and thereupon threw down their Arms and separated themselves, which made the General Retreat, leaving some carriages and Cannon behind him, and they add, that not one Swede was to be seen in Norway, which however, is a Mistake, there being an Army of Swedes yet about Drontheim." Source: www.britishnewspaperarchive.co.uk.

[388] "Inte heller kunde Karl fatta den allt starkare motviljan mot 'utlänningarna' som gjorde sig märkbar inom den civila administrationen ... Hans armé hade ... som inte hade någon motsvarighet i Europa, också plats för män födda utomlands. Framför allt var detta fallet under de sista åren av hans regering då han led brist på officerare, och det fanns riklig tillgång på dem i Europa, där fred rådde överallt utom i Norden." HATTON Ragnhild, *Karl XI*, Köping, 1985, s. 584.

"... sommaren 1735 ... tal om att man borde förhindra utlänningar att öva inflytande över Sveriges ekonomiska liv ...". HOLST Walfrid, *Ulrika Eleonora d.y.*, Stockholm, 1953, s. 185.

[389] Ett exempel är Mauritz Vellingk, den tyske generalguvernören i Bremen och Verden. Han stod mycket nära Fredrik (ref deras korrespondens under kalabaliken i Bender / Holst s. 39), samtidigt som han var Karl XII:s rådgivare. Den kända förlusten av en Karl XII:s officerare (Stenbock) var uppenbarligen orsakad av Vellingks konspirationer:

"Hans plan, som understöddes av Vellingk ... Misslyckades" ... "Han [Karl XII] framhöll att Vellingk hade låtit sig föra bakom ljuset av August 1712" ..."Istället för att rycka fram från Pommern mot Polen inledde Stenbock och Stanislaus samt

Vellingk förhandlingar med sachserna ...". HATTON Ragnhild, *Karl XII*, Köping, 1985, s. 400-429.

[390] "... i hertigen av Marlborough, hade arvprinsen ett lysande exempel för att vägen till makten kunde gå genom kvinnohjärtan ... och att den man som behärskade en regerande drottning, också härskar över ett helt kungarikes resurser ... under Marlboroughs överbefäl kämpar arvprinsen av Hessen-Kassel i huset Brabants stamländer [slaget vid Malpaquet 1709] ... kasta längtansfulla blickar mot höga Norden. Det var ett strålande perspektiv. Det tyckte också Förenade Nederländernas statskloka och realistiskt räknande regering [1709]. Vad var väl ändå för en krigarprins av Hessen ståthållarskapet över Luxemburg mot den gamla stolta svenska kungakronan?" HOLST Walfrid, *Fredrik I*, Stockholm, 1953, s. 23, 24, 30.

[391] "Och arvprinsen [Fredrik av Hessen] uppbyggde lord Carteret [den engelska ambassadören] med följande tirad [1719]: 'Min vän, betrakta mig inte som prins utan som adelsman och engelsk officer. Jag har haft äran att tjäna flera år i edra trupper, och jag tror att hertigen av Marlborough och alla edra officerare kunna säga, att jag aldrig varit desertör. Nu när jag återträder i tjänsten, skall jag uppföra mig på samma sätt; och den gode Guden skall välsigna konungen [Georg I], som så ärorikt understött en av sina gamla officerare.' Var den sista meningen en avsiktlig ironi?" HOLST Walfrid, *Fredrik I*, Stockholm, 1953, s. 125.

[392] "Den 8 november ankom till Armfelt ett par sändebud från kungen ... De medförde order, att Armfelt skulle 'omedelbart staden attackera' och bryta igenom alla mötande svårigheter ...". BOBERG Torsten, MAIJSTRÖM Erik, *Tre tusen man kvar på fjället*, 1944, 2:a något omarbetade upplagan, s. 52.

[393] *Pues Occurences*, January 3, 1718-1719: "Hamburg, Dec. 20 [9 December O.S]. Some days ago an officer in the Service of King of Spain, known since to be Sir Patrick Lawless, passed this way in order to go to the King of Sweden. He lodged in our Suburbs, but kept incognito, and did not enter the City. He went to Lubeck or Rostock to impark for Sweden." Source: britishnewspaperarchive. co.uk.

Notat: Filip V av Spanien rapporteras chockad över Karl XII:s plötsliga bortgång, men fortsätter projektet med Jakob Edvard Stuart. De spanska trupperna förlorar dock slaget vid Glen Shil i Skottland 1719, vilket senare kallas det nittonde och sista försöket att placera Jakob Edvard Stuart på den engelska tronen. Men ytterligare ett försök görs 1745.

[394] "Amiral Norris hade redan i november 1718 förklarat för Stanhope att svenskarnas antåg i Norge måste anses visa, att de slutit fred med Ryssland, då de eljest icke skulle ha vågat blotta sin östkust på trupper/Norris till Stanhope 21/10." JÄGERSKIÖLD Stig, *Sverige och Europa 1716-1718*, Akademisk avhandling, 1937, s. 456.

[395] *Caledonian Mercury*, 29 June 1721: "The Treaty between Great Britain and Sweden, signed at Stockholm the 21st of January 1719-20. Whereas our most Serene and most Potent Prince and Lord, the Lord Georg King of the Great Britain, France and Ireland, Defender of the Faith, Duke of Brunswick and Lunenburgh, Arch Treasurer and Elector of the Holy Roman Empire, as likewise, the most Serene and Potent Princess and Lady, the Lady Ulrica Eleonora Queen of the Swedes, Goths and Vandals &, have thought it expedient, for the more strict connection and greater confirmation of a mutual friendship, and sincere Amity, and for the encreasting and promoting the Welfare and Security of the said Princes and their Kingdoms." Source: britishnewspaperarchive.co.uk

[396] "Allt samverkade till att vid den riksdag, som i januari 1720 samlades i Stockholm, ständerna lätt vunnos för att upphöja arvprins Fredrik till konung ... en betydande medhjälpare åt Fredrik av Hessen att nå sina syften, var den franske ministern i Stockholm, Jacques de Campredon. Ända från sin återkomst till Sverige sensommaren 1719 hade han varit ett verkligt stöd för arvprinsen och erhöll nu av sin regering 200 000 riskdaler att ställas till dennes disposition ... Från engelskt håll önskade man däremot sammankoppla Fredriks val med en försäkran om successionsrätt åt hertigen av Holstein. Då Georg slutligen som lån erbjöd en penningsumma men satte som villkor, att arvprinsen skulle medverka till att tronföljden skulle övergå till hertigen av Holstein, om Ulrika Eleonora avled utan arvingar, avslog Fredrik med skärpa det anbudet." HOLST Walfrid, *Fredrik I*, Stockholm, 1953, s. 128, 129.

[397] "I början af året 1721 ... franska regeringens fullmakt för Campredon att resa till Petersburg och medla fred... skulle Czaren framställa något förslag, som rörde tronföljden i Sverige, borde Campredon avvisa detsamma såsom skadande mot svensk regeringsform". STARBÄCK Carl George BÄCKSTRÖM Per Olof, *Berättelser ur svenska historien*, Åttonde bandet, Frihetstiden, s. 69, 70 / runeberg.org.

[398] "På själva den kungliga fyrtioårsdagen anlände helt oväntat Campredon från Sankt Petersburg och hade efter middagen en lång audiens hos Fredrik ... Det väckte ett visst uppseende, att den kände Sicre, som varit med Campredon i Ryssland, ej hade följt med till Stockholm utan i stället begivit sig till Paris med depescher." HOLST Walfrid, *Fredrik I*, Stockholm, 1953, s. 143.

[399] "Smygande rykten om att Sicre hade lönnmördat Karl XII vid Fredrikshald hade följt honom; ytterligare kompletterade med att han sökt taga hertigen av Holstein av daga i Moskva medelst en förgiftad peruk." HOLST Walfrid, *Fredrik I*, Stockholm, 1953, s. 152.

[400] "Ännu intressantare är upplysningen om att den franska regeringen inhämtat tre vittnesmål från inhemska officerare som närvarat i löpgraven den 30 november 1718. Inte heller detta har tidigare varit känt för forskningen ... Frankrike hade ett visst intresse av att frias från misstankar om delaktighet i en

eventuell sammansvärjning mot Karl XII:s liv." FROM Peter, *Karl XII:s död: Gåtans lösning*, Lund, 2005, s. 33.

[401] "... f.d. löjtnant Schultz i Petersburg spred ut, att han hört av Sicre själv, att denne i Norge skjutit Karl XII ... Antagligen var det därför på hans tillskyndan som hovkanslern von Düben genom svenske ministern i Paris lät förfråga sig hos Maigret och en annan officer ... Frågan resulterade i ett vittnemål från Maigrets sida, där han helt tog avstånd från misstanken om ett lönnmord och med iver sökte försvara Sicre." HOLST Walfrid, *Fredrik I*, Stockholm, 1953, s. 152, 153.

[402] "Första gången det så kallade tolstadiska ryktet dyker upp i en utförligare variant är hos historikern och politikern Carl Gustaf Nordin någon gång 1777-78 ... att verkställa hannoverska, hessiska och svenska planen om Karl XII:s expedierande utur världen'." FROM Peter, *Karl XII:s död: Gåtans lösning*, 2005, s. 131.

[403] "Det måste också Fabrice ha varit när han under ett anfall av melankoli bekände att han hade mördat kungen, fast han var långt borta från det norska vinterlandskapet." HATTON Ragnhild, *Karl XII*, Köping, 1985, s. 562 / Hatton hänvisar till Fabrice i sitt personregister: "Fabrice, Friedrich Ernst von (1682-1750), hannoveransk diplomat i Holstein-Gottorp tjänst till 1718, använd som agent av Georg I av Storbritannien, blev kurfurstlig kammarherre efter Karl XII:s död."

[404] Till exempel Fabrices anekdot om vistelsen i Bender: "De strider som verkligen förekom under kalabaliken, som började lördagen den 31 januari 1713, och antalet stupade har i hög grad överdrivits ... dem som deltog och dem som – likt Fabrice och de la Motraye [engelsman i Fabrices tjänst], den senare utklädd till tatar – bevittnade det som åskådare ... En kula hade snuddat vid hans [Karl XII:s] näsa och öra och rispat upp örsnibben." HATTON Ragnhild, *Karl XII*, Köping, 1985, s. 405, 409.

[405] Voltaire berättar om sin *Histoire de Charles XII* (1848): « Je la composais d'abord, comme on sait, sur les mémoires de M. Fabrice. »

[406] "I 9:de delen af De la Gardieska arkivet yttrar domprosten Per Wieselgren: 'Emellertid tror utg. det vara klart att kung Carl ej föll blott för en kvinnas kärlek till en man [Fredrik av Hessen] utan alla högre egenskaper; eller för denne mans kärlek till en krona som han ej kunde ambiera med synnerlig styrka ... utan att han som kämpat mot en verld också stupade för en koalition af Europas väldigaste makter [Georg I och hertigen av Orléans], hvilka dock måste för att segra om ej 'mörda i sömnen' dock köpa lönnmördaren ...". HULTGREN O.J., *Om Mordet på Karl XII Historisk och juridisk undersökning*, Stockholm, 1897 / nerladdad från gutenberg.org den 29 oktober 2016.

"För den åsigten, att Karl den tolfte blifvit mördad, hafva tvenne ansedda historieskrifvare uttalat sig. *Rühs* i sin Svea rikes historia yttrar: 'Jag tviflar icke att Carl blef mördad' ... I *Schlossers* verdshistoria yttras: 'Den mening, att Karl fallit såsom offer för en sammansvärjning och att hans yngre syster icke var alldeles obekant med de sammansvurnes plan ...'.". HULTGREN O.J., *Mord på Karl XII*, Stockholm, 1897, s. 65.

[407] "I största hemlighet och utan dröjsmål hade Fredrik av Hessen sent på kvällen den 30 november skickat ett par officerare för att arrestera Görtz, 'i konungens namn'. De påträffade honom den 2 december i Tanums prästgård på svenska sidan om gränsen ...". HATTON Ragnhild, *Karl XII*, Köping, 1985, s. 572.

[408] "Rättegången mot G utvecklades i rent skandalösa former, där även de mest elementära rättsregler åsidosattes. Orimliga och grundlösa beskyllningar sammanställdes av åklagaren till en rad anklagelser med ytterst svävande formulering. G [Görtz] anklagades för att redan innan han trätt i Karl XII:s tjänst ha varit illa sinnad mot 'Hans Majestät och dess rike', att ha 'förtalat rikets ämbetsmän' och sökt 'sätta Kungl Maj:tt uti misstroende till sina undersåtar' samt att han verkställt skadliga råd och avrått från fred. Än värre blev det i fortsättningen. Han förmenades rätten att anlita juridisk hjälp, tilläts inte att avge skriftligt svaromål och fick endast begränsad tillgång till handlingarna i målet. Blott tre halvdagar anvisades G att bereda sig på sitt muntliga försvar." Källa: Georg Heinrich Goertz, von, https://sok.riksarkivet.se/sbl/artikel/13102, Svenskt biografiskt lexikon (art. av Sven Grauers), hämtad 2016-11-05.

[409] *Pue's Occurences,* Vol. XVI, 21 March 1719: "Hamburg, March 21 N.S. Letters from Stockholm ... The baron caused the following Epitah to be fixed on his coffin, viz. Mors regis fides in regem mors mea; that is, The King's Death, and my Loyalty to the King, were the Cause of my Death." Source: britishnewspaperarchive.co.uk.

[410] "Lennart Thanner har i en avhandling noggrant studerat händelserna i anslutning till kungens död. Han anser att rådsprotokollet bör granskas kritiskt även om han inte tvivlar på dess äkthet." FROM Peter, *Karl XII:s död: Gåtans lösning*, 2005, s. 81.

[411] Carl-Gustaf Rehnskiöld blev utnämnd till riksråd av Fredrik av Hessen 1719. Han dog 1722 och vid begravningen deltog Fredrik I i den ståtliga ceremonin. Rehnskiöld hade tillbringat de sista nio åren i Ryssland och skickats till Sverige i oktober 1718. Vid slaget i Poltava 1709 hade han begått ett 'misstag', som kan ha lett till Karl XII:s förlust. Senare hade Rehnskiöld sagt om sitt eget misstag: 'Ett enda misstag kan förmörka all föregående gloire'. Källor: HOLST Walfrid, *Fredrik I*, Stockholm, 1953, s. 144. HATTON Ragnhild, *Karl XII*, Köping, 1985, s. 340, 341.

[412] "Den svenska militära eliten var nu samlat i ett och samma rum." FROM Peter, *Karl XII:s död: Gåtans lösning*, 2005, s. 75.

[413] I krigsprotokollet är Albedühl den ende som citeras individuellt (på tyska) förutom Cronstedt, Karl Fredrik av Holstein-Gottorp och Fredrik av Hessen. De

övriga talar i grupp (Generalmajorerna med Öfwersten af Gardet, Generalerna, Deras Grefl Excellenser).

[414] "Han [Albedühl] erhöll i okt. [1718] befälet över den s.k. värmländska kåren ... Sedan förbindelse ernåtts med de söderut framryckande delarna av armén, nådde A. avsevärt försenad, Höland (22 nov). Samtidigt kallades han till huvudkvarteret i Tistedalen och överlämnade därvid befälet till sin närmaste man generalmajor K.M. von Leutrum." Källa: Svenska riksarkivet / Svenskt biografiskt lexikon (art. av H.E. Uddgren), hämtad 2016-06-14.

"Lantgreve Carl såg sig emellertid förhindrad att företa den långa resan till Sverige [1718]. I stället sände han den i svensk tjänst stående generalmajoren Karl von Leutrum, som lantgreven lyckats befria ur preussisk fångenskap och som stod i gunst hos Karl XII." HOLST Walfrid, *Fredrik I,* Stockholm, 1953, s. 89.

[415] "Henrik Otto von Albedyl ... misslyckade anfallet mot Veprik 7 jan. 1709 ... Ur den ryska fångenskapen befriades han endast för att råka i dansk ... övergiven av sitt folk ...". Källa: Svenska riksarkivet / Svenskt biografiskt lexikon (art. av H.E. Uddgren), hämtad 2016-06-14.

[416] "Henrik Otto von Albedyl ... dömdes han av Svea hovrätt för underlåtenhet att åtlyda påbudet om inställelse i svensk tjänst [1702] ... förde ett nyuppsatt, av tyskar bestående dragonregemente, som vid en del tillfällen visade sig ganska opålitligt ... förde en av stormkolonnerna vid det misslyckade anfallet mot Veprik 7 jan 1709". Källa: Henrik Otto von Albedyl, https://sok.riksarkivet.se/sbl/artikel/5646, Svenskt biografiskt lexikon (art. av H.E. Uddgren.), hämtad 2016-11-08.

[417] "Henrik Otto von Albedyl ... Av generalmajor Leutrum, till vilken han ej tycks ha stått i gott förhållande, beskylles A för långsamhet i operationerna, och enligt samme sagesman skulle han på grund av fullständig obekantskap med de här rådande förhållandena ej ha visat sig lämplig för uppdraget." Källa: Henrik Otto von Albedyl, https://sok.riksarkivet.se/sbl/artikel/5646, Svenskt biografiskt lexikon (art. av H.E. Uddgren.), hämtad 2016-11-08.

"En annan officer som ådrog sig åtminstone antydda förebråelser från Karl XII var generallöjtnant d'Albedyhl, den ursprunglige chefen för den största gruppen av Värmlands-armén. Hans brist på initiativ i de inledande skedena av fälttåget väckte uppmärksamhet, och i mitten av november fick han order att låta sina trupper ansluta sig till dem som redan stod under generalmajor Leutrums befäl, medan han själv skulle anmäla sig i högkvarteret. Man vet inte om han där fick förebråelser av kungen. Men redan den omständigheten att han miste sitt befäl måste ha varit ett tecken på den kungliga onåden och kännas förnedrande; baksidan av medaljen, då kungen belönat ovanliga förtjänster med befordringar för att uppmuntra officerarnas initiativ och ansvarskänsla." HATTON Ragnhild, *Karl XII*, London, 1968, s. 549.

[418] "Bennet ... Som kornett vid d'Albedühls regemente deltog han i slaget vid Düna (1701) ... blef 1719 friherre ...". Källa: Nordisk familjebok, 1904 / runeberg.org.

"Friherre Johan Reinhold von Trautvetter zu Altanze ... Kapten vid öfverste d'Albedyll's dragoner ... 2 maj 1720 friherre. Envoyé extra ordinarie till Storbritannien."

"Friherrliga ätten von Trautwetter nr 180 ... Friherrlig 1720-03-02, introd. s. å. Utdöd 1740-01-18 ... Hemkom 1718-07-00." Källa: adelsvapen.com

[419] "Stackelberg, Carl Adam ... gift med Ulrika Eleonora von Albedyl ...". Källa: Svenskt biografiskt handlexikon, 1906 / runeberg.org.

"Friherrl. Ätten Stackelberg, nr 127 TAB 1. Carl Adam Stackelberg ... Ulrica Eleonora von Albedyl ... samt kusin till General-Löjtnanten Henric Otto Albedyl, Baron von Albedyl, N° 182." Källa: Svenska adelns ättar-taflor / runeberg.org.

"Stackelberg N:° 127 Friherrliga ätten Stackelberg nr 127 Friherrlig 1714-06-06, introd. 1719." Källa: adelsvapen.com.

[420] "Henrik Otto von Albedyl ... friherre 2 mars 1720 ... erhöll 1719 permission för att vid de varma baden i Tyskland bota en under norska fälttåget ådragen sjukdom ... lämnade snart Sverige". Källa: Henrik Otto von Albedyl, https://sok.riksarkivet.se/sbl/artikel/5646, Svenskt biografiskt lexikon (art. av H.E. Uddgren.), hämtad 2016-11-08.

[421] "Taube nr 62 – Hans Henrik ... son av Gustaf Adam Taube ... Fänrik vid general Rancks regemente i hessisk tjänst ... Svensk kammarjunkare 1718-04-03. Generaladjutant hos sedermera konung Fredrik 1 s.å. Kammarherre 1720 ... Gift 1721-08-21 med friherrinnan Barbro Fredrika von Albedyl, dotter av generallöjtnanten Henrik Otto Albedyl, friherre von Albedyl." Källa: www.adelsvapen.com.

"I en skrivelse till Taube den 5 december erinrade Fredrik I om sina två tidigare kurirer. Den ena är förstås Sicre, den andra förmodligen Taubes egen son, Hans Henrik Taube, som anlände mellan den 6:e och den 8:e ... Nils Ahnlund tycks ofrivilligt vilja tillskriva H.H. Taube informationer om högerskottet ... men denne hade knappast kunna anföra något annan än vad Fredrik tidigare sagt i sina brev." UPPSTRÖM Rolf, *Mysteriet Karl XII:s Död*, c. 2000, s. 162 / not 51.

[422] Albedühl blev överkommendant i Hamburg 1725. När han dog 1738 övertogs hans post av Johan Stenflycht.

"Den 19 juni 1738 utnämndes han [Stenflycht] av Hamburgs krigskollegium till hanseatisk generallöjtnant och överkommendant i Hamburg, där han kom att efterträda den karolinske generallöjtnanten Henrik Otto von Albedyl, som tillträtt befattningen i Hamburg 1725 och avlidit 1738." Källa: Förord till General Stenflychts minnen från Det stora nordiska kriget / broman.nu.

Idag finns den så kallade "Albedyhllska samlingen" på Kungliga biblioteket i Stockholm bestående av 0,13 hyllmeter, 3 volymer: "Biografiska anmärkningar: Christer Henrik Albedyl erhöll svensk friherrlig värdighet 1720 under namnet D'Albedyhl ... Proveniens: D'Albedyhl-samlingarna har kommit till KB vid två tillfällen, 1855 samt 1951 ... År 1877 följde även en stor samling D'Albedyhlska familjepapper med den så kallade Westinska samlingen till Universitetsbiblioteket i Uppsala." Källa: www.ediffah.org.

[423] "Von Schwerin nr 133 ... Filip Bogislav von Schwerin ... Friherre 1717-12-06 (Introd. 1719 under nr 133). Avsked 1719-10-14 ... Bevistade 1718 års fälttåg i Norge och blev därunder s.å. i sept i en sjödrabbning blesserad, men var sedan tillstädes vid Fredrikshalls belägring." Källa: www.adelsvapen.com / nerladdat den 26 december 2016.

[424] "Generalmajorerna med Öfwersten af Gardet sig således yttrade, att som uti Arméen många sjuka finnas och dagl:n mehr och mehr siuka ... emedan man ej heller wiste, huru med ryska freden står, och det för högst betänkeligt hölts att här upoffra en Armée ... Generalmajor Cronstedt, som härwid inkom ... wähl tre weckors tid ärfordrades dem att framskaffa [artilleri och ammunitions-sorter] ... Bägge Deras Grefl. Excellencier talade sålunda ... dass die Gothenburgische Escadre ... möchte einfrieren ...". THANNER Lennart, *Handlingar angående revolutionen i Sverige 1718-1719*, Stockholm, 1954, s. 11, 12.

[425] "Hade olyckan redan skett eller kom att inträffa, 'måste man främst nödvändigtvis vara betänkt på medel att såväl inom som utom riket vidmakthålla Hennes Kungl. Höghets odisputerliga rätt till tronföljden, därnäst genom ett vapenstillestånd ... '[1715] ... Uttalandet är av största intresse. Det innehåller i själva verket de allmänna riktlinjerna för handlingsprogrammet efter Fredrikshald." HOLST Walfrid, *Fredrik I*, Stockholm, 1953, s. 63.

[426] "Ihro Hochfürstl. Durchl:t der Erbprintz von Hessen Cassel: Nach uns dass Unglück getroffen einen so gnädigen König zu verliehren, so habe ich die Zuversicht, zu alle die braffe H:r Generals insgesamt, dass Sie Mir wollen die Ehre thun, und Mir mit Ihren guten Rath an Hand geben ... confirmiere Ich Mich mit denen justen und equitablen Sentiment derer Hh:r Generals, und werde mit Ihnen insgesamt suchen dispositiones zu machen, dass die Regimenter können in Ruhe wiederum nach Hause kommen ...". THANNER Lennart, *Handlingar angående revolutionen i Sverige 1718-1719*, Stockholm, 1954, s.12.

[427] "Bägge Deras Grefl. Excellencier talade sålunda: Wir solten zwar von der Meinung seyn, dass die Belagerung noch etwas solte continuiret werden, so wohl dess Honneurs halber, wie auch weil noch keine Ordres im Lande gemacht seyn

zu dem Rückmarche ... So lange müssen die Troupen aber hier stehen bleiben, biss alles in Ordnung kan abgeführet, und Ordres im Lande zum Rückmarche gemachet werden." THANNER Lennart, *Handlingar angående revolutionen i Sverige 1718-1719*, Stockholm, 1954, s. 11, 12.

[428] "Direkt efter krigsrådet skrev fältmarskalkarna Rehnskiöld och Mörner ett brev till rådet i Stockholm ... 'refererar wij oss för öfrigt på den disposition till arméens uthmarsche, som hans durchlauchtighet arfPrintzen med Eders Excell:tier lärer communicera'." FROM Peter, *Karl XII:s död: Gåtans lösning*, 2005, s. 78.

[429] Krigsprotokollet: "Sedan frågades, hwad med Generallieutenant Armfelts Armée skulle företagas, och blev öfwerenskommit, att äfwensom denne Arméen nu skulle marschera hemåht, så kunde densamma få dylika order." THANNER Lennart, *Handlingar angående revolutionen i Sverige 1718-1719*, Stockholm, 1954, s. 12.

[430] "Prins Fredrik [av Hessen] begick ett allvarligt – och obegripligt – misstag direkt. Han skickade helt motsatta order om arméns hemmarsch till Frisenheim och Hamilton ... Först den 19 december fick Frisenheim order att underrätta Armfelt." JAKOBSSON Jakob, GUTTORP Anna, *Johan Henrik Frisenheim – en biografi från stormaktstiden*, www.frisenheim.se, nerladdat den 19 november 2016.

[431] "Nu [vid jultid 1718] kände alla till, att Karl XII stupat. I det längsta hade saken hemlighållits ... omkring 4 300 man, varav inemot 3 750 döda och återstoden till hälsan ohjälpligt förstörda." BOBERG Torsten, MAIJSTRÖM Erik, *Tre tusen man kvar på fjället*, 1944, 2:a något omarbetade upplagan, s. 137, 198.

[432] "Det var svaret på följande brev Fredrik hade skickat till den blivande drottningen redan den 2 december med nämnde Wilhelm Bennett som kurir ... Officiellt var Bennetts ärende att till Ulrika Eleonora framföra militärens deltagande i hennes sorg över den stupade brodern. Dock har Ulrika Eleonora lämnat en från Bennett avvikande skildring av händelseförloppet. Enligt den blivande drottningen hade Bennett på arméledningens uppmaning lyckönskat henne till 'anträdet på tronen'." FROM Peter, *Karl XII:s död: Gåtans lösning*, s. 84.

[433] Ett brev från kommissarien vid Jämtlands regemente daterat Duved (i Jämtland) den 13 december visar, att både Karl XII:s död och Ulrika Eleonoras tronbestigning skulle hållas hemliga: "Nu på stunden hade jag brev från Sekreteraren Drake, som ber mig notificera Hr. General Major Horn de beklagel. Tidenderna att Hans Maj:tt är förleden d. 30 nov. Klockan 9 om aftonen af en Musquet Kula genom tinningarna skutin och död utanför fästningen Fridrichshall, och att Hennes höghet Arvprinsessan redan är i Stockholm för Drottning utropad ... Att han denna tidende alldeles i Tysthet håller, att ingen utom Generalen den får veta, emedan det är strängel. förbjudet låta den till gemen man utkomma."

BOBERG Torsten, MAIJSTRÖM Erik, *Tre tusen man kvar på fjället*, 1944, 2:a något omarbetade upplagan, s. 126, 127.

[434] "Han [Karl Fredrik av Holstein-Gottorp] skrev efter krigsrådet följande brev till sin moster Ulrika Eleonora ... '1 december 1718 ... genom ett hel olyckeligt cartetsche skott d. 30 förleden månad kl:n mellan 9 och 10 om aftonen ...' [sic]. Till rådet i Stockholm skrev han samma dag ett liknande brev ... 'i åminnelse igår Affton som war d. 30 November Kl:n emellan 9 och 10 medelst ett olyckeligt skått av en cartesch genom hufwudet uti Tranchéen för Fredrichshall ...'." FROM Peter, *Karl XII:s död: Gåtans lösning*, s. 90, 91.

[435] Direkt efter krigsrådet skrev fältmarskalkarna Rehnskiöld och Mörner ett brev till rådet i Stockholm där de beklagar att 'Hans Kongl. Maij:tt alles wår allernådigst Konung glorwyrdigst i åminnelse och nu i herranom högstSahl. Konung Carl den tolffte är i förleden natt uti approcherne för Fredrichshalls fästning af rijksens fiender till dödzskuten." FROM Peter, *Karl XII:s död: Gåtans lösning*, 2005, s. 78.

[436] "... 'Fördenskuld och emedan Eders Excell:er lära twifwelsutan wara med oss i detta målet af enahanda tanckar, så refererar wij oss för öfrigit på den disposition till arméens uhtmarche, som hans durchlauchtighet arvPrintzen med Eders Excell:tier lärer communicera'." FROM Peter, *Karl XII:s Död: Gåtans lösning*, 2005, s. 78.

[437] "Samtidigt med att generalmajor Bennet avsändes till Stockholm, anlände därifrån till armén holsteinska justitierådet Paulsen med 100 000 daler silvermynt från Upphandlingsdeputationen. Holsteinaren häktades redan i Strömstad, och krigskassan tog arvprinsen fördomsfritt och världserfaret hand om. Han lät under de närmaste dagarna utdela den åt de högre officerarna som en gottgörelse för under fälttåget utståndna strapatser." HOLST Walfrid, *Fredrik I*, Stockholm, 1954, s. 105.

Notat: Upphandlingsdeputationens kassa innehöll medel inkomna från köpmännen i Göteborg (för Madagaskarprojektet) samt inbetalningen från Spanien. Karl XII hade träffat representanter från Madagaskar (William Morgan och Jean Monnery) i Strömstad i juni 1718 och "utfärdad ett formligt skyddsbrev, vari han [Karl XII] under förutsättning att vederbörande [Madagaskar och olika pirater] avstod från sin hittillsvarande hantering tog dem under sin protektion". Källor: Otto W Klinckowström, https://sok.riksarkivet.se.sbl.artikel/11601, Svenskt biografiskt lexikon (art. av Sven Grauers), hämtad 2018-01-28, och http://gamlagoteborg.se.

[438] "Fredrik delade ut 10 000 daler i lödigt silvermynt, som strax efter kungens död anlände från upphandlingsdeputationen. Summan kom som en förstärkning till krigskassan men delas ut till generalerna, som en belöning för deras 'vedermödor' under fälttåget'." HATTON Ragnhild, *Karl XII*, Köping, 1985, s. 577.

"Cronstedt fick också ovanligt mycket pengar ur den svenska krigskassan som arvprins Fredrik efter kungens död hade konfiskerat ... Ur den *Förteckning på de Gratificationer* som upprättades över pengarnas fördelning framgår att 'Gen. Maj. C. Cronstedt' fick 4000 daler silvermynt." FROM Peter, *Karl XII:s Död: Gåtans lösning*, 2005, s. 127.

[439] Krigsprotokollet: "Bägge Deras Grefl. Excellencier talade sålunda: ... dass die Vestungen so mit Artillerie und Ammuniction solten, providiret seyn, davon ganz entblösset stehen ...". THANNER Lennart, *Handlingar angående revolutionen i Sverige 1718-1719*, Stockholm, 1954, s. 12.

[440] "Intyg om att Karl XII:s död ingen sorg väckte hos somliga högre officerare, utan tvärtom förorsakade en tillfredsställelse, som stärker misstanken på sammansvärjning, ha vi i ett uttalande av den vid belägringen av Fredriksten fästning närvarande generalmajoren Leutrum. Han har omtalat, hurusom det förtröt honom, att man ej fortsatte belägringen samt att han förnummit, att arvprinsen Fredrik av Hessen-Kassel ville att man skulle fortsätta därmed, 'men att dessa personer, som kungens död mera gladde än bedrövade, genomdrevo krigsrådets slut'." NYSTRÖM Anton, *Karl XII och Sammansvärjningen mot hans envälde och liv*, Stockholm, 1928, s. 176.

[441] "Schloss Kilchberg ist der private Wohnsitz der Familie von Tessin ... Der Schlosspark wurde in der Barockzeit unter dem in österreichischen Diensten stehenden Generalfeldmarschalk Karl Magnus Leutrum von Ertringen (1680-1738), der seit 1721 Besitzer Kilchbergs war, angelegt ...". Source: www.schloss-kilchberg.de/kilchberg.html / downloaded 12 October 2016.

[442] "General C. Örnstedt, som alltid var Karl XII uppriktigt tillgiven och hade, liksom många andra i hans omgivning vid Fredrikstens belägring hört ryktet om att ett anslag mot kungens liv var å bane, skall i förening med general Düker besvurit honom om aftonen den 30 nov, stanna i sin hydda vid skansen Gyldenlöwe. Örnstedt var vid underrättelsen om, att Karl XII skjutits, övertygad om att han blivit mördad och denna övertygelse lämnade honom aldrig ... han for hem till sin egendom Skottorp (i södra Halland), där han mestadels levde till sin död ... Han vidblev ihärdigt sitt beslut att ej draga sin värja mer, ja, han undvek t.o.m. då möjligt var, att se den höga person (Fredrik), vilken han ej ansåg ren i avseende till det lilla stick- eller skottsåret i konung Karls tinning ... då kung Fredrik en gång på resa åt södra orterna velat göra Örnstedt sitt besök, hade Ö, som därom blivit underrättad, begivit sig ut på att fiska ...". NYSTRÖM Anton, *Karl XII och Sammansvärjningen mot hans envälde och liv*, Stockholm, 1928, s. 178.

"Örnstedt, Carl Gustaf ... icke kom öfverens med konung Fredrik, tog afsked ur krigstjänsten. Han slog sig därefter ned på sitt gods Skottorp ... afled där ogift d. 5 mars 1752." Källa: Svenskt biografiskt handlexikon, 1906/runeberg.org.

[443] "Sålunda hade biskopen Carl Gustaf Nordin funnit en annotation från 1740-talet vari kammarrådet Woltemat berättat 'at han sett Konungens Hatt straxt, och at då ej var något hål på densamma, utan at det sedermera blifvit utskurit utur Hatten ...'." UPPSTRÖM Rolf, *Karl XII:s död*, s. 172 / footnote 223.

"Melchior Neumann, som utförde balsameringen av liket, borde ha varit rätt man att en gång för alla klargöra omständigheterna kring kungens dödssätt och skottriktningen. Men märkligt nog saknas sådana, vad vi idag skulle kalla rättsmedicinska, anteckningar från Neumann ... inget nämns om hur han behandlade huvudet." FROM Peter, *Karl XII:s död: Gåtans lösning*, s. 147.

"... Neumann, som i sin rapport skriver att kungen blev skjuten 'från vänstra sidan'." HATTON Ragnhild, Karl XII, Köping, 1985, s. 571.

[444] "Madagaskarplanerna fortsatte dock under åren 1719-1722 med Ulrika Eleonora som regent och senare under Fredrik I." Källa: gamlagoteborg.se/2017/02/25/karl-xii-madagaskar-goteborg-och-kapare, nerladdat den 28 juni 2018.

[445] "Hennes innersta önskan var nu, liksom på förra riksdagen, att få till stånd en samregering ... men man krävde, att drottningen först borde abdikera, för att hon ej skulle blanda sig i affärerna ... Den 27 februari lät hon [Ulrika Eleonora] till rådet och vardera av de fyra stånden överlämna skrivelser ... ' ... att Hans Konglig Höghet, min kärälskelige gemål, jämlikt mig såsom konung bliver lika delaktig uti riksens styrelse ... alltid sättas bägge våra namn på all breven ... [samregent]' ... En sekret deputation, sammansatt av medlemmar från samtliga ständer, fick sedan hand om den viktiga frågan ... Två dagar senare formulerade hon sin kapitulation ... Det var med högst blandade känslor Ulrika Eleonora överlämnade kronan och lade ned insignierna på sin värdighet. Hon kände det som ett offer ... 'rävstreck' skrev hon helt expressivt i marginalen till bestämmelserna ...". HOLST Walfrid, *Ulrika Eleonora d.y.*, Stockholm, s. 221, 223, 224, 225, 227, 229.

[446] "Freden i Nystad är den fred som slöts mellan Sverige och Ryssland den 30 augusti 1721 i Nystad i nuvarande Finland. Freden avslutade det stora nordiska kriget, och innebar att Sverige fick avträda delar av Viborgs och Kexholms län och hela Ingermanland, Estland (med öarna Ösel och Dagö) samt Livland till Ryssland. Gränsen mellan Sverige och Ryssland kom att dras ungefär där gränsen mellan Finland och Ryssland går numera." Källa: https://sv.wikipedia.org/wiki/Freden_i_Nystad, nerladdat den 31 augusti 2018.

Notat: Enligt Voltaire hade Tsar Peter varit mycket nöjd med avtalet och sagt till sina ambassadörer: "You have drawn up the treaty as if we ourselves had dictated it and sent it to you to offer the Swedes to sign."

[447] "Då upptäckte man hos notarien Dahlén vid ständernas kontor koncept dels till ett svar på de tre högre ståndens föreställning, dels till en skrivelse, i vilken bondeståndet åt Fredrik I uppdrog den makt tidigare konungar ägt, 'förrän

suveränitetensnamnet kom i bruk'. Utan skrupler slog nu utskottet till. Mannen togs i förhör och förmådde namnge sina medskyldiga, däribland den hessiske sekreteraren Gehebe. Alla betänkligheter skötos åt sidan, och för första gången i sin historia tog sig nu sekreta utskottet makten att företa häktningar ... Endast Gehebe fann man lämpligast att ej antasta. En ständernas kommission dömde därefter de häktade till döden och andra till hårda straff." HOLST Walfrid, *Fredrik I*, Stockholm, 1953, s. 149, 150.

"Lewenhaupt, Gustaf Fredrik ... Han blef sedermera under Frihetstidens första skede invecklad i den på Gyllenroths angifvelse väckta rättegången mot Stobée och blef ålagd att med värjemålsed fria sig från anklagelsen, att med mutor hafva förledt vittnena då döden kommit emellan den 10 februari 1723. L hade då ännu en anklagelse på sig, nämligen att hafva underblåst rörselsen i bondeståndet för ökad konungamakt." Källa: Svenskt biografiskt handlexikon, 1906 / runeberg.org.

[448] "Den riksdag, som i mitten av januari [1723] samlades i Stockholm, kom i själva verket att bli lika avgörande för konung Fredrik personligen som för den unga svenska friheten ... Men på riksdagen blev man konungen och hans anhängare inte svaret skyldig. Adeln hade till lantmarskalk med utpräglad röstövervikt valt presidenten i statskontoret, generalmajor Sven Lagerberg, en varm frihetsvän, allmänt aktad för redbarhet och stor duglighet. Vid riksdagens öppnande höll han ett tal, som väckte genljud i hela landet ... Kungens underkastelse var fullständig." HOLST Walfrid, *Fredrik I*, Stockholm, 1953, s. 149.

[449] "När överheten ser mer på sin makt, sin myndighet, sitt herravälde, sin höghet, sin ära, än undersåtarnas kärlek, förkovring, välgång och lycksalighet ... förlorar det senare, som mer än tusende gånger större och överheten nyttigare är ...". HOLST Walfrid, *Fredrik I*, Stockholm, 1953, s. 149.

[450] "Kusligt bör det då verkligen ha varit för konungen, att just den våren hans trogne och i allehanda värv använde Sicre, blev, som det hette i en samtida anteckning, 'rasande galen' ... Smygande rykten om att Sicre hade lönnmördat Karl XII vid Fredrikshald hade följt honom; ytterligare kompletterade med att han sökt taga hertigen av Holstein av daga i Moskva medelst en förgiftad peruk ... 'ropade han [Sicre], som en galen människa åt vakt, åt doktorer och fältskärer och igenom fönstret åt alla människor på gatan, att han var konungens baneman'." HOLST Walfrid, *Fredrik I*, Stockholm, 1953, s. 151, 152.

[451] *Newcastle Courant*, 3 August 1723: "The States of Sweden have appoint'd a Committée, sworn to keep Secrecy, who are to examine into the Death of the late King of Sweden, who was kill'd before Frederickshall in Norway, and are said to have made such a progress therein by the Diligence of Count Horn their Chairman, as gives them great Hopes of coming to the bottom of that intricate Affair ... What is now under the Consideration of the Secret Committee in Sweden, is what has been long since due to the Memoir of their (late) Brave and

Illustrious Monarch CHARLES XII; the Circumstance of whose untimely Death give an ample Field for Suspicion: Since, so great a Prince as he, with only a foreign Colonel with him, and two or three Attendants, to be shot creeping upon his Knees by a Musquet Ball from the Town, in the Trenches, seems highly improbable. May Divine Providence bring this Affair to Light, and detect and punish all King Killers." Source: britishnewspaperarchive.co.uk.

[452] Olof J. Dagströms skrifter på 106 foliosidor, som fick honom dömd till livstids fängelse den 9 november 1728, blev offentligen uppbrända den 13 mars 1730. Källa: Svenskt biografiskt lexikon / riksarkivet.se, urn:sbl:15767, artikel av Sture Bolin, hämtad 2018-08-08.

Walfrid Holst beskrev Dagstöms öde: "Malört i glädjebägaren var dock för Fredrik I:s vidkommande, att ryktena kring Karl XII:s död aldrig tycktes vilja tystna. De gingo ständigt igen ... en formlig anklagelseakt mot konung Fredrik. Den som hade dristigheten att framföra den var en gammal karolin [Olof J. Dagström] ... Han hade blivit sårad vid Narva, vid Klissov fått svåra blessyrer i huvudet, överlevt Poltava och följt med Karl XII till Turkiet ... Dagström hade sedan återvänt till Sverige och gift sig med en förmögen skånsk adelsdam ... Ulrika Eleonora hade dock 1719 benådat honom och tilldelat honom adelskap; 1723 erhöll han överstelöjtnants avsked ... Han bet sig så småningom fast vid den idén, att hertig Karl Fredrik var den rätte tronarvingen i arvriket Sverige ... 1728 gick han till storms såväl mot ständerna som mot regeringen med Arvid Horn i spetsen samt anklagade kung Fredrik och hans drottning för att ha anstiftat mord på Karl XII och därefter orättmätigt ha bemäktigat sig tronen ... Slutligen dömdes Dagström i november till livstids fängelse." HOLST Walfrid, *Fredrik I*, Stockholm, 1953, s. 162, 163.

[453] "I rättegångsprotokollet [om Olof Dagström] står ett betydelsefullt uttryck skrivet på en rasur. Är det, vilket blivit hävdat, en medveten förfalskning av protokollet av största räckvidd eller är upphovet till ändringen endast 'någon språklig ofullkomlighet i den första texten, fastställd vid kollationeringen och mycket lätt att förklara från kopistens sida, särskilt ifall konceptet varit otydligt'? Åsikt står ännu mot åsikt därom i den i våra dagar livliga diskussionen om Karl XII:s död." HOLST Walfrid, *Fredrik I*, Stockholm, 1953, s. 162, 163.

Historikern Sture Bolin skrev i sin artikel om Olof Dagström, att hans skrifter "förete dock knappast några spår av sinnessjukdom, men jäva icke intrycket, att man har att göra med en religiöst exalterad människa." Källa: Svenskt biografiskt lexikon / riksarkivet.se, urn:sbl:15767, artikel av Sture Bolin, hämtad 2018-08-08.

[454] "Sveriges Rikes Lag gillad och antagen på Riksdagen Åhr 1734. Missgiernings Balk ... IV Cap Om Förräderi 1§ ... mista högra hand, halshuggas och steglas ... 5 § Then, som betrodd är att weta att Konungens och Rikets hemliga rådslag eller slut, i the ärender, ther å Rikets wård och säkerhet ligger, och them uppenbarar; eller gifwer något utan lof och minne the skrifter ut, som han i thy mål lönliga

[hemliga] hålla bör; stånde samma straff, som om förräderi sagdt är ... V. Cap ... Hwar som lasteliga talar, eller skrifwer, något emot Konungen, eller Drotningen, eller then, som til Efterträdare i Regementet förklarad är; warde halshuggen." Källa: Wikisources.org nerladdat 28 februari 2018.

[455] "Samtidigt började också Frimurarorden att blomstra i Stockholm. Denne orden hade införts av grefve Axel Wrede Sparre ... Sedermera generalmajor, president i krigskollegium och slutligen öfverståthållare i Stockholm (död 1772). Sparre hade, vid 23 års ålder [1731] i Paris intagits i frimurarorden. Den andre frimuraren i Stockholm var riksrådet, frih. Nils Magnusson Palmstjerna; den tredje i ordningen frih. Erland Carlsson Broman." Källa: Ordens-Sällskap och Klubbar / Claes Lundin, August Strindberg; Kapitel XIII / Stockholm Stad, www.stockholmskallan.se nerladdat i oktober 2016.

Snart blev den jakobitiske grundaren av det franska frimureriet också medlem: "Överstormästare/Protektor/Beskyddare: James Hector McLean (1735-1737), fr. Greve Darwentwater (1737-1738), fr. Hertig d'Antin (1738-1743), fr. Greve Clermont (1743-1758),fr." Källa: wikipedia.org / Svenska Frimurare Orden, nerladdat den 15 oktober 2016.

[456] "The watershed in this process is generally taken to be the formation of the first Grand Lodge in London in 1717 ... The Constitutions of the Free-Masons, 'For the Use of the Lodges' in London and Westminster, was published in 1723. It was edited by the presbyterian clergyman, James Anderson, to the order of John Theophilus Desaguliers, and approved by a Grand Lodge committee under his control. This work was reprinted in Philadelphia in 1734 by Benjamin Franklin, who was that year elected Grand Master of Masons in Pennsylvania. It was also translated into Dutch (1736), German (1741), and French (1745)." Source: wikipedia.org / History of Freemasonry, downloaded 17 February 2018.

[457] "Inte heller blevo de värda underhandlarna lottlösa. Palmstierna erhöll en pension på 1000 plåtar årligen. Erland Broman fick, förutom stora gåvor, för sin del allt mera hand om kungens penningaffärer, en förmån som säkert ingen förstod att bättre utnyttja än denne grandiose slösare och leberman." HOLST Walfrid, *Fredrik I*, Stockholm, 1953, s. 251.

"An English Lodge is also said to have been founded at Dunkirk in 1721. Another "first Lodge" was organised by exiled Jacobites under the Earl of Derwentwater in Paris about 1725." Source: Wikipedia.org / Grand Orient de France, downloaded on 26 December 2016.

[458] "Häpnaden blev därför så mycket större, då drottningen efter gemålens återkomst till Sverige [från Hessen] lät på nyåret 1732 till sin hovfröken utnämna – Hedvig Ulrika Taube. Hur var det möjligt? Vad låg bakom detta

uppseendeväckande steg?" HOLST Walfrid, *Ulrika Eleonora d.y.*, Stockholm, 1956, s. 266.

[459] "När fröken Taube efter sonens födelse inte drog sig för att hösten 1735 åter offentligen visa sig vid hovet, tyckte dock drottningen tydligen, att det gick för långt. Hon lade sig sjuk för att markera sina sorg och sitt ogillande, rapporterar danske ministern Lynar den 3 oktober ... Drottningen lyckades tydligen genomdriva, att Hedvig Taube inte mera visade sig vid hovet ...". HOLST Walfrid, *Ulrika Eleonora d.y.*, Stockholm, 1956, s. 271, 279

[460] "1738 års riksdag ... Fredrik föll i en så allvarlig sjukdom ... lämpligheten av att hon trädde till ... Drottningens stridshumör oförminskat ... Mössorna [politiskt parti] sökte övertyga Fredrik att låta Ulrika Eleonora kvarstå som regent ... Hon fäste på papper ... 21 januari 1739 ... 'Och om Jag rätt bliver stadfäster [bliver regent] ... Krigssakerna får Hans Majestät vår älskeliga gemål mest bestyra själver ... Vår plan för Pfalz-Birkenfeldska huset måste hemligen hållas och herr kungliga Riksrådet grev Samuel Barcks goda försorg anvardas'." HOLST Walfrid, *Ulrika Eleonora d.y.*, Stockholm, 1956, s. 282, 284, 289, 290.

"Den sista punkten [om Pfalz-Birkenfeldiska huse] är av sensationell natur. Man har tidigare haft vissa misstankar om att drottningen mot slutet av sitt liv skulle ha betraktat sin unge släkting pfalzgreven Kristian av Zweibrücken-Birkenfeld, som ett lämpligt ämne för den svenska tronföljden." HOLST Walfrid, *Ulrika Eleonora d.y.*, Stockholm, 1956, s. 290.

[461] "Drottningen var, som den nyanlände danske ministern Gustav Grüner inberättade den 19 september; 'fast besluten att kosta vad det vill förmå konungen sin gemål att skaffa fröken ifråga härifrån' ... Fredrik måste till slut böja sig ...". HOLST Walfrid, *Ulrika Eleonora d.y.*, Stockholm, 1956, s. 300, 302.

"Det var nog inte utan, att Hedvig Taube i hoppfulla stunder såg sig som Sveriges blivande drottning, äldste sonen som tronföljare." HOLST Walfrid, *Fredrik I*, Stockholm, 1953, s. 220.

[462] "Först den 5 november [1740] rullade Hedvig Taubes karosser ut genom statsporten ... att Hedvig Taube i vårmånaden mars [1741] ... slog sig ned i huvudstadens närmaste grannskap på herrgården Örby i Brännkyrka. Kungen behövde inte längre leva skild från sin grevinna." HOLST Walfrid, *Ulrika Eleonora d.y.*, Stockholm, 1956, s. 300, 302.

[463] "... drottningen inte längre bryddes sig om att dölja sina känslor, när det gällde kungens förhållande till Hedvig Taube ... 'frätande sorg' ... obeskrivligt raseri ... Den förtvivlade drottningen ...". HOLST Walfrid, *Ulrika Eleonora d.y.*, Stockholm, 1956, s. 296, 297, 301, 302.

[464] "Som så ofta vid kungliga dödsfall under dessa tider ... hade folk nu börjat viska om att Ulrika Eleonora fallit offer för hemliga anslag; att hon blivit förgiftad." HOLST Walfrid, *Ulrika Eleonora d.y.*, Stockholm, 1956, s. 312.

En läkarberättelse signerad "Evald Ribe" (utan angivelse av titel, plats eller datum) finns idag på Riksarkivet. Den beskriver Ulrika Eleonoras "sidsta sjukdom och högst bedröveliga dödeliga frånfälle". Den 20 november tillkallades Fredriks tyske livläkare. Källor: HOLST Walfrid, *Ulrika Eleonora d.y.*, Stockholm, 1956, s. 310; Riksarkivet.se / Dr Ulrika Eleonora d.y.:s sista sjukdom och död 1741, bilder 12338, 123532.

[465] "Ulrika Eleonora omgiven av en svag och sviktande rådgivarkrets ... Drottningens tidigare förtrogne hade inte blott blivit avskedad ur rikets tjänst utan rent av förbjudits att umgås med främmande ministrar ... Och i det lilla spelet hade hon fått samma naturliga bundsförvanter som i det stora: den ur rådet störtade greve Barck, det hessiska kansliet och främst av alla den inflytelsesrike Ernst HARTMANN von Diemar [han stod mycket nära Fredrik I och hade utfört "ruskiga saker" för honom (Nordisk familjebok)]. Att också hessarna i denna fråga gingo samman med henne hade sina randiga skäl ... kung Fredriks tyske livläkare tillkallades ...". HOLST Walfrid, *Ulrika Eleonora d.y.*, Stockholm, 1956, s. 296, 297, 301, 310.

[466] "Med överväldigande majoritet samlade sig riksdagen om att i oktober 1742 välja den karolinska dynastins ättling, kejsarinnan Elisabets systerson, Karl Peter Ulrik av Holstein-Gottorp, till svensk tronföljare. Bönderna ansågo honom "arvfallen" till Sveriges krona. Fredrik I tog det som ett hårt slag, att ständerna nu helt plötsligt valde sonen till hans gamle avlidne motståndare, hertig Karl Fredrik av Holstein-Gottorp, till svensk kronprins ... Det visade sig, att Karl Peter Ulrik redan var designerad till tronföljare i Ryssland. Till kronprins i Sverige rekommenderade ryska kejsarinnan i stället hertigens släkting, furstbiskopen av Lybeck, Adolf Fredrik, son till den forne administratorn i Holstein-Gottorp." HOLST Walfrid, *Fredrik I*, Stockholm, 1953, s. 223, 224.

Notat: Karl Peter Ulrik blev tsar av Ryssland för en kort period 1762 (Peter III). Han efterträddes av sin änka, den blivande Katarina den Stora.

[467] "När detta blev bekant i Sverige [Adolf Fredriks utnämnande till kronprins], började kampen om tronföljden där på fullt allvar, och de utländska diplomaterna blandade sig mäktigt i spelet. Intriger och motintriger korsade varandra i Stockholm, olika meningar gjorde sig högröstat gällande, de mest halsbrytande kombinationer prövades. Agitatorerna skydde inga medel. En av de hätskaste propagandaskrifterna riktade sig mot kung Fredrik personligen. I pamfletten, spridd i åtskilliga avskrifter, hette det ... 1. I hans tid mördades k. Carl den stora 2. I hans tid fördärvades hela krigsmakten i Norrige genom löpande. 3. I hans tid och för hans skuld blev arvtagaren, K. Carl d. XI.s äldsta bröstarvinge

dreven ut ur Sverige ... 8. I hans tid övades till exempel på horeri med gifta och ogifta, som förr i landet varit ohört ... 17. I hans tid blevo en oändelig myckenhet med lagar och förordningar, men var och en levde ändå lagelös." HOLST Walfrid, *Fredrik I*, Stockholm, 1953, s. 225.

[468] "... ryska kejsarinnan våren 1746 till sitt sändebud i Sverige utsåg den tidigare ryske ministern i Köpenhamn ... Ryktet gick, att man på sina håll inom Hattpartiet vid behov såg sin sista chans till räddning i en förstärkt kungamakt. Men då borde först kung Fredrik förmås att avgå och spiran sättas i handen på den med Hattarna numera helt lierade tronföljaren." HOLST Walfrid, *Fredrik I*, Stockholm, 1953, s. 257.

[469] "Höpken, Anders Johan von ... Ryktet om hans framstående begåvning och faderns [Daniel Niklas von Höpkens] ställning inom Hattpartiets läger banade nämligen den unge mannens väg till såväl sekreta utskottet ... 1742-43 års riksdag hålla sig i bakgrunden, men inkom dock vid dess slut i sekreta utskottet." Källa: Svenskt biografiskt handlexikon, 1906 / runeberg.org.

[470] Kistöppningen 1746: "Den 12 juli 1746 ... å vänstra sidan under en annan plåsterlapp af lika storlek var hela tinningen bortdrifven och kanterna af benen så skapade, at skottet derigenom nödvändigt måste hafva utgått ... signerat C. Hårleman, Cl. Ekeblad, And. Joh. v. Höpken." FROM Peter, *Karl XII:s död: Gåtans lösning*, 2005, s. 161.

[471] "Utvecklingen satte dock monarken på ett sådant humör, rapporterade de hessiska ämbetsmännen Benning och Gehebe under våren och sommaren 1747, 'att han mer än en gång förklarat för oss, att han skulle överge det hela, om det kunde ske med ära'. I juli försäkrade kungen, att enligt samma källor (18/7 juli), att han var så utledsen 'på dessa människor här, att han hade stor lust att draga sig tillbaka till en liten vrå av världen ... Jag bad honom ytterligare taga i betraktande att om han också av egen och fri vilja beslöt att dra sig tillbaka, skulle dock de rykten, som redan hade löpt därom under denna riksdag, inte ha kunnat annat än göra folk benägna att tro, att något hemligt tvång hade sin del i hans beslut, varigenom hans ära ohjälpligen skulle skadas'." HOLST Walfrid, *Fredrik I*, Stockholm, 1953, s. 260.

[472] "Han [Fredrik] försäkrade, att han vid behov nog skulle veta att hämnas ett sådant tilltag och att den förste, som kom med förslag till honom av den naturen, skulle bli mottagen med rapp av hans käpp." HOLST Walfrid, *Fredrik I*, Stockholm, 1953, s. 260.

[473] "Visserligen betygade Kung Fredriks gamle kumpan, den Hattarna närstående Erland Broman, som var medlem av sekreta utskottet, att han vågade sitt huvud på att inga personliga obehag skulle hända kungen vid denna riksdag." HOLST Walfrid, *Fredrik I*, Stockholm, 1953, s. 259.

[474] "Sådana rykten vore emellertid vid den tiden i svang, att sekreta utskottet några dagar senare ansåg det lämpligt att medelst en högtidlig beskickning giva kung Fredrik försäkran om sin trohet." HOLST Walfrid, *Fredrik I*, Stockholm, 1953, s. 260.

[475] De två andra överlevande var Stackelberg (i släkt med Albedyl) bosatt i Estland och Örnstedt (som misstänkte Fredrik I för delaktighet i mordet på Karl XII) bosatt i Halland.

[476] "1751 uppgav dock Anders Johan von Höpken, en av dem som deltog vid 1746 års besiktning, att han inte trodde att ett mord ägt rum. Snarare hänvisade han till folkets vilja att göra döda kungar till gudar och att därför 'kunde i deras tanckar kulan icke komma ifrån fienden, utan ifrån förrädaren'." FROM Peter, *Karl XII:s död: Gåtans lösning*, 2005, s. 141.

[477] "Nästa gång mordryktena kom igång på allvar ... Då riktades de främst mot Carl Cronstedt, det svenska artilleriets stora innovatör under Karl XII:s regering ... Även Stiernros [som Cronstedt] skulle ha avgivit en bekännelse om sin delaktighet på sin dödsbädd. Arvprins Fredrik pekades ut som anstiftare och han hade strax före sin död hållit ett ångerfullt tal om sin manlige föregångare på den svenska tronen'." FROM Peter, *Karl XII:s död: Gåtans lösning,* 2005, s. 126, 132.

"Ryktet måste alltså ha uppkommit före Tolstadius död 1759." UPPSTRÖM Rolf, *Karl XII:s död*, [ca 2000], s. 52.

[478] "I samma mån krafterna återvände, började den fromme Tolstadius och hans kolleger att förlora terräng i Kungshuset på Riddarholmen. Gamle syndige kung Fredrik ... [1749]." HOLST Walfrid, *Fredrik I*, Stockholm, 1953, s. 236, 271.

[479] "I sina memoarer påtalar Axel von Fersen. '... Kyrkoherden Tolstadius, som jag mycket känt, emedan han varit huspräst hos min mormoder, grevinnan Anna Maria Soop, har på ed försäkrat mig om osannfärdigheten av denna anekdot ... '." FROM Peter, *Karl XII:s död: Gåtans lösning*, 2005, s. 128.

[480] "I sina memoarer påtalar Axel von Fersen. 'Anledningen till rykten om general Carl Cronstedt hämtades därav, att bemälde herre hela tre veckor före konungens död nog ovarsamt spådde, att konungen skulle leva till årets slut ... Jag har själv hört honom säga flera år därefter, att han till denna spådom ingen annan anledning hade än den, att då han, uti Oktober månads slut, begick sina salighetsmedel och förrättade, under böner och meditationer ... vari han även styrktes av monarkens ovarsamma behjärtenhet att uti oträngda tillfällen alltid blottställa sig för faror ... '." FROM Peter, *Karl XII:s död: Gåtans lösning*, 2005, s. 128.

[481] "Jöran Nordberg ger en suggestiv skildring av kung Karls sista dag; en skildring som av någon anledning inte influtit i författarens år 1740 tryckta historia, men som han antagligen detta år infört som en anteckning i sitt originalexemplar;

'Hans Majestät hade varit hela natten i tranchéen ... Efter måltiden begynte generalerna bedja ... Konungen ... gick därmed ut och satte sig till häst. Generalmajor Cronstedt skall därvid hava sagt till de andra: - Den som vill se konungen levande, han ser honom nu sista gången'." HOLST Walfrid, Fredrik I, Stockholm, 1953, s. 97, 98.

[482] Västerås stadsbibliotek skrev till Cecilia Jorgensen [Nordenkull] den 13 oktober 2016: "Dock kan jag inte svara på hur Nordbergs personliga exemplar hamnat just i vårt bibliotek. Boken är inte katalogiserad, varken i vår kortkatalog eller i Libris, så jag fann den endast tack vare en lappkatalog från en lektor Wilhelm Molér (bibliotekariefunktion), upprättad någon gång på 1880-talet."

[483] "Pro Memoria – Uti detta Exemplaret finner Läsaren åtskilliga tillökningar, af Kopparstycken, Anecdoter, etc. dem jag med egen hand inskrifvit, antingen utur min gamla journal hvilken jag hölt i fält och i fångenskapet; eller, som jag nu, tid efter annan, kunnat hafva tillfälle att mig dem påminna; eller jag funnit antecknadt af andra ...". UPPSTRÖM Rolf, Karl XII:s död, [ca 2000], s. 48.

[484] "Anmärkningar ... som authoren a part sina vänner meddelt och under sina paginer och §.§. komma at intagas ...". Källa: Jöran A. Nordberg, http://sok.riksarkivet.se/sbl:artikel/8188, Svenskt biografiskt lexikon (art. av Ingrid Marie von Post), hämtad 2016-10-03.

[485] Fredrik I hade spritt rykten 1718 om att Karl XII var känslig för smicker, äregirig och att han lånade öron åt lismare. HOLST Walfrid, Fredrik I, Stockholm, 1953, s. 92, 93.

[486] I Jöran Nordbergs Anmärkningar, sade de som känt Karl XII väl, att han alltid var mycket negativ till smickrare, att han lyssnade till olika åsikter om de var väl "grundliga och fulla" (även om han inte gärna gick från sin första mening), att han lyssnade emellan fyra ögon (när han var ledig) och att han tog mer efter "välmeningen och hjärtat" än på orden. NORDBERG Jöran Andreas, Anmärkningar wid högsalig i åminnelse Konung Carl den XII:tes Historia, Stockholm, 1767, s. 62, 63, 65.

[487] "Och whad mig sjelf anbelangar, skall jag ock gifta mig, när wår Herre gifwer oss Fred och då will jag söka ut en hustru, inte efter Raison d'Etat, utan den, som jag rätt tycker om, och tror mig framgent kunna älska, så att jag slipper hålla en sådan, som kallas Maitresse på Franska, och hora på Svenska." NORDBERG Jöran Andreas, Anmärkningar wid högsalig i åminnelse Konung Carl den XII:tes Historia, Stockholm, 1767, s. 51.

[488] "Redan i vår första tryckfrihetsförordning från 1766 fanns principerna om allmänna handlingars offentlighet. Sekretess gällde generellt för handlingar hos Kungl. Maj:t." Källa: Kungl. Krigsvetenskapsakademiens Handlingar och Tidskrift, Att undvika offentlighetsprincipen, Inträdesanförande i Kungl. Krigsvetenskaps-

akademien avd V den 8 december 2004 av arkivrådet Evabritta Wallberg / www.signalspaning.se.

[489] "1768 hade Carl Christopher Gjörwell offentliggjort likbesiktningsresultatet från gravöppningen som utfördes i juli 1746, vilket bidrog till att mordryktena några år före statsomvälvningen 1772 ökade i intensitet igen för att kulminera under decenniets sista år. Inte minst på grund av att Gustav III själv hyste ett stort intresse för Karl XII och hans död." FROM Peter, *Karl XII:s död: Gåtans lösning*, 2005, s. 141.

[490] "Den citerade passagen trycktes aldrig i verket av *Konung Carl XII:s historia* utgiven i Stockholm 1740 utan återfinns först senare i hans *Anmärkningar, wid högstsalig i åminnelse konung Carl den XII:tes historia, som auctoren apart sina wänner meddelt*, tryckt hos Carl Stolpe, 1767." FROM Peter, *Karl XII:s död: Gåtans lösning*, Lund, 2005, s. 299, not 47.

Notat: Passagen om Cronstedt ingår inte i *Anmärkningar* (1767), en publikation som är i Cecilia Nordenkulls ägo.

[491] "Den unge kungen [Gustav III] trodde att ett mord hade begåtts i Fredrikshald drygt femtio år tidigare." FROM Peter, *Karl XII:s död: Gåtans lösning*, 2005, s. 141.

[492] "Det ansågs från vissa håll att det tolstadiska dokumentet i original hade lagts ned i Gustav III:s kista och att det vid kistöppningen, som skulle få göras 50 år efter hans död, återigen skulle få se dagens ljus ... Kistan öppnades men först den 23 maj 1866 i närvaro av Kung Karl XV, drottning Lovisa, riksmarskalken Gustaf Sparre ... Dock fanns det inga dokument i kistan." FROM Peter, *Karl XII:s död: Gåtans lösning*, 2005, s. 134.

Le *Journal des Débats*, le 15 avril 1842 : « Le 29 mars on a fait à Upsal l'ouverture des deux caisses qui, d'après les ordres de Gustave III, roi de Suède, devaient rester fermées cinquante ans après sa mort .... La curiosité publique s'était promis des merveilles de cette ouverture, mais elle a été étrangement trompée. La plus grande des deux caisses ne contenait qu'un sac cacheté qu'on y avait placé lors du voyage du roi en Italie en 1785. Il portait cette inscription : 'Tous les paquets qui seront marqués d'une croix ou désignés sous le nom de papiers de franc-maçonnerie ne pourront être ouverts que par le roi régnant de ma dynastie.' (Par conséquent ni Charles XIV, le roi régnant, ni le prince Gustave Wasa). » Source : gallica.bnf.fr / Bibliothèque nationale de France.

[493] "Den besiktning av Karl XII:s lik som gjordes 1799 var inte heller någon rättsmedicinsk undersökning. Snarare skedde den efter en önskan från Gustav IV Adolf att jämföra den fallne monarkens anlete med de porträtt och avbildningar, främst ur konstnären David von Kraffts hand, som gjorts ... Detta i sin tur antyder att skottet kommit något uppifrån vid ett högerskott ... 'Alt nog at stället där

kulan gick på den högra sidan var just framför örat ... '." FROM Peter, *Karl XII:s död: Gåtans lösning*, 2005, s. 164.

[494] "The King of Sweden (Charles XIII) wanted a French prince from me. The viceroy was his first choice, but that he would have to change his religion was an insuperable obstacle. There remained only the Prince of Pontecorvo [Bernadotte], and he was conceded, after long negotiations carried on in Paris by the Swedish general Count de Wrede. Bernadotte was destitute of military reputation. There was in France twenty generals who had commanded in chief and were more celebrated than he. Besides, he was very unpopular, from having been attached to the Société du Manège. He had received no education whatever ... That Bernadotte became a Marshal of France, Prince of Pontecorvo, and at length a king, it is to his marriage that he is indebted. Désirée, the reigning Queen of Sweden, was the object of my earliest attachment – I was to have married her ... Her son, Oscar, Prince of Södermanland, is my godson ...". Source: *Napoleon on Napoleon*, an autobiography of the emperor edited by Somerset de Chair, London, 1992, s. 168.

[495] "Oscar skickade också modern tre teckningar ... markerat platsen där Karl XII stupade ...". ULVROS Eva Helen, *Oscar I*, Lund, 207, s. 55.

"Karl Johan skrev till Désirée ... 'Man har kallat denna fästning för Nordens Gibraltar, det var framför den som Karl XII dödades. Jag har besökt den plats där han träffades av en kula i huvudet ... '." LINDQVIST Herman, *Jean Bernadotte*, Stockholm, 2009, s. 409.

[496] « Il [Napoleon] me demandait si on était bien d'accord sur la nature de sa mort [Charles XII]. Je lui disais tenir de la propre bouche de Gustave III qu'il avait été assassiné par les siens : Gustave l'avait visité dans con caveau ; la balle était d'un pistolet, elle avait été tirée de près et par derrière, etc., etc. Au commencement de la révolution, j'avais connu beaucoup Gustave III aux eaux d'Aix-la-Chapelle [Aachen], et quoique je fusse bien jeune alors, j'avais eu plus d'une fois l'honneur de sa conversation ; il m'avait même promis de me placer dans sa marine, si nos affaires de France tournaient mal. » LAS CASES, *Mémorial de Sainte-Hélène*, Paris, 1842, p. 291, 292.

Notat: Gustav III var i Aachen i juni 1791. Det visar hans brev till Gustaf Mauritz Armfelt den 27 juni 1791. Source: wikipedia.org.

[497] Kistöppning 1859: " [Historikern] Anders Fryxell anhöll 1859 om en förnyad undersökning av Karl XII:s lik, vilken bifölls av Karl XV den 26 augusti samma år ... Fryxell skrev angående undersökningen: 'Oaktadt ett senare, i många fall lyckadt försök att härutinnan befria svenska nationen från misstanken om konungamord, återstå dock obesvarade flera för sanningens utrönande viktiga frågor, t.ex. om det dödande skottet kom från högra eller venstra sidan' ... Undersökningsmännens

utlåtande ... '1° skadan har varit ögonblickligen dödande och tillkommit genom skjutvapen, 2° Skottet har gått in på venstra sidan. 4° Har kastkroppen varit en kula eller skrotstycke, så måste skottet hafva blifvit aflossadt från så långt håll, att densamma, redan då den träffade konungens hufvud något mattats, d.v.s. dess primitiva hastighet minskats, ehuru farten ännu var tillräckligt stark att drifva projektilen tvärt igenom hufvudet' ... Hela diskussionen i Svenska Läkaresällskapet utkristalliserade sig till Liljewalchs kamp mot Santesson i fråga om skottriktningen. Bägge männen var övertygade om att Karl XII inte hade blivit mördad men kunde inte enas kring frågan om skottet kommit från höger eller vänster ... Fortfarande var det en öppen fråga huruvida kungen stupat för en fientlig kula eller om han blev mördad av sina egna landsmän." FROM Peter, *Karl XII:s död: Gåtans lösning*, Lund, 2005, s. 168, 170.

[498] "Då nyheten om konungens död på den första Decemberdagens morgon spred sig i hären, afsletos genast alla disciplinens och vapenbrödraskapets band, och till inga värdigare värf kunde sinnena förenas än nesligt återtåg, krigskassans delning mellan anförarna, riksdagsintriger, desertering. Sorgliga förespel till Helsingfors och Anjala! Det är tungt att nödgas säga: Carl den Tolfte icke blott var borta, han glömdes." OSCAR FREDRIK, *Carl den Tolfte*, Stockholm, 1868 / Tal vid Svenska Militärsällskapets i Stockholm MINNESFEST på den etthundrafemtionde årsdagen af hans död, s. 46.

[499] "Den 31 augusti år 1859 stod en annan konung Carl omgifven af några bland landets yppersta vetenskapsmän i Riddarholmskyrkan ... En samvetsgrann pröfning bekräftade vid detta tillfälle, huru grundlösa alla misstankar varit att vår hjelte fallit för lönnmördares hand. Må vi tacka Gud för vissheten att hans bragdrika lif fått ett bättre, honom värdigare slut. Sveriges söner behöver icke längre med blygsel nedslå sina ögon under tyngden af de hemska rykten, hvilka hviskat om ett förräderi, svartare än den ödesdigra Novembernatt, som idag för ett och ett halft sekel sedan sänktes öfver den Skandinaviska halfön." OSCAR FREDRIK, *Carl den Tolfte*, Stockholm, 1868/Tal vid Svenska Militärsällskapets i Stockholm MINNESFEST på den etthundrafemtionde årsdagen af hans död.

[500] "Särskilda sekretessbestämmelser för försvaret saknades länge ... Generalstabens tillkomst förändrade situationen, och 1897 infördes sekretessbestämmelser i tryckfrihetsförordningen för mobiliseringsplaner och andra militära handlingar 'vilkas offentliggörande kan medföra våda för rikets säkerhet'. Sekretesstiden blev obegränsad ... Enligt 1897 års sekretess-bestämmelser var sekretessen absolut. Enbart Kungl Maj:t kunde häva den." Källa: Kungl. Krigsvetenskapsakademiens Handlingar och Tidskrift, *Att undvika offentlighetsprincipen*, Inträdesanförande i Kungl. Krigsvetenskapsakademien avd V den 8 december 2004 av arkivrådet Evabritta Wallberg / www.signalspaning.se.

[501] "Bevisligen blev Karl XII skjuten på mycket nära håll, vad särskilt prof. Key-Åberg på grund av skjutförsök bestämt förklarat (se sid. 247), således av någon bland de sammansvurna. Vem denne någon var, är mindre väsentligt. Han fanns dock, han må ha varit Reiser eller någon annan ... Andra ha ock misstänkts, men ingen bevisning har framställts." NYSTRÖM Anton, *Karl XII och Sammansvärjningen mot hans envälde och liv,* Stockholm, 1900, s. 249.

[502] "Antropologen Carl Fürst, som medverkade vid 1917 års undersökning, uttryckte i en bok några år efteråt: '... Jag kan emellertid ej underlåta här att framhålla, att denna undersökning såsom sådan har otvetydigt åstadkommit, att uppfattningen, att Karl XII träffats av en kula från de icke-fientliga lederna, icke motsägs av de gjorda iakttagelserna på hans död kropp, så mycket som man förr tog givet'." FROM Peter, *Karl XII:s död: Gåtans lösning,* Lund, 2005, s. 190, 191.

[503] "Att krigströttheten i Sverige var stor och att konungen var omgiven av missnöjda element är utom tvivel. Var det en generalernas sammansvärjning som denna gång lyckades? ... Både officerare och meniga ha utpekats som medskyldiga i ett mord på konungen." HOLST Walfrid, *Fredrik I,* Stockholm, 1953, s. 99.

[504] "Fredrik I:s många dunkla förehavanden utreds vederbörligen, men H [Holst] avvisar misstanken, att dåv. arvprinsen skulle haft sin hand med i det ödesdigra dödsskottet vid Fredrikstens fästning 30 nov 1718. Den till synes bestickande indiciekedjan är, menar H, för svag för en fällande dom." Källa: Walfrid Holst, urn: sbl:13778, Svenskt biografiskt lexikon (art. av Sven Grauers), hämtad 2016-11-16.

[505] "Karl XII troligen mördad i egna led. DNA-teknik styrker teorin att Karl XII mördades av sina egna officerare ... Med hjälp av modern DNA-teknik har genforskaren Marie Allen visat att den kula som finns bevarad på Varbergs Länsmuseum bär samma spår av DNA material som blodfläckarna på de handskar man vet tillhörde Karl XII ... Historikern Rolf Uppström säger att någon person nära Karl XII skjutit honom med speciell kula och att denna person måste ha kommit från de egna linjerna ... Motiv för svensk att skjuta sin egen kung? ... Några dagar innan kungens död så hade man fattat beslut om en förmögenhetsskatt på cirka 16% ...". Källa: sverigesradio.se / publicerat fredag 14 juni 2002. – [Påbudet daterat den 20 november 1718 (i Riksarkivet).]

[506] "Härav följer att Karl XII inte blev mördad utan dödad av ett 'ströskott', eller som han själv skulle ha uttryckt sig, av en 'ärlig fiendes kula'." HATTON Ragnhild, *Karl XII,* Köping, 1985, s. 575.

[507] "Jag anser därför att Karl XII föll offer för en blykula avlossad ur en norsk musköt från de norska ställningarna på Fredriksten fästning." FROM Peter, *Karl XII:s död: Gåtans lösning,* 2005, s. 289.

[508] "Rolf Uppström återkom till ämnet 2006 då han i en artikel i Karolinska Förbundets Årsbok granskade de senaste årens forskning. Hans slutsats blev att frågan fortfarande var långtifrån avgjord och förordade nya undersökningar." Källa: wikipedia.org / Karl XII, nerladdad den 10 april 2017.

[509] "Stupad eller lönnmördad? ... En undersökningsgrupp med historiker, medicinare och tekniker bildades i slutet av 2007 på initiativ av Bengt Grisell vid Kungliga Tekniska Högskolan i Stockholm. En ansökan om gravöppning kommer att göras. Syftet är bland annat att göra förnyade fotograferingar av kraniet, och elektronmikroskopisk undersökning av lösa benbitar i kraniet för att utröna vilka eventuella metallrester som finns kvar". Källa: wikipedia.org / Karl XII, nerladdad den 30 juli 2016.

Notat: I Cecilia Nordenkulls samtal med Bengt Grisell i början på september 2016 bekräftade han, att deras ansökan blivit avslagen av okänd anledning.

[510] "... När kungens grav öppnades ännu en gång 2010 var syftet rent vetenskapligt. Några beundrare vid kistkanten var det, till skillnad från 1917, inte tal om." ZANDER Ulf, *Karl XII har dyrkats av skolpojkar och nazister*, Svenska Dagbladet, den 18 juli 2017.

[511] "Inför balsameringen hade Neumann stora problem med att få ihop alla ingredienser som var nödvändiga ... Säljarna ville ha betalt i riktiga pengar ... Därför fick greve Mörner, som var generalguvernör i Bohuslän, rycka in och garantera leverantörerna betalningen i reda penningar'." FROM Peter, *Karl XII:s död: Gåtans lösning*, s. 146.

[512] *Pue's Occurences,* Vol. XVI, April 4th 1719: "Hamburg, March 24. The King's Corps being carri'd to Carlsberg was deposited in the great Hall, in the Presence of the Hereditary Prince of Hesse-Cassel, the Duke of Holstein, some Generals and other great Officers. The Day for the Funeral is not yet fixed." Source: britishnewspaperarchive.co.uk.

Notat: Det stämmer med Walfrid Holsts återgivning i *Ulrika Eleonora d.y.* (1956, s. 186). "Begravningen blev enkel men värdig, en kunglig militärbegravning i bister kyla. Trupper till fots bildande häck mellan fladdrande marschaller. Den i livet så ensamme konungen följdes till graven av arvprins Fredrik och hertigen av Holstein, sida vid sida, av rådet, hovstaten, ständerna, regementena. En gåtfull omständighet är, att den dödes närmaste släkting, hans syster, själv inte var närvarande vara sig i processionen eller i Riddarholmskyrkan."

[513] "Mikrofilmade svenska dagstidningar – Kungliga biblioteket ... Posttidningar ... Stockholm ... 1692-1718, 1720-1721". Källa: www.kb.se/samlingarna.

"Post- och inrikes tidningar ... Under Karl XII:s vistelse I Lund och med anledning af regeringens säte därstädes utgafs Lundska Courant ... *Post-Tijender*, hvarav blott 41 nummer utkomma 1717 och åtminstone 34 nummer 1718. 1719 utgavs ingen tidning ...". Källa: Nordisk familjebok, 1915 / runeberg.org.

Cecilia Jorgensen (Nordenkull) skrev till Kungliga biblioteket den 20 oktober 2016: "Jag söker en artikel i en svensk tidning om Karl XII:s begravning, som ägde rum den 26 februari 1719 ... Jag betalar naturligtvis för reproduktionskostnader och för den tid det tar att få fram information." – Kungliga biblioteket till Cecilia Jorgensen [Nordenkull] den 21 oktober 2016: "Du kan själv söka i tidningar kb.se och kolla. Vi hinner dessvärre inte söka för din räkning. Det blir dessvärre begränsat åtkomst utanför huset men ändå gå att få fram fraser. Testa gärna med olika sökord."

[514] "Karl XII:s begravning ... Förberedelser: ... enkel furukista ... 6 december fördes till Sverige ... Uddevalla ... dit följet anlände den 13 december ... invänta tillstånd från Karl XII:s syster, den nyblivna drottningen ... samt hinna få tag på örter och medikamenter och kläder till den döde ... Därför kunde balsameringen inte påbörjas förrän den 25 december. Kroppen klarade sig bra under den långa väntetiden, vilket troligen berodde på kylan. Balsameringen tog 3 dagar. Efter att inälvorna tvättats och behandlats med balsamiska ingredienser lades hjärtat tillbaka i kroppen. De övriga organen lades i ett skrin som placerades under huvudkudden i kistan ... kungen lindades in i tygremsor ... fötterna snördes ihop för att Karl XII inte skulle gå igen ... Processionen ... Karl XII:s sista resa, från Uddevalla mot Stockholm, påbörjades den 7 januari 1719 och tog 26 dagar. På Karlbergs slott stod liket på lit de parade i tre veckor och där pryddes kungens huvud med en lagerkrans ... Begravningen ... på grund av pengabrist förekom en del återvinning från tidigare begravningar ... Karl XII fick till skillnad från många andra kungar inte med sig några begravningsregalier i sin kista." Källa: Livrustkammaren.se, nerladdat den 1 mars 2016.

[515] "Rosenadler, som vid hans [Karl XII:s] begravning den 28 [sic] februari 1719 läste upp hans personalier ... Det var varken ett smickrande eller högtravande tal ... Karl XII hade varit "barhjertad" ... 'liksom förtroligt väsen'." Källa: HATTON Ragnhild, *Karl XII*, Köping, 1985, s. 589.

"Johan Upmarck, adlad Rosenadler ... professor i Uppsala ... Adlad 1719-05-15." Källa: www.adelsvapen.com / nerladdat den 19 september 2017.

[516] "Ulrika Eleonora böjde sig för argumentens tyngd [Sveriges miljonskulder]: 'Det lärer icke blij annat råd utav, men sorgemusique kunde där vara, det ock herrar Kongl. Råden tycktes böra ske' ... En gåtfull omständighet är, att den dödes närmaste släkting, hans syster, själv inte var närvarande vare sig i processionen eller i Riddarholmskyrkan." HOLST Walfrid, *Ulrika Eleonora d.y.*, Stockholm, 1956, s. 186.

[517] "Några veckor senare, den 17 mars, ägde drottningens kröning rum i Uppsala. Ulrika Eleonora höll obönhörligen fast vid den gamla kröningsstaden, trots de ökade kostnader rådets och ständernas förflyttning dit krävde, och trots det avsevärda uppehåll i riksdagens arbete som blev följden ... Under festligheterna i universitetsstaden lades sorgen efter Karl XII av. I stället anskaffades tusentals meter rött kläde, och drottningen anmodade riksråden att skruda sig i röda sammetsrockar med hattar därtill ... skred under en av åtta generaler buren tronhimmel ... regalierna nedlades på altaret ... Kanonerna dånade, besvarade av kavalleriet och infanteriet med svensk lösen ... med hundra violiner och tjugo valthorn delade på två körer musicerades ... åkte drottningen i procession genom staden i sin silverglänsande vagn, dragen av åtta kastanjebruna hästar ... i sin miniatyr av kröningen ... 'Cornecupie, överflödighetens horn' ...". HOLST Walfrid, *Ulrika Eleonora*, Stockholm, 1956, s. 188, 189.

[518] "Hertigen lemnade därför Stockholm i maj 1719." STARBÄCK Carl George BÄCKSTRÖM Per Olof, Berättelser ur svenska historien, Åttonde bandet, Frihetstiden, s. 63, 64 / runeberg.org.

Pue's Occurences, 27 June 1719: "Hamburg, June 23. The Duke of Holstein Gottorp sets out next Week for Hanover ...". Source: www. britishnewspaperarchive.co.uk.

[519] JORGENSEN Cecilia [Cecilia Nordenkull], *Rum nr 88 på Kalmar Slott*, Icons of Europe asbl, Bryssel, 2013, ISBN-13: 978-1489518163 ISBN-10: 1489518169 (provtryck).

[520] "Däremot kämpade både konungen och än mer drottningen förbittrat vidare för att hindra ständerna från att bevilja hertigen den länge eftersträvade höghetstiteln. Det var dock förgäves. Den 18 juni [1723] tillerkände riksdagen honom titeln Kunglig höghet – ett officiellt tecken på att han betraktades som medlem av svenska kungahuset. En pension på 50 000 daler silvermynt beviljades honom även." HOLST Walfrid, *Fredrik I*, Stockholm, 1953, s. 162, 164.

[521] Utdrag ur Alexanders dopsattest: "Föddes: - [ingen information] ... Döptes: 15 oktober 1723 ... Förälder: Handelsmannen Erik Kastman ...". Källor: www. riksarkivet.se / Kalmar kyrkoaktiv; Födelse och Dopböcker 1718-1732, Volym CI:2; Släkten Kastman, Ur V. Örnberg Svenska Ättarlag, handskrivet dokument 64 sidor.

Notat: Alexander Kastman (1723-1782) är författaren Cecilia Nordenkulls anfader (mors farfars farfars far). Hennes mor är född Kastman. Hon är därmed en ättling till Karl XII:s äldsta syster Hedvig Sofia. Källa: JORGENSEN Cecilia [Cecilia Nordenkull], *Rum nr 88 på Kalmar Slott*, Icons of Europe asbl, Bryssel, 2013, ISBN-13: 978-1489518163 ISBN-10: 1489518169 (provtryck).

[522] Utdrag ur Alexanders dopsattest: "Vittnen: Överstelöjtnant Bratke [se nedan] ... Fru Generalinnan Fleetwood ...". Källor: www.riksarkivet.se / Kalmar

kyrkoaktiv; Födelse och Dopböcker 1718-1732, Volym CI:2; Släkten Kastman, Ur V. Örnberg Svenska Ättarlag, handskrivet dokument (64 sidor).

Bratke: "The Campaign of 1737, in which the Russian army took Ockzalow ... Colonel Bratke of the engineer." VON MANSTEIN Christoph Hermann, *Memoirs of Russia: historical, political and military, for years 1727-1744*, London, 1770, p. 149, 158.

"Fleetwood, släkt nr. 43 ... Georg Wilhelm född 1669 ... Generalmajor ... landshövding i Kalmar ... han deltog ... 1718 års fälttåg i Norge." Källa: adelsvapen.com nerladdat den 20 december 2016.

[523] "Vid Uppsala universitet medverkade emellanåt ritmästaren [Kastman] vid illustreringen av vetenskapliga publikationer. Under sin vistelse där hade Kastman fått hjälpa till med bilderna för ett par vetenskapliga verk av Carl von Linné och Johan Ihre. I den förres *Sponsalia plantarum eller Blomstrens biläger* (Stockholm 1750) återfinns en plansch i kopparstick med titeln *Amor unit Plantas*, signerad 'A.C.Sc.' (Kastman stavade ibland sitt efternamn med "C")." CEDERLUND Johan, *Ritmästarna vid Lunds Universitet*, Lund, 1990, s. 45.

Idag (2017) sitter Alexander Kastmans ritning *Amor unit Plantas* på den svenska hundrakronorsedeln bredvid ett porträtt av Carl von Linné.

"*Amor unit Plantas* ... syns bredvid Linnés porträtt på 100-kronorssedeln." Källa: STOBAEUS Per, *Amor unit plantas*, Svenska Linnésällskapets Årsskrift, Årgång 2007, s. 189.

[524] I början på 1739 hade Fredrik I ett akut motiv att få Karl Fredrik av Holstein-Gottorp och Ulrika Eleonora ur vägen. I mars-april 1739 diskuterades nämligen den svenska tronföljden i riksdagens sekreta utskott, och det rapporterades i engelska tidningar att Karl Fredrik och hans ministrar följde diskussionen "med stor uppmärksamhet". Källa: *Caledonian Mercury*, 10 April 1739.

Kort efter blev Karl Fredrik plötsligt sjuk. *Caledonian Mercury* 30 April 1739: "His Highness the Duke of Holstein has been much indisposed; and though he is now thought out of Danger, yet his physicians take him to be in a bad State of Health, and not likely to live long". Samma tidning rapporterade från Hamburg den 29 juni: "Duke Charles Frederick of Holstein-Gottorp died yesterday, aged 40."

Fredrik I hade tidigare misstänkts för att ha försökt (via André Sicre) förgifta Karl Fredrik i Moskva 1723 "medelst en förgiftad peruk". HOLST Walfrid, *Fredrik I*, Stockholm, 1953, s. 152.

Ulrika Eleonoras sjukdom och död 1741 fick ett liknande förlopp, och då ryktades det om giftmord. Hon hade några få månader innan Karl Fredrik blev sjuk valt ut en tronföljare från Pfalz-Zweibrücken i konflikt med Fredrik I:s val av sin egen illegitime son. Hon hade även framskridna planer på att återuppta makten från

Fredrik I. HOLST Walfrid, *Ulrika Eleonora d.y.*, Stockholm, 1956, s. 308, s. 312.

[525] "Initiativet utgick från ständernas sekreta utskott och torde närmast ha sitt upphov i den Tessinska kretsen; förslaget frambars av överintendenten Karl Hårleman och var utformat av Anders Johan von Höpken." HOLST Walfrid, *Fredrik I*, Stockholm, 1954, s. 264.

[526] "Det var instiftandet av de svenska riddarordnarna, av Serafimer-, Svärds-, Nordstjärneordnarna, som satte sinnena i sådan svallning. Förordningen utfärdades den 23 december 1748, samma dag kungen drabbades av sitt slaganfall. Hans födelsedag bestämdes till de svenska riddarordnarnas högtidsdag, och kung Fredriks namn har sedan för all framtid blivit knutet till det svenska ordensväsendets inrättande ... och att det F som återfinnes ... i Nordstjärneordens kedja just är initialerna till hans namn. I själva verket hade kungen antagligen lika litet att göra med inrättandet av dessa nådevedermälen som med så mycket annat som kom till under hans långa regeringstid ... var utformat av Ander Johan von Höpken." HOLST Walfrid, *Fredrik I*, Stockholm, 1953, s. 264.

[527] I februari 1748 lät han [Fredrik I] ordna med en ståtlig älgjakt, till vilken han inbjudit tronföljaren ... 'Jag vet inte om det är älgar eller flickor. För så gammal han är, är han mycket finsmakare på bådadera', var kronprinsessans som vanligt nog maliciösa kommentar ... heter det den 2 april i ett brev till Fredrik: 'Man är för närvarande sysselsatt med ordnarna. Det är ett verkligt vansinne; ty de, som inte är säkra på att erhålla en sådan, förlorar av oro däröver lusten att både äta och dricka'." HOLST Walfrid, *Fredrik I*, Stockholm, 1953, s. 263.

Själv lär Fredrik I ha sagt till Fersen under våren 1748: "Die Schweden sind gute Unterthanen; sie lieben ihre König." / Svenskarna är goda undersåtar; dom älskar sin kung. HOLST Walfrid, *Fredrik I*, Stockholm, 1953, s. 274.

[528] "Les séraphins sont des créatures célestes ailées (trois paires d'ailes), que l'on trouve dans la Bible autour du trône de Dieu. Source: wikipedia.org / Séraphin (Bible).

"Seraf (plural: serafim) ... är i judisk och kristen tradition en grupp änglar som uppvaktar Gud när han sitter på sin tron ... Den bibliska källan till seraferna finns i Jesaja (6:1-3)." Källa: wikipedia.org / Seraf.

"Die per Algebra. How many Angles are in Heaven ... The book of inspiration divides them into eight orders, viz. Angles, arch-angles, cherubins, seraphimes, thrones, dominions, principalities, and powers and perhaps the Apocalipse will help you to discover the exact number in every particular order." Source: *Manchester Mercury*, 20 May 1752.

[529] "Karl inledde sin dag med bön och bibelläsning. Han förberedde sig omsorgsfullt för de gånger, vanligtvis fyra varje år, som han begick nattvarden." HATTON Ragnhild, *Karl XII,* Köping, 1985, s. 489.

[530] "Isa 6:1 Uti det Året, där Konung Ussia blef död [759 f.Kr.], såg jag Herran sitta på en hög och härlig stol, och hans klädefäll uppfyllde templet. Isa 6:2 Seraphim stodo öfver honom, hvardera hade sex vingar; med två betäckte de sitt anlete, med två betäckte de sina fötter, och med två flögo de. Isa 6:3 Och den ene ropade till den andra, och sade: Helig, Helig, Helig ...". Källa: *Karl XII:s bibel*, nerladdad den 29 oktober 2016 från http://bibeltemplet.net/bibelnonline/Karl XII.

[531] Händels kantata *A Song for St Cecilia's Day* (1739) firar Pytagoras matematiska musikteori.

[532] "... uti hans [Karl XII:s] tappra hand blixtrade det svärd, hvaraf den svenska Svärdsorden må anses som en dyrbar symbol". OSCAR FREDRIK, *Carl den Tolfte*, Stockholm, 1868 / Tal vid Svenska Militärsällskapets i Stockholm MINNESFEST på den etthundrafemtionde årsdagen af hans död, s. 50.

[533] "Det var den 25 mars 1751, som Fredrik I slutade sina dagar; han var då nära sjuttiofem år gammal. Närmaste dödsorsaken var kallbrand. Man utvecklade all den pompa, som tiden brukade, innan 'Hans Högsal. Maj:ts andelösa lekamen' slutligen nedsattes 'vid dess fordom högtälskade gemåls, drottning Ulrika Eleonoras sida' i Riddarholmskyrkan. Först lades den avlidne kungen, klädd i serafimerdräkt på lit de parade i Kungshuset. 'Kistan är fodrad med vitt siden och täckt med svart sammet, garnerad med guldgaloner och guldfransar och med en mängd broderade kronor som på den kungliga manteln', rapporterade den danske mininistern. 'Kistan är placerad på en estrad under en svart sammetsbaldakin, prydd med silvergaloner och silverfransar. Vid konungens fötter ser man regalierna utställda på en fyrkant och på samma sätt till vänster elefantorden och svartaörnsorden och till höger, de tre svenska ordnarna ...'. Kyrkklockorna ringde och regementen bildade häck, kanonskotten dånade och salvor avskötos ... Och när Fredrik I vigdes till den sista vilan i det karolinska gravkoret .... Även över Hessen-Kassel sänkte sig landssorgen ... Under de närmaste tre månaderna fingo ej heller bröllop äga rum och sedan under sorgeåret endast i stillhet och utan ståt. Strängaspel och andra spel förbjöds också under ett helt års förlopp." HOLST Walfrid, *Fredrik I*, Stockholm, 1954, s. 278.

[534] "1742 blev koret färdigställt av arkitekten Carl Hårleman. Hårleman följde Tessins ritningar men gav kupolen en modernare form och dekor. De vackra smidesgrindarna i rokoko är formgivna av Hårleman. Arkitekt Nicodemus Tessin den yngre utförde ritningen till Konung Karl XII:s sarkofag. Den tillverkades av svart marmor med dekorationer av förgylld mässing i Holland 1735. Källa: Informationspanel på Riddarholmskyrkan.

[535] "The first pamphlet we lay before the public is called *The Northern Crisis*. It was printed in London 1716 ... Anything said or written in favour of Sweden and the King thereof is immediately said to come from a Jacobite pen, and thus reviled and rejected without being read or considered. Nay, I have heard ... that the King of Sweden was a Roman Catholic, and that the Czar was a good Protestant ... conspiration de silence". MARX Karl, *Secret Diplomatic History*, London, 1899.

[536] "Vad som med visshet kan konstateras, att arvprinsen under våren 1718 allt mera öppet och avgjort kritiserat sin svåger." HOLST Walfrid, *Fredrik I*, Stockholm, 1953, s. 99.

[537] "En hessisk utläggare skref till Cassel [lantgreven i Hessen] vintern 1719: '... öfver allt i Sverige och till och med från predikstolarna talar man illa om den döde konungen. I allmänhet torde aldrig något folk visat större glädje öfver förlusten af sin furste, än svenskarna nu göra'." FRYXELL Anders, *Berättelser ur svenska historier* / Band 29, *Karl den tolftes regering*, 1832-1772, Stockholm, 1859, s. 182.

[538] "Franska sedermera till Stockholm anländande sändebudet (Brancas) bedömde Karl på följande sätt: 'Den svenske konungen hade några stora egenskaper, men en rasande krigslusta, hvilken gjorde honom till ett gissel för sitt land, för sina grannar, för människosläktet ... hela Sveriges ödeläggelse'." FRYXELL Anders, *Berättelser ur svenska historier* / Band 29, *Karl den tolftes regering*, 1832-1772, Stockholm, 1859, s. 183.

Notat: Brancas fick sedermera problem med hertigen av Orléans. *Caledonian Mercury*, 3 October 1721: "The Duke of Brancas is unexpectedly retired to an Abbey, there to spend the Residue of his Life; having first desired the Regent [Duke of Orléans] to look upon certain Things which he had communicated to him about divers Persons, as the Effect of his Resentment on a count of private Picques."

[539] "Engelska sändebudet uttryckte sitt omdöme med följande ord: 'En falsk ärelystnad gjorde denne furste förvillelse och olycka ... ett verkligen elakt sinne ... hans folks förfärliga lidanden." FRYXELL Anders, *Berättelser ur svenska historier* / Band 29, *Karl den tolftes regering*, 1832-1772, Stockholm, 1859, s. 183.

[540] "Den kungliga historiografen efter 1719, Wilde (som ursprungligen fick detta uppdrag), fick inte fram så mycket. Rosenadler, som tog över arbetet, gjorde långsamma framsteg." HATTON Ragnhild, *Karl XII*, Köping, 1985, s. 568.

[541] LIMIERS de, *Histoire de Suède sous le règne de Charles XII*, Amsterdam, M.DCC.XXI.

[542] MOTREY Aubrey de la, *Travels through Europe*, London, 1723. Notat: Motrey bevittnade kalabaliken i Bender. Han påstod att Karl XII blev attackerad av tatarer. Men enligt Hatton var Motrey själv utklädd till tatar.

"Aubrey de la Motraye, som vistades i Sverige på den tiden … berättat om Karls död … att Maigret gjorde Karl 'starka föreställningar emot hans nyfikenhet', då kungen 'stigit upp på en skanskorg med magen stödd mot bröstvärnet'. NYSTRÖM Anton, *Karl XII*, 1924, s. 180.

[543] Voltaire publicerade sin första version av *Histoire de Charles XII* 1731. Bland hans källor ingår personer som var lojala till hertigen av Orléans och George I (Maigret, Sicre [Siquier], Fabrice, Jeffreyes, de la Motraye, etc.). I Voltaires biografi beskrivs Karl XII som en "chevalier errant […] moitié héros, moitié fou". Han jämförs även med don Quichotte och kallas "krigarkung". Källa [sic]: Eric Schnakenbourg, « Le regard de Clio: l'Histoire de Charles XII de Voltaire dans une perspective historique », *Dix-huitième siècle* 2008/1 (n° 40), p. 447-468, DOI 10.3917 / dhs. 040.0447.

[544] "Both the Regent and King George I of Great Britain presented Voltaire with medals as a mark of their appreciation … From December 1727 to June 1728, he lodged at Maiden Lane, Covent Garden, now commemorated by a plaque, to be nearer to his British publisher." Source: wikipedia.org / Voltaire, downloaded 23 September 2017.

[545] "Le premier d'entre eux, l'*Histoire de Charles XII*, publié en 1731, puis régulièrement réédité … le texte a été sans cesse amendé et amélioré … Voltaire a été victime de ses sources et nous montre, à ses dépens, à quel point le haut degré d'exigence méthodologique historique dont il se réclame est difficile à atteindre . » Source [sic] : Eric Schnakenbourg, « Le regard de Clio : l'Histoire de Charles XII de Voltaire dans une perspective historique », *Dix-huitième siècle* 2008/1 (n° 40), p. 447-468. DOI 10.39117 / dhs. 040.0447.

"Je ne crois pas même les témoins oculaires, quand ils me disent des choses que le sens commun désavoue … Je révoquerais en doute le combat de Charles XII à Bender, s'il ne m'avait été attesté par plusieurs témoins oculaires." Source : VOLTAIRE, *Histoire de Charles XII*, 1748, 1768.

Note : Parmi ses témoins oculaires se trouvent Fabrice, Motraye, Jeffereys (attachés à George I) et Maigret et Sicre (attachés au duc d'Orléans). De hade känt och beundrat Karl XII, men blivit instruerade att nedvärdera honom.

[546] "On se serait donc bien donné de garde d'ajouter cette histoire particulière de Charles XII, roi de Suède, à la multitude des livres dont le public est accablé, si ce prince et son rival, Pierre Alexiwitz [Czar Pierre], du consentement de toute la terre, les personnages les plus singuliers qui eussent paru depuis plus de vingt siècles." Source : VOLTAIRE, *Histoire de Charles XII*, 1748, p. 15 & 1768, p. 45. – Översättning till svenska av Cecilia Nordenkull. Skandinaviska Swedenborg-sällskapet använder följande översättning på sin hemsida: "Voltaire said that the

most extraordinary man in recorded history was Charles XII." Source: Swedenborgsallskapet.se/swedenborgs-inflytande, downloaded 30 May 2018.

[547] Analysen i not 16 ovan visar, att huvudkällan till myten om ett fälttåg mot Moskva är en avskrift av den så kallade Poltavaberättelsen tillskriven Karl XII:s generalkvartermästare Axel Gyllenkrok, som blev förfalskad i början på 1720-talet.

[548] "Madagaskarplanerna fortsatte dock under åren 1719-1722 med Ulrika Eleonora som regent och senare under Fredrik I." Källa: gamlagoteborg.se/ 2017/02/25/karl-xii-madagaskar-goteborg-och-kapare, nerladdat den 28 juni 2018.

[549] Exempel: "Konung Fredrik gick själv in som delägare i företaget [Alingsåsverket 1725]. Vid ett besök i Alingsås, när verksamheten kommit igång, lät han hela sin betjäning klä upp sig med de nya alstren från Alströmers företag ... Alströmers verk gick alltså under, i samma stund det fyrtioåriga, i vår industriella historia enastående offentliga understödet upphörde ...". Källa: Wikipedia.org / Jonas Alströmer, nerladdat den 28 juni 2018.

[550] "William VIII (10 March 1682 – 1 February 1760) ruled the German Landgraviate Hesse-Kassel from 1730 until his death, first as regent (1730–1751) and then as landgrave (1751–1760) ... During his reign, William started building Schloss Wilhelmsthal in Calden and collected paintings, including works by Rembrandt." Source: wikipedia.org / William XIII, downloaded 5 January 2018.

"William I, elector of Hesse (1743-1821) ... Upon the death of his father on 31 October 1785, he became William IX, Landgrave of Hessen-Kassel. He was said to have inherited one of the largest fortunes in Europe at the time. William looked for help in managing his estate. He hired Mayer Amschel Rothschild as 'Hoffaktor' in 1769 ...". Source: Wikipedia.org / William, I, Elector of Hesse, downloaded 24 April 2018.

[551] I Sverige riktades kritik mot Fredrik I:s tyska ämbetsaristokrati: "... sommaren 1735 ... tal om att man borde förhindra utlänningar att öva inflytande över Sveriges ekonomiska liv ...". HOLST Walfrid, *Ulrika Eleonora d.y.*, Stockholm, 1953, s. 185.

[552] "Med Fredrik I i spetsen förmåddes ämbetsaristokratin och den därmed förbundna handelsvärlden i Stockholm att teckna andelar i manufakturverket, varigenom ett sammanlagt belopp av nära 84,000 dr smt slutligen (1730) uppgives såsom inbetalt; bolagets societetsregler (bolagsordning) undertecknades 10 maj 1725". Källa: Jonas Alströmer, sok.riksarkivet.se/sbl/artikel/5732, Svenskt biografiskt lexikon (art. av Eli F. Heckscher), hämtad 2018-03-06.

"Visserligen stadgar 1734 års lag, att bouppteckningar skola upprättas efter alla aflidna personer inom Svea rike, men de rika och mäktiga riksrådens arfvingar undandrogo sig ofta denna lagliga skyldighet." Källa: runeberg.org / Svenska *millionärer. Minnen och anteckningar*, av Carl Fredrik Lindahl (1897-1905).

[553] I en avhandling om Daniel Niklas von Höpken (1669 -1727) framgår att Höpken varit väl insatt i Karl XII:s handelspolitik ända sedan Bender. Efter Karl XII:s död blev han snabbt förmögen och en gunstling till Fredrik I. Det franska sändebudet konstaterade 1719 att Höpken mottagit engelskt guld och att han hade stor kärlek till gods och ägodelar ... "Såsom god merkantilist var Höpken helt naturligt även intresserad för skapandet av ett blomstrande fabriksväsen i Sverige. Han blev som sagt själv delägare i flera industriella verk ...". HELANDER Abel, *Daniel Niklas v. Höpken 1669-1727*, Akademisk avhandling, Stockholm, 1927, s. 23, 106, 249.

[554] "TAB I. Daniel Niklas von Höpken ... Statssekreterare vid kammarexpeditionen 1714. Vid utrikesexpeditionen 1719. Friherre s.å. 22/5 (introd. 1720 under nr 161). Ledamot av kommissionen rör. Madagaskar-expeditionen 1721-08-14 ... President i Kommerskollegium 1727." Källa: www.adelsvapen.com / von Höpken nr 161.

[555] "Såsom president för kommerskollegium ägde han säkerligen betydande möjligheter att förskaffa sig en riklig andel av de medel som anslogos till näringslivets förkovran." HELANDER Abel, *Daniel Niklas v. Höpken 1669-1727*, Akademisk avhandling, Stockholm, 1927, s. 25.

[556] Founders of Swedish East India Company: Henrik König, Höpken's brother in law; Colin Campbell, knighted by King Frederick and moved to Gothenburg to organize the first expedition; Niclas Sahlgren, a partner of Jonas Alstöm, who in turn was a partner of Daniel Höpken in Alingsåsbolaget (se nedan). Källor: runeberg.org / Svenska *millionärer. Minnen och anteckningar*, av Carl Fredrik Lindahl (1897-1905); Svenska Biografiskt Lexikon / sok.riksarkivet.se.

[557] "Med hjälp av bouppteckningens uppgifter taga kännedom om Höpkens förhållande till den kommersiella och industriella företagsamhet, som han i egenskap av politiker lade sig så stor vinn om att uppmuntra. Bland "kapitalier, på säkra ställen utestående" upptagas lotter och andelar i ... Ostindiska kompaniet [delar i 6 olika skepp, 36,000]..." HELANDER Abel, *Daniel Niklas v. Höpken 1669-1727*, Akademisk avhandling, Stockholm, 1927, s. 25.

[558] "From Gothenburg the vessels carried iron, both in bars and processed ... Copper was also brought, as was timber ... the vessel returned to Gothenburg on 27 August 1733. The expedition was a huge economic success ... The dividend paid was 75% of the capital invested." Source: Wikipedia.org / Swedish East India Company, downloaded 25 June 2018.

"The Royal Charter ... 18. The company was enjoined to maintain secrecy on finances and shareholders ... within Sweden suspicions ran high against foreigners, as they were thought to siphon off Sweden's riches." Source: Wikipedia.org / Swedish East India Company, downloaded 25 June 2018.

Notat: De två första skeppen hette *Friedericus Rex Sueciae* och *Drottning Ulrica Eleonora*.

[559] "Presidenten friherre von Höpken lärde känna den skicklige mannen [Thomas Plomgren] och förmådde honom att ställa sina handelsföretag efter gemensamt uppgjorda planer med afseende på svenska handelns förkovran ... försök på flera förut af svenska skepp obeseglade handelsplatser ... direktör för Levantiska kompaniet ...". Källa: runeberg.org / Svenska *millionärer. Minnen och anteckningar*, av Carl Fredrik Lindahl (1897-1905).

[560] "Levantiska kompaniet kallades ett d. 20 febr. 1838 priviligierat svenskt kompani, som fick uteslutande rätt att under tio års tid idka handel på Levanten ... Det fick nederlagsfrihet på all utländska varor, som skulle exporteras till Levanten, samt tullfrihet på alla från riket dit införda affekter ... Kompaniet exporterade hufvudsakligen följande varor: jern och stål (25,030 skpd), mässing (121 skpd), koppar (44 skpd), krut (1,610 skpd) ... Införseln utgjordes af russin, fikon och korinter (tillhopa 1 800 000 skålp), bomull (513,590 skålp) ... samt kaffe, galläpplen, anis, silke, risgryn m.m." Källa: Nordisk familjebok, 1885 / runeberg.org.

[561] "Planerna på öppnandet av handel på Levanten [Mellanöstern] under Karl XII:s regering och försöken att genomföra en merkantilistisk rationell ekonomipolitik under samma tid." EKEGÅRD Einar, *Studier i svensk handelspolitik under den tidigare frihetstiden*, 1924, s. 95-128.

"Av de allmänna merkantilistiska idéer som genomsyrade diskussionerna i Bender framgår, att Karl så snart som möjligt hade för avsikt att befria allmänna manufakturer från exportavgifter." HATTON Ragnhild, *Karl XII*, Köping, 1985, s. 396.

"Han [Karl XII] var full av förslag ... Skulle man inte kunna exportera koppar och mässing till Medelhavsländerna, där efterfrågan var stor? 'Om Gud förunnar mig att komma hem', säger sig Feif ha hört Karl XII säga, 'skall jag se till att alla slags manufakturer uppmuntras". HATTON Ragnhild, *Karl XII*, Köping, 1985, s. 396. Hatton hänvisar till brev från Casten Feif till Polhem.

[562] "Den handelsverksamhet, som detta kompani utöfvade, blev icke synnerligen stor eller vinstbringande. Sekreta utskottet vid 1752 års riksdag fann sig derför föranlåtet att hos regeringen hemställa, att nödiga åtgärder skulle vidtagas till den levantiska handelns höjande, och i anledning deraf fick kompaniet förklara hvarför ej dess handelsrörelse visat sig mer fruktbringande ... Sekreta utskottet förklarade då [1755], att kompaniet icke uppfyllt sina förbindelser mot riket, och derför borde denna handel för framtiden ställas på bättre fot ... Sekreta utskottet

antog detta anbud, och sålunda återlämnade oktrojen." Källa: Nordisk familjebok, 1885 / runeberg.org.

[563] "Thomas Plomgren och hans mågar ... Men Plomgren nöjde sig ej med att vara affärsman, utan ägnade sig äfven åt politiken ... vald till ledamot af borgarståndet vid alla riksdagar från och med 1738 till och med 1751 ... Tre år efter nordstjärneordens instiftande 1748, utnämndes Plomgren ... till riddare af denna orden ... Han samlade en stor förmögenhet ... Plomgren visste att alltid hålla sig framme, där stora vinster voro att hämta ... erhöll han den föga smickrande benämningen 'rikstjuf' ... Med slugt begagnande af vår kända svenska generositet, eftergifvenhet och beskedlighet mot utlänningar, lyckades det dessa herrar [Plomgrens mågar] att på det ekonomiska området spelat oss, såväl den enskilde som kronan, mycket fula spratt." Källa: runeberg.org / *Svenska millionärer. Minnen och anteckningar*, av Carl Fredrik Lindahl (1897-1905).

[564] "Hon [Ulrika Eleonora] tog kontakt med assessor i kommerskollegiet Lars Jacob Adlerstedt, som föregående år företagit en långvarig inspektion av anläggningarna [Alingsåsverket] ... Adlerstedts inlagor innehöllo onekligen mycket krut. De blottade skoningslöst tillståndet vid Jonas Alströms och Hattarnas 'mönsteranläggning' och kommo mycket rabalder åstad vid riksdagen [1738]. Lantmarskalken själv [Carl Gustaf Tessin] och Daniel Niklas von Höpken råkade som meddirektörer betänkligt i skottlinjen, då assessorn i sina undersökningar hade utrett, att de erhållit stora privata lån från detta företag, som ständigt varit i sådant behov av statsunderstöd." HOLST Walfrid, *Ulrika Eleonora d.y.*, Stockholm, 1956, s. 287, 288.

[565] "Till en kraftig explosion hade det kommit, då kung Fredrik gått utom förslaget och till assessor i kommerskollegium utnämnt kammarherren Erland Broman. Det var en praktfull typ i lag, där man drack och spelade tappert, men onekligen ingen prydnad för ett svenskt ämbetsverk. Han hade gjort kungen goda tjänster, när det gällde Hedvig Taube – och han skulle göra honom många fler i liknande sammanhang ... Broman hade i yngre dagar fått en ful fläck på sitt rykte, misstänkt för utprånglande av falska bankosedlar, men hade blivit släppt på grund a bristande bevisning." HOLST Walfrid, *Fredrik I*, s. 187, 189.

[566] "Erland Broman fick, förutom stora gåvor, för sin del allt mera hand om kungens penningaffärer, en förmån som säkert ingen förstod att bättre utnyttja än denne grandiose slösare och leberman." HOLST Walfrid, *Fredrik I*, Stockholm, 1953, s. 251.

[567] "Samtidigt började också Frimurarorden att blomstra i Stockholm ... den tredje i ordningen frih. Erland Carlsson Broman." Källa: Ordens-Sällskap och Klubbar/Claes Lundin, August Strindberg; Kapitel XIII / Stockholm Stad, www.stockholmskallan.se nerladdat i oktober 2016.

[568] "Visserligen betygade Kung Fredriks gamle kumpan, den Hattarna närstående Erland Broman, som var medlem av sekreta utskottet, att han vågade sitt huvud på att inga personliga obehag skulle hända kungen vid denna riksdag." HOLST Walfrid, *Fredrik I*, Stockholm, 1953, s. 259.

[569] Konsthistorikern Georg W. Fleetwood skriver i en bok (1926) tillägnad Personhistoriska Samfundet: "Trots saknad av verkliga bevis kan man med ganska stor bestämdhet antaga, att flertalet av porträtten äro lantgrevinnan Margareta Brahes [svensk adelsdam] familjeporträtt och således troligen medförda från Sverige sedan hon 1661 ingått i äktenskap med lantgreven Fredrik II av Hessen-Homburg ... Vad de furstliga porträtten angår är det ju svårare att säga huru de kommit med ... För övrigt bör nämnas att bland de svenska porträtten i Homburg även finnes ett intressant ungdomsporträtt av konung Frederik I såsom arvprins av Hessen-Cassel, som dock icke här upptages, då det ju alldeles icke har med de Braheska familjeporträtten att göra." Källa: *Margareta Brahes Svenska Familjeporträtt i Hessen*, beskrivna av Georg W. Fleetwood, Stockholm, 1926, s. 5. – Porträtten är fotograferade för Livrustkammarens räkning.

Notat: Tolv av de 28 porträtten är på kungliga svenska personer: två porträtt på Karl X (avliden den 13 februari 1660) samt porträtt på Gustaf I, Gustaf II Adolf (3 porträtt), Johan III, Karl IX (2) och Drottning Kristina (3).

[570] "VIII. Cap. Om then, som förfalskar och missbrukar annans namn och skrifter. 1. §. Brukar någon falskeliga Konungens namn eller insegel, sig til nytto ... 3. §. Utplånar, tilsätter, eller förändrar någon annars namn, eller insegel ...". Källa: *Svea Rikes Lag 1734* / wikisource.org nerladdat den 18 februari 2018.

[571] Exempel: Polhem tog äran för idén om knappnålar: "Knappnålar var en viktig vardagsprodukt med stor marknad och Polhem tyckte att det var 'en skam' att såväl knapp som synålar importerades. På Stjernsund inrättade han därför en knappnålsproduktion." LINDGREN Michael H., *Christopher Polhems Testamente*, Stockholm, 2011, s. 173.

Men idén kom från Karl XII i Bender: "Han [Karl XII] var full av förslag. Kunde man inte tillverka sy- och knappnålar i Sverige? Var det inte synd och skam att sådant skulle importeras när de erforderliga råvarorna fanns i hemlandet?" HATTON Ragnhild, *Karl XII*, Köping, 1985, s. 396.

[572] "Vad gäller kreativitet och nytänkande på teknikens område, liknar Christopher Polhem (1661-1751) sin föregångare Leonardo da Vinci ... Hans många bevarade manuskript, brev och tryckta verk visar på hur hans kreativa ifrågasättande hjärna styrde handen med gåspennan för att förklara, analysera och utveckla allt mellan himmel och jord: astronomi, kosmologi, geologi, fysik, kemi, botanik, medicin och hälsovård, national- och företagsekonomi, religion, historia, musikteori, språk, naturfilosofi, jordbruk, barnuppfostran, matlagning,

och andra hushållsgöromål. Inget av detta behandlas i denna bok. Det skulle kräva år av forskningsarbete för att fullständigt beskriva och analysera alla Polhems tankar på dessa områden ... Att Christopher Polhem först valde läsning och skrivning är intressant, då det bekräftar hans eftersatta kunskaper och svårigheter på detta viktiga område. Möjligen gick han här miste om en chans att åtgärda en av sina största brister – den att han aldrig lärde sig stava korrekt och konsekvent. Inte heller lärde han sig skriva bokstäverna ordentligt." LINDGREN Michael H., *Christopher Polhems Testamente*, 2011, s. 11, 40.

[573] "Polhem hade en storslagen plan – att Sverige skulle omvandlas från ett primitivt jordbruksland till en modern industrination." Förord signerat av Ann Follin, Museidirektör, Tekniska museet. LINDGREN Michael H., *Christopher Polhems Testamente*, 2011, Stockholm, s. 9.

[574] "I sin bok konstaterar han bittert att hans lås inte alls fick den uppskattning han väntat sig ... Många av hans uppfinningar var förbättringar av sådant han sett ... Ingen komplett produktionsmaskin från hans Stiernsund finns bevarad ... ." LINDGREN Michael H., *Christopher Polhems Testamente*, Stockholm, 2011, s. 188, 274. Foto av Polhems lås s. 8.

[575] Bergskollegium var ett centralt ämbetsverk i Sverige som fungerade åren 1637–1857 (fram till 1649 under namnet Generalbergsamtet, även kallat Bergsämbetet) med uppgift att leda och kontrollera gruvnäringen och metallförädlingen. Bergskollegium var ett uttryck för bergsregale och var kronans ämbetsverk över bergshanteringen i de olika bergslagen. De utfärdade bl.a. privilegiebrev till masugnar, hammarsmedjor och manufakturverk." Källa: wikipedia.org / Bergskollegium, nerladdat den 12 december 2018.

[576] "Levantiska kompaniet exporterade hufvudsakligen följande varor: jern och stål (25,030 skpd), mässing (121 skpd), koppar (44 skpd), krut (1,610 skpd) ...". Källa: Nordisk familjebok, 1885 / runeberg.org.

[577] "I oktober 1718, under kanalbygget vid Karls grav utanför Vänersborg, hade Swedenborg skrivit ett förslag till ett nytt oktalt talsystem, ett räknesystem med basen åtta, med titeln: *En ny räknekonst som omwexlas wid 8 i stelle then vahnliga wid thalet 10, hwarigenom all ting angående mynt, wich, mål och mått, monga resor lettare än effter wahnligheten uträknas (1718)*. Källa: DUNÉR David, *Decimalsystemet, Historien bakom den första ryska översättningen av Swedenborg* / www.kb.se.

[578] "Charles XII of Sweden, whose talent for mathematics perhaps exceeded that of all other kings in the history of the world, hit on the idea of radix-8 arithmetic about 1717. This was probably his own invention, although he had met Leibnitz briefly in 1707. Charles felt that radix 8 or 64 would be more convenient for calculation than the decimal system, and he considered introducing octal

arithmetic into Sweden; but he died in battle before decreeing such a change. [See The Works of Voltaire 21 (Paris: E. R. DuMont, 1901), 49; E. Swedenborg, Gentleman's Magazine 24 (1754), 423–424.]". Source: KNUTH Donald F, The Art of Computer Programming: Positional Number Systems, 2014 / www.informit.com, downloaded 18 November 2017.

« D'après l'ouvrage de Donald Knuth's, *The Art of Computer Programming*, il fut inventé par le roi Charles XII de Suède. » Source: wikipedia.org / Système octal.

"Unix systems use octal (base-8) numbers to specify the various permission bits." Source: www.math.hmc.edu/computing/support/permissions.

[579] "1721 (*Principles of Chemistry*) Latin: Prodromus principiorum rerum naturalium: sive novorum tentaminum chymiam et physicam experimenta geometrice ... 1734 (*Principia*) Latin: Opera Philosophica et Mineralia (English: Philosophical and Mineralogical Works), three volumes ... 1734 (*The Infinite and Final Cause of Creation*) Latin: Prodromus Philosophiz Ratiocinantis de Infinito, et Causa Finali Creationis; deque Mechanismo Operationis Animae et Corporis ... 1744–1745 (*The Animal Kingdom*) Latin: Regnum animale, 3 volumes". Source: wikipedia.org / Emanuel Swedenborg, downloaded 8 January 2018.

Notat: Swedenborg skriver i ett brev till Nordberg I vilket han talar om Karl XII:s kunskap i kemi.

[580] "Åren närmast efter Principias utgivande [1735] äro särskildt betydelsefulla i Swedenborgs lif ... Hufvudproblemet för hans forskning var vid denna tid frågan om själens väsen och dess förbindelse med kroppen." LAMM Martin, *Swedenborg*, Uppsala, 1915, s. 50.

[581] " 1:mo Alla lefwandes naturliga drift är det, som kallas passion, eller åstundan till wällusts åtnjutande. 2:do Wällust är af 2:nehanda slag, näml. Själens och Kroppens wällust. Själens wällust kallas den, hvaruti kroppen ingen del hafwa kan; men kroppens wällust kallas den, hwilken kropppen tillika med själen känner ...". NORDBERG Jöran Andreas, *Anmärkningar wid högsalig i åminnelse Konung Carl den XII:tes Historia*, Stockholm, 1767, s. 55.

[582] "Swedenborg var som tänkare ensartad men inte självständig. Som tidigare påpekats förteg han ofta sina upphovsmän med förklaringen att de visat sig ha samma åsikter som sig själv, eller upprepade att han på vetenskapens område främst varit just en kompilator och eklektiker." BRUNNER Ernst, *Darra*, Stockholm, 2015, s. 451.

[583] "Jag [Feiff] försäkrar, at Thomasius [tysk filosof], som är äredryg öfwer fin lärdom, skulle söka en särdeles heder däruti, at wederlägga Konungen i Swerige; han skulle göra ett stort wäsende däraf, låta trycka Eders Maj:ts paper, och sina skäl däremot, och då wore Eders Maj:t intet i tillstånd, hwarken at reproducera

den ena, eller försigwara sig emot den andra. Alltså gör Eders Maj:t i sanning bättre, att han lämnar detta penne-kriget, och blifwer wid sin wärja. Hans Maj:t fann denna föreställning så uppriktig, som skälig, och swarade därför: Det kan så hwara, och får blifwa härwid." Källa: NORDBERG Jöran Andreas, *Anmärkningar, wid högsalig i åminnelsen Konung Karl den XII:tes Historia*, Stockholm, 1767.

[584] "I hans tid övades exempel på horeri med gifta och ogifta, som förr i landet varit ohört." HOLST Walfrid, *Fredrik I*, Stockholm, 1953, s. 225.

"... undersåtarnas levnadssätt rättade sig efter hovets." FRYXELL Anders, *Berättelser ur svenska historien*, Band 33, Fredriks regering, s. 319 / runeberg.org.

"I Stockholm hade tidens lösen blivit stundens njutning, den som kallades 'l'amour et la volupté'. Njutningslystnaden grep omkring sig i alla samhällsklasser." BRUNNER Ernst, *Darra*, Stockholm, 2015, s. 678.

[585] "Dagen därpå den 3 april [1739], erhöll biskop Benzelius audiens, vid vilken kungen [Fredrik] angripit både biskopens egen vandel och dennes dotters ... Sedan man inskärpt, att saken borde hållas tyst, upplästes biskopens berättelse för prästeståndet. Den förseglades därpå och lades till handlingarna ... Hon [Fredriks älskarinna grevinnan Horn] tillade, att själva prästerna inte hade haft något att invända mot hennes förbindelse med konungen ...". HOLST Walfrid, *Fredrik I*, Stockholm, 1953, s. 203, 269.

[586] "Förbindelsen mellan Konung Fredrik och Fröken Taube ... Fredriks böjelse för det andra könet var ytterst våldsam, och han tycks ej heller hafva bjudit till att tygla den ... det brottsliga förhållandet ... jemte sin förbindelse med henne haft flera spridda och smärre äfventyr ... illa beryktad kammarjungfru vid hofvet ... Vår nu avgivna berättelse om konung Fredriks levnadssätt, ehuru motbjudande både att skriva och läsa, har dock ej kunnat undvikas. Först sedan man rätt tydligen sett, till vilket djup av förnedring och oefterrättlighet, denna kung nedsjunkit, först då kan man begripa några samtida förut beskrivna uppträden." FRYXELL Anders, *Berättelser ur svenska historier* / Band 38, *Fredrik I:s regering*, Stockholm, 1868, s. 8, 12, 20, 32.

[587] "Den gemytlige, språksamme tyske prinsen ... Konung Fredrik saknade ingalunda charmörsegenskaper och hade stor förmåga att ledigt umgås med vem som helt ... Kärleken, jakten och lättjan behärskade honom ... han var svag, opålitlig, inkonsekvent, fiende till arbete, slösaktig och en marionett i händerna på sina gunstlingar... den höge Herren ... Vår höge Herre ... den höge Herren hade velat följa hennes råd ... Det som befäster mig i övertygelsen, att den höge Herren ...". HOLST Walfrid, *Fredrik I*, Stockholm, 1953, s. 45, 143, 166, 167, 257, 267, 269.

[588] "Vid riksdagens öppnande (1723 höll han [Sven Lagerberg] ett tal, som väckte genljud i hela landet ... 'När överheten ser mer på sin makt, sin myndighet, sitt herravälde, sin höghet, sin ära, än undersåtarnas kärlek förkovring, välgång och lycksalighet ... förlorar det senare, som mer än tusende gånger större och överheten nyttigare är ... '." HOLST Walfrid, *Fredrik I*, Stockholm, 1953, s. 149.

[589] "Intriger och motintriger korsade varandra i Stockholm [1743] ... riktade sig mot kung Fredrik personligen ... 'I hans tid blev en oändelig myckenhet med lagar och förordningar, men var och en levde ändå laglös'." HOLST Walfrid, *Fredrik I*, Stockholm, 1953, s. 225.

[590] « ... il [Charles XII] avait aussi quelque connaissance de la Chimie, comme le témoignent divers Mémoires, écrits par lui-même que j'ai eu quelques temps entre les mains, avec des fragments d'autres pièces roulaient tous sur ces Sciences. » NORDBERG Jöran, *Histoire de Charles XII*, traduit du suédois, Tome Troisième, M.DCC.XLVIII [1748], s. 279.

[591] « Sachant que j'avais formé le dessein de publier l'*Histoire de Charles XII*, il [Swedenborg] m'écrivit une Lettre ... Cette Lettre, qui se trouve dans les Preuves de cette histoire, mérite d'être lue en entier, étant dressée sur des Mémoires écrits de la propre main du Roi ; on y voit ce qu'un habile Mathématicien ... il raisonnait sur les Mécaniques, & quelles entreprises il roulait à cet égard dans son esprit ; entreprises qui n'auraient pas moins contribué que ses Actions Militaires, à immortaliser son nom, si la Providence lui avait laissé le temps d'exécuter ses vastes desseins. » NORDBERG Jöran, *Histoire de Charles XII*, traduit du suédois, Tome Troisième, M.DCC.XLVIII [1748], s. 279.

[592] "Hon [Ulrika Eleonora] fäste på papper ... 21 januari 1739 ... 'Och om Jag rätt bliver stadfäster [bliver regent] ... Krigssakerna får Hans Majestät vår älskeliga gemål mest bestyra själver ... Vår plan för Pfalz-Birkenfeldska huset måste hemligen hållas och herr kunglig Riksrådet greve Samuel Barcks goda försorg anvardas'." HOLST Walfrid, *Ulrika Eleonora d.y.*, Stockholm, 1956, s. 282, 284, 289, 290.

[593] "Som så ofta vid kungliga dödsfall under dessa tider ... hade folk nu börjat viska om att Ulrika Eleonora fallit offer för hemliga anslag; att hon blivit förgiftad." HOLST Walfrid, *Ulrika Eleonora d.y.*, Stockholm, 1956, s. 312.

[594] "1743 d 21 juli reste jag ifrån Stockholm." Källa: *Emanuel Swedenborg Drömboken*, redigerad och kommenterad av Per Erik Wahlund, Stockholm, 1964.

[595] "A letter from Swedenborg to the Rev. Thomas Hartley in London [responding to his letter dated August 2, 1769] ... that I have been called to a holy office by the Lord himself, who most mercifully appeared before, me, his servant, in the year 1743 ... From that time, I began to print and publish the various arcana that were seen by me and revealed to me, as the arcana concerning heaven and hell,

the state of man after death ...". Source: *Posthumous Theological Works*, Emanuel Swedenborg, Volume I, p. 4 / www.swedenborg.org, downloaded den 16 January 2018.

[596] "Uti Stralsund besåg jag åter fästningen ... samt husen där konung Karl d XII logerat." Källa: *Reflexioner öfver de nyligen uppdagade SWEDENBORGS DRÖMMAR 1744, hvilka derjemte oförändrade bifogades*, Stockholm, Tryckt hos J. & A. Riis, 1860, s. 1.

[597] "1-2 april [1744]: Konung Karl stod i ett mörkt rum och talte något, men något otydligt, frågade sedan en vid bordet om han intet fått veta, vad han frågade, han sade ja. ... Betyder att jag fått allt vad jag tänkt till min opplysning, och att jag tager kanske en orätt väg." Källa: *Reflexioner öfver de nyligen uppdagade SWEDENBORGS DRÖMMAR 1744, hvilka derjemte oförändrade bifogades*, Stockholm, Tryckt hos J. & A. Riis, 1860, s. 6.

[598] "Dröm 19-20 april: Sedan uti en vision, som intet är sömn, intet vaknande, intet extasis, kom mig in att Konung Karl första gången stritt som fåfängt, sedan i andra slaget med saxarne vant seger och var full med blod ... jag var dock rädd att jag förtörnat vår Herre med likasom forcerande att fria mig, varom jag dock med ödmjukhet som jag kunde bad om förlåtelse. Det lärer förmodeligen betyda Karl d. XII, som var hel blodig.'" Källa: *Reflexioner öfver de nyligen uppdagade SWEDENBORGS DRÖMMAR 1744, hvilka derjemte oförändrade bifogades*, Stockholm, Tryckt hos J. & A. Riis, 1860, s. 34.

[599] "24-25 april: 'Ibland annat drömde, att jag talade några gånger med kong Karl d XII, och att han talte allt med mig, det jag undrade på, med på brutit fransöska, det jag intet förstod. Som ock då jag talte åt andre och jag mente han intet hörde, var han bredvid, som jag blygdes före jag sagt. Betyder att Gud talade med mig, och att jag det minsta därav förstår, ty det är representationer, dem jag ännu rätt litet förstår av; och att han hörer och märker allt vad som säjes och var tanke, som man har; som ock är så visst, att ingen tanke undslipper, den han icke ser, och i grund allt, 1000endefalt mer än jag själv'." Källa: *Reflexioner öfver de nyligen uppdagade SWEDENBORGS DRÖMMAR 1744, hvilka derjemte oförändrade bifogades*, Stockholm, Tryckt hos J. & A. Riis, 1860, s. 37.

[600] "Dröm april 28-29, 1744: 'Förra natten tyckte jag se konung Karl d XII, den jag tillförene dedicerat mitt arbete, men jag tyckte nu att han var uppstånden av döda, och att jag gick ut och ville nu dedicera honom, lika som en annan'." Källa: *Reflexioner öfver de nyligen uppdagade SWEDENBORGS DRÖMMAR 1744, hvilka derjemte oförändrade bifogades*, Stockholm, Tryckt hos J. & A. Riis, 1860, s. 38.

[601] "24-25 mars. Talte med vår successor i Sverige ... Erland Broman ... Då kom drottningen in [i en kammare] ... hon berättade, att en har givit åt sin maitresse alla jouvelerna ... att han inte givit de bästa, då kastade hon bort juvelerna ... Vad

hon berättade om jouvelerna är veritates som enorm opptäckt ... Jag såg sedan jouvelerne uti händerna och en stor rubin mitt uti'." Källa: *Reflexioner öfver de nyligen uppdagade SWEDENBORGS DRÖMMAR 1744, hvilka derjemte oförändrade bifogades*, Stockholm, Tryckt hos J. & A. Riis, 1860, s. 4.

[602] "Dröm april 6-7, 1744: 'Sedan frågade han [fadern], huruvida jag tycker om den quaestionen, att en konung [Fredrik I] har givit vidpass 30 lov, som voro invigde till det andeliga ståndet, att gifta sig och således ändra sitt stånd ... efter mitt samvete, att det intet bör tillåtas att byta om sitt stånd ... Har konungen resolverat, så blir det dock därvid'." Källa: *Reflexioner öfver de nyligen uppdagade SWEDENBORGS DRÖMMAR 1744, hvilka derjemte oförändrade bifogades*, Stockholm, Tryckt hos J. & A. Riis, 1860, s. 13.

[603] "28-29 april: ... 'Tycktes en som har skrivit kort till konung Fredrik. Han tyckte det var kort, befalte några resa till den, som först var ett fruentimmer, sedan en liten karl, att på åtskilligt sätt vexera den med amour och dylikt. De gjorde sitt bäst; dock såg jag intet de skadat honom eller gjort honom tort ... att han ville låna en hop och gå till himmelen och intet betala ... Jag föresatte mig, att jag lånat ihop av det andliga att därmed gå till himmelen, det jag intet ville betala, om intet sent omsider'." Källa: *Reflexioner öfver de nyligen uppdagade SWEDENBORGS DRÖMMAR 1744, hvilka derjemte oförändrade bifogades*, Stockholm, Tryckt hos J. & A. Riis, 1860, s. 39.

[604] "8-9 aug: 'Kom i Sverige, såg riket delt uti tvenne riken, det större var vid Uppland, det andra bortåt Örebro; tvenne konungar, denne senare mindre ... jag var med honom, och det ökte sig. Jag tyckte att för mig var en fullmakt på att vara sekret ... som intet kunde med språket, dock var jag med'." Källa: *Reflexioner öfver de nyligen uppdagade SWEDENBORGS DRÖMMAR 1744, hvilka derjemte oförändrade bifogades*, Stockholm, Tryckt hos J. & A. Riis, 1860, s. 50.

[605] *The Scot Magazine*, 2 September 1754 "Charles XII of Sweden's new arithmetic [8-talsystemet]. A memoir of M. Emanuel Swedenborg, concerning Charles II of Sweden. Having been frequently admitted to the honor of hearing his late most excellent Majesty Charles XII discourse on mathematical subjects, I presume, an account of a new arithmetic invented by him, may merit the attention of my readers ... I was struck with the profoundest admiration of the force of his Majesty's genius, and with such strange amazement, as obliged me to esteem this eminent personage, not my rival, but by far my superior in my own art." Source: britishnewspaperarchive.co.uk.

[606] Detta observeras även av Ernst Brunner i sin biografi om Swedenborg, som kom ut 2015: "Under fyra paragrafer i *Diarium Spirituale* kunde Swedenborg senare, ledd av stanken från ruttnande människokroppar, möta Fredrik och i timtal samtala med honom i ett av helvetets avgrundshål. Det var nöjeslystnaden,

äktenskapsbrotten, slippriheten, skenheligheten som fört honom dit." BRUNNER Ernst, *Darra*, Stockholm, 2015, s. 318.

Notat: Cecilia Nordenkull har inte funnit denna information i *Diarium Spirituale*, men däremot (i förtäckta termer) i Swedenborgs egna doktriner.

[607] "Till de sista besökarna hörde prästen Thomas Hartley … Med viss fördragsam värme i rösten svarade Swedenborg: 'Allt jag skrivit är sant … Swedenborg lyckades resa sig till sittande i sängen … 'Såvisst som ni ser mig för edra ögon, så sant är allt som jag skrivit. Jag skulle ha kunnat säga ännu mera, om det varit mig tillåtit. Då ni en gång ingått i evigheten … vi ska då ha mycket att säga varandra rörande denna sak'." BRUNNER Ernst, *Darra*, Stockholm 2015, s. 738, s. 740.

[608] Till exempel: "Gustav III skrev som kronprins i en avhandling: 'Charactère de Charles XII' om dennes vistelse i Turkiet: 'Man skulle kunna utan överdrift påstå, att han föreföll som sinnesrubbad (insencé), som lät styra sig av blind hämndlystnad, eller av en halsstarrighet, ovärdig av en förnuftig människa, och ännu mera en, som vill anses som en stor man." NYSTRÖM Anton, *Karl XII och Sammansvärjningen mot hans envälde och liv*, Stockholm, 1924, s. 96.

Notat: Gustav III:s morfar Fredrik den Store av Preussen yttrade sig också mycket kritiskt mot Karl XII.

[609] "… Arcana Coelestia – utgavs anonymt i London genom bokhandlaren John Lewis. Verket utgavs i åtta delar, som utkomma vid olika tidpunkter mellan 1749-1756. Det första bandet på latin såldes för omkring 5 kronor, och tycktes ej ha fått många läsare." SPEARS William, *Emanuel Swedenborg, En andlig Columbus*, översatt av Johannes Sundblad, 1878, s. 42 / runeberg.org.

[610] "Helvetet, sade Swedenborg … De argaste, de som velat förstöra också människors själar, nedkastas i de mörkaste och djupaste hålorna i jorden [*Arcana Coelestia 815, 816*] … äktenskapsbrytande män under hälen på helveteskroppens högra fot [824] … Oskuldens förförare sättas på vilda hästar … [*Arcana Coelestia 938, 939*]." FRYXELL Anders, *Berättelser ur svenska historien*, Band 43, Emanuel Swedenborg, Stockholm, 1866, s. 207.

[611] "Sexton år gammal hade Hedvig Taube blivit kung Fredrik I:s älskarinna." BRUNNER Ernst, *Darra*, Stockholm, 2015, s. 470.

"Fröken Taube (1714-1744) … framalstra till skönhets fägring fanns hos henne, vid 17 års ålder … Kärleken intog hela hans [Fredrik I:s] själ … Fem år äldre än hennes egen far … Den 1 mars 1734 gav Hedvig Taube livet åt en dotter … Den 17 mars 1735 föddes där en son." HOLST Walfrid, *Fredrik I*, Stockholm, 1953, s. 179, 181, 185.

[612] "462b. That when a man leaves the world he takes with him all his memory has been shown to me in many ways, and many of the things I have seen and

heard are worthy of mention, some of which I will relate in order. There were some who denied their crimes and villainies which they had perpetrated in the world; and in consequence, that they might not be believed innocent, all their deeds were disclosed and reviewed from their memory in order, from their earliest to their latest years; these were chiefly adulteries and whoredoms ... Others who had enticed maidens to shame or had violated chastity ...". SWEDENBORG Emanuel, *Heaven and Hell*, London, 1758 / English translation at swedenborg.org, downloaded 18 December 2017.

[613] "462. There was one who hade made light of slandering others; and I heard his slanders recounted in order, and his defamations, with the very words, and the persons about whom and before whom they were uttered ... although why he lived in the world he had most carefully concealed everything. There was one who had deprived a relative of his inheritance under a fraudulent pretext ... The same person shortly before his death had also secretly poisoned his neighbor." SWEDENBORG Emanuel, *Heaven and Hell*, London, 1758 / English translation at swedenborg.org, downloaded 18 December 2017.

[614] "Revelation 18. 1. And after these things I saw an angel coming down out of heaven, having great authority, and the earth was lightened by his glory. 2. And he cried out mightily with a great voice, saying, Babylon the great is fallen, is fallen and is become a habitation of demons, and a hold of every unclean spirit." SWEDENBORG Emanuel, *Apocalypse revealed*, London, 1766 / English translation at swedenborg.org, downloaded 18 December 2017.

[615] "The Whore of Babylon or Babylon the Great is a mythological female figure and also place of evil mentioned in the Book of Revelation in the Bible. Her full title is given as "Babylon the Great, the Mother of Prostitutes and Abominations of the Earth." Source: wikipedia.org / Whore of Babylon, downloaded 17 January 2018.

[616] "Revelation 18. 3. For all the nations have drunk of the wine of the anger of her whoredom [Babylon the great], and the king of the earth have committed whoredom with her, and the merchants of the earth have become rich from the abundance of her luxuries."   SWEDENBORG Emanuel, *Apocalypse revealed*, London, 1766 / English translation at swedenborg.org, downloaded 18 December 2017.

[617] Olof J. Dagström hade 1728 anklagat Fredrik I för att ha "anstiftat mord på Karl XII" och att "orättmätigt ha bemäktigat sig tronen" (not 452). Dagström hade sagt att "ånger över att i Turkiet ha svikit Karl XII nödgade honom att söka gottgöra sitt brott genom att verka för den döde konungens rättmätige arvinge, hertig Karl Fredrik av Holstein." ... "För att råda bot på allt det onda som sålunda triumferade i Sverige igångsatte Dagström ett vidlyftigt skriftställarbete. En stor skrift på 106 foliosidor kan betecknas som hans huvudarbete. ... De ovan

relaterade tankarna uttalas öppet och i osminkade ordalag: Fredrik var Ahab, Ulrika Eleonora var Isebel, prästeståndet, consistorium regni, kallades babyloniska skökan." Källa: Svenskt biografiskt lexikon / riksarkivet.se, urn:sbl:15767, artikel av Sture Bolin, hämtad 2018-08-08.

Notat: Dagström hänvisar till *Den Första Konungaboken* (kapitel 16-22) i det Gamla Testamentet. Ahab är kung av Israel gift med Isebel, dotter till kungen av Tyre. Isebel eggade Ahab till ondska och utrotade alla profeter.

En smädesskrift om Fredrik I (1743): "... I hans tid övades exempel på horeri med gifta och ogifta, som förr i landet varit ohört ...". HOLST Walfrid, *Fredrik I*, Stockholm, 1953, s. 225.

[618] "Swedenborg published a work [in Latin] entitled *The Last Judgment* (De Ultimo Judicio) in London in 1758, and another work [also in Latin] entitled *Continuation Concerning the Last Judgment and the Spiritual World* (Continuatio de Ultimo Judicio et de Mundo Spirituali) in Amsterdam in 1763." Source: *The Last Judgment (Posthumous)*, Swedenborg Society, London, 1934, Preface.

[619] Detta framgår av förordet i en engelsk översättning av två postuma manuskript: "The two unpublished writings contained in the present volume were written by him [Swedenborg] between those two dates [1758 and 1763]". Source: *The Last Judgment (Posthumous)*, Swedenborg Society, London, 1934.

[620] Den första översättningen av *The Last Judgment (Posthumous)* med de två manuskripten kom ut i olika tidningar fram till 1914. Då gavs de ut av Swedenborg Foundation i New York som en del av Volume 1 i *Posthumous Theological Works Emanuel Swedenborg*, Translated from the original Latin by John Whitehead, Swedenborg Foundation, 1914. En avkortat svensk översättning av Eric hermelin publicerades 1920. Sedan kom Swedenborg Society i London ut med sin version 1934 baserad på Whiteheads översättning.

[621] "KÄRLEKEN [De Amore] ... Må alla, som i verlden äro, och detta läsa, veta, att kärleken att herrska för egen skull [för egen räkning] och ej för gagnets [nyttans skull], är den djefvulska kärleken." *Emanuel Swedenborg Andlig Dag-bok*, översättning från latin av Eric Hermelin, 1998, ursprungligen utgiven 1920, s. 159. – Den engelska översättningen: "LOVE ... Let all who are in the world and read these lines know that the love of ruling for the sake of self and not for the sake of uses is diabolical love itself ...". Source: *The Last Judgment (Posthumous)*, Swedenborg Society, London, 1934, p. 74.

[622] "Vid riksdagens öppnande [1723] höll han [talmannen] ett tal, som väckte genljud i hela landet. I eftertryckliga termer tog han upp konungens [Fredrik I:s] skriftliga anförande till behandling. Han fastslog: 'När överheten ser mer på sin makt, sin myndighet, sitt herravälde, sin höghet, sin ära, än undersåtarnas kärlek, förkovring, välgång och lycksalighet ... förlorar det senare, som mer än tusende

gånger större och överheten nyttigare är ...'." HOLST Walfrid, *Fredrik I*, Stockholm, 1953, s. 149.

[623] "Emanuel [Swedenborg] attended Riddarhuset sessions regularly for the rest of his life. Although he spoke seldom, if ever, in the House (apparently he considered himself a poor speaker because of a speech impediment), he wrote a number of papers that were published for distribution to the nobles. Many of these papers have been preserved. For the 1722–1723 Riksdag, for instance, he published five pamphlets." Source: Swedenborg.com / *A biography of Emanuel Swedenborg and key concepts of his theology,* George Dole and Robert Kirven, downloaded 9 June 2018.

[624] "If I should mention his deeds of malice, cunning, and crimes I would fill pages. In him I saw what the devil is, both in his own hell and with men." Source: *Posthumous Theological Worls Emanuel Swedenborg*, Volume 1, Translated from the original Latin by John Whitehead, Swedenborg Foundation, 1914.

[625] Karl XII:s namn lades till i denna sättning i översättningen av det första postuma manuskriptet: "If I should mention his deeds of malice, cunning, and crimes I would fill pages. In him I saw what the devil is, both in his own hell and with men (C:XII) [sic]." Source: *The Last Judgment (Posthumous) Swedenborg*, Swedenborg Society, London, 1934, p. 74.

Notat: Eric Hermelin utelämnade helt sättningen i sin svenska översättning 1920. Källa: *Emanuel Swedenborg Andlig Dag-bok,* Ellerströms, Lund, 1998.

[626] Översättningen till svenska gjord av Cecilia Nordenkull baserad på den engelska översättningen från latin av John Whitehead (1914): "The delight from the glory of being wise, and the delight of commanding. 350. I have sometimes seen that when they were in the delight of the love of ruling, they acted like foolish persons, believing then that they were wiser than others … Concerning this many may be named from experience, as Charles XII [sic], Benz, and others …". Source: *The Last Judgment (Posthumous)*, Swedenborg Society, London, 1934, section about The Spiritual World, p. 107. – Whitehead ändrade "C:XII" till "Charles XII".

Notat: De sista sidorna av det andra postuma manuskriptets folioark var onumrerade. Det hade därför varit lätt att skriva om passagen och lägga in "C:XII, Benz och andra" (se ## på fotot).

[627] Den engelske översättaren John Whitehead hänvisar till de två postuma manuskripten på latin som "Tafels latinska text": "The Tafel Latin text of *The Last Judgment (Posthumous)*, and of some of the minor treatises has been compared with the photolithograph manuscript. … A number of errors in the former texts have been corrected. These manuscripts are very difficult to decipher, in many places, they being in the form of notes intended by Swedenborg for his own use."

Source: *Posthumous Theological Works Emanuel Swedenborg*, Volume 1, Translated from the original Latin by John Whitehead, Swedenborg Foundation, 1914, Translator's Preface: John Whitehead.

[628] "Sexuelle Mädchenschänder sind Mörder der Unschuld". Source: *Göttliche Offenbarungen, bekanntgemacht durch Emanuel von Swedenborg, aus der lateinischen Urschrift verdeutscht von D. Johann Friedrich Immanuel Tafel*. Erstes Werk, enthaltend die Lehre des Neuen Jerusalem vom Herrn; von dem Uebersetzer mit einer Vorrede, mit anmerkungen und Registern begleitet, Tübingen, 1823 / abebooks.com, downloaded 16 December 2017.

[629] *Birmingham Daily Gazette*, 25 February 1869: "SWEDENBORGS SCIENTIFIC AND THEOLOGICAL WRITINGS IN FAC-SIMILE ... He [a nephew to Immanuel Tafel] was under the impression that all the manuscripts were in the Academy of Sciences at Stockholm, but he found that some were in London and some in Tubingen, having been lent and not yet returned' ... There were 20,000 pages ...". Source: britishnewspaperarchive.co.uk.

Morning Advertiser, 18 August 1857: "Dr Kahl, of Lund, has furnished an account of Swedenborg's manuscript in Latin, which are preserved in the Royal Academy of Stockholm, to Dr Tafel of Tübingen ... It is supposed that there are other MSS of the same author in the library of the University of Uppsala, as the second diary of the volume was found there and transmitted to Dr Tafel for publication." Source: britishnewspaperarchive.co.uk.

[630] En teolog trodde senare att Swedenborg hade skrivit ner dessa dagboksanteckningar och använt dem som en slags databas för sina doktrintexter: "The portions he [Swedenborg] thus extracted he almost always re-wrote; condensing, expanding, omitting, adding, transposing, re-arranging, with the utmost freedom." Source: SWEDENBORG Emanuel, *The Spiritual Diary*, London, 1889 / Editors preface.

[631] "Att Swedenborgs skriftställeri, oaktadt ofvannämnda brister [långtråkighet, torrhet], erhållit så många beundrare, kommer af flera orsaker ... I stället har man vanligtvis ur dem [doktrinerna] utplockat en mängd på spridda ställen förekommande snillrika och ädla tankar och af dem, och med biträde af bearbetarnas skriftställareförmåga samt egna inskjutna bidrag, bildat några rätt vackra taflor." FRYXELL Anders, *Berättelser ur svenska historien*, Adolf Fredriks regering, Band 43, kapitel 6, Emanuel Swedenborg, Stockholm, 1875, s. 221.

[632] En paragraf numrerad 2962 i den fabricerade dagboken förklarar: "THAT THE STYLE OF MY WRITING IS VARIED ACCORDING TO THE SPIRITS ASSOCIATED WITH ME [sic]. This is evident to me, from many things in past years, as, also, from those of the present time, that my style is varied, and that from merely the style of the writing, I could know how things cohere. I have observed this several times

before. I now know the reason: that this occurred according to the society of spirits who were present. - 1748, August 28." Source: Diarium Spirituale / The Spiritual Diary / Sacred-texts.com, downloaded 5 June 2018.

[633] "Immanuel Tafels postuma utgåva *Eman. Swedenborgs Diarii spiritualis* publicerad i fem band 1843-47 ... 'Diarium Spirituale' är den förste utgivarens benämning på de samlingar av anteckningar om andliga erfarenheter och insikter vilka fördes under åren 1745-65 utan tanke på publicering, men användes i Swedenborgs vetenskapligt noggranna utforskning av de andliga verkligheterna. Detta är ett album memorabilier, ett arkiv *experientia spirituales*." Källa: Inledning av Anders Hallengren, HERMELIN Eric, *Andlig Dag-bok*, Lund, 1998.

[634] *The Spiritual Diary*, Lewis & Bush, 1849. First English Edition. Published from the Latin manuscripts of the Author by JFI Tafel of the Royal University of Tubingen. Translated from the original "Diarium, ubi Memorantur, Experientiae Spiriatueles" by Geoge Bush. We believe this is a considerable rarity, having found only one copy this early and that in the British Library. We believe this to be the first edition in English translation, but are uncertain as to the date of Swedenborg's original Latin manuscript. Seller inventory # 003272. Source: ABEbooks.com, downloaded 14 April 2018.

[635] "THAT A CERTAIN ONE, THE SAME DAY THAT HIS BODY WAS BURIED (bisattes) [sic], HEARD OF IT: CONCERNING KING FREDERICK. He was with me, the fifteenth day after death; and he heard the same day, that he was buried (bisattes) [sic]; and also he saw somewhat; he heard, as it were, the sound of bells; and, for many hours, he spoke with me, and was astonished, that although dead, he saw and heard those things. Then he rejoiced that he was still alive." Source: *The Spiritual Diary of Emanuel Swedenborg*, translated by Professor George Bush, M.A., Volume IV, London, 1889, p. 51.

[636] "Denne konung [Karl XII], påstod Swedenborg, var 'vansinnig av krigslystnad, utvärtes artig och blygsam, men invärtes högmodigast bland alla, och ville bli den förnämste bland djävlarna' [SD 4748-53]". FRYXELL Anders, *Berättelser ur svenska historien*, Adolf Fredriks regering, kapitel 6, Emanuel Swedenborg, Stockholm, 1875, s. 213.

[637] "... att han [Karl XII] till straff för sin oböjliga envishet blev gift med en qvinna, som var än mer envis och oböjlig, och som var besatt av qvinnliga djävlar, mest andar efter holländskor, som i lifvet tyranniserat sina män. Karl hatade henne intill döden och försökte mörda henne, men hon lefde ändå. För att fullkomligt vinna sin afsigt, högg han då en kniv i hennes rygg och drog ut hjärtat och söndertuggade det så, att fradgan stod honom kring munnen; men förgäves. Hon lefde åter upp och var i sin envishet så mäktig, att hon slutligen tvingade honom till lydnad, till den skamligaste underdådighet [SD 4745]." FRYXELL Anders,

Berättelser ur svenska historien, Adolf Fredriks regering, kapitel 6, Emanuel Swedenborg, Stockholm, 1875, s. 214.

[638] "Robert Von Mohl, född 17 augusti 1799 i Stuttgart … Från 1824 till 1845 var von Mohl professor i statsvetenskap vid universitetet i Tübingen." Källa: Nordisk familjebok, 1883 / runeberg.org.

[639] « Immanuel Tafel … Une place de bibliothécaire à l'université lui donne accès à de nombreux livres. Il s'oppose au bibliothécaire en chef nommé en 1836, le professeur de droit Robert von Mohl. » Source : wikipedia.org / Johann Friedrich Immanuel Tafel, downloaded 15 December 2017.

[640] "Ludwig Hassenpflug … in 1832 he became Ministerialrat and reporter (Referent) to the ministry of Hesse-Kassel, and in May of the same year was appointed successively minister of justice and of the interior … In Hesse itself he was known as 'Hessens Hass und Fluch' (Hesse's hate and curse)." Source: wikipedia.org / Ludwig Hassenpflug, downloaded 16 December 2017.

Följande bok (till salu på Abebooks) visar att Ludwig Hassenpflug och Robert von Mohl kommit ut med den tillsammans i Tübingen 1836 och att Hassenpflug kallar sig själv statsminister: HASSENPFLUG H.D.L.F, *Actenstücke, die landständischen Anklagen wieder den Kurfürstlich Hessischen Staatsminister Hans Dan. Ludw. Friedr. Hassenplug betreffent. Ein Beitrag zur Zeitgeschichte und zum neueren deutsche Staatsrechte. Die Vertheidigungsschriften von dem Angeklagten selbst und vom Professor Dr. R. Mohl in Tübingen*, Stuttgart Tübingen, 1836 / www.abebooks.com, downloaded 16 December 2017.

Översättning: Aktstycke, statsanklagelser mot den kurfurstlige hessiske statsministern Hans Dan. Ludw. Friedr. Hassenpflug. Ett bidrag till tidens historia och till nyare tysk statsrätt. Försvarsskrifter av den anklagade själv och professor Dr. R. Mohl i Tübingen.

[641] "Schönfelder Kreis … Der Schönfelder Kreis war ein nach dem Schloss Schönfeld bei Kassel benannter oppositioneller, der Romantik nahestehender Zirkel um die Kurfürstin Auguste (* 1780; † 1841), dessen politische Tendenz sich gegen ihren Mann, Kurfürst Wilhelm II. von Hessen-Kassel (* 1777; † 1847), richtete. … Der Kreis war sozial und politisch rechte heterogen zusammengesetzt … Was ihn einte, war das gemeinsame kulturelle Interesse und die Politische Ablehnung des Kurfürsten … mit Hilfe ihrer preussischen Verwandtschaft als Regentin für Ihren Sohn installieren lassen und den Kurfürsten entmachten … der Kurprinzen ins 'Exil' nach Marburg … Mitglieder. Dem Kreiz gehörten die führenden Intellektuellen von Kurhessen an. … Ludwig Hassenpflug (1794-1862) … Jacob (1785-1863) Wilhelm Grimm (1786-1859) Schwäger von Hassenpflug …". Source: wikipedia.org / Schönfelder Kreis, downloaded 4 January, 2018.

[642] "Lateinische Gedichte ... Grimm, Jac ... Lexicon Graeco-latiunum ... Grimm, Carl Ludvic ... Taciti Germania 1835 ... Jacob Grimm ...". Source: abebooks.com, downloaded 31 December 2017.

MOHL Robert von, *Discrimen ordinum provincalium constitutionis repraesentativae. Auqam consentiente illustri jurisconcultorum ordine praesido viro illustri atgue consultissimo domino Eduard Schrader* / www.abebooks.com downloaded 15 December 2017.

[643] *Inrikes Tidningar*, 26 november 1842: "Kongl Witterhets, Historie och Antikvitets-Akademien har den 22 dennes ... till utländska ledamöter: Professorn m.m. Jacob Grimm i Berlin ...". Källa: kb.se / digitaliserade svenska tidningar.

Notat: Jacob Grimms kontakt med Sverige kunde ha främjats av Karl XIV Johan av Sverige och Norge (alias Jean Bernadotte) via Napoleons bror, Jérome Bonaparte. Grimm hade varit direktör för Jéromes personliga bibliotek, när denne var kung av Westfalen (som då inbegrep Hessen).

[644] "Han [Berzelius] blev ledamot av Kungliga Vetenskapsakademien 1808 och var dess ständige sekreterare från 1819 till sin död 1848. Den 10 november 1829 blev Berzelius hedersledamot av Kungliga Vitterhets Historie och Antikvitets Akademien". Källa: wikipedia.org / Jöns Jacob Berzelius, nerladdat 2 februari 2018.

[645] "Through the generous permission of the Academy, and mainly through the influence of the illustrious Berzelius, and the kind services of the Librarian, Dr. P. E. Svedbom, many of these manuscripts have been entrusted to other hands, and lately printed in Germany and England ...". WILKINSON J.J.G., *Emanuel Swedenborg; a biography*, London, 1849, p. 371.

[646] *Inrikes Tidningar*, 5 juli 1845: "Från Berlin förmäle tidningarna om en högtidlig fest, som den 25 sistl. juni derstädes ägt rum till friherren Berzelii ära. Största delen af Wetenskapsakademiens medlemmar ... Den ryktbare språkforskaren professor Jacob Grimm hade ett högst intressant föredrag på svenska, deri han framställde slägtskaperna emellan Tyskland och Sveriges språk och folk ... tog avsked av den vördade vetenskapsmannen." Källa: Kungliga biblioteket Stockholm, www.kb.se / digitaliserade tidningar.

[647] "Are Grimms' fairytales too twisted for Children? ... On the covers are the most innocent of titles ... But behind the safe titles lie dark stories of sex and violence – tales of murder, mutilation, cannibalism, infanticide and incest ... John Updike called them the pornography of an earlier age ...". Source: BBC.com / culture, *Too grim for Children*, by Stephen Evans, 21 October 2014.

[648] *Evening Mail*, 27 December 1837: "Hanover, December 11: The king has further commented that Messrs Dahlman, Jacob Grimm and ... that strict legal

investigation will be instituted against them respecting the publicity given to the protests." Source: britishnewspaperarchive.co.uk.

"Grimm Brothers ... Both were born in Hanau, in the Landgraviate of Hesse-Kassel ... In 1837, they lost their university post after joining in a protest with the Göttingen seven ... In 1840 ... offered posts at the university of Berlin, addition to teaching posts, the Academy of Science ... After the Revolution of 1848 ... the brothers were elected to the civil parliament ...". Source: wikipedia.org / Grimm Brothers, downloaded 31 December 2017.

"Robert von Mohl (1799-1875) statsrättslig författare, politiker och ambassadör. Från 1824 till 1845 var von Mohl professor i statsvetenskap vid universitet i Tübingen, men förlorade sin befattning till följd av frispråkig kritik vilken fick honom att hamna i onåd hos myndigheterna i Würtemberg. 1847 blev han ledamot av Würtembergs parlament ... Hans senare karriär i offentlighetens tjänst, var för Fredrik I av Baden [Sophia av Badens son], vars ambassadör han var i München 1867-1871". Källa: wikipedia.org / Robert von Mohl, nerladdad den 14 december 2017.

"Ludwig Hassenpflug (1794-1862) ... Han stötte sig med kurprinsen-regenten och tvangs 1837 lämna den hessiska statstjänsten ... År 1841 blev han övertribunalråd i Berlin ... På kurfursten Fredrik Wilhelm av Hessens kallelse trädde Hassenpflug 1850 åter i spetsen för styrelsen i Hessen-Kassel ... He was twice married, his first wife being the sister of the brothers Grimm". Källa: wikipedia.org / Ludwig Hassenpflug, nerladdat den 16 december 2017.

[649] *Morning Chronicle*, 31 July 1840: "The professors Grimm ... have been living since 1837 in obscurity, and we fear ... in straitened circumstances at Cassel ... without hesitation and without counting public applause, the moment they were called upon to choose between their duty and their interest." Source: britishnewspaperarchive.co.uk.

[650] *Wolverhampton Chronicle*, 9 June 1841: "A letter from Berlin states the King of the French [Louis Philippe d'Orléans] has transmitted to Professor Jacob Grimm ... the Legion of Honor." Source: britishnewspaperarchive.co.uk.

« Secrets d'histoire. Magazine historique présenté par Stéphane Bern ... Philippe d'Orléans, le régent libertin. Petit fils de Louis XIII, neveu de Louis XIV ... Timide, versatile, lâche, sans parole, fourbe, ambitieux, empoisonneur, blasé, sceptique, sulfureux, dépravé, bâfreur, ivrogne, obsédé sexuel, incestueux ... ». Source: *Moustique*, 2 août 2017, France 2, à 20h55.

Honoré de Balzac a probablement accusé le duc d'Orléans, lorsqu'il décrivait un group d'hommes d'états dans l'enfer de Swedenborg: « Vous conduisez les nations à la mort. Vous avez adultéré la terre, dénaturé la parole, prostitué la justice. » BALZAC Honoré de, *Séraphita*, Paris, 1835, p. 167.

[651] "... och med biträde af bearbetarnas skriftställareförmåga samt egna inskjutna bidrag, bildat några rätt vackra taflor. På dessa sätt hafva för Swedenborg blifvit vunna många sådana läsare, som ej haft tillfälle se och lära känna hans egna skrifter." FRYXELL Anders, *Berättelser ur svenska historien*, Adolf Fredriks regering, Band 43, kapitel 6, Emanuel Swedenborg, Stockholm, 1875, s. 221.

[652] *Post- och inrikes Tidningar*, 5 juni 1845: "I Kongl Witterhets ... akademien anställdes den 3 denna val om lottning till ordförande ... Friherre Jacob Berzelius blev president och ... Doktor Anders Fryxell blef vice president". Källa: Kungliga biblioteket Stockholm, www.kb.se/digitaliserade tidningar.

[653] "T. [Leonard Tafel] anför som vederläggning, att Berzelius 2 gånger berömt Sw:s [Swedenborgs] åsikter. ... Fr. [Fryxell] anförda faktum, att Berzelius ... förklarat Sw. [Swedenborg] sedermera hafva blifvit sinnesrubbad." FRYXELL Anders, *Genmäle till Herr R.L. Tafel angående Swedenborg*, utgiven av Historiskt Bibliotek 1878, runeberg.org/img/histbib/5/0342.4.png.

« Un médecin suédois du début du XXe siècle a conclu que Swedenborg était mentalement dérangé, souffrant de paranoïa et d'hallucinations. C'est également l'avis auquel arrive en 1994 un psychiatre, pour qui Swedenborg souffrait d'hallucinations dues à une schizophrénie aiguë ou à une psychose épileptique. Une autre hypothèse est qu'il souffrait d'une épilepsie du lobe temporal. » Source: wikipedia.org / Emanuel Swedenborg, downloaded 26 December 2017.

[654] "We now turn aside for a moment from Swedenborg's published works, to his posthumous Diary [*Diarium Spirituale*] ... A great part of it dwells upon unhappy themes, and indeed no book more deranges ones habits of thought than this unreserved Diary ...". WILKINSON J.J.G., *Emanuel Swedenborg; a biography*, London, 1849, p. 144, 145, 146.

[655] "In a letter from Vänersborg ... Sept 14, 1718, our author says: 'I found his majesty very gracious to me, more so than I could expect, which is a good omen for the future'... in a letter that he wrote Nordberg, the biographer of Charles XII ... He actually produced, a specimen of a system, ciphers up to 64, which specimen, in his own handwriting, he gave to Swedenborg. He said to the latter one day, regarding mathematics that 'he who knew nothing of this science, did not deserve to be considered a rational man 'a sentiment' as Swedenborg adds 'truly worthy of a king'." WILKINSON J.J.G., *Emanuel Swedenborg; a biography*, London, 1849, p. 15, 16.

[656] "Jöran Nordberg, Karl den tolftes häfdatecknare, förklarades för en hycklare, som ej trodde, hvad han predikade och därför omskapades till en grön orm." [4811]." FRYXELL Anders, *Berättelser ur svenska historien*, Adolf Fredriks regering, kapitel 6, Emanuel Swedenborg, Stockholm, 1875, s. 212.

[657] In his comments on *Diarium Spirituale*, Wilkinson does not cite or refer to any description of Charles XII other than saying that Swedenborg had conversations with "Moses and Abraham, Artistotle, Cicero and Caesar Augustus, Charles XII:th of Sweden and Frederick of Prussia".

[658] Garth Wilkinson 'disappeared' around 1860, when he was implicated in a serious crisis in the Swedenborg Society in London. He had lodged a controversial student of Swedenborg Brotherhood of the New Life, noted for its avant-garde views on sexuality. Garth Wilkinson subsequently kept away from the Society for nearly twenty years. Source: swedenborg.org.uk / history, downloaded 31 January 2018.

[659] *Birmingham Daily Post*, 31 May 1858: "You also say that Mr Dawson, in his lecture, declared 'this very diary to be the most Bedlam book Swedenborg ever wrote'." Source: britishnewspaperarchive.co.uk.

[660] *Sheffield Daily Telegraph*, 30 November, 1863: "A SUMMARY OF THE SWEDBORGIAN CONTROVERSY ... He [a translator] is now convicted of having deliberately forged a translation for me, and next deliberately referred the reader to certain paragraphs as containing what he had fabricated! ...". Source: britishnewspaperarchive.co.uk.

[661] "... in a magazine ... 'if', this article demands, 'he did [believe in the eternity of the hells] *why did he make so many private notes in his Spiritual Diary against it*?" Source: Editors preface, *The Spiritual Diary of Emanuel Swedenborg*, translated by Professor George Bush, M.A., Volume IV, London, 1889, p. xviii.

Aberdeen Press and Journal, 30 November 1921: "SWEDENBORG AND HIS TEACHINGS. Lecture by Rev. S. Goldsack ... They found people quoting something extraordinary from the 'Spiritual Diary' as Swedenborg's teaching, but that was not the case." Source: britishnewspaperarchive.co.uk.

[662] "Ehuru de ursprungliga skildringarna i Diarium Spirituale är betydligt färgrikare och intressantare, måste jag i det följande huvudsakligen stödja mig på det av Swedenborg själv publicerade verken, där den något svåröverskådliga framställningen i Diarium Spirituale systematiserats." LAMM Martin, *Swedenborg*, Stockholm, 1915, s. 328.

Notat: Martin Lamm nämner inget alls om Karl XII, trots att det var allmänt känt att Swedenborg haft en priviligierad relation med Karl XII.

[663] *Le Journal des Débats*, le 3 septembre 1884 : « La nouvelle Jérusalem ... 'Nohant, le 22 mai 1857 ... j'ai trouvé des très belles choses ... La partie que j'appelle symbolique ou fantastique, ou dantesque, ne me satisfait pas autant et j'ai beau vouloir de tout mon cœur laisser venir en moi cette croyance sous forme des choses révélées ... Je vous tromperais si je vous disais que cela m'est possible

et que j'y puis voir autre chose que des éblouissements d'une imagination surexcitée'... ». Source: Bibliothèque nationale de France / gallica.fr.

[664] "Abuse, however, does not take away use, just as the falsification of truth does not take away truth, excepting only with those who commit the falsification." Source: Editor's preface, *Spiritual Diary of Emanuel Swedenborg*, Part V, Translated by George Bush, M.A. and the Rev. James F. Buss and revised and edited by the latter, London, 1902, p. xvi.

[665] Videokonferens (om Eric Hermelin) med Karl-Göran Ekerwald, Sigrid Kahle och Jonas Ellerström på Statsbiblioteket i Stockholm 2011: "Karl-Göran: Han är en diktare inte bara översättare [lägger in sina egna uppdiktningar]. Sigrid: Får man göra det? Karl-Göran: Så länge man håller sig till sanningen ...". Videon är tillgänglig på Internet.

[666] Exempel på utländska historiker som starkt kritiserade Karl XII (i kronologisk ordning): Karl von Rotteck (tysk, 1818): [Han kallar Karl XII] "en vanvetting, en krigande dåre, som älskade och högaktade ingenting utom lägret och segren." Frédéric Schoell (tysk, 1833): "... att Karls död icke sörjdes af någon, och att hans namn blev nästan liktydigt med det af en äfventyrare." Jean-Baptiste Capefigue (fransk, *Philippe d'Orléans, régent de France*, 1838): "... förstörde Sverige genom krigiska dårskaper." Sir Philip Stanhope Mahon (engelsk, 1839): "... dåradt som vanligt af krigsärans vädersol." Friedrich Raumer (tysk, 1843): "Lefde blott för krig, segrar och hämnd." Friedrich Schlosser (tysk, 1853): "... for fram som en galen engelsk räfjägare." FRYXELL Anders, *Berättelser ur svenska historien*, volym 29, s. 202.

[667] Anders Fryxell hade publicerat ett kapitel om Swedenborg i sina *Berättelser ur Sveriges historia* (1875), i vilket han citerat groteska beskrivningar om Karl XII. Han fick ett brev från Rudolf Leonhard Tafel med 33 anmärkningar, på vilka han svarat: "T [Tafel] som uppsökt de obetydligaste anledningar till anfall mot Fr:s skrift – denne T har dock mot Fr:s många citater härom icke yttrat ett ord, icke upptagit dem till vederläggning, utan lämnat sina läsare i okunnighet om deras tillvaro. Är denna tystnad bifallets? ... Herr Tafels skrift mot Fryxell är ett nytt och viktigt exempel på detta att med tystnad förbigå kinkigaste delen av ämnet." FRYXELL Anders, *Genmäle till Herr R. L. Tafel angående Swedenborg* / runeberg.org.

[668] Om Fredrik I av Sverige: "Den 26 mars 1751, då stadens invånare uppträdde på gatorna i påbjudna svarta sorgekläder, gav kungen [Fredrik I] upp andan, den kung som Swedenborg redan sett i helvetet straffad för sitt hor, sin slipprighet och nerslängd i ett hålrum som redan stank starkt av andra ruttnande människokroppar." BRUNNER Ernst, *Darra*, Stockholm, 2015, s. 558.

Om Karl XII: "Han [Swedenborg] antecknade också, dag för dag, sina syner i *Diarium Spirituale* ...: 'Det fanns en viss person som var den mest högdragne av alla dödliga på jorden (Karl XII) ... han straffades men den grymmaste död eller det gruvligaste helveteshålet. Karl gifte sig i efterlivet med en kvinna av liknande slag ... Det sades att Karl XII var den mest högdragna mannen på jorden ... Han strävade efter att bli helvetets själva överdjävul och fältherre ... Efter att ha straffats upprepade gånger, sändes han till den mest nersölade av helvetesorter där svinen bökade ... Mot slutet blev han en idiot, och totalt förbenad som om han var ett skelett." BRUNNER Ernst, *Darra*, Stockholm, 2015, s. 563, s. 564.

[669] "Kongl. Biblioteket i Stockholm inköpte för kort tid sedan (Okt. 1858) den originalhandskrift, som lemnat hufvudsakliga innehållet af detta häfte. Hon hade då länge legat dold hos en vid sin 1849 inträffade död 90-årig man, professoren och lektoren i Vesterås. R SCHERINGSSON, bland hvilkens litterära qvarlåtenskap hon ännu förblef bortglömd i nära 10 år, tilldess hon hembjöds K. Biblioteket till inlösen; något vidare angående hennes öden har man icke kunnat erfara." Källa: *Reflexioner öfver de nyligen uppdagade SWEDENBORGS DRÖMMAR 1744, hvilka derjemte oförändrade bifogades*, Stockholm, Tryckt hos J. & A. Riis, 1860, s. 1.

[670] "Företalet [av G.E. Klemming] ... Handskriften är en vanlig anteckningsbok i liten oktav, enligt förra århundradets bruk bunden i pergament, samt försedd med klaff och fickor på båda sidor." Källa: *Reflexioner öfver de nyligen uppdagade SWEDENBORGS DRÖMMAR 1744, hvilka derjemte oförändrade bifogades*, Stockholm, 1860.

[671] "We have termed it a Day-book [Diarium Spirituale], and such it veritably was in the intention of the book maker, being written on those English 'oblong folios' which are so common in our counting houses. In these business like volumes thought and vision are duly 'entered' with the greatest regularity ... it is but fair to mention the name of TAFEL, its editor, professor of Philosophy and Librarian of Tübingen, as an honorable specimen of even a German scholar." WILKINSON J.J.G, *Emanuel Swedenborg; a biography*, London, 1849, p. 146.

[672] "Tafel Johan Friedrich Immanuel, tysk nykyrklig teolog ... Han företog flera resor till England ... och en resa till Sverige (1859), där han i sällskap med doctor Kahl besökte Stockholm för att samla handskrifter af och dokument om Swedenborg." Källa: Nordisk familjebok, 1919 / runeborg.org.

[673] "Klemming Gustaf Edvard ... då K. 1856 blef t.f. amanuens i k. biblioteket ... K var sedan 1858 medlem av Vitterhets-, historie- och antikvitetsakademien." Källa: Svenskt biografiskt lexikon, 1906 / runeberg.org.

Notat: Samma år som Klemming inköpt den svenska dagboken, hade han utnämnts till medlem av Vitterhetsakademien.

[674] "*Swedenborgs drömmar 1744, Jämte andra hans anteckningar.* Ita provisum est a Domino, ut phantasie iis appareant prorsus sicut realiter. Diarium Spirituale 4360." Källa: *Reflexioner öfver de nyligen uppdagade SWEDENBORGS DRÖMMAR 1744, hvilka derjemte oförändrade bifogades*, Stockholm, Tryckt hos J. & A. Riis, 1860.

[675] "Företalet [av Klemming] ... 'Diarium Spirituale, särdeles som drömmarna och synerna från 1744 torde kunna få anses som en första del av detta yngre diarium'." Källa: *Reflexioner öfver de nyligen uppdagade SWEDENBORGS DRÖMMAR 1744, hvilka derjemte oförändrade bifogades*, Stockholm, Tryckt hos J. & A. Riis, 1860, s. vii.

[676] "Företalet [Klemming] ... 'har utgivaren begagnat tillfället att låta medfölja; bland dem i första rummet de i TAFELS upplaga såsom oläsliga utelemnade stycken af Diarium Spirituale ... '." Källa: *Reflexioner öfver de nyligen uppdagade SWEDENBORGS DRÖMMAR 1744, hvilka derjemte oförändrade bifogades*, Stockholm, Tryckt hos J. & A. Riis, 1860, s. vii.

[677] "Företalet [Klemming] ... 'Det egendomliga innehållet, som lätt skulle kunna råka i strid med tryckfrihetslagen, har nemligen icke tillåtit att sprida boken i oförändrat skick till allmänheten ...'." Källa: *Reflexioner öfver de nyligen uppdagade SWEDENBORGS DRÖMMAR 1744, hvilka derjemte oförändrade bifogades*, Stockholm, Tryckt hos J. & A. Riis, 1860, s. vii.

[678] Brev från utgivaren "Företalet [av Klemming] ... 'Till J.F.J. Tafel och J.S.G. Wilkinson. Tillåten att denna viktiga urkund ... I söken ju endast sanningen: räknen mig således icke till last ... framlägges på sätt som höfves, oförändradt och oafkortadt'." Källa: *Reflexioner öfver de nyligen uppdagade SWEDENBORGS DRÖMMAR 1744, hvilka derjemte oförändrade bifogades*, Stockholm, Tryckt hos J. & A. Riis, 1860, s. vii.

[679] "... it is but fair to mention the name of TAFEL, its editor, professor of Philosophy and Librarian of Tübingen, as an honorable specimen of even a German scholar." WILKINSON J.J.G., *Emanuel Swedenborg; a biography*, London, 1849, p. 146.

[680] "Från originalupplagan införes följande intyg, såsom gällande äfven för detta aftryck: På begäran af hr kongl v bibliothekarien Klemming, har jag jemfört följande sidor 1-64 med originalhandskriften af Swedenborgs egen hand, och intygar härmed aftryckets fullkomliga trohet, så vidt det varit möjligt att utreda de ofta svårtydda skriftdragen. Stockholm den 4 juni 1859. F.A. Dahlgren." *Swedenborgs drömmar 1744.*" Källa: *Reflexioner öfver de nyligen uppdagade SWEDENBORGS DRÖMMAR 1744, hvilka derjemte oförändrade bifogades*, Stockholm, Tryckt hos J. & A. Riis, 1860, s. vii.

[681] "Reflexioner i Okt. 1859. Under det år, som snart är tillryggalagdt ... på sista bladet läser man den välkända, berömda Stockholmsfirman: 'P.A. Norstedt &

Söner, Kongl boktryckare'. Titeln är: *Swedenborgs drömmar 1744.*" Källa: *Reflexioner öfver de nyligen uppdagade SWEDENBORGS DRÖMMAR 1744, hvilka derjemte oförändrade bifogades*, Stockholm, Tryckt hos J. & A. Riis, 1860, s. vii.

[682] "Företalet [Klemming] ... 'till följe hvaraf den nu endast meddelas upplysta tänkande och för ämnet intresserade. För att icke öfverskrida hundratalet af exemplar har man stannat vid *niotionio*, hvilka alla äro numrerade'." Källa: *Reflexioner öfver de nyligen uppdagade SWEDENBORGS DRÖMMAR 1744, hvilka derjemte oförändrade bifogades*, Stockholm, Tryckt hos J. & A. Riis, 1860, s. vi.

[683] "... 'Till J.F.J. Tafel och J.S.G. Wilkinson ... i eder frihet lemnar jag att sprida det till större kretsar'." Källa: *Reflexioner öfver de nyligen uppdagade SWEDENBORGS DRÖMMAR 1744, hvilka derjemte oförändrade bifogades,* Stockholm, Tryckt hos J. & A. Riis,1860.

[684] "G.E. Klemming, på grund av 'det egendomliga innehållet' dock i en upplaga om endast 99 exemplar ... hade emellertid underskattat antalet av de sistnämnda: skriften kom en myckenhet oscarianskt [senare Oscar II] buller åstad, och tyska, franska och engelska översättningar blev snabbt verkställda." Källa: *Emanuel Swedenborg Drömboken*, redigerad och kommenterad av Per Erik Wahlund, Stockholm, 1964, s. 9.

[685] "Denna märkliga urkund var ursprungligen icke ämnad för en större allmänhet ... Sedan den numera bifvit öfversatt på engelska, franska och tyska språken, finnes intet skäl att neka originalet en större offentlighet i Swedenborgs fädernesland; hvarför nu ett oförändrat aftryck af Hr KLEMMINGS upplaga, med hans tillstånd och öfverlåtande af förlagsrätten; utgifves tillgängligt i bokhandeln." *Reflexioner öfver de nyligen uppdagade SWEDENBORGS DRÖMMAR 1744, hvilka derjemte oförändrade bifogades*, Stockholm, Tryckt hos J. & A. Riis, 1860.

[686] "Redan 1860 ombesörjde en kvinnlig swedenborgian, författarinnan Anna Fredrika Ehrenborg, en ny svensk edition, inledd med en rättrogen plaidoyer ...". [hennes namn finns inte i boken]. Källa: Emanuel *Swedenborg Drömboken*, redigerad och kommenterad av Per Erik Wahlund, Stockholm, 1964, s. 9.

[687] "*Hwad bör en christen tänka om Emanuel Swedenborg?* Lund. 1852; *Mormonismen och Swedenborgianismen.* Uppsala. 1854; Om *Swedenborgianismens faror.* Uppsala. 1855." Källa: wikipedia.org / Anna Fredrika Ehrenborg, nerladdad 31 januari 2018.

[688] "Märkvärdigt är att, när så mycket talas och skrifves om Swedenborgs drömmar och de frestelser dessa röja, ingen synes tänka på en jämförelse mellan hans och Luthers erfarenheter." Källa: *Reflexioner öfver de nyligen uppdagade SWEDENBORGS DRÖMMAR 1744, hvilka derjemte oförändrade bifogades*, Stockholm, Tryckt hos J. & A. Riis, 1860, s. xxi.

[689] I sina kommentarer skrev Anna Fredrika Ehrenborg: "Mången, både vän och fiende till Swedenborgska namnet, skall med nyfikenhet undra hvad märkvärdigt som är att läsa i denna så försiktigt anmälda skrift ... Efter bokens genomläsning är man derom lika okunnig." Källa: *Reflexioner öfver de nyligen uppdagade SWEDENBORGS DRÖMMAR 1744, hvilka derjemte oförändrade bifogades*, Stockholm, Tryckt hos J. & A. Riis, 1860, s. vii.

[690] "Men å andra sidan förtjänar han [Anders Fryxell] erkännande för det oförsagda mod, hvadmed han sjungit ut sin mening även mot häfdvunnna åsikter, såsom Carl XII ...". Källa: *Svenskt biografiskt handlexikon*, 1906 / runeberg.org.

[691] "The popular storyteller Anders Fryxell and author August Strindberg both belonged to this so called 'old school', which held the king ultimately responsible for the collapse of the Swedish Empire." WESSLEN Anders, *Den olycklige Kuylenstierna*, Historisk Tidskrift, 134:4 2014.

[692] *Post- och inrikes Tidningar*, 2 juni 1840: "Den innevarande månaden har Svenska Akademien ... Konungens nådiga samtycke ... till ledamot ... Magister Anders Fryxell". Källa: Kungliga biblioteket Stockholm, www.kb.se / digitaliserade tidningar.

"Fryxell Anders ... Doktor 1845, ledamot af Vet. Akad., K. Vitt. Hist. Och Ant.-Akad jämte en mängd andra in och utländska samfund. Källa: Svenskt biografiskt handlexikon, 1906 / runeberg.org.

Post- och inrikes Tidningar, 5 juni 1845: "I Kongl Witterhets akademien anställdes den 3 denna val om lottning till ordförande ... Friherre Jacob Berzelius blev president och ... Doktor Anders Fryxell blef vice president". Källa: Kungliga biblioteket Stockholm, www.kb.se / digitaliserade tidningar

[693] *Post- och inrikes Tidningar*, 17 januari 1848: "Plena den 15 Jan. Riddarskapet och Adeln ... öfverlemnande af ett exemplar i Guld utaf Riddarhusets stora medalj till Professoren D:r Anders Fryxell, såsom bevis af Ståndets högaktning och erkänsla för det sätt, hvarpå han skrifver sitt Fäderneslands historia ...". Källa: Kungliga biblioteket Stockholm, www.kb.se / digitaliserade tidningar.

[694] "Man tycker sig först se, till exempel en hjälteskapnad, men senare begynner färgerna blekna, konturerna försvinna. För en kort tid uppstår ett kaos ... än mer motbjudande blir denna omarbetning, när det gäller en historisk bild, vilken förut mer eller mindre framstått som ett ideal, ett föremål för kärlek." FRYXELL Anders, *Min historias historia. Autobiografisk uppsats*, s. 93 / runeberg.org.

"Fryxells skriftställeri efter 1854. Ofvanstående redogörelse för uppkomsten af sitt stora historiska verk, då räknade 20 delar, skref Fryxell vid omkring 60 års ålder. Hans starka natur skänkte honom ännu 25 arbetsår [Fryxell var född 1795 och dog 1881]". FRYXELL Anders, *Min historias historia. Autobiografisk uppsats*, s. 93 / runeberg.org.

[695] "Ju mer jag år efter år fördjupat mig i forntiden, desto mer blir jag främmande för samtiden ... för det vanliga umgänges- och affärslifvet ... När jag då kommer ut i sällskap och hör andra lifvligt samtala om dagens händelser ... Jag måste sitta och tiga, och det i ämnen, i hvilka jag förut varit en *pars*, om icke *magna*, dock *quaedam* ... Man kommer ofta och berömmer min flit ... Stundom har hänt, att bekanta kommit för att, som de säga, skaffa mig några timmars nöje och förströelse från mitt trägna arbete. De välmenta vännerna." FRYXELL Anders, *Min historias historia. Autobiografisk uppsats*, s. 93, 94, 95 / runeberg.org.

[696] Se analysen i not 16 ovan om den förfalskade Poltavaberättelsen.

[697] Anders Fryxell skrev 1859: "Från och med år 1818 företog man sig att med minnesfester fira Karl den tolfte, och länge honom ensam bland alla Sveriges Konungar ... Helt annorlunda ljuda nämligen, med få undantag från utlandets nuvarande häfvdatecknare ... Så olika äro för närvarande de omdömen som fälls i utlandet, mot dem, som inom Sverige vanligtvis förekomma [se nedan]." FRYXELL Anders, *Berättelser ur svenska historien*, volym 29, s. 202, 203.

Utländska historiker citerade av Fryxell (i kronologisk ordning): Karl von Rotteck (tysk, 1818): [Han kallar Karl XII] "en vanvetting, en krigande dåre, som älskade och högaktade ingenting utom lägret och segren." Frédéric Schoell (tysk, 1833): "... att Karls död icke sörjdes af någon, och att hans namn blev nästan liktydigt med det af en äfventyrare." Jean-Baptiste Capefigue (fransk, *Philippe d'Orléans, régent de France*, 1838): "... förstörde Sverige genom krigiska dårskaper." Sir Philip Stanhope Mahon (engelsk, 1839): "... dåradt som vanligt af krigsärans vädersol." Friedrich Raumer (tysk, 1843): "Lefde blott för krig, segrar och hämnd." Friedrich Schlosser (tysk, 1853): "... for fram som en galen engelsk räfjägare." FRYXELL Anders, *Berättelser ur svenska historien*, volym 29, s. 202.

[698] "Samtidigt tillskrev han dock allt material, som tillkommit under ämbetsmannaansvar, inhemska förvaltningsrapporter lika väl som utländska krigsredogörelser och diplomatrapporter, ett speciellt värde." Källa: Riksarkivet, Anders Fryxell, https://sok.riksarkivet.se/sbl/artikel/14527, Svenskt biografiskt lexikon (art. av Rolf Torstendahl), hämtad 2018-04-01.

[699] Fryxell förklarade hur utländska krafter började påverka Sveriges egna historikers positiva syn på Karl XII: "... i synnerhet bland utlänningarna ... Voltaires historiska verk trädde i spetsen för en sådan uppfattning och följdes av många andra, hvilka gingo än längre: och man fick då för tiden höra Karl den tolfte stundom gäckas, som en *narr*, stundom ogillas, ja bittert tadlas, som *en hämndlysten blodgirig furste, en krönt tiger, ett nordens plågoris* m.m. och man log medlidsamt åt svenskarnas menlösa och godtrogna bemödande att göra

honom *till ett helgon, ehuru de sjelfva måst bära martyrplågorna*. Denna tidsanda, dessa röster från utlandet verkade på tankesättet inom Sverige ...". FRYXELL Anders, *Berättelser ur svenska historien*, volym 29, s. 198.

[700] "År 1859 utkom sista delen ... 'Då en så viktig bok, som Fryxells Karl XII hittills inte fått någon kritik ... i varje annat land än vårt hade en historia, som så tvärt vänt mot allmänna tankesättet ... men så inte här ... det ej omordats i tidningarna'." FRYXELL Anders, *Min historias historia*. Autobiografisk uppsats, s. 105 / runeberg.org.

[701] *Morning Post,* 7 February 1865: "From our own correspondent, Stockholm, January 30. The Swedes are naturally and justly proud of their history, and there is among their literary men a strong desire to acquire, from authentic sources, such information as may be necessary for its elucidation. On this account M. Fryxell ...lately made application to the Elector of Hesse-Cassel for permission to examine the archives of that Duchy, in which, it was thought there might be much that was interesting as to Charles XII, the Queen Ulrica Eleonora, and King Frederick ... M Fryxell had succeeded in making several useful extracts, though he was not allowed to take these away ...". Source: britishnewspaperarchive.co.uk.

[702] "Förbindelsen mellan Konung Fredrik och Fröken Taube ... Fredriks böjelse för det andra könet var ytterst våldsam, och han tycks ej heller hafva bjudit till att tygla den ... det brottsliga förhållandet ... jemte sin förbindelse med henne haft flera spridda och smärre äfventyr ... illa beryktad kammarjungfru vid hofvet ... Vår nu avgivna berättelse om konung Fredriks levnadssätt, ehuru motbjudande både att skriva och läsa, har dock ej kunnat undvikas. Först sedan man rätt tydligen sett, till vilket djup av förnedring och oefterrättlighet, denna kung nedsjunkit, först då kan man begripa några samtida förut beskrivna uppträden." FRYXELL Anders, *Berättelser ur svenska historier* / Band 38, *Fredrik I:s regering*, Stockholm, 1868, s. 8, 12, 20, 32.

[703] "Helvetet, sade Swedenborg ... De argaste, de som velat förstöra också människors själar, nedkastas i de mörkaste och djupaste hålorna i jorden [*Arcana Coelestia 815, 816*] ... äktenskapsbrytande män under hälen på helveteskroppens högra fot [824] ... Oskuldens förförare sättas på vilda hästar ... [*Arcana Coelestia 938, 939*]." FRYXELL Anders, *Berättelser ur svenska historien*, Band 43, Emanuel Swedenborg, Stockholm, 1875, s. 207.

[704] "Tafel klandrar, att Fryxell begagnat blott ett mindre antal skrifter i ämnet. Svar: Skrifterna af och om Swedenborg äro så många och dryga, att deras genomläsande skulle fordra flera år. Enligt planen för sitt arbete har Fryxell ej kunnat offra så mycken tid åt denna enskildhet." FRYXELL Anders, *Genmäle till Herr R. L. Tafel angående Swedenborg* / runeberg.org.

[705] "I sådan mer eller mindre sträng anda utföllo i främmande land samtidens flesta omdömen öfver Swedenborg och hans andeskådarskrifter; detta allt redan då och ehuru man ännu icke kände hans Diarium Spirituale, hvilket innehåller de vildaste inbillningsfostren." FRYXELL Anders, Berättelser ur svenska historien, Adolf Fredriks regering, Band 43, kapitel 6, Emanuel Swedenborg, Stockholm, 1875, s. 237.

[706] "Svenskarna är bland de onda folken, och i Europa, näst italienare och ryssar, de sämsta. De förfalskar både godheten och sanningen. Fordom tyglades de något af fruktan för konungamagten, men nu gifva de fullt lopp åt sina onda gärningar." [Diarium Spirituale N° 5037, 5043]." FRYXELL Anders, Berättelser ur svenska historien, Adolf Fredriks regering, kapitel 6, Emanuel Swedenborg, Stockholm, 1875, s. 211, 214.

Notat: Kritiken mot Sverige kan ha dikterats av den exilerade svenska prinsessan Sofia, storhertiginnan av Baden, som var mentor till Robert von Mohl . Hon var bitter över, att hennes far Gustav IV Adolf tvingats avgå 1809.

[707] "Att Swedenborgs skriftställeri, oaktadt ofvannämnda brister [långtråkighet, torrhet], erhållit så många beundrare, kommer af flera orsaker ... I stället har man vanligtvis ur dem [doktrinerna] utplockat en mängd på spridda ställen förekommande snillrika och ädla tanker och af dem, och med biträde af bearbetarnas skriftställareförmåga samt egna inskjutna bidrag, bildat några rätt vackra taflor. På dessa sätt hafva för Swedenborg blifvit vunna många sådana läsare, som ej haft tillfälle se och lära känna hans egna skrifter." FRYXELL Anders, Berättelser ur svenska historien, Adolf Fredriks regering, Band 43, kapitel 6, Emanuel Swedenborg, Stockholm, 1875, s. 221.

[708] "Fryxell mötte under sin livstid ett kompakt motstånd från sv historikers sida." Källa: riksarkivet.se / Anders Fryxell, urn:sbl:14527, Svenskt biografiskt lexikon (art. av Rolf Torstendahl), hämtad 2017-12-30.

"Fryxell Anders ... icke opartisk historiker och icke heller alltid tillförlitlig forskare. Han lefver nämligen så fullkomligt med de af honom skildrade personerna ... dukat under för frestelsen att efter förutfattade meningar uttyda deras göranden och låtanden. Men å andra sidan förtjänar han ett erkännande för det oförsagda mod, hvarmed han sjungit ut sin mening äfven mot hävdavunna åsikter såsom mot Karl XII ...". Källa: Svenskt biografiskt lexikon, 1906 / runeberg.org.

[709] "Fryxell Anders ... erhöll F en sällsynt stor läsekrets och flera av hans berättelser ha bearbetats eller översatts till många utländska språk". Källa: Svenskt biografiskt lexikon, 1906 / runeberg.org.

[710] "The following eloquent and comprehensive historical sketch of the career of Charles XII, is from the pen of His present Majesty, Oscar II, King of Sweden and Norway. It was originally read by him, as an address, at the festival given by the

Military Association of Stockholm, on the occasion of the inauguration, in Carl XII square, of a statue of the world-renowned Swedish hero." Source: OSCAR FREDRIK, *Charles XII*, translated from the original Swedish, London, 1879.

[711] "Man tänker sig i allmänhet denne konung såsom uteslutande krigets man. Det är likväl att ensidigt betrakta hans personlighet ... Turkiet, egnade han sig med en ifver, som väcker förvåning, åt frågor rörande Sveriges inre förvaltning, samt visade det lifligaste intresse för fosterländsk bildning och konst ... från hans dåvarande kansli utgingo äfven förordningar om Stockholms förskönlng, slottsbyggnadens fortsättning, understöd åt vetenskapsmän m.m. ...". OSCAR FREDRIK, *Carl den Tolfte*, Stockholm, 1868 / Tal vid Svenska Militärsällskapets i Stockholm MINNESFEST på den 150e årsdagen af hans död, s. 37.

Idag nämner bland annat svenska kungahusets hemsida inget om, att Karl XII aktivt deltagit i planerna för slottets byggande. Källa: Kungliga Slottet, kungahuset.se, nerladdat den 14 februari 2018. – Däremot bekräftas Karl XII:s ledarskap i slottsbyggandet av många andra källor. Till exempel: "Feif, Kasten ... Under Carls vistelse i Turkiet var Feif hans dagliga sällskap och uppgjorde med honom planer till Stockholm förskönande och fortsättning af slottsbyggnaden, för hvilka ärenden Feif undanhöll en liflig brefväxling med Tessin." Källa: Svenskt biografiskt handlexikon 1904, runeberg.org.

[712] "Samtidens store, August Strindberg, och Oscar däremot gick aldrig ihop ... Oscar stormade mot nästan allt som Strindberg skrev, exempelvis ... *Det nya riket* (1882) ...". Källa: wikipedia.org / Oscar II / nerladdat den 12 oktober 2017.

"Efter föreläsningens slut kom professorn fram till kungen och ville tala estetik, men denne sparkade honom i ändan på sitt vanliga rättframma sätt, hvilket tillvann honom alla studenternas hjertan ... Nu gällde det att få något ut af allt detta, och det fick Ballhorn genom att göra utdrag ur estetiska föreningens matrikel der kungens namn stod, och med det namnet kunde man köra långt." STRINDBERG August, *Det nya riket*, Stockholm, 1882, s 63.

"Strindberg, Johan August ... tjänstgjorde dec 1874-82 som e.o. amanuens vid k. biblioteket ...". Källa: Svenskt biografiskt lexikon, 1906 / runeberg.org.

[713] Strindberg skrev: "Hans [Karl XII:s] historia är bäst skriven av Anders Fryxell ... Det är Anders Fryxells Historia, del 21-29, Nio volymer om kanske ett tusen täta sidor ... alla arkiv, inländska och utländska, äro anlitade". Källa: *Samlade skrifter av August Strindberg, femtiotredje delen, Tal till svenska nationen samt andra tidningsartiklar 1910-1912, Faraondyrkan*, Albert Bonniers Förlag, Stockholm, 1919, s. 37, 49 / runeberg.org.

[714] "Det var han som lånade mig Swedenborgs Arcana Coelestia och längre fram Apocalypsis som fanns i hans mors boksamling, hon var nämligen Swedenborgare. Det är något överraskande för mig, som vid fyllda fyrtioåtta år [1897] aldrig har

träffat på några arbeten af Swedenborg, för hvilken man inom de bildade klasserna visar öppet förakt, nu dyker upp överallt: i Paris, vid Donau, i Sverige, och det under loppet af endast ett halft år." STRINDBERG August, *Legender*, Stockholm, 1898, s. 67.

Notat: Swedenborg talar förmodligen om Eric Hermelin, en ättling till Swedenborgs syster, som vistades från 1909 fram till sin död 1944 på ett sinnesjukhus i Lund. Han skrev ett brev till Strindberg 1910, som idag finns bevarat på Kungliga biblioteket i Stockholm.

[715] "Faraondyrkan ... Men Swedenborgs *Diarium Spirituale* ger en symbolistisk bild av den störste tyrann som levat, d'après nature, ty Swedenborg var hans personliga umgänge under sista åren, och kände honom därför bättre än vi." Källa: *Samlade skrifter av August Strindberg, femtiotredje delen, Tal till svenska nationen samt andra tidningsartiklar 1910-1912*, Albert Bonniers Förlag, Stockholm, 1919, s. 37 / runeberg.org.

[716] "Faraondyrkan ... Men bredvid honom [Fredrik I] ligger Pultavamannen ... En fältherre leder bataljen, med deltager icke själv i slaktandet. Carl XII deltog däremot och med nöje i det simpla slaktandet. I ungdomen, dock såsom krönt monark, hade han övat sig med att hugga huvudet av 'får, kalvar och hästar', och på bron vid Kristianstad sköt han ihjäl en ko, bara 'för ro skull'." Källa: *Samlade skrifter av August Strindberg, femtiotredje delen, Tal till svenska nationen samt andra tidningsartiklar 1910-1912*, Albert Bonniers Förlag, Stockholm, 1919, s. 38 / runeberg.org.

[717] "Men forskaren S. [Strindberg] är mera tvifvelaktig, antingen det gäller guldmakeri eller annat." Källa: Svenskt biografiskt handlexikon, 1906 / runeberg.org.

Notat: Nils Poletti, som producerat en pjäs i Riddarholmskyrkan 2014 med titeln *Carolus Rex*, berättade i en interview att han läst minst 5,000 sidor om Karl XII. Han jämförde sig med Strindberg i fråga om att vara alltför påläst, och att "Strindberg led av det". Källa: Interview med Nils Poletti på Dramatens podcast inför lanseringen av *Carolus Rex* 2014.

[718] "Faraondyrkan ... Visavi ligger Sveriges sämsta regent, som icke kunde tala svenska, och egentligen var tysk lantgreve." Källa: *Samlade skrifter av August Strindberg, femtiotredje delen, Tal till svenska nationen samt andra tidningsartiklar 1910-1912*, Albert Bonniers Förlag, Stockholm, 1919, s. 38 / runeberg.org.

[719] "Faraondyrkan ... Märkligt att många självgjorda adelsmän av våra skriva *von*, under det de äkta knappast begagna denna tyska preposition." Källa: *Samlade skrifter av August Strindberg, femtiotredje delen, Tal till svenska nationen samt*

andra tidningsartiklar 1910-1912, Albert Bonniers Förlag, Stockholm, 1919, s. 37 / runeberg.org.

[720] *Kalmar*, den 8 juni 1904: "... hur ofta hör man icke hur Karl XII:s minne bokstavligen neddrages i smutsen, och det av hjeltar, som aldrig luktat krut ... som hörde hemma i gränder och guldkrogar, vid spelborden eller jobberiets labyrinter. En snillrik författare har nyligen kallat honom 'buskonungen' och 'falskmyntaren'." Källa: Kungliga biblioteket/digitaliserade svenska tidningar.

[721] *Kalmar*, den 8 juni 1904: " Har då den nationella depression, som tycks råda för tiden i vårt land sjunkit så djupt, att till och med snillet och ålderdomen känna sig manade att uppträda och neddraga ett av våra största och dyrbaraste minnen." Källa: Kungliga biblioteket / digitaliserade svenska tidningar.

[722] *Kalmar*, den 8 juni 1904: "Så långt jag kan minnas tillbaka har jag beundrat honom och i honom sett allt vad gammaldags äkta svenskhet heter förkroppsligat ... Hans nimbus har aldrig förlorat sin glans utan snarare tilltagit i skärpa och klarhet ... Om någon tvivlar på att Karl XII stått på höjden av sin tids bildning och varit utrustad med alldeles vanliga snillegåfvor, så må man blott läsa Emanuel Swedenborgs brev till Nordberg ... Swedenborg blef satt i förundran ...". Källa: Kungliga biblioteket / digitaliserade svenska tidningar.

[723] "Ett upprop för bildande af ett Karolinskt Förbund. Sveriges historia under det tidehvarf, som med rätta bär namn efter Karl XII och hans män, är på det närmaste förknippad med hela Östeuropas och i mångt och mycket äfven med det egentliga västerlandets samtida utveckling ... Ett sådant internationellt forskningsarbete måste likaledes i sin mån understödja en kraftigare växelverkan äfven mellan folken i öfrigt och å ömse sidor. Med behjärtande af ofvan framhållna önskemål drista undertecknade inbjuda svenska fosterlandsvänner till bildande af ett *Karolinskt förbund* i syfte att främja vetenskapliga undersökningar af Karl XII:s och hans tidehvarfs historia och att inom vårt folk väcka ett lifligare intresse för därmed sammanhängande betydelsefulla minnen ... Under H.K.H. Hertigens af Västergötland [Prins Carl] ordförandeskap och liflig anslutning från intresserades sida konstituerades det *Karolinska Förbundet* vid sammanträde i Stockholm den 11 april 1910." Källa: Kyrkohistorisk Årsskrift / Elfte årgången, 1910 / runeberg.org.

Notat: Sven Hedin är en av medlemmarna enligt den lista presenterad i ovanstående Kyrkohistorisk Årsskrift.

[724] "... 'Den nya skolan'. Under 1890-talet bröt en ny syn på Karl XII fram. Efter hand fick den namnet 'den nya skolan' och dess ledande företrädare blev den konservative uppsalahistorikern Harald Hjärne och historieskrivande generalstabsofficerare. 'Den nya skolan' menade att Karl inte endast var en hjälte. Han var dessutom en stor statsman och en lysande strateg." OREDSON

Sverker, *Orsakade Karl XII stormaktsväldets fall?*, 2001 / www.popularhistoria.se, nerladdat den 23 september 2017.

[725] "Royalisten Cederström hade en stark personlig koppling till den svenska monarkin i allmänhet och till Karl XII i synnerhet. En av hans förfäder hade deltagit i kalabaliken i Bender ... legitimerar Cederström sin roll som sanningsenlig skildrare av ett specifikt förflutet till vilket han hade flera privata kopplingar." Källa: *En Målad Historia*, Göteborgs Konstmuseum, Göteborg, 2014, s. 112.

[726] "... Gustaf Cederström, professor, Stockholm ...". Källa: *Ett upprop för bildande af ett Karolinskt Förbund*, Kyrkohistorisk Årsskrift / Elfte årgången, 1910.

[727] "Den berömda Strindbergsfejden inleddes med att den gamle författaren gick till frontalangrepp mot Karl XII:s beundrare. August Strindberg tyckte de samtida nationalistiska hyllningarna av 1700-talskungen var ett utslag av 'Faraondyrkan' och menade att Karl XII varit 'härsklysten till sjuklighet, kamplysten till galenskap'. Det vi ser här är förstasidan på skämttidningen Puck nr 18, utkommen den 7 maj 1910. Skämtet går ut på att på att om Strindberg fick bestämma skulle Karl XII-statyn i Kungsträdgården plockas ned." Källa: stockholmskallan.se / nerladdat den 30 november 2017.

[728] Det hade börjat med detta "upprop": "... undertecknade inbjuda svenska fosterlandsvänner till bildande af ett Karolinskt förbund ... Adam Lewenhaupt, riksheraldiker, Stockholm, Erik Lewenhaupt, Gäddeholm, Eugène Lewenhaupt, bibliotekarie, Säbylund ... Arnold Munthe, kommendörkapten, Stockholm ... Ludvig Stavenow, professor, Göteborg." Källa: *Ett upprop för bildande af ett Karolinskt Förbund*, Kyrkohistorisk Årsskrift / Elfte årgången, 1910.

Arnold Munthe publicerade en mycket kritisk bild på Karl XII 1924: "Munthe påpekar här, hurusom dess målsmän velat tillerkänna Karl XII bevekelsegrunder, både politiska och strategiska, som saknar stöd i urkundet ... Genom sin envisa och okloka politik ... Men Karl XII föredrog i sin blindhet att fortsätta kriget." NYSTRÖM Anton, *Karl XII*, 1924, s. 293.

Ludvig Stavenow stödde Fryxells bild 1910: "I Historisk Tidskrift 1910 uttalade L.S. [Ludvig Stavenow] ... Carlsons arbete syntes gifva den stränga vetenskapens stöd åt den Fryxellska Karl XII-bilden ...". BERGER L., *Bedrägeriet i Karl XII:s historia: Falska och förfalskade källuppgifter angående Karl XII:s ryska fälttåg 1708*, A.-B. Framtidens bokförlag, Malmö, 1915.

[729] "Some critics even stated that the author of the biography [Kuylenstierna] in fact belonged to the old school, and not the new one." WESSLEN Anders, *Den olycklige Kuylenstierna*, Historisk Tidskrift, 134:4 2014.

"The biography was released way too early – well, several decades too early – stressed Professor Arthur Stille, and it jeopardized the whole revival of Charles XII

… The two history professors Harald Hjärne and Arthur Stille, almost certainly the two greatest authorities within this particular historical field, had advised the author not to publish a biography at this state. The time was not right – further research had to be done, especially in foreign archives. The captain went against the will of these two leading men. Thus, to his friends and colleagues he was 'the unfortunately Kuylenstierna'." WESSLEN Anders, *Den olycklige Kuylenstierna*, Historisk Tidskrift, 134:4 2014.

"Recension i Sydsvenska Dagbladet Snällposten … 'Kapten Kuylenstierna har däremot ej låtit avskräcka sig af uppgiftens svårighet, och följaktligen fullständigt misslyckats'." WESSLEN Anders, *Den olycklige Kuylenstierna*, Historisk Tidskrift, 134:4 2014, s. 659.

[730] "Lewenhaupts karaktär står högt öfver hvarje misstanke om något avsiktligt oredligt förfarande, i det han var 'en man af utomordentlig rättskaffenhet och mandom' … Hvem hade väl för öfvrigt större skäl än just det jämmerligt misslyckade fälttågets upphofsman, Karl XII, att med anlitande af egna och av honom beoende skribenters osanningar sig till självförsvar vanställa den historiska verkligheten, så helt olik den af honom själf lättfärdigt väntade utgången?" BERGER L., *Bedrägeriet i Karl XII:s historia: Falska och förfalskade källuppgifter angående Karl XII:s ryska fälttåg 1708*, A.-B. Framtidens bokförlag, Malmö, 1915, s. 11, 12.

[731] "… 1918 när generalstaben publicerade sitt stora verk 'Karl XII på slagfältet' i fyra foliovolymer samt en separat volym med kartor och skisser. Detta verk genomsyras av övertygelsen att huvudpersonen var enastående i sin tillämpning och anpassning av de klassiska slagmönstren … De överdrivna lovord som ägnas Karl XII i generalstabsverket … har gjort att detta verk i någon mån har råkat i vanära." HATTON Ragnhild, *Karl XII*, Köping, 1985, s. 591.

Notat: Redan 1738 hade en bok i krigsvetenskap kommit ut. Den var tillägnad Fredrik I, men författaren hade smugit in en jämförelse mellan Karl XII och Alexander den store: "Folard, utur bemälte authorer widlyftigt anförer. Dherjemte wil han och bevisa, at högsalig konung Carl then XII, med rätta kan jämnlikas med Alexander then store … konung Carl XII som så wäl uti krigswetenskap som dygder ägde hwad måst fulkomnat the berömligaste krigshieltar till allas högsta förundran." RICHARDSON Jacob, *Historisk grundlig inledning till Krigsvetenskapen*, Första delen, Stockholm, 1738, s. 118 / Boken är tillägnad Den Stormäktigste Konung Friederich.

[732] I samband med kongressen konstaterade en fransk historiker i en uppsats, att "ingenting särskilt fanns rörande den svenska militärvetenskapens historia". COUTAU-BEGARIE Hervé, *Om svensk miltärvetenskaplig forskning*, Militärhistorisk tidskrift 2007 / www.fhs.se, nerladdad den 23 oktober 2017.

[733] Rektor Johan Thyrén, Lunds universitet citerades i *Svenska Dagbladet* den 13 november 2017 i en artikel av Johan Östling, docent vid Lunds universitet: "Molnen tornar upp sig över firande universitet ...' En jubelfest kan ju vara det tommaste av allt tomt, om den endast är en fest för festens skull.' Orden fälldes 1918 av Johan Thyrén, polyhistor och rektor vid Lunds universitet". Källa: svd.se arkiv.

Rektorns uttalande 1918 kom två år *efter* Lunds universitets eget 250-års jubileum [etablerat 1666]. I samband med detta jubileum gav han ut en publikation på franska i Leipzig, *Le délit de Diffamation*, Lund, 1918 i vilken han förklarade de legala svårigheterna att stämma någon för förtal ("semper aliquid haeret"). Han har kanske tänkt på Karl XII, som spenderat två år i Lund och vars eftermäle ju blivit så grovt förtalat av den Gamla skolan.

Notat: Var rektorn Johan Thyrén fångad i konflikten mellan den Gamla och den Nya skolan? Det kunde förklara varför han utgav publikationen på franska i Tyskland. Thyrén blev 1918 Kommendör av Nordstjärneordens första klass.

[734] *Swedenborgs Drömmmar Emanuel Swedenborgs dagbok 1743-1744* utgiven och kommenterad med förklarande noter samt med bibliografiska och biografiska essayer av Knut Barr, Stockholm, 1924.

[735] "Många yttrande av Karl XII utvisar, huru han formligen njöt av kriget, ... och som krigare var barbarisk och grym." Till exempel: "År 1703 skrev han [Karl XII] till Rehnsköld från Thorn att denne skulle skaffa så mycket proviant som möjligt, 'dhet må skaffas på hvadh sätt deth kan och landet lida så mycket det vil. – – [sic]'." NYSTRÖM Anton, *Karl XII och Sammansvärjningen mot hans envälde och liv*, Stockholm, 1928, s. 74, 75, 95.

Notat: Nyström lade felaktigt in en punkt efter "vil" och undanhöll resten av meningen, där Karl XII skrev: "... lida så mycket det vil, och at alla, så Kongligh, Prästerliga som adliga gods, må komma till at utbetala 54 Timf af år ...".

[736] "Det är att märka att de verkligt populära konungar Sverige haft, har varit Fredrik I och Carl XV [Bernadotte]." LEWENHAUPT Adam, *Svenskt sjuttiotal hågkomster från ungdomen, 1871-1881*, Sjöholm, 1937 / runeberg.org, nerladdat den 22 mars 2017.

Notat: Riksheraldikerämbetet skapades 1734 av Fredrik I. En analys visar, att alla riksheraldiker sedan 1734 haft en nära länk till Fredrik I antingen direkt eller genom sina ättlingar. 1. C.L. Transkiöld (kammarherre); 2. D. Tilas (kammarherre); 3. A. Schönberg (fadern: Fredrik I:s jägarmästare); 4. J. C. Linnerhielm (fadern: Fredrik I:s kanslist); 5. N.J. af Wettersted (fadern: borgmästare, jakter); 6. A.W. Stiernstedt (farfars far: fick Serafimerorden av Fredrik I); 7. C.A. Klingspor (anfader: Fredrik I:s kammarherre); 8. A. Lewenhaupt (familjs ära räddad av Fredrik I); 9. H. Fleetwood (anfader en gunstling till Fredrik I).

[737] "Per Fredrik Heffner... Den 11 december 1865 skriver han till sin släkting, nyssnämnde F.L. Bolin vid Riksgäldskontoret: 'Pris vare Carl XV och hans vapendragare ... Men tyvärr! Fick den beklagansvärde narren och Don Quichotten Carl XII sedermera tillfälle, att påskynda utbildandet af Rysslands makt ...". Källa: *Daedalus,* Tekniska Museets Årsbok 1949, 14-sidor avhandling: Redaktör Reinhold Olsson skildrar en märklig föregångsman inom norrländsk trävaruhantering, s. 100.

[738] "Swedenborgs bild av Karl XII som en härskare med falsk anspråkslöshet, som endast älskade sig själv ... har av allt att döma inverkat på den 'legendariske' Karl XII. Men hans förliknande av Karl vid Lucifer, som till straff för att han förklarat Gud krig, själv bestraffades med ett *conjugium infernale* med en hustru som var ännu mera skräckinjagande och halsstarrig än han själv är uppenbarligen också påverkat av Swedenborgs egna emotionella och andliga rubbningar."
HATTON Ragnhild, *Karl XII,* Köping, 1985, s. 487.

[739] *Svenska Dagbladet,* 17 juli 2017: " ... Den mera negativa uppfattningen om Karl XII har kommit att dominera det sena 1900- och det tidiga 2000-talet ...". Artikel signerad Ulf Zander, Professor i historia vid Lunds universitet.

[740] Olof Lagerkrantz skriver i *Dikten om livet på den andra sidan. En bok om Emanuel Swedenborg* (1996): "Självhärskaren, vars gunst han ödmjukt sökte, skulle han många år senare grymt angripa och karikera ... Swedenborg lever de första trettio åren av sitt liv i ett kungligt tyranni, Karl XII:s. Kungen lyckades slita sönder Sverige nästan lika bra som Hitler i Tyskland."
Notat: Lagerkrantz tar fel på kung och årstal: Karl XII var kung från 1697 till 1718 = 21 år, inte 30 år. Fredrik I var däremot kung av Sverige i 31 år (1720-1751).

[741] "Namnet kommer sig av att den bygger på ett par tämligen löst tillfogade texter i Immanuel Tafel postuma utgåva *Eman. Swedenborgii Diarii spiritualis* publicerad i fem band 1843-47. Dessa texter är *De Verbo* och *De Ultimo Judicio*, två manuskript från 1762 [postumt utgivna]." SWEDENBORG Emanuel, *Andlig Dag-bok,* översättning Eric Hermelin, Lund, 1998, Introduktion av Anders Hallengren.
Notat: På en konferens om Hermelin med Karl-Göran Ekerwald, Sigrid Kahle och Jonas Ellerström på Statsbiblioteket i Stockholm 2011, sade Ekerwald att maninipulationer av översättningar var acceptabla "så länge man håller sig till sanningen.

[742] Efterord Olle Hjern: "En intressant detalj i Hermelins översättning, sid. 158-159, styckena 236-238 i de engelskspråkiga upplagorna av Swedenborgs postuma verk om den yttersta domen, är den livfullt personifierade skildringen av *maktlystnaden,* som inte har nyttan som ändamål och dess särskilda gestaltande i en viss helvetesresande. Hermelin kom ju senare att se en inkarnation av denna i

den diktator som han kom att kalla 'den jagade jägaren'. I det aktuella sammanhanget anger emellertid Swedenborg i sitt manuskript en härskargestalt som här ligger bakom skildringen: den svenska krigarkonungen Karl XII." Källa: *Emanuel Swedenborg, Andlig Dag-bok*, översättning Eric Hermelin, huvudtexten återgiven i faksimil efter originalutgåvan 1920, Ellerströms, Lund, 1998.

Notat: Olle Hjern hänvisar till det andra postuma manuskriptet, som Immanuel Tafel förfalskade genom att lägga till "C:XII" i den latinska texten (ref. s. 98-99 ovan).

[743] År 1723 anklagade riksdagens talman Fredrik I för att vare maktgalen: "Vid riksdagens öppnande höll han [Sven Lagerberg] ett tal, som väckte genljud i hela landet ... Han fastslog: 'När överheten ser mer på sin makt, sin myndighet, sitt herravälde, sin höghet, sin ära, än undersåtarnas kärlek, förkovring, välgång och lycksalighet ... förlorar det senare, som mer än tusende gånger större och överheten nyttigare är ...'". HOLST Walfrid, *Fredrik I*, Stockholm, 1953, s. 149.

Notat: Runt 1735 hade en av Fredrik I:s närmaste män smädat Fredrik som jagad: "Han jagar och jagar, till dess han själv blir jagad ur riket." Källa: *Conrad Ranck. Förmedlare av Fredrik I:s och Ulrika Eleonoras äktenskap*, av Walfrid Holst Nordisk Familjeboks månadskrönika / Andra årgången, 1938-1939 / runeberg.org.

År 2015 hade författaren Ernst Brunner observerat, att det var Fredrik I som Swedenborg beskrivit i helvetet: "... den kung [Fredrik I] som Swedenborg redan sett i helvetet straffad för sitt hor, sin slipprighet och nerslängd i ett hålrum som redan stank starkt av andra ruttnande människokroppar." BRUNNER Ernst, *Darra*, Stockholm, 2015, s. 558.

[744] *Svenska Dagbladet*, 25 mars 1999: "Med Ordet som Fordon ... En demon som var lika farlig i Hermelins värld som Swedenborgs var maktlystnaden. Hermelin kom att se i Hitler denna form av ondska, skriver Olle Hjern i en efterskrift till 'Andlig Dag-bok'. För Swedenborg blev det Karl XII. Båda hade i livet styrts av onda andar." Artikeln är signerad Lars Bergqvist, som var Sveriges ambassadör i Kina (1982-1988) och vid den Heliga Stolen (1988-1993).

[745] "Som andeskådare kom Swedenborg att senare återse Karl XII ytterligare ett antal gånger, men då befann sig krigarkungen längst ner i helvetets helvete." Källa: *Forskning och Framsteg*, 2002-12-01 / *Talsystem på kunglig befallning* av David Dunér.

[746] "Idag finns Swedenborgs efterlämnade manuskript på Kungliga Vetenskapsakademien. År 2005 blev denna samling uppsatt på Unescos världsminneslista [UNESCO = United Nations Educational, Scientific and Cultural Organization]." Källa: Kungl. Vetenskapsakademien, Stockholm.

[747] "Den 30 november 2012, på Karl XII:s dödsdag, kom en grupp ryska nazister till Stockholm. Tillsammans med svenska nazister marscherade de från Karl XII:s

staty till Riddarholmskyrkan. I ett pressmeddelande förklarade de ryska nazisterna sitt deltagande med att det var dags 'att glömma bort historiska tvister och oförrätter' mellan Sverige och Ryssland ...". HELLSTRÖM Petter, Karl XII *Krigarkungens liv efter döden*, artikel i *Sverige i tiden* / historiska.se, nerladdat den 18 februari 2018.

[748] "Till slut förbjöds alla sorts manifestationer i Kungsträdgården den 30 november." HELLSTRÖM Petter, Karl XII *Krigarkungens liv efter döden*, artikel i *Sverige i tiden* / historiska.se, nerladdat den 18 februari 2018.

[749] *Expressen*, 9 oktober 2012: "MP-politiker vill flytta statyerna. Flytta statyerna av Karl XII och Gustaf II Adolf. Det föreslår två miljöpartister som tycker att krigarkungarna är dåliga symboler för det moderna Sverige (Valter Mutt)." Källa: expressen.se / publicerad den 9 oktober 2012. Ämnet följdes upp sju år senare:

Expressen, 17 augusti 2017: "Vem törs riva Karl XII? ... I övrigt är det gåtfullt tyst kring alla monument över de blodbesudlade massmördare och diktatorer som står staty runtom om Sveriges städer." Källa: expressen se / av Jens Liljestrand, biträdande kulturchef i Expressen, publicerad den 17 augusti 2017.

[750] Om Fredrik I av Sverige: "Den 26 mars 1751, då stadens invånare uppträdde på gatorna i påbjudna svarta sorgekläder, gav kungen [Fredrik I] upp andan, den kung som Swedenborg redan sett i helvetet straffad för sitt hor, sin slipprighet och nerslängd i ett hålrum som redan stank starkt av andra ruttnande människokroppar." BRUNNER Ernst, *Darra*, Stockholm, 2015, s. 558.

Om Karl XII (fem sidor längre fram): "Han [Swedenborg] antecknade också, dag för dag, sina syner i *Diarium Spirituale* ...: 'Det fanns en viss person som var den mest högdragne av alla dödliga på jorden (Karl XII) ... han straffades men den grymmaste död eller det gruvligaste helveteshålet." BRUNNER Ernst, *Darra*, Stockholm, 2015, s. 563, s. 564.

Notat: Ernst Brunner är uppenbarligen en adept av den Gamla skolan, som anammat falsarierna om Karl XII:s eftermäle. Han hade redan tidigare i *Carolus Rex* (2005) beskrivit Karl XII som hänsynslös, egocentrisk och känslokall. – Se också informationen om Brunner sidan 103 ovan.

[751] "Till de med störst sakkunskap i Sverige räknas Olle Hjern och Susanna Åkerman. Andra svenska forskare som jag inte kunnat kringgå är Emil Kleen, Martin Lamm, Inge Jonsson, David Dunér, Hans Helander och Lars Bergquist." BRUNNER Ernst, *Darra*, Stockholm, 2015.

[752] "Det är också svårt att inte förundras över de konkreta swedenborgianska helvetesskildringar som Brunner låter oss ta del av, till exempel horkarlarnas pinohåla, som vällde av orenligheter, där 'könen tillhöriga dessa måttlöst onda flöt lösa runt i träck- och smutssamlingar' ... Oavsett om vi betraktar detta som

sanna visioner eller fånerier – redan i samtiden var meningarna delade – lockar de än till läsning." HARRISON Dick, Recension: *Darra; Om Swedenborg* – Ernst Brunner, Svenska Dagbladet (svd.se) den 2 juni 2017.

[753] *Svenska Dagbladet,* den 8 juli 2018: "... Överhuvudtaget är kungen [Karl XII] något av en gåta för forskningen ... Han var inställd på att strida ända till det bittra slutet för att nå ett avgörande på sina egna villkor. Och sett ur det perspektivet är Karl XII sannerligen inte skuldfri. Hundratusentals människor fick betala för att han älskade kriget mer än freden." Källa: SvD.se, *Beslutet före katastrofen – hade kunnat undvikas,* artikel av Dick Harrison.

[754] "Vi vet nu att de av kriget åsamkade manskapsförlusterna var häpnadsväckande små. Under inga omständigheter översteg de 30,000 man, och av dessa återvände så småningom 8,000, kanske mer, av dem som blivit krigsfångar i Ryssland eller som förts bort från Finland som civilt krigsbyte för att säljas som slavar. Några av de militära krigsfångar som den danske kungen sålde som galärslavar till Venedig lyckades också ta sig hem ... Hans [Karl XII:s] armé hade ... också plats för män som var födda utomlands ... riklig tillgång på dem i Europa där fred rådde överallt utom i norden." HATTON Ragnhild, *Karl XII,* Köping, 1985, s. 583, 584.

[755] "Nu [vid jultid 1718] kände alla till, att Karl XII stupat. I det längsta hade saken hemlighållits ... omkring 4 300 man, varav inemot 3 750 döda och återstoden till hälsan ohjälpligt förstörda." BOBERG Torsten, MAIJSTRÖM Erik, *Tre tusen man kvar på fjället,* 1944, 2:a något omarbetade upplagan, s. 137, 198.

"Prins Fredrik [av Hessen] begick ett allvarligt – och obegripligt – misstag direkt. Han skickade helt motsatta order om arméns hemmarsch till Frisenheim och Hamilton ... Först den 19 december fick Frisenheim order att underrätta Armfelt." JAKOBSSON Jakob, GUTTORP Anna, *Johan Henrik Frisenheim – en biografi från stormaktstiden,* www.frisenheim.se, nerladdat den 19 november 2016.

[756] Karolinska förbundets hemsidesrubrik Aktuellt den 1 augusti 2018 ger ingen information om en 300-årsmarkering av Karl XII:s dödsdag. Den hänvisar endast till årsmötet 2017 med ett föredrag om "bödlar under stormaktstiden". Källa: karolinskaforbundet.se.

I Karolinska förbundets online "call for papers" den 12 februari 2017 till en särskild årsbok 2018 stod Karl XII själv inte i fokus, utan enbart "omvandlingen 1718-19 och de samhälleliga konsekvenserna under 1720-talet" [under Fredrik I]. Källa: karolinskaforbundet.se.

I ett separat brev tidigt 2018 till sina medlemmar (inklusive författaren Cecilia Nordenkull-Jorgensen) annonserade Karolinska förbundet en minnesresa till Fredriksten fästning den 21-24 september 2018, två månader innan Karl XII:s dödsdatum. Det förklarades med, att det är "svårt med hotell" och att "vädret inte är det bästa".

[757] Författaren Cecilia Nordenkull-Jorgensen har i Sverige varit i nära kontakt med ett stort antal ämbetsmän, vars attityd visar att det råder en tystnadsplikt beträffande Karl XII.

[758] "Karl XII är nog vår allra mest omskrivne monark, men han har likväl förblivit en av dem vi vet väldigt lite om. Mycket av det som skrivs är mera myt än verklighet ...". Källa: Avsnitt av Docent Kekke Stadin, *Boken om Sveriges historia*, Stockholm, 2000, s. 178.

[759] "Sveriges Rikes Lag, gillad och antagen på Riksdagen Åhr 1734 ... Missgiernings Balk ... IV Cap om förräderi ... 5 §. Then, som betrodd är at weta Konungens och Rikets hemliga rådslag eller slut, i the ärender, ther å Rikets wård och säkerhet ligger, och them uppenbarar; eller gifwer något utan lof och minne the skrifter ut, som han i thy mål lönliga hålla bör; stånde samma staff, som om förräderi sagdt är [mista högra hand, halshuggas och steglas; och gånge theras gods i löst och fast under Kronan. Gitta the ej skada giöra; miste ändå lif, ära och gods.]" Källa: sv.wikisource.org / Missgärningsbalken, nerladdad den 27 februari 2017.

[760] Försvarsmakten om sekretessbedömning (2011): "4 kap. *Informationssäkerhetsklasser* ... Ett röjande av hela eller delar av den samlade mängden uppgifter bedöms innebära ett *men* som är högre än menet vid ett röjande av varje enskild uppgift för sig. 4.3.4. *Aggregation* ... sammantagna konsekvensen av att flera uppgifter röjs överstiger konsekvensen för en enskild uppgift." Källa: forsvarsmakten.se / Handbok Sekretessbedömning, Del A, 2011.

[761] "Genom en dom i regeringsrätten [RÅ 1989 ref 111] har det fastställts att även offentliga uppgifter som ingår i ett material kan hemlighållas. Detta för att undvika pusselläggning som skulle kunna möjliggöra utvinning av det hemliga materialet." Källa: Sekretessprövning – *vid utlämnandet av allmänna handlingar*, Luleå tekniska universitet, C-uppsats, Rättsvetenskap (2009), s. 10.

[762] Försvarsmakten om sekretessbedömning (2011): "Kap. 3.2.4 Sekretesstider för uppgifter i allmänna handlingar som omfattas av försvarssekretess är som huvudregel högst 40 år. När det i en allmän handling förekommer vissa i offentlighets- och sekretessförordningen särskilt angivna uppgifter som omfattas av försvarssekretess kan längre sekretesstider gälla. T.ex. ... är sekretesstiden högst 150 år." Källa: www.forsvarsmakten.se / Handbok Sekretessbedömning, Del A, 2011.

[763] "Declassification Procedures in Council of Europe Member States December 2012 ... Maximum period of declassification: Denmark 75 years, France 50 years, Germany 30 years, Hungary 30 years, Italy 15 years, Moldova 25 years, The Netherlands 10 years, Norway 30 years, Romania up to 100 years, Russia

maximum is 30 years, Serbia 30 years, Sweden 40 years generally, 150 for info of exceptional military info." Source: *Open Society Justice Initiative*, Survey conducted in August-November 2012 by Amanda Jacobsen of the University Of Copenhagen Faculty Of Law.

[764] Uppsats 2009 om sekretessprövning: "Vi efterfrågar korrekt och omdömesgill myndighetsutövning (3.1.) ... Antalet myndigheter är nära nog oöverskådligt och de tjänstemän som har att utföra sekretessprövningar är naturligtvis betydligt fler ... myndigheter tenderar att välja en domstolsprövning hellre än att offentliggöra handlingar när minsta osäkerhet föreligger (4.1) ... Brist på vägledning? ... Själva huvudfrågan om hur sekretessprövningen ska genomföras saknar i stort någon handfast reglering (4.3) ... sekretessprövningen en mycket svår uppgift som vållat bekymmer för berörda tjänstemän (4.4) ... Majoriteten av respondenterna [tjänstemännen] vidarebefordrar de mer komplicerade förfrågningar till en jurist som fattar ett myndighetsbeslut ... Fortifikationsverket genomför alltid en omfattande sekretessprövning vid alla typer av förfrågningar... Sekretessen är stenhård och gäller ofta i 150 år. Fortifikationsverkets mardrömsscenario är att hemliga uppgifter ska publiceras på Internet ... Fortifikationsverket var väl insatt [i 2009 sekretesslag], och uttryckte att lagens införande lär bli försenat. Tjänstemannen efterlyste vidare en definition av rikets säkerhet (4.5.1)". Källa: *Sekretessprövning – vid utlämnandet av allmänna handlingar*, C-uppsats Rättsvetenskap, Luleå Tekniska Universitet, 2009 / Tobias Idestrand och Richard Paavola. Handledare: Christer Gardelli.

[765] "7 kap. Om tryckfrihetsbrott ... 3§ Om någon ... såsom författare eller annan upphovsman eller såsom utgivare och därigenom gör sig skyldig till 1. Högförräderi ... landssvek eller försök ... 2. Oriktigt utlämnande av allmän handling som ej är tillgänglig för envar ... 3. Uppsåtligt åsidosättande av tystnadsplikt ...". Källa: Tryckfrihetsförordning (1949:105), Svensk författningssamling / riksdagen.se, nerladdat 1 mars 2017.

"5 kap. Om yttrandefrihetsbrott ... 1§ De gärningar som anges som tryckfrihetsbrott i 7 kap." Källa: riksdagen se, nerladdat 1 mars 2017.

[766] "Inför 1943 års sekretessberedning framhåller den blivande justitieministern Herman Zetterberg att hemligstämplingen 'på vissa håll synes ha drivits väl långt'." På denna tidpunkt var Adam Lewenhaupts efterträdare Harald Gustaf Fleetwood riksheraldiker. Ämbetet överfördes till Riksarkivet 1953, där funktionen nu började kallas statsheraldiker. Källa: Kungl. Krigsvetenskapsakademiens Handlingar och Tidskrift, *Att undvika offentlighetsprincipen*, Inträdesanförande i Kungl. Krigsvetenskapsakademien avd V den 8 december 2004 av arkivrådet Evabritta Wallberg (Riksarkivet) / signalspaning.se.

[767] "I mars 2002 drog f.d. generaldirektören för Riksrevisionsverket Inga-Britt Ahlenius igång en debatt om offentlighetsprincipen under rubriken *Myten om*

den svenska öppenheten ... Min absoluta uppfattning är att inställningen att hemligstämpla 'för säkerhets skull' har levt kvar länge hos försvarets myndigheter. En attitydförändring verkar ha skett till följd av 1980 års sekretesslag med undertonen att öppenhet skall vara regel och sekretess undantag. Det förändrade världsläget har säkert också spelat en roll." Källa: Kungl. Krigsvetenskapsakademiens Handlingar och Tidskrift, *Att undvika offentlighetsprincipen*, Inträdesanförande i Kungl. Krigsvetenskapsakademien avd V den 8 december 2004 av arkivrådet Evabritta Wallberg (Riksarkivet).

[768] När författaren till denna bok gjorde en allmän förfrågan till Riksarkivet rörande hemliga rådsprotokoll om Ulrika Eleonora/Karl XII, kom svaret från ingen annan än den biträdande statsheraldikern: "Email den 4 april 2017, Sv: RE: Hemligt rådsprotokoll från den 6 september 1738 ... Jag har nu gått igenom rådsprotokollen i inrikescivilexpeditonen, utrikesexpeditionen och krigsexpeditionen men utan resultat ...", signerat "Carl Michael Raab, Assistant State Herald".

[769] Riksåklagaren Anders Perklev citerades i en artikel i *Svenska Dagbladet*/Debatt den 7 april 2017 med rubriken "Riksåklagaren: Allas ansvar hjälpa till att klara upp brott": "Tystnadskulturen är ett växande problem i samhället. I brottsutredningar blir det allt svårare att få människor att hjälpa till och berätta det de faktiskt vet. ... Att medverka till att brott i så stor utsträckning som möjligt blir upptäckta, utredda och prövade i en rättssäker process är allas vårt ansvar."

[770] "Ett vet jag, som aldrig dör: det är dom öfver död man. Med dessa enkla ord uttalar vårt gamla Hávamál ett erkännande af historiens betydelse. Det förflutna vädjar till en kommande tids rättvisa. Historien gifver svaret, men slägter förgås innan hon är färdig att fullt uttala det." [sic]: *CARL DEN TOLFTE. Tal vid Svenska Militärsällskapets i Stockholm MINNESFEST på den etthundra-femtionde årsdagen af hans död*, Af Oscar Fredrik [sedermera Oscar II]. Stockholm, 1868, P.A. Norstedt & Söner, Kungl. boktryckare.

[771] Cecilia Nordenkulls utredning om sin anfader Alexander Kastman (1723-1782) visar, att han är son till prinsessan Anna Petrovna av Ryssland och hertigen Karl Fredrik av Holstein-Gottorp (själv son till Karl XII:s äldsta syster Hedvig Sofia). Cecilia Nordenkulls mor är född Bodil Kastman. JORGENSEN Cecilia [Cecilia Nordenkull], *Rum nr 88 på Kalmar Slott*, Icons of Europe asbl, Bryssel, 2013, ISBN-13: 978-1489518163 ISBN-10: 1489518169 (provtryck).

[772] "The Miracle and the Theology of Handel's Messiah ... Rev. Dr. Erik E. Sandstrom traces its history, its connections to Swedenborg, and intriguing echoes in the Writings [of Swedenborg]." Source: Article in *New Church Life*, Pennsylvania, United States, November/December 2016, p. 551-566 (https://newchurch.org). – Sandstrom nämner inte Karl XII i sin artikel.

[773] "Men även Karl XII var i själva verket ... djupt engagerad i bildkonst, arkitektur, musik och teater. Han uppskattade de kulturella influenser utifrån Europa och vi vet till exempel att han personligen var engagerad i den franska teatergruppen *Les Rosidors* som verkade i Stockholm från 1699 och sju år framåt. Före varje föreställning som truppen gav fick han till exempel kvällens pjäs uppläst för sig." Källa: Karin Modigh (regissör och koreograf), Vadstena-Akademien.org / produktionen *Solen och Nordstjärnan*, nerladdat den 28 juli 2018.

[774] "Music manuscripts from Gottorf from one of the very few larger music collections of that time: founded by Georg Österreich, court chapel master at Gottorf from 1689 ... Eventually the mourning ceremony [funeral of Hedvig Sofia's husband Frederick IV in 1702] consisted of three big compositions: and another hymn arrangement, a piece upon a story from the Old Testament (thus somehow anticipating oratorio concepts, as they are known from Handel's works some decades later) and a big 'cluster' of biblical funeral texts ...". Source: *'Hedvig Sofia' and the Great Northern War*, Schleswig-Holsteinische Landesmuseen Schloss Gottorf, 2015 (chapter: *Funeral Music at Gottorf around 1700* by Konrad Küster).

***

www.ingramcontent.com/pod-product-compliance
Lightning Source LLC
Chambersburg PA
CBHW041351290426
44108CB00001B/5